U0800667

"十二五"江苏省高等学校重点教材
（编号：2015-2-026）

高速铁路通信技术
（第二版）

王泉啸　王　邠◎主　编
夏　昕　张晓娟◎副主编
段俊毅◎主　审

中国铁道出版社有限公司
2022年·北　京

内 容 简 介

本书为“十二五”江苏省高等学校重点教材。全书根据高等职业学校铁道通信与信息化技术专业建设指导标准中“铁路专用通信”课程标准而编写。首先通过铁路通信概述使学生初步了解铁路通信的分类及特点，然后具体介绍铁路专用的通信设备，如铁路数字调度通信系统、综合视频监控系统、铁路电视会议通信系统、广播通信系统、铁路应急通信系统、移动通信系统、无线通信系统等，试图通过介绍设备的原理、结构、功能、故障处理等，达到本专业学生应具备的岗位职业能力要求，以期培养学生分析问题、解决问题的能力。

本书可作为高等职业院校高等铁道通信与信息化技术专业及铁道信号自动控制专业使用的学历教材，也可作为从事轨道交通通信工程技术人员和科技人员的参考用书。

图书在版编目(CIP)数据

高速铁路通信技术/王泉啸，王郃主编.—2 版.—北京：中国铁道出版社有限公司，2022.1

“十二五”江苏省高等学校重点教材

ISBN 978-7-113-28372-8

Ⅰ.①高… Ⅱ.①王… ②王… Ⅲ.①高速铁路-铁路通信-高等学校-教材 Ⅳ.①U238

中国版本图书馆 CIP 数据核字(2021)第 180749 号

书　　名：高速铁路通信技术

作　　者：王泉啸　王　郃

策　　划：吕继函

责任编辑：吕继函　　**编辑部电话**：(010)51873205　　**电子邮箱**：312705696@qq.com

封面设计：郑春鹏

责任校对：焦桂荣

责任印制：高春晓

出版发行：中国铁道出版社有限公司(100054，北京市西城区右安门西街 8 号)

网　　址：http://www.tdpress.com

印　　刷：三河市国英印务有限公司

版　　次：2016 年 2 月第 1 版　2022 年 1 月第 2 版　2022 年 1 月第 1 次印刷

开　　本：787 mm×1 092 mm 1/16　**印张**：24.25　**字数**：569 千

书　　号：ISBN 978-7-113-28372-8

定　　价：62.00 元

版权所有　侵权必究

凡购买铁道版图书，如有印制质量问题，请与本社读者服务部联系调换。电话：(010)51873174

打击盗版举报电话：(010)63549461

第二版前言

本书是在“十二五”江苏省高等学校重点教材(编号:2015-2-026)《高速铁路通信技术》的基础上修订而成的。本书根据铁道通信与信息化技术专业教学计划中“铁路专用通信”课程标准编写,在内容组织方面力求与铁路现场实际应用保持同步,考虑到目前铁路现场通信工基本来自高等学校,本次修订取消了通信基础知识部分。

随着我国高速铁路的发展,铁路通信作为重要基础设施,在保证行车安全、提高运输效率等方面发挥着重要作用。本书根据《铁路技术管理规程(高速铁路部分)》和《铁路通信维护规则》做了相应的调整和修订。

全书共分十一章,主要介绍了铁路通信业务、铁路专用通信的特点;数字调度通信的基础知识;数字调度通信系统结构原理;佳讯数字调度通信设备结构原理;中软数字调度通信设备结构原理;站(客)场及列车广播系统组成及原理;电视会议系统结构及工作原理;综合视频监控系统结构及工作原理;应急通信系统结构及原理;数字集群移动通信系统结构及原理;铁路数字移动通信系统(GSM-R)的组网结构、系统功能及工作原理;机车综合无线通信设备(CIR)、450 MHz无线列调系统和列车防护报警装置(LBJ)的基本结构、系统功能及工作原理等内容。

本书由南瑞集团有限公司(国网电力科学研究院)王泉啸和南京铁道职业技术学院王邠任主编;南京铁道职业技术学院夏昕、张晓娟任副主编;南京铁道职业技术学院段俊毅任主审。王泉啸、王邠编写了第一章至第四章,以及第五章至第十章的部分内容和附录的部分内容;南京铁道职业技术学院夏昕、张晓娟编写了第九章至第十一章的部分内容;南京铁道职业技术学院薄宜勇、李永芳、张国侯、刘苏扬、马立君、马啸林、李静、田建兆编写了第五章至第八章及附录的部分内容。北京佳讯飞鸿电气股份有限公司苟斌、陈付朋参与编写了佳讯数字调度通信系统和附录相关内容;中国软件与技术服务股份有限公司孙嵘参与编写中软数字调度通信系统和附录相关内容。

此外，在本书编写过程中还得到了中国国家铁路集团有限公司工电部、中国铁路北京局集团有限公司北京铁路通信技术中心、中国铁路上海局集团有限公司电务部、中国铁路通信信号上海工程局集团有限公司苏州光电缆工艺研究所同仁的帮助，在此一并表示感谢。

由于编者水平有限，书中难免有错误和不妥之处，恳请广大读者批评指正，以不断提高教材质量。

编　者

2021年5月

第一版前言

本书为“十二五”江苏省高等学校重点教材(编号:2015-2-026),经江苏省教育厅、江苏省高等教育学会批准,由江苏省高等教育学会聘请上海铁路局专家张炯韬、吕永昌、徐德龙,南京信息职业技术学院专家杜信波,南京铁道职业技术学院教授于淑萍集体审定通过。全书根据原铁道部劳卫司铁道部高等职业教育《铁路专用通信》教学大纲,参考铁路通信工作岗位职责和铁路通信信号职业鉴定标准编写的,因此,是一本适合于铁道通信与信息化技术和铁道信号自动控制专业“铁路专用通信系统”课程使用的教材。本教材建议讲授课时 96 学时。

全书共有两篇,其中基础知识篇为五章,主要介绍了通信系统的基本概念、光纤通信、移动通信、扩频通信和铁路通信的重要性;专业知识篇为十章,系统讲述了高速铁路通信系统的主要技术。

第六章首先介绍了铁路通信业务分类、铁路专用通信的特点和要求。通过本章学习,学生可以在宏观上了解铁路通信业务概况。

第七章首先介绍了数字调度通信的基础知识、数字调度通信系统系统现状及发展,然后对数字调度通信系统设备结构原理、高速铁路调度通信系统进行了介绍。通过本章学习,学生能够对数字调度通信系统有较深入的理解。

第八章介绍了佳讯数字调度通信系统,主要讲述了系统概况、调度所调度交换机的结构和原理、车站调度交换机的结构和原理以及系统的工作原理。通过本章学习,学生能够对 FH98 系统和 MDS3400 系统结构和原理有比较好的掌握。

第九章介绍了中软数字调度通信系统,主要讲述了系统概况、调度所调度交换机的结构和原理、车站调度交换机的结构和原理以及系统的工作原理。通过本章学习,学生能够对 CTT2000 L/M 系统和 CTT4000 系统结构和原理有比较好的掌握。

第十章介绍了站场扩音系统、客运广播系统和列车广播系统构成及基本原理。通过本章学习,学生能够对站(客)场及列车广播知识有比较好的掌握。

第十一章介绍了会议电视系统结构及工作原理及故障处理。通过本章学习,学生能够对会议电视系统知识有比较的掌握。

第十二章介绍了闭路电视监控系统。主要介绍了时钟系统概况、模拟监控系统、数字监控系统和网络监控系统、CCTV 系统的构成及 CCTV 故障处理。

通过本章学习，学生能够对闭路电视监控系统有深刻的理解。

第十三章介绍了应急通信系统结构、应急通信静态图像传输及应急通信动态图像传输。通过本章学习，学生能够对应急通信系统有深刻的理解。

第十四章介绍了数字集群移动通信系统概况、TETRA 数字集群通信系统和数字集群通信系统在铁路中的应用。通过本章学习，学生能够对数字集群移动通信有深刻的理解。

第十五章介绍了铁路专用数字移动通信系统(GSM-R)。主要介绍了系统组成、原理、组网方式、通信过程以及 GSM-R 在铁路中的应用。通过本章学习，学生能够对 GSM-R 原理和应用有比较好的掌握。

本书由南京铁道职业技术学院王邠、国网电力科学研究院王泉啸任主编，南京铁道职业技术学院李永芳任副主编，南京铁道职业技术学院于淑萍、上海铁路局张炯韬、徐德龙任主审。其中，王邠、王泉啸编写了第一、二、四、五、十、十三章及全部附录的部分内容；南京铁道职业技术学院庄文学、李静、许鹤编写了第三、十五章及附录三、附录四和附录五的部分内容；南京铁道职业技术学院薄宜勇、段俊毅、潘芳编写了第六、七章及附录一和附录二的部分内容；北京佳讯飞鸿电气股份有限公司的苟斌、陈付朋编写了第八章及附录七和附录八的部分内容；中国软件与技术服务股份有限公司孙嵘编写了第九章和附录九的部分内容；南京铁道职业技术学院晏蓉、马立君、马啸林编写了第十一章及附录六和附录十的部分内容；南京铁道职业技术学院邓建芳、李玉斌编写了第十二章；南京铁道职业技术学院李永芳、刘苏扬编写了第十四章。

本书在编写过程中提供大量帮助的单位有上海铁路局电务处、中国铁路通信信号总公司苏州光缆工艺研究所、北京佳讯飞鸿电气股份有限公司、中国软件与技术服务股份有限公司、中国铁路总公司运输局基础部通信处、中国铁路总公司通信中心。编者衷心地感谢他们的大力支持和帮助。

由于时间过于仓促，加上资料搜集不全，编者水平所限，本书中错误、不妥之处在所难免，望读者给予提出批评指正，不断提高教材质量。

编者

2015 年 11 月

目　录

第一章　铁路通信概述

第一节　铁路通信业务分类

一、铁路通信业务分类

国家铁路局2018年1月1日规定实施的铁道行业标准,《铁路通信业务分类》(TB/T 3130—2017)中对铁路通信业务进行了详细的分类。该标准规定了话音通信业务、图像通信业务、数据通信业务、铁路电报业务和其他通信业务的分类及定义。该标准适用于铁路相关技术标准和管理规章的制定,也适用于通信网络规划、工程设计、通信技术业务管理等。

铁路通信业务是指铁路运输生产和经营管理等活动中所使用的通信业务,主要包括话音通信业务、图像通信业务、数据通信业务、铁路电报业务和其他通信业务。

二、话音通信业务

(一)话音通信业务分类

话音通信业务分类如图1-1所示。

(二)普通电话业务

1. 普通电话业务分类

普通电话业务指在铁路运输生产指挥中所使用的公众电话业务。普通电话具有公众性,普通电话用户分固定用户和移动用户两类。

普通电话业务包括固定电话业务、移动电话业务和电话查号、接转业务。

2. 固定电话业务

(1)固定电话业务分类

固定电话业务包括本地电话业务、国内长途电话业务和国际长途电话业务。

(2)本地电话业务

本地电话业务就是至少有一方用户在电话网内,并在一个长途区号内完成接续过程的电话业务。

(3)国内长途电话业务

国内长途电话业务就是至少有一方用户在电话网内,使用电话网长途区号完成接续过程的电话业务。

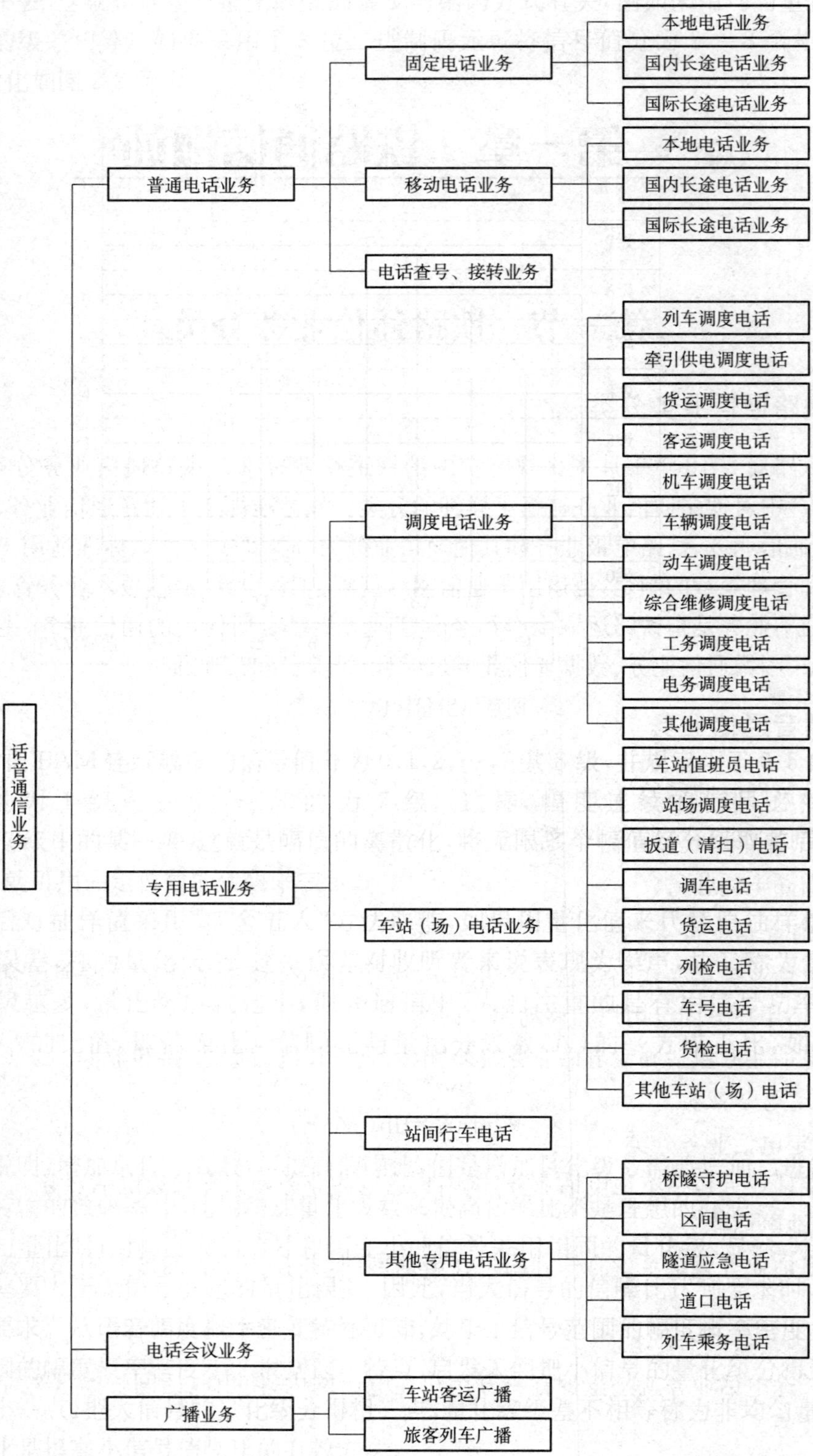

图 1-1　话音通信业务分类

(4)国际长途电话业务

国际长途电话业务就是国家之间或国家与地区之间,使用国际长途区号完成接续过程的电话业务。

3. 移动电话业务

移动电话业务就是为铁路运输生产人员或管理人员提供的普通移动电话业务,包括铁路移动通信网提供的移动电话业务和公众移动通信网提供的移动电话业务。移动电话业务分为本地和长途两大类。分类方式与前面所述相同。

4. 电话查号接转业务

电话查号接转业务就是采用人工或自动语音拨号方式进行铁路电话号码查询,采用人工方式进行长途电话接转的业务。

(三)专用电话业务

1. 专用电话业务分类

专用电话业务就是专门用于铁路运输生产和经营管理的电话业务。专用电话系统具有相对独立性,专用电话用户分为固定用户和移动用户两类。

专用电话业务包括调度电话业务、车站(场)电话业务、站间行车电话业务和其他专用电话业务。

2. 调度电话业务

(1)调度电话业务分类

调度电话业务就是调度员与其所管辖区内有关运输生产作业人员之间业务联系使用的专用电话业务,可通过有线调度通信系统、铁路移动通信系统实现。

按照业务不同,调度通信分为列车调度、牵引供电调度、货运调度、客运调度、机车调度、车辆调度、动车调度、综合维修调度、工务调度、电务调度以及其他调度电话业务。

(2)列车调度电话

列车调度电话就是列车调度员与其管辖调度区段内车站值班员、机车或动车组乘务员等相关工作人员之间进行联络,指挥列车运行而使用的专用电话。

(3)牵引供电调度电话

牵引供电调度电话就是牵引供电调度员与其管辖区内的牵引供电调度、牵引变电所值班人员等有关工作人员之间进行业务联系的专用电话。

(4)货运调度电话

货运调度电话就是货运调度员与其管辖区内车站货运值班员等有关工作人员之间进行业务联系的专用电话。

(5)客运调度电话

客运调度电话就是客运调度员与其管辖区内车站客运值班员等有关工作人员之间进行业务联系的专用电话。

(6)机车调度电话

机车调度电话就是机车调度员与其管辖区内机车调度、机车乘务员等有关工作人员之间进行业务联系的专用电话,以及机车调度室调度员、车站、动车所等有关作业工种间使用的专用电话。

(7)车辆调度电话

车辆调度电话就是车辆调度员与其管辖区内车辆调度等工作人员之间进行业务联系的专用电话。

(8)动车调度电话

动车调度电话就是动车调度员与其管辖区内动车调度等有关工作人员之间进行业务联系的专用电话,以及动车调度室调度员、车站、动车所等有关作业工种间使用的专用电话。

(9)综合维修调度电话

综合维修调度电话就是综合维修调度员与其管辖区内综合维修调度等有关工作人员之间进行业务联系的专用电话。

(10)工务调度电话

工务调度电话就是工务调度员与其管辖区内工务调度等有关工作人员之间进行业务联系的专用电话。

(11)电务调度电话

电务调度电话就是电务调度员与其管辖区内电务调度等有关工作人员之间进行业务联系的专用电话。

(12)其他调度电话

其他调度电话就是根据运输组织需要而设置的其他调度业务联系专用电话,如计划调度、特运调度、军运调度、施工调度、公安调度等。

3. 车站(场)电话业务

(1)车站(场)电话业务分类

车站(场)电话业务就是铁路车站(场)内进行作业指挥和业务联系的专用电话业务,包括固定电话和移动电话。

(2)车站值班员电话

车站值班员电话就是车站值班员组织车站内运输作业及与上级调度联系而使用的专用电话。

(3)站场调度电话

站场调度电话就是站场值班员(调度员)指挥和组织站场内运输作业而使用的电话,简称站调电话。

(4)扳道(清扫)电话

扳道(清扫)电话就是车站或有关段的值班员或调度员与扳道(清扫)人员进行联系而使用的专用电话。

(5)调车电话

调车电话就是铁路站(场)内调车人员进行调车作业而使用的专用电话,包括平面调车电话、驼峰调车电话和其他调车电话。

(6)货运电话

货运电话就是货运计划员和外勤货运员、车站(场)值班员、货运员、装卸所、常驻货主(专用线)、货运室值班员等之间进行业务联系的专用电话。

(7)列检电话

列检电话就是列检值班员和车检员、车站(场)值班员、车辆段调度室、红外线调度员、红外线值班员等之间进行业务联系的专用电话。

(8)车号电话

车号电话就是内勤车号员和外勤车号员及其他相关人员之间进行业务联系的专用电话。

(9)货检电话

货检电话就是货检组长、货检员及其他相关人员之间进行业务联系的专用电话。

(10)其他车站(场)电话

除上述专用电话业务以外的车站(场)电话业务就是其他车站(场)电话。

4. 站间行车电话业务

站间行车电话业务就是为相邻车站(场)值班员之间办理行车事宜而使用的专用直通电话业务。

5. 其他专用电话业务

(1)桥隧守护电话

桥隧守护电话就是铁路桥梁、隧道和隧道天井等地的守护人员与其指挥点之间进行业务联系的专用电话。

(2)区间电话

区间电话就是铁路沿线区间流动作业人员进行业务联系的专用电话。

(3)隧道应急电话

设置在隧道内的应急电话系统,为隧道应急通信提供话音业务。当隧道内发生事故灾害时,铁路工作人员利用隧道内有线应急电话终端设备向车站值班员或调度员发起呼叫并报警。

(4)道口电话

道口电话就是铁路道口值班人员与相邻车站值班员或列车司机之间进行业务联系的专用电话。

(5)列车乘务电话

列车乘务电话就是旅客列车工作人员之间及其与车站客运人员进行业务联系的专用电话。

(四)电话会议业务

电话会议业务就是通过会议汇接设备或者电话网把铁路内部两点以上的多点会议电话终端连接起来,实现多点间实时双向话音通信的业务。

(五)广播业务

1. 车站客运广播

车站客运广播就是在客运站,为客运部门指挥工作人员进行客运作业和对旅客通告乘车有关事项而使用的广播通信业务。

2. 旅客列车广播

旅客列车广播就是在旅客列车上，对旅客通告乘车有关事项及播送时事、文艺节目等使用的广播通信业务。

三、图像通信业务

(一)图像通信业务分类

图像通信业务分类如图 1-2 所示。

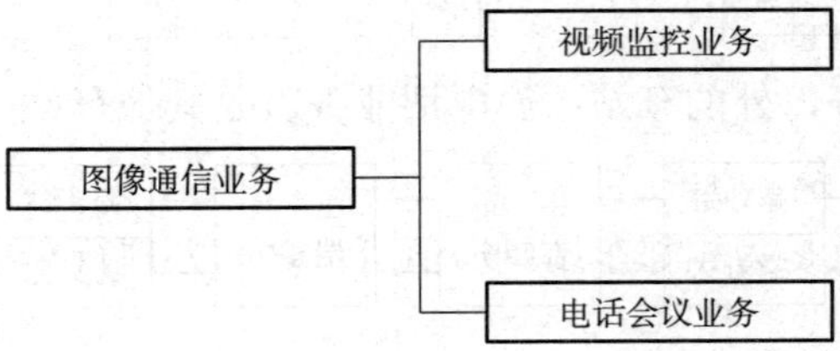

图 1-2　图像通信业务分类

(二)视频监控业务

视频监控业务为铁路业务部门提供所需的运输生产和治安防范等有关的视频信息，包括车务视频业务、机务视频业务、工务视频业务、电务视频业务、车辆视频业务、安全防范视频业务等。

(三)电视会议业务

电视会议业务就是通过会议电视系统召开的会议。会议期间会议电视系统可同时传送与会者的声音和图像信号。

四、数据通信业务

(一)数据通信业务分类

数据通信业务分类如图 1-3 所示。

(二)数据传送业务

数据传送业务通过铁路传输网、数据网为各类应用系统组网提供电路、VPN 等传送通道，以及通过光纤提供物理传输媒介。

各类应用系统包括：

(1)列车运行控制。

(2)CTC 或 TDCS。

(3)信号集中监测。

(4)列车安全监控。

(5)电力远动。

(6)防灾安全监控。

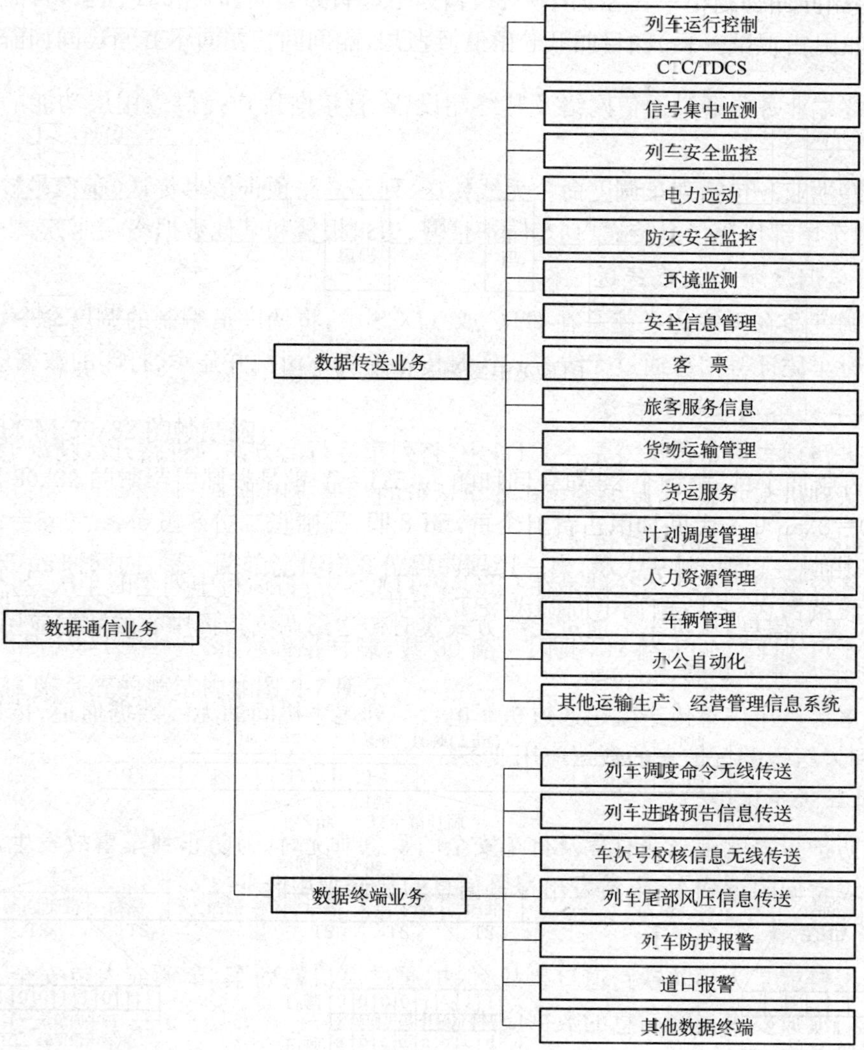

图 1-3　数据通信业务分类

(7)环境监测。
(8)安全管理信息。
(9)客票。
(10)旅客服务信息。
(11)货物运输管理。
(12)货运服务。
(13)计划调度管理。
(14)人力资源管理。
(15)车辆管理。
(16)办公自动化。
(17)其他运输生产、经营管理信息系统。

(三)数据终端业务

1. 数据终端业务分类

数据终端业务是通过通信网络及其终端设备,直接向用户提供应用层功能的数据通信业务。

数据终端业务包括列车调度命令无线传送、列车进路预告信息传送、车次号校核信息无线传送、列车尾部风压信息传送、列车防护报警、道口报警和其他数据终端业务。

2. 列车调度命令无线传送

列车调度命令无线传送就是在CTC或TDCS中,将调度员编制的调度命令、车站值班员编制的行车凭证等信息通过无线方式实时传送给机车司机并显示、打印的数据应用业务。

3. 列车进路预告信息传送

列车进路预告信息传送就是在CTC中,将列车运行前方站的进路开放情况通过无线方式实时传送到机车并显示,以提醒司机安全运行的数据应用业务。

4. 车次号校核信息无线传送

车次号校核信息无线传送就是在CTC或TDCS中,将运行中列车的车次号、机车号、列车速度、位置等信息,从机车上通过无线方式实时传送给调度指挥中心的数据应用业务。

5. 列车尾部风压信息传送

列车尾部风压信息传送就是通过机车电台与列尾主机间的无线数据通道,传送风压、查询、排风和欠压报警等信息的数据应用业务。

6. 列车防护报警

列车防护报警就是当遇有危及行车安全的紧急情况时,为防止列车事故发生,利用专用无线报警设备向附近列车、人员发出报警信息的数据应用业务。

7. 道口报警

道口报警就是为预防铁路道口事故,保护通过道口的列车、车辆或人员安全,利用专用报警设备向道口发出报警信息的数据应用业务。

8. 其他数据终端业务

除上述数据应用业务以外的数据终端业务。

五、铁路电报业务

铁路电报业务就是为处理铁路公务而使用的一种公文传递业务。按电报性质和急缓程度分为特提电报、特急电报、加急电报、平急电报等。

六、其他通信业务

(一)其他通信业务分类

其他通信业务分类如图1-4所示。

(二)应急通信业务

应急通信业务就是在发生行车事件及自然灾害等紧急情况下,为确保实时救援指挥,在事件现场与应急中心之间、各相关应急中心之间以及现场内部进行的话音、数据和图像传输业务。

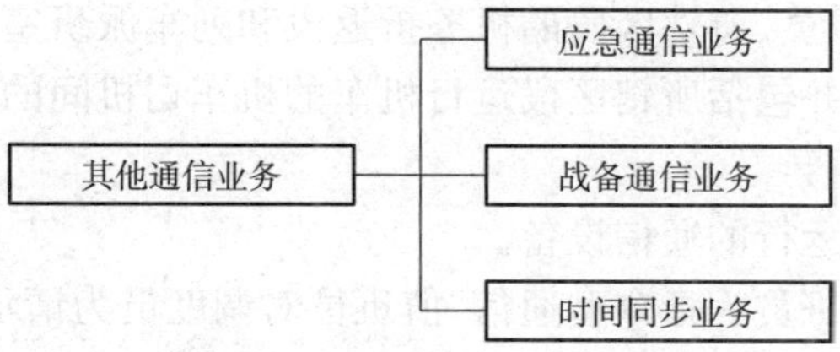

图 1-4　其他通信业务分类

(三)战备通信业务

战备通信业务就是在战时和突发事件时,通过各种通信设施,采用有线通信、无线通信等多种手段,确保各部门的通信畅通的业务。

(四)时间同步业务

时间同步业务就是接受源自地面时间输入信号或卫星定位系统的时间同步信号,采用自守时和时间跟踪的方式,实现时间的同步,并为各种通信设备或其他应用系统设备提供不同精度的时间同步信号。

第二节　铁路专用通信的特点和要求

所谓铁路专用通信,是指直接为铁路运输生产和铁路信息化服务而设计、建设并使用的系统设施,即凡是与铁路运输有关的一切通信设施统称为铁路专用通信,其中与行车直接有关的有调度、站间、站内、区间等通信业务。这是根据行车组织的需要而提供的调度通信业务,其中各项通信业务有着不同的特点和要求。

一、铁路调度通信的特点和要求

铁路调度通信系统是直接为铁路运输生产服务的重要通信设施,它由干线调度与区段调度通信系统组成。铁路调度通信系统可实现干线调度通信、区段调度通信、站场道信、站间通信、区间通信、专用通信等与运输指挥相关的通信业务。

干线调度通信系统由国铁集团调度交换机与各铁路局集团公司调度交换机组成,负责国铁集团与各铁路局集团公司调度指挥业务,网络结构采用复合星形,并设置迂回路由确保国铁集团与各铁路局集团公司间可靠的调度通信。

区段调度通信系统由各铁路局集团公司调度交换机(主系统)与沿线各车站调度交换机(分系统)组成,负责铁路局集团公司与各车站调度指挥业务,网络结构采用环状,以闭合环路(由主用通道与保护环路构成)的形式确保铁路局集团公司管内调度通信的畅通。

调度通信系统业务包括列车调度通信、货运调度通信、牵引变电调度通信、其他调度及专用通信、站场通信、应急通信、施工养护通信和道口通信等。

（一）调度通信

以列车调度为例，铁路局集团公司列车调度员使用的终端设备称为××列车调度台，其调度对象为所辖车站值班员、所辖区段的机务折返段和列车派班室，以及与本调度台业务有关的本局或外局调度台，并包括所辖区段运行机车的机车司机间的调度。

调度通信的特点如下：

(1)是直接指挥列车运行的通信设备。

(2)调度员对车站值班员为指令型通信，值班员对调度员为请示汇报型通信。

(3)以调度员为中心，一点对多点的通信。

(4)铁路线点多线长，呈线状分布，列车调度通信系统组网也呈环状网络结构。

对调度通信的要求为：

(1)列车调度电话的电路是独立封闭型的，除应急通信区间救援电话可临时接入外，其他任何用户不允许接入。

(2)调度电话必须保证无阻塞通信，调度台处于定位受话状态，调度分机摘机便可直接呼叫调度台。

(3)调度台单键直呼所辖调度分机，并且有全呼、组呼功能。

(4)调度分机之间不允许相互直接呼叫。

（二）站场通信

站场通信有两种类型，一种是大型车站多个作业场，主场车站调度员与各相关值班员构建的若干个一点对多点的调度通信，简称站调；另一种是小站车站值班员与若干个站内用户(道岔清扫房电话等)之间构建一点对多点的站内通信。

在这里，采用站内通信一词，以便与大型车站的站场通信有所区别。其特点和要求与调度通信基本类同，所不同的只是组网方式。

（三）站间通信

站间通信为站与站之间的点对点通信，即站间行车电话或闭塞电话，两者含义不一样。

电话闭塞法是行车闭塞的一种方式，在区间闭塞采用电话闭塞法时，车站与相邻站用电话来办理闭塞，当闭塞电话与半自动闭塞共用一对音频线时，闭塞电话的 a、b 两根线不能任意调换，更不能随意中断，严格禁止办理越站闭塞，所以闭塞电话只能是相邻站之间通信。

随着信号设备的发展，区间闭塞几乎不再使用半自动闭塞，已大量采用自动闭塞，这时的站间电话只是用来通报列车运行状态和相关行车业务，于是出现了站间行车电话这一称谓，同时又出现了非相邻站之间的站间通信。

特点：点对点通信。

要求：固定直达电路(回线)，不允许搭挂其他任何电话分机。

（四）区间通信

为区间作业人员提供对外联络的通信设施。

特点：受模拟通信设备的限制，区间电话只能呼叫车站、调度及本地自动电话；上行站可以呼叫区间，其他用户无法呼入。

要求：

(1)在同一区间两个点之间可以相互呼叫并通话。

(2)区间可以呼叫上行站、下行站、列调、电调。

(3)上、下行车站可以呼叫区间电话。

(4)具有接入铁路自动电话本地网的功能。

需要特别说明的，原有的区间电话转接机存在下行车站不能呼叫上行区间的问题，而数调设备有强大的功能，完全能适应现场实际运用的需要，目前上、下行车站都可以呼叫区间电话。从上述四项专用通信的特点可以看出，这四项业务之间有内在联系，如：调度员不但对所辖调度用户要进行调度指挥，还要接受来自区间的意外情况的处理；值班员不但接受所属调度台的指令性调度业务，还要与相邻站、区间、站内用户处理与行车有关的业务。

由此可见，铁路调度通信的复杂性，不像其他行业的调度通信只是一点对多点的单纯的调度业务。

二、铁路调度通信设备的发展历程

铁路调度通信设备的发展，从其技术特征来分析，大致经历了三个阶段。

第一阶段，20 世纪 50 年代至 20 世纪 60 年代末，以电子管为主要器件，采用脉冲选叫技术。建国初期，全路统一使用国产 55 型机械式选叫调度电话设备，到 20 世纪 60 年代改进为 63 型，仍为脉冲选叫技术。

第二阶段，20 世纪 70 年代初至 20 世纪 90 年代末，以晶体管为主要器件，采用双音频选叫技术。20 世纪 70 年代初 YD-Ⅰ型双音频调度电话的研制成功，使得我国铁路调度电话设备的技术水平有了新的突破，经过了 YD-Ⅰ、YD-Ⅱ、YD-Ⅲ、YD-Ⅳ型的几代改进，产品覆盖全路，部分产品还供应路外，以及出口援外。随着数字通信技术的发展，到 20 世纪 90 年代初又推出了以“数字编码”取代“双音频”的 DC-7 程控式调度电话总机，原来的双音频设备于 1994 年停产，程控式调度电话选叫速度由原来的 6 s 缩短为 600 ms，性能优越，功能增多，设备可靠，逐步取代了双音频调度电话，但 DC 型设备还是属于模拟设备，直到目前，YD 型和 DC 型调度设备仍在维持使用。

第三阶段，20 世纪 90 年代末至今，以集成电路芯片为主要器件，采用数字交换和计算机通信技术。20 世纪 90 年代的信息革命浪潮，信息和知识呈爆炸式增长，使人们意识到信息和知识已成为社会和经济发展新的增长点。庞大的铁路运输网的高速运转，需要相应的信息通信网的支持；各级运输指挥中心需要随时随地获取信息，并进行分析、处理；信息源点分散在千里铁道线上的各中间站和基层站段，迫切需要运输信息化。因此，铁路专用通信必须实现数字化。为此，原铁道部决定干线调度通信不再使用模拟调度设备，而采用西门子 Hicom 数字调度交换机组建干线调度通信网络，由单一的调度电话业务改建成具有图像、文字、语音等业务的多媒体调度通信。1998 年发布的《铁路专用通信技术体制》，确定了“车站通信设备一体化”“专用通信数字化、综合化、智能化、宽带化”的发展方向。1995 年铁道科学研究院根据铁道部科技司电务局下达的重点科研项目，进行了“铁路数字区段通信系统研究”，之后不少生产厂家针对区段通信数字化的要求，研制开发了“铁路数字专用通信系统”。

目前，新建铁路全部采用数字调度通信设备，现有铁路线已有五分之一的区段进行了设备改造。目前使用的产品有:北京佳讯飞鸿电气有限责任公司(以下简称,北京佳讯公司)生产的“飞鸿98Ⅱ”铁路数字专用通信系统;中软网络技术股份有限公司生产的CTT2000L/M专用数字通信系统;济南铁路天龙高新技术开发有限公司生产的ZST-48铁路数字专用通信系统。新型数字调度设备采用数字交换和计算机技术、大规模集成电路芯片器件,其技术水平和性能可以说是一次“质的飞跃”,开创了铁路专用通信数字化的新纪元。

2003年,为了适应我国铁路快速发展的战略,实现铁路的信息化,铁道部选定GSM-R(铁路数字移动通信)系统作为我国铁路建设的数字移动通信系统。GSM-R系统的选定,将数字化的铁路调度通信又提升到了一个新的高度,也为实现有线数字调度通信、无线数字调度通信及其他专用通信(如区间通信)的统一提供了很好的条件,更为铁路现代化信号控制系统、铁路信息数字化等其他专业系统铺就了极好的平台。

为适应在GSM-R大环境下铁路有线、无线调度通信统一的要求,北京佳讯公司在成熟产品“飞鸿98”基础上开发了“飞鸿98-G”调度通信系统,率先实现了GSM-R调度通信系统中的固定用户接入系统(FAS)。基于对铁路调度通信系统现在面临问题和对未来发展趋势的思考,佳讯公司推出了新一代铁路调度通信系统MDS。MDS系统既能用作一般的数字调度通信系统,也能用作FAS系统,同时容量比“飞鸿98”和“飞鸿98-G”更大。此外,MDS也能平滑支持IP组网应用和语音、数据、视频等各种多媒体通信,并保证能从现有数字调度系统或FAS系统平滑升级到多媒体调度。中软网络技术股份有限公司在CTT2000L/M基础上开发了CTT4000(FAS系统)专用数字调度通信系统,实现了有线调度业务和无线调度业务的融合。

随着IP网络的广泛使用,越来越多的通信系统和各类信息系统已基于IP传输网络,因此,未来调度通信系统如何向这方面过渡,需要一个平滑的方案。未来的调度指挥通信手段越来越多,将综合利用语音、数据和视频等多种通信方式,并实现联动,将它们融合一起,将给调度指挥带来很大的方便。

三、铁路调度通信的业务

为指挥列车运行,保证运输安全,铁路历来有一套完善的调度指挥系统。铁路调度系统按机构可分为国铁集团调度和铁路局集团公司调度两级。

国铁集团调度是指国铁集团指挥各铁路局集团公司,协调完成全国铁路运输计划的工作。按调度业务性质,分为行调、客调、军调、特调、车流、集装箱、机车、车辆、电力、工务、电务调度等。其调度通信网络结构,以国铁集团为中心对各铁路局集团公司呈一点对多点的星形复合网络,习惯上称之为干线调度,简称干调,如图1-5所示。

铁路局集团公司调度是指铁路局集团公司指挥局内相关站段,协调完成全局铁路运输计划的工作。铁路局集团公司调度有两种类型:一是以铁路局集团公司运输指挥中心对全局相关站段的调度指挥,与相邻铁路局集团公司也有业务往来,同时接受国铁集团的调度指挥。按调度业务性质分客调、军特调度、篷布调度、计划调度、车流、机车、车辆、工务、电务调度等,其有的归属局调度所,有的归属相关业务处,各铁路局集团公司不尽相同。这一类调度既是干调分机,又是局线调度,简称局调,其调度通信网络结构,有的用专线组成星形调度通信网络,有的用铁路自动电话拨号呼叫进行联络。

二是铁路局集团公司调度所调度员指挥一段铁路线上的各车站(段、所、点)。按业务性质分列车调度、货运调度、电力牵引调度(供电调度)。对这一类调度,习惯上称之为区段调度,其通信网络结构取决于业务性质和地理位置,基本上是以共线形为主的调度通信网络组网。

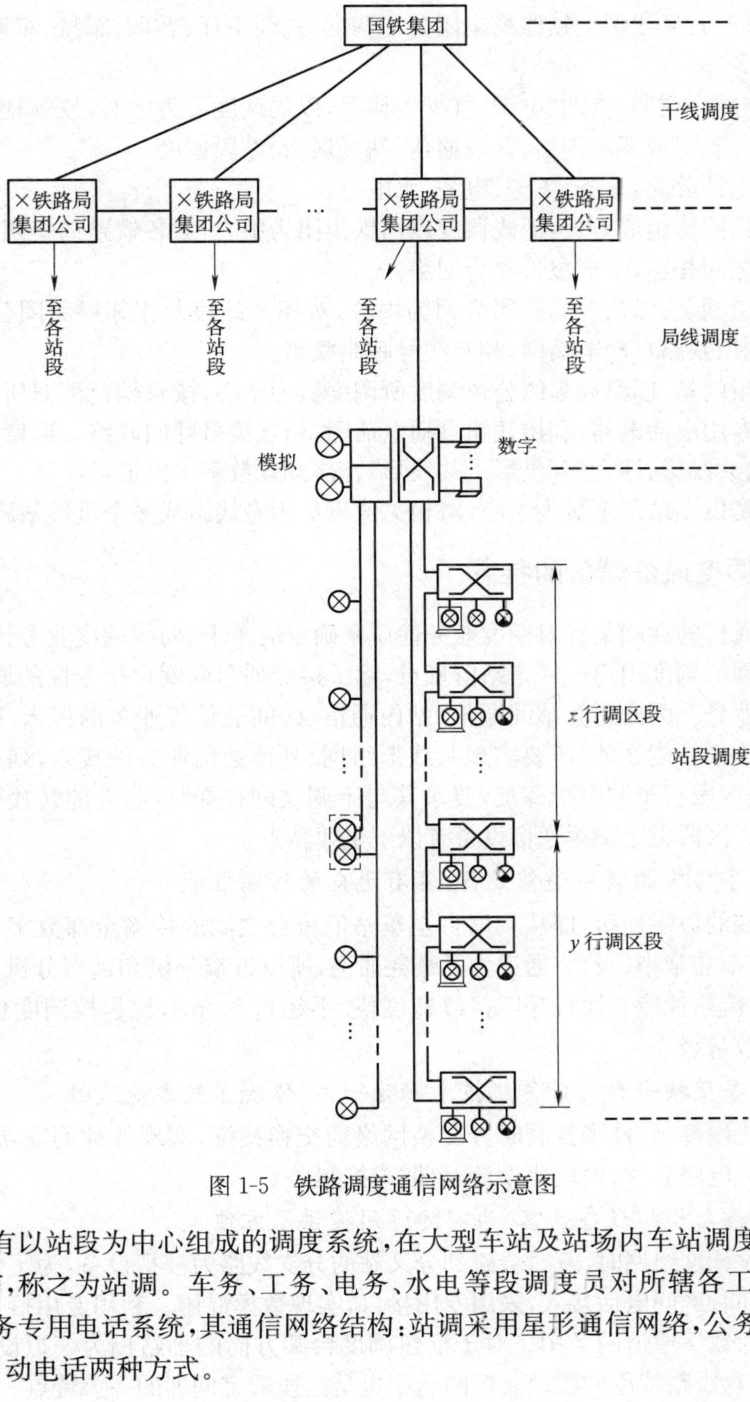

图 1-5　铁路调度通信网络示意图

此外,还有以站段为中心组成的调度系统,在大型车站及站场内车站调度员对各值班员之间调度通信,称之为站调。车务、工务、电务、水电等段调度员对所辖各工区(站)之间通信,统称为公务专用电话系统,其通信网络结构:站调采用星形通信网络,公务专用电话系统有共线形和自动电话两种方式。

综上所述，对铁路调度通信业务的分类可归纳如下：

通信类型按机构分：干线通信国铁集团调度、局线通信铁路局集团公司调度、区段调度、站调。

按调度业务性质分：干线调度分为干线通信国铁集团调度、总调度长、行调、客调、军调、特调、车流、集装箱、机车、车辆、电力、工务、电务等。

局线调度分为：局线通信铁路局集团公司调度、总调主任、客调、军特、车调、篷布、机车、车辆、工务、电务等。

区段调度分为：列调、货调、电调、红外线调等，以局调度员为中心，按管辖范围对所属调度对象以共线方式组成调度网络、区段通信、站场通信、站段调度。

公务专用电话分为：车务、工务、电务、水电等。

按调度通信网络组成方式：干线调度以国铁集团为中心，对各铁路局集团公司及相邻铁路局集团公司之间相连，组成星形复合网络。

局线调度组网是：以铁路局集团公司为中心，对相关站段及相邻局集团公司，用专线组成星形网络；利用铁路自动电话网，相互拨号呼叫联络。

区段调度组网是：以路局集团公司调度所调度员为中心，按管辖范围对所属调度对象以共线方式构成专用电话电路；利用铁路自动电话网，相互拨号呼叫联络。调度业务的通道组网方式有星形、共线形、综合型(星形＋共线形)、混合形(数字＋模拟)等。

站调组网是以车站调度员为中心，对相关值班员用专线组成多个星形站调通信网络。

四、数字调度通信设备的特点

铁路调度通信的性能是针对调度业务性质来确定的。干、局线调度业务比较单一，可是区段调度通信网的调度用户——车站值班员，除了接受列车调度台指令性的调度业务之外，还要办理行车业务。因此还有站间通信、站内通信、区间通信等业务的接入，所以区段调度设备除了要有交换功能之外，还要实现共线形组网、其他通信业务的接入，列车调度台既是局调用户，又是区段行车调度指挥员，要求其与干调联网接受呼叫，并能转接所辖区段内任一台行调分机。区段数字调度通信设备有以下主要特点：

1. 基于数字传输的数字通信设备，具有优良的传输性能

提供端到端的数字连接，即从调度台至车站值班台之间的传输全部数字化，所以噪声、串音、信号失真都非常小。数字通道为无衰耗通道，所以近端分机和远端分机声音都一样大小，具有优良的传输性能。而且呼叫接续速度快，不超过 50 ms，比程控调度总机的 600 ms 又缩短了一个数量级。

2. 基于数字交换平台与计算机技术融为一体，体现了技术先进性

使用计算机硬件、软件来控制时分交换网络的交换接续，实现各种调度功能，主要器件采用大规模集成电路芯片，模块化设计，分散式控制。

3. 数字设备与模拟设备兼容，为实际运用提供了方便

在进行区段调度组网时，有时会碰到分叉站的分支线路为模拟设备，为了使模拟线路上的调度分机、站间、区间电话接入，采用专用接口，实现数模混用。利用专用接口还可实现将模拟实回线作为数字通道的备用。对于枢纽调度台某方向的小站仍为模拟设备时，同样可以组网，这种具有铁路特色的数模兼容的运用也是区段数字调度的一大特点。

4. 多种业务兼容，为区段通信数字化奠定了基础

区段调度通信设备不仅成功地开放了各类区段调度通信业务，还很好地解决了站间通信、站内通信、区间通信等通信业务的接入。此外，配置数据接口，还可开放数据通信业务；配置用户接口还可将局调网的自动电话延伸至任何区段内的任意小站和区间，为应急通信提供话音业务和图像传输；配置音频 2/4 W 接口，为用户提供透明的音频通道。总之，根据业务需要配置相应接口，可实现多种业务的综合接入，为区段通信数字化、网络化奠定了基础。

5. 安全可靠性高，为保证调度指挥不间断通信创造了条件

调度通信必须安全可靠，数字调度设备从硬件、软件两个方面来保证。元器件采用大规模集成电路芯片、模块化设计、分散式控制来保证安全可靠；主要部件采用“1＋1”实时热备份，出现故障自动倒向备份；除传输系统具有自愈保护功能外，还采用了自愈环组网，即使中间断线仍然畅通不影响使用。

6. 具有集中维护网络管理功能，大大减少了维护工作量，安全运行更有保障

在调度通信机械室设有数字调度网管维护台，对沿线各车站分系统进行状态监视、故障告警监测、系统配置管理，沿线车站分系统可以做到无人值守，还具有远程诊断业务，技术支援响应快，对安全运行更有保障。

第三节　高速铁路通信系统

铁路通信系统是实现铁路专用通信业务的系统，铁路调度通信系统是其重要组成部分，目前铁路通信已基本实现数字通信技术。高速铁路通信系统属于铁路通信系统，其中有线通信部分与非高速铁路通信系统区别不大，而其区别主要体现在无线通信部分。目前我国高速铁路无线通信使用 GSM-R(GSM for Railway)技术，已在我国许多条铁路干线和高速铁路上使用。为适应在 GSM-R 大环境下铁路有线与无线的统一要求，也采用了高速铁路数字调度通信系统 MDS3400 和 CTT4000。

高速铁路通信系统由传输系统、通信线路、时钟系统、数据通信系统、接入网系统、数字调度通信系统、铁路数字移动通信(GSM-R)系统、CIR 系统、综合视频监控系统、通信电源及动力与环境监控系统、电视会议系统、应急通信系统、站(客)场及列车广播系统等组成。

传输系统是通信网的重要组成部分，主要承载各种话音、数据及视频业务的传送任务。没有传输系统就无法形成通信网络，传输系统质量的好坏，是影响通信网络质量的关键因素之一。

通信线路是构成通信网的重要组成部分，是光电信号传输媒介，为各种信息提供安全畅通、稳定可靠的通路。通信线路的好坏直接影响通信系统的传输质量。

时钟系统是铁路运行的重要组成部分之一，其主要作用就是为工作人员和乘客提供统一的标准时间，并为所有通信设备系统提供统一的标准时间信号，使各系统的定时设备与本系统同步，从而实现网络化运营的时间统一。

数据通信是数字计算机或其他数字终端之间的通信，是计算机与计算机或计算机与其他数据终端之间存储、处理、传输和交换信息的一种通信技术，而实现这种通信的系统就是数据通信系统。随着各类信息化设备在铁路运营管理业务中的广泛运用，近年来铁路数据

通系统得到了高速发展和应用。

接入网在通信网中具有极其重要的地位，它直接面对广大的用户和各种应用系统，是完成语音、数据、图像等综合业务接入的必经之路，它的质量和性能对通信网有着直接的影响。

数字调度通信系统是铁路行车指挥的神经枢纽，是直接为铁路运输生产服务的重要通信设施。为保证列车畅通无阻、安全高速，数字调度通信系统必须提供迅速、安全、可靠的通信服务。

铁路数字移动通信(GSM-R)系统是基于 GSM 技术，专为铁路通信设计的数字移动通信系统，为铁路应用提供综合通信服务的平台，不仅实现无线列车调度、铁路区间移动通信等语音功能，同时还承担了车次号校核信息、调度命令、列控信息传送等无线数据通信任务，在铁路安全生产中发挥着重要作用。

CIR 是基于 GSM-R 技术规范和机车综合无线设备 V2.0 研发的，它采用了集中控制和模块化设计，CIR 已经成为我国铁路无线调度通信的主要车载设备。目前，车载设备机车综合无线通信设备(CIR)广泛使用在既有线和高铁线上。

综合视频监控系统直接服务于铁路客货运输生产，各编组站、大型客运站、高速铁路、铁路局集团公司、国铁集团的各级用户，根据需要可选择实时调用或回放各采集点视频图像，是运输安全的重要监控手段。

通信电源作为通信系统的“心脏”，在通信系统中具有无可比拟的重要地位。动力与环境监控系统可对通信机房电源系统的各种指标、机房内的温度、湿度、烟雾、水浸、门禁和空调等异常情况进行集中监控、管理并报警，以便及时发现和排除各机房内的异常情况，确保系统安全可靠运行。

电视会议系统是国铁集团与铁路局集团公司、铁路局集团公司与基层站段等进行工作部署及突发事件处置、信息沟通等的重要通信设施。铁路电视会议系统必须提供安全、稳定、可靠、高质量的图像和语音信号。

铁路应急通信系统可迅速建立多个事发现场、各级应急指挥中心、相关信息系统之间的视频图像、语音、数据信息通信，将应急现场的视频、图像实时接入和转发至各级应急指挥中心，为各级领导提供实时的、直观的决策依据，以及方便、快捷、可靠的应急指挥平台。

(站)客场及列车广播系统主要用于铁路列车、铁路运输编组场及车站发布信息公布、通告事项及室内外人员业务联系等。

由于传输系统、通信线路、时钟系统、数据通信系统、接入网系统及动力与环境监控系统、CIR 系统、电视会议系统等有专门的课程学习，因篇幅所限，本书仅就高速铁路通信系统中主要的技术进行介绍。

复习思考题

1. 铁路话音通信业务是如何分类的？
2. 铁路调度电话业务是如何分类的？
3. 铁路应急通信业务有哪些？
4. 说明铁路调度通信的特点和要求。
5. 调度通信业务有哪些？其主要功能是什么？

第二章　数字调度通信

第一节　数字调度通信的基础知识

一、模拟信号数字化的基本原理

模拟信号的数字化，常采用脉冲编码调制(Pulse Code Modulation，PCM)的方法。将模拟信号变为 PCM 信号，必须经过抽样、量化、编码三个步骤。

(一) 抽样

抽样就是每隔一定的时间间隔(T)来抽取模拟信号的瞬时电压值，称为抽样值。抽样后的信号称为抽样信号，显然，它是一种幅度连续、时间离散的脉冲信号，即脉冲幅度调制(PAM)信号，抽样过程如图 2-1 所示。

如果取出的样值足够多，那么抽样信号就越接近原来的模拟信号，也就是说抽样间隔时间 T 越短越好。

抽样定理：对于一个最高频率为 f_m 的模拟信号，只要抽样频率以 $f_s \geqslant 2f_m$ 的速率进行抽样，其抽出的样值可以完全表征原信号，因此抽样间隔时间 $T \leqslant 1/(2f_m)$。例如，语音频带为 300～3 400 Hz，样频率至少为 6 800 Hz。目前 PCM 通信普遍采用每秒抽样 8 000 次，因此抽样间隔时间 $T=(1/8\ 000)\ \mathrm{s}=125\ \mu\mathrm{s}$。

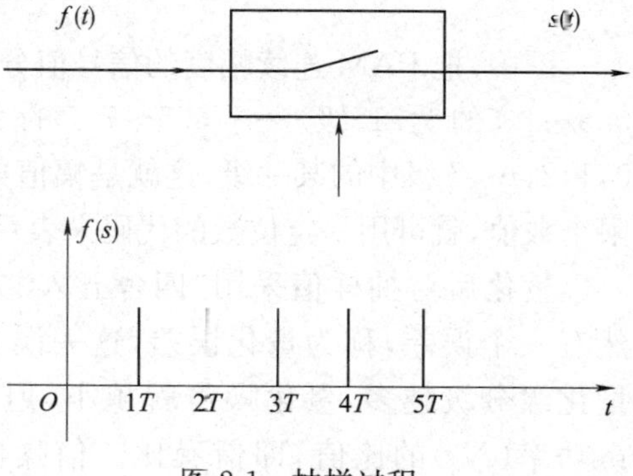

图 2-1　抽样过程

可以简单地概括为：抽样就是将模拟信号变为幅度连续、时间离散化的抽样脉冲信号，即 PAM 信号。

(二)量化

经过抽样后的 PAM 信号，是一个幅度连续、时间离散的脉冲信号，连续的幅值可以有无限多个，不能用有限个数字来表示，因此抽样信号仍是模拟信号，而不是数字信号。要将这样的模拟量直接去编码是不可能的，因为编码的位数总是有限的，用二进制的数字信号每位码代表两个数值，n 位码只能代表 2^n 个数值。那么如何用有限的数码状态来表示这无限个数值呢？解决的办法就是量化。量化就是分级取整的意思，把幅度连续的抽样信号分成若干个信号幅度等级，称为量化级，这就是分级，而连续的信号值不一定正好落在划定的等级线上，两个幅度等级之间的信号值，采取“四舍五入”方法，归并到最邻近的一个幅度等级

(量化级)中去,这就是取整。量化级数的多少与编码方式有关,例如采用均匀量化(即各量化级之间的级差相等),如果采用了 3 位二进制码元可将信号值分为 $2^3=8$ 个相等的量化级,均匀量化如图 2-2 所示。

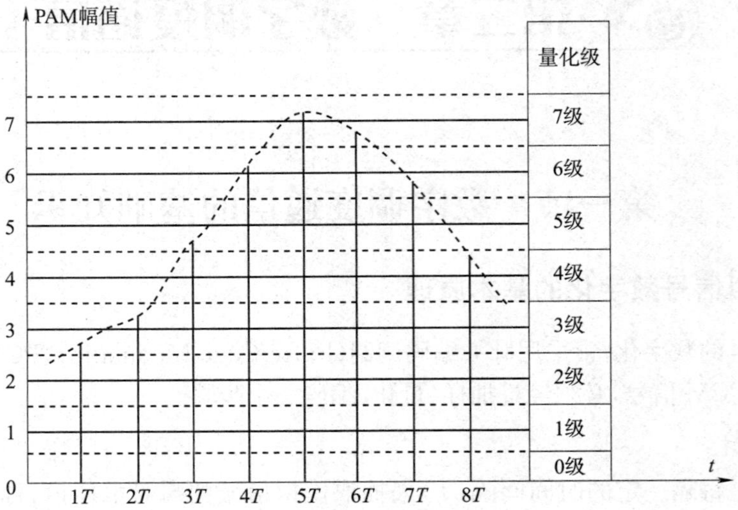

PAM幅值	3	3	5	6	7	7	6	4

图 2-2　均匀量化示意图

图中,把 PAM 连续幅度的信号值分为 0,1,2,…,7 共 8 级,并规定小于 0.5 的为 0 级,0.5～1.5的为 1 级…… 6.5～7.5 的为 7 级。这样,幅度连续的信号必然归纳到 0,1,2,…,7 级中的某一级,这就是幅值的离散化,将无限多个幅值经分级取整后归纳为有限个数值,就可用一定位数的代码来表示。

量化后对抽样值采用"四舍五入"方法取整,如果用量化值来代替原抽样信号值,显然有一个误差,称为量化误差,这一误差对收听者来说表现为噪声,故又称为量化噪声。量化级分级越多,量化噪声就越小,但在通信中,人们注重的是有用信号功率(S)和噪声功率(N_q)的比值,即信噪比。信噪比与量化分级数(N)的平方成正比,如果用对数来表示,则

$$(S/N_q)\text{dB}=20\lg N$$

上式说明,增加量化分级数,可提高信噪比,但是增加量化级数需要增加二进制码位数,就要增加传输的数码率,因此用增加量化级数来提高信噪比不是理想的办法。

在均匀量化时,对幅度大的信号和幅度小的信号采用相同的量化级,显然,小信号引起的量化误差要大于大信号引起的量化误差,因此,当大信号的信噪比达到要求时,对小信号就达不到要求。从语音幅度概率密度特性可知,处于小信号范围的幅度概率密度大,而处于大信号范围的幅度概率密度小。根据这一特点,启发人们把小信号的量化级分得细一点,即量化间隔小一点,把大信号的量化级分得粗一点,量化级级差不相等称为非均匀量化。采用非均匀量化是提高小信号信噪比的有效方法。

实现语音非均匀量化的技术称为压缩扩张技术,目前普遍采用非线性量化与非线性编

码结合在一个过程中完成。国际上采用两种压扩方法，即 A 律特性压扩和 μ 律特性压扩。A 律特性为欧洲标准，μ 律特性为北美标准。我国采用 A 律特性压扩方式。

A 律特性曲线为一条指数型的曲线，可以用 13 折线近似来表示，如图 2-3 所示。

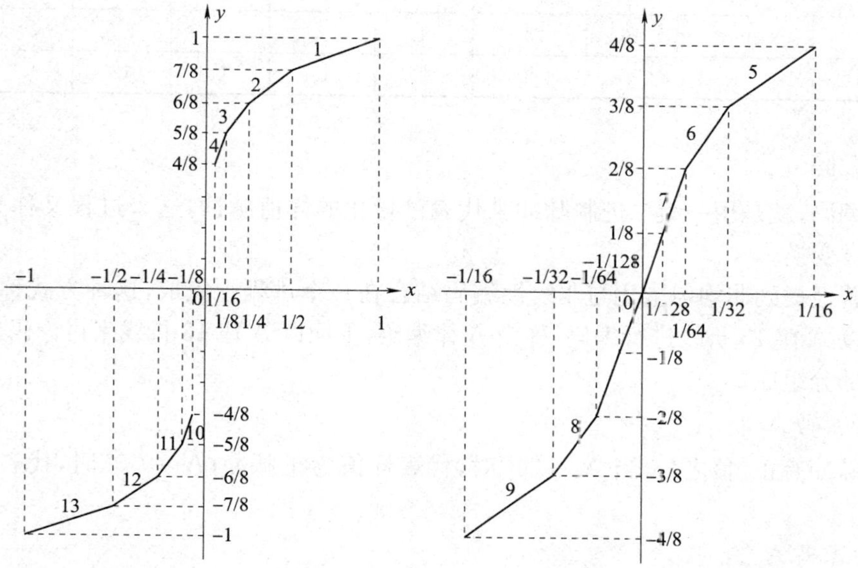

(a) 1~4段、10~13段　　(b) 5~9段放大图

图 2-3　折线近似表示图

这种压缩特性的特点是将 x 轴代表输入信号，采用非均匀分段的办法，达到非均匀量化的目的。分段规律是每次以 1/2 进行分段，共分成非均匀的 8 段，第 8 段为 1/2～1；剩下 0～1/2再一分为二，即取 1/4～1/2 为第 7 段；剩下 0～1/4 再一分为二……一直到分成 8 个段落，最小一段为 0～1/128，作为第 1 段。y 轴代表输出信号，均匀等分 8 个段落，分别为 1/8、2/8、3/8、4/8、5/8、6/8、7/8、1 且与 x 轴一一对应。把 x 轴与 y 轴相应的交点连接起来，共有 8 段直线组成的折线，其中 1、2 段长度相等、斜率相同，因此连接起来共有 7 段斜率不同的折线，在第Ⅰ象限的折线函数见表 2-1。

表 2-1　在第Ⅰ象限的折线函数表

y	0	1/8	2/8	3/8	4/8	5/8	6/8	7/8	1
x	0	1/128	1/64	1/32	1/16	1/8	1/4	1/2	1
段　落	1	2	3	4	5	6	7	8	
斜　率	16	16	8	4	2	1	1/2	1/4	
折线编号	7		6	5	4	3	2	1	

由于输入样值脉冲有正负两个极性，在负方向也应有一组与正方向对称的折线段，在第Ⅲ象限也有 7 段斜率不相同的折线，见表 2-2。正负两方向的 1 和 2 段斜率相同合成一段直线，所以一共有 13 段折线，简称为 A 律 13 折线压扩特性。

表 2-2　在第Ⅲ象限的折线函数表

y	0	−1/8	−2/8	−3/8	−4/8	−5/8	−6/8	−7/8	−1
x	0	−1/128	−1/64	−1/32	−1/16	−1/8	−1/4	−1/2	−1
段落	1	2	3	4	5	6	7	8	
斜率	16	16	8	4	2	1	1/2	1/4	
折线编号	7		8	9	10	11	12	13	

(三)编码

所谓编码,就是用一组二进制脉冲来代表已量化的样值脉冲,这个过程又称为模/数变换,即A/D变换。

上面曾经提到非均匀量化与非线性编码结合在一个过程中完成,这种方式称为折线近似压扩。按A律13折线进行编码,称为A律编码,下面以A律13折线来讨论码位的安排。码位由三部分组成。

1. 极性码 A_0

样值脉冲有正、负之分,当 A_0 =“1”时,代表样值为正脉冲;A_0 =“0”时,代表样值为负脉冲。

2. 段落码 A_1 A_2 A_3

A律13折线单方向分为8段,非均匀分段,从小信号的第1段开始到大信号的第8段为止,各段的长度不一样,段落起始电平、量化值范围也不一样,见表2-3。

表 2-3　各段落对应的长度、起始电平、量化值范围

段落码 A_1 A_2 A_3	000	001	010	011	100	101	110	111
段落序号	1	2	3	4	5	6	7	8
段落长度(Δ)	16	16	32	64	128	256	512	1 024
段落起始电平(Δ)	0	16	32	64	128	256	512	1 024
量化值范围(Δ)	0～16	16～32	32～64	64～128	128～256	256～512	512～1 024	1 024～2 048

注:表中Δ为最小的量化间隙,$\Delta=\frac{1}{128}\times\frac{1}{16}=\frac{1}{2\,048}$(归一化值)。

3. 段内电平码 A_4 A_5 A_6 A_7

每个段落内又均匀等分成 $2^4=16$ 个量化级,由于非线性量化分段每一段落长度不一样,各段落间的级差也不一样,段内电平码见表2-4。

表 2-4　段内电平码

量化级序号	段内码	段内电平(Δ)							
		量化段1	量化段2	量化段3	量化段4	量化段5	量化段6	量化段7	量化段8
1	0000	0	16	32	64	128	256	512	1 024
2	0001	1	17	34	68	136	272	544	1 088

续上表

量化级序号	段内码	段内电平(Δ)							
		量化段 1	量化段 2	量化段 3	量化段 4	量化段 5	量化段 6	量化段 7	量化段 8
3	0010	2	18	36	72	144	288	576	1 152
4	0011	3	19	38	76	152	304	608	1 216
5	0100	4	20	40	80	160	320	640	1 280
6	0101	5	21	42	84	168	336	672	1 344
7	0110	6	22	44	88	176	352	704	1 408
8	0111	7	23	46	92	184	368	736	1 472
9	1000	8	24	48	96	192	384	768	1 536
10	1001	9	25	50	100	200	400	800	1 600
11	1010	10	26	52	104	208	416	832	1 664
12	1011	11	27	54	108	216	432	864	1 728
13	1100	12	28	56	112	224	448	896	1 792
14	1101	13	29	58	116	232	464	928	1 856
15	1110	14	30	60	120	240	480	960	1 920
16	1111	15	31	62	124	248	496	992	1 984
量化级级差(Δ)		1	1	2	4	8	16	32	64

注：表中 Δ 为最小的量化间隙，$\Delta=\frac{1}{128}\times\frac{1}{16}=\frac{1}{2\,048}$(归一化值)。

编码举例：假设样值脉冲为＋1 686Δ，则极性码 A_0 为 1，对其幅度大小先确定段落码，查表 2-3，1 686Δ 在第 8 段落的 1 024～2 048 范围之内，所以段落码 A_1 A_2 A_3 分别为 111；其次确定在第 8 段落的哪一级，查表 2-4，1 686Δ 应在第 8 段落的第 11 级，该级起始电平为 1 664Δ，段内码 A_4 A_5 A_6 A_7 分别为 1 010。

所以样值脉冲＋1 686Δ 的 8 位码为 11111010。

在 PCM 系统中常用的一种编码器为逐次反馈型编码器，逐次反馈的意思就是将样值信号与权值进行比较，逐步比较逼近，首先编出极性码(A_0)，然后决定段落码(A_1 A_2 A_3)，最后定出段内码(A_4 A_5 A_6 A_7)。除极性码外，要编出其余 7 位数码，必须经过 7 次比较，经编码器汇总后输出即为 PCM 信号。

二、时分多路通信的概念

(一) PCM 传输系统

模拟语音信号在发送端经过抽样、量化和编码以后得到了 PCM 信号，该信号经过传输线路送到对端。在接收端将收到的 PCM 信号还原成模拟语音信号。

将 PCM 信号还原为模拟信号，要经过两大步骤：第一步通过解码器将 PCM 信号还原成与发送端一样的量化样值，也就是把 PCM 信号转换成 PAM 信号，这个过程称为数/模转换(或 D/A 转换);第二步将 PAM 信号经过低通滤波器,使离散的 PAM 信号恢复为原有的连续语音信号。

图 2-4 是数字传输系统原理图,它除了表示 PCM 传输系统发送端及接收端的情况外,还表示了传输线路中接入的再生中继器。为了实现双向通话,必须双方都要有图 2-4(a)中的发送与接收设备,形成 4 线制通信方式,如图 2-4(b)所示。

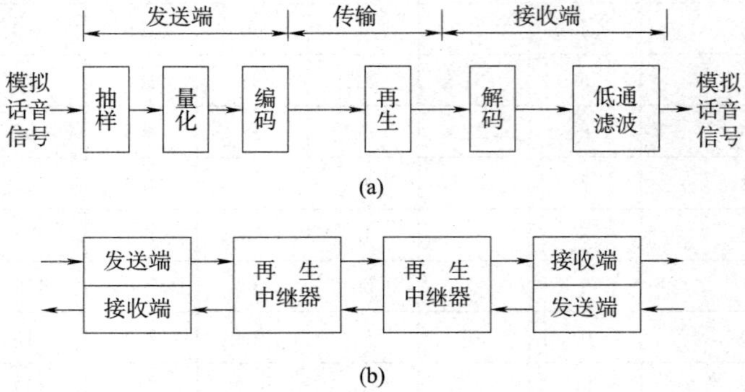

图 2-4　数字传输系统原理图

(二)时分多路复用

在一对传输线上,传输多个话路的信息,这就是多路复用。多路复用通常有频分制(FDM)和时分制(TDM)两种。频分制是将传输频带分成 n 部分,每一个部分均可作为一个独立传输信道使用,FDM 信道划分如图 2-5(a)所示。这样在一对传输线路上可有 n 对话路信息传送,而每一对话路所占用的只是其中的一个频段。频分制通信又称载波通信,它是模拟通信的主要手段。时分制是把一个传输通道进行时间分割以传送若干话路的信息,TDM 信道划分如图 2-5(b)所示。时分制通信也称时间分割通信,它是数字电话多路通信的主要方法,因而 PCM 通信常称为时分多路通信。

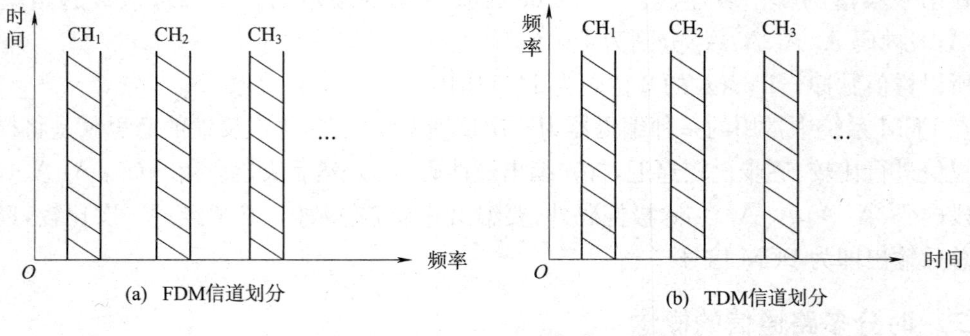

图 2-5　频分制和时分制信道划分示意图

在时分制中,每一用户在指定时间内接通信道,其他时间为别的用户按指定时间接通,为了使发送端各路和接收端各路能互相对应协调一致地工作,在发送端需传送一个同步信号,利用同步控制信号来确保发送端和接收端协调工作,如图 2-6 所示。

从语音模拟信号转换成数字信号的过程中可知,为确保接收端能将离散的数字信号还原成连续的模拟信号,抽样频率需采用 8 000 Hz,即每隔 125 μs 抽样一次。因此,就 PCM

时分通信而言，是把 125 μs 时间分成许多小段落，每一小段落占一小段时间间隔，将每一路信号的传输时间分配在不同的时间间隔，以达到互相分开的目的（每一路所占用的时间间隔称为时隙）。

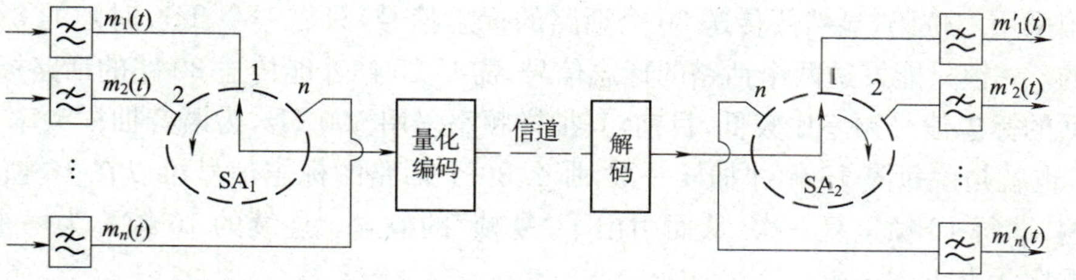

图 2-6　时分多路复用示意图

（三）PCM 30/32 的帧结构

PCM 30/32 的帧结构制式是将 $T=125$ μs 的时间分成 32 个时隙，每个时隙占用时间为 125 μs/32＝3.9 μs，传送 8 位二进制码，即 8 bit，每个比特占用时间为 3.9 μs/8＝0.488 μs。

在 125 μs 时间内，每一路轮流传送 8 位码的码组一次，称为一喷，所以一帧由 32 个时隙组成，分别记为 TS_0、TS_1、TS_2、…、TS_{31}。其中，TS_0 为帧同步时隙；TS_{16} 为话路标志信号时隙；TS_1～TS_{15} 及 TS_{17}～TS_{31} 为话路时隙，共 30 路。因此，32 路 PCM 写成 PCM 30/32。PCM 30/32 路系统的帧结构如图 2-7 所示。

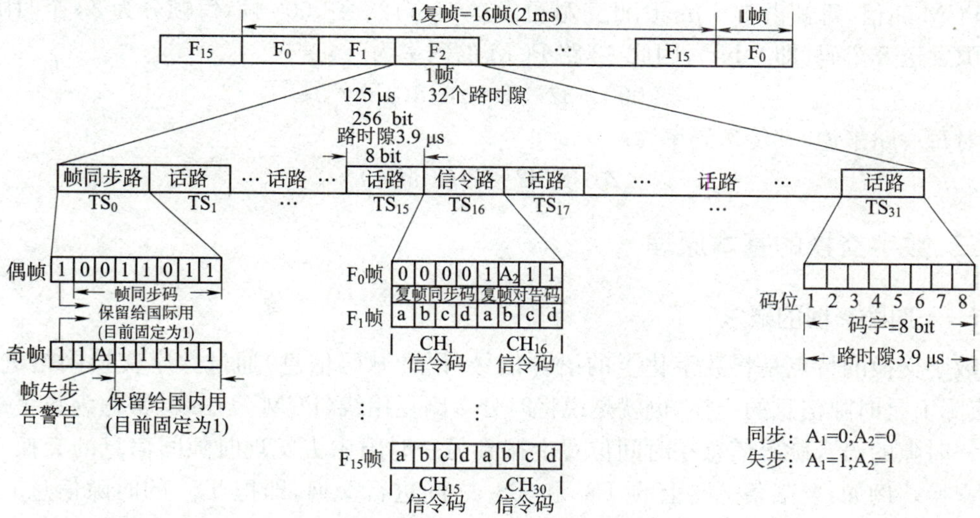

图 2-7　PCM 30/32 路系统的帧结构

1. 同步时隙

TS_0 为同步时隙，每隔一帧传送一次同步码，所以 TS_0 分偶数帧和奇数帧。偶数帧的第 2 至第 8 位传送帧同步码（0011011），以便收发两端同步工作。奇数帧的第 2 位码为奇数帧监视码，固定为“1”，以便接收端能区分是奇数帧，而不是偶数帧；第 3 位码 A_1 为失步告警码，同步时为“0”，失步时为“1”，以便告知对端局；第 4 至第 8 位码可做其他信息用，不用时暂定为“1”。不论是偶数帧还是奇数帧，TS_0 的第 1 位码供国际通信用，不用时，暂定为“1”。

2. 标志信号时隙

TS_{16}为标志信号时隙，该时隙用来发送 30 个话路的标志信号。一般情况下，话路的标志信号类型不多且一种信息只需用一位码来传递，因此每一路的标志信号用 4 位码就足够了。我国采用三位码，显然要传送 30 个话路的标志信号，只靠一个 TS_{16}时隙的 8 位码肯定是不够的。一帧只能发送两个话路的标志信号，需要 15 帧才能传送 30 路的话路标志信号。

电话的标志信号频率比较低，目前，其抽样频率采用 500 Hz，为语音抽样频率 8 000 Hz 的 1/16，也就是说每隔 16 帧才抽样一次，那么 30 个话路的标志信号可以在 16 帧中被轮流传送一遍，即每 16 帧重复一次，从而引出了“复帧”的概念。连续的 16 帧称为一个复帧，复帧排列顺序为 $F_0F_1F_2\cdots F_{15}$。

F_0 帧的 TS_{16}时隙，前 4 位码发送复帧同步码，同步时为“0000”；第 6 位 A_2 为复帧失步告警，同步时发“0”，失步时发“1”；其余 3 位码留作备用，不用时暂定为“1”。

$F_1\sim F_{15}$帧中的 TS_{16}，前 4 位码用来传送 $CH_1\sim CH_{15}$的话路标志信号；后 4 位用来传送 $CH_{16}\sim CH_{30}$的话路标志信号。

3. 话路时隙

$TS_1\sim TS_{15}$分别传送 $CH_1\sim CH_{15}$的话路信号；$TS_{17}\sim TS_{31}$分别传送 $CH_{16}\sim CH_{30}$的话路信号。

4. PCM 30/32 的码率

PCM 通信，每帧占 125 μs，因此每秒可发送 $10^6/125=8\ 000$ 帧，每帧分为 32 个时隙，每个时隙发送 8 个码（即 8 bit），因此 32 路 PCM 的码率为

$$8\ 000\times32\times8=2\ 048(\text{kbit/s})$$

对每一路来说，其传送码率为

$$2\ 048/32=64(\text{kbit/s})$$

三、数字交换的基本原理

（一）时隙交换的概念

数字交换的特点是将数字化了的语音信号（语音脉码信息）通过数字交换网络进行交换，实际上是时隙信息的交换，也就是说将时分多路复用线（PCM 复用线，常称为数字链路）中某一时隙的语音脉码信息在时间位置上搬到另一时隙中去实现时隙间信息的交换，称为时隙交换。例如：要某条链路上的 TS_1 和 TS_5 之间进行交换，即把 TS_1 的时隙信息 a 搬到 TS_5 中去，把 TS_5 的时隙信息 b 搬到 TS_1 中去，实现 TS_1 与 TS_5 之间的双向通话，双向数字变换如图 2-8 所示。

在这里需要特别注意的是：当第 1 帧 TS_1 到来时，输出端 TS_5 的时隙尚未来到，需要将 TS_1 时隙的信息 a_1 先暂存一段时间，等到 TS_5 到达时，才将信息 a_1 送出去，等待时间为 4 个时隙所占用时间，即 $4\times3.9\ \mu s=15.6\ \mu s$；同样，第 1 帧 TS_5 时隙的信息 b_1 到达时，输出端 TS_1 的时隙已经过去了，需要等到下一帧（第 2 帧）到达时，才将 b_1 送出去，等待时间为 $27\times3.9\ \mu s=105.3\ \mu s$，等待时间长短视交换时隙的时间位置而定，最长不会超过一帧时间（125 μs）。就这样完成了 TS_1 与 TS_5 之间的信息交换，从数字交换内部来看，需要建立

$TS_1 \rightarrow TS_5$ 和 $TS_5 \rightarrow TS_1$ 两条通路，也就是说建立发送和接收两条通路，所以数字交换的另一特点是必须是4线交换。

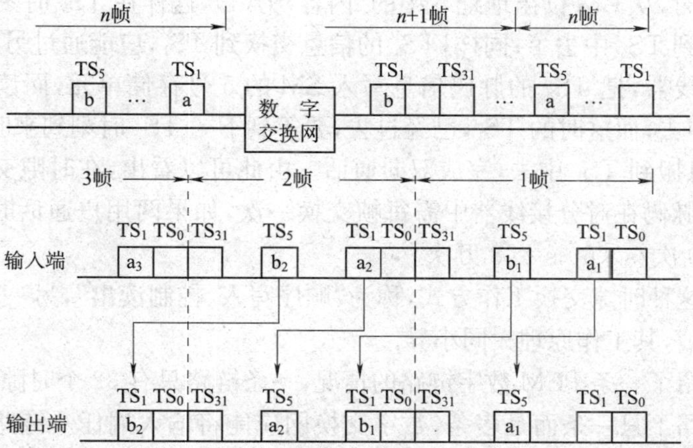

图2-8　双向数字交换示意图

（二）时分接线器（T接线器）

从时隙交换的概念可以看出，当输入端某时隙 TS_n 的信息要交换到输出端的某时隙 TS_i 时，TS_n 时隙的信息需要在一个地方暂存一下，等到 TS_i 时隙到来时再把它取出来，就有一个“存储”和“控制输出”的过程，靠时分接线器（也称为T接线器）来完成一条PCM复用线各时隙间信息的交换。时分接线器由语音存储器（SM）和控制存储器（CM）组成，如图2-9所示。

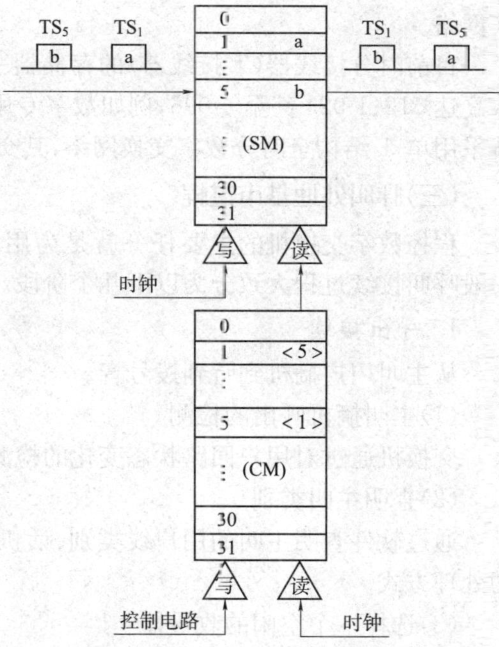

图2-9　时分接线器示意图

SM是用来暂时存储语音脉码信息，每个存储单元的位数与语音脉码位数一致，为8位码，存储单元数与PCM复用线每帧内的时隙数一致，即共有32个存储单元。存储单元的地址按时隙的序号编排，TS_0 的信息放入0号单元，TS_1 的信息放入1号单元……32个时隙的信息按输入顺序依次写入各存储单元暂存起来，称为“顺序写入”。这里的“顺序”是指存储单元地址的顺序与时隙的序号一致。什么时候取出，则由CM来“控制读出”。

CM是用来存储语音时隙地址的，一条PCM复用线有32个时隙地址，所以每个存储单元只要5位编码（$2^5=32$），存储单元数与SM地址数相同，用来“控制读出”。这里的“控制”是指按控制存储器已规定的“内容”（即语音时隙地址）来控制语音存储器的读出，至于控制存储器中的“内容”则由处理机控制写入和清除。

例如，要将 TS_1 的信息交换到 TS_5，在时钟脉冲控制下，当 TS_1 时刻到来时把 TS_1 中的脉码信息写入 SM 内的 1 号存储单元(即"顺序写入")，而此脉码信息的读出是受 CM 控制，当 TS_5 时刻到来时，从 CM 读出地址 5 中的"内容"为(1)，这样在 TS_5 时刻打开存储单元 1，把 TS_1 的信息搬到 TS_5 中去了；同样，TS_5 的信息交换到 TS_1，应能通过另一条 PCM 复用线和相应的时分接线器，把 TS_5 的脉码信息写入 SM 的 5 号存储单元，而读出也是受 CM 控制，要搬到 TS_1 中去，而这时的 TS_1，已经过去，要等到下一 TS_1 时刻到来时打开 5 号存储单元，把 TS_5 的信息搬到 TS_1 中去，完成双向通话。由此可以看出，在时隙交换过程中会出现时延，另外 PCM 脉码在时分接线器中需每帧交换一次，如果两用户通话时长1 min，则时隙交换次数达 8 000 次/s×60 s=48 万次。

上面介绍的这种时隙交换工作方式，称为"顺序写入、控制读出"，另一种工作方式为"控制写入、顺序读出"，其工作原理大同小异。

以上只是介绍了一条 PCM 数字链路的情况，一条链路只有 32 个时隙，而接到一个数字交换网的数字链路不只一条而是多条，数字交换网应能将输入端任一链路的某一时隙交换到输出端任一链路的任一时隙。要完成不同 PCM 链路之间的脉码交换，即空间位置的转换，称为空分交换，由空分接线器(S 接线器)完成，所以较大容量的程控交换机采用 TST 交换网络。

目前时分接线器(T 接线器)的存储器一般采用高速的随机存取存储器，所交换的时隙数高达 512、1 024 甚至 4 096，例如数字专用通信系统、Hicom372 和 Hicom382 调度交换机就采用单 T 结构全时分数字交换网络，其交换时隙分别为 512、1 024 和 2 048。

(三)呼叫处理基本过程

程控数字交换机的主要任务就是为用户完成各种呼叫接续，这个过程称为呼叫处理。一般呼叫接续过程大致分为以下几个阶段。

1. 呼出接续

从主叫用户摘机到听到拨号音。

(1)主叫摘机呼出的检测

交换机通过对用户回路状态变化的检测来识别主叫是否摘机。

(2)查明主叫类别

通过软件查明主叫的用户线类别、话机类型和服务类型。不同的主叫类别将导致不同的处理方式。

(3)选择一个空闲的收号器

根据主叫所发的地址信号类型，选择相应的空闲收号器。对拨号脉冲信号，不需专门的收号器，可直接由软件判断。

(4)发出拨号音

数字化的拨号音由音频信号发生器经交换网络送往用户。

2. 接收地址信息

主叫听到拨号音后，开始发送地址信号(即拨号)。当收到第一位号码后，停发拨号音。

3. 数字分析

根据所收到的号码分析接续去向：本局呼叫、出局呼叫、长途呼叫、特服呼叫等。

4. 路由选择

出局呼叫时，则从相应路由中选择一条空闲的中继线。

本局呼叫时，直接检测被叫用户的忙闲状态。

5. 通路选择

在主叫用户和被叫用户间或选定的中继线与用户间，通过交换网络建立一条空闲的通路。

6. 振铃

如果被叫用户空闲且有空闲通路，则向被叫用户振铃，并向主叫用户送回铃音。

7. 应答监视

从开始振铃到被叫摘机应答为止，监视被叫是否摘机应答。被叫摘机应答识别与主叫摘机呼出的检测类似。

8. 通话和释放监视

被叫应答后，切断铃流和回铃音信号，将交换网络接通，主被叫用户进入通话状态，同时启动计费系统。

在通话状态，不断监视主被叫用户是否挂机。挂机监视同摘机检测类似。

9. 话终释放

从收到通话任意方挂机信号起，直至系统返回到初始空闲状态。此时交换系统任务为：停发计费脉冲，向未释放一方发送忙音或催挂音，拆线处理。

(四)信号系统(信令系统)简介

为保证通信网的正常运行，完成网络内各部分之间信息正确传输和交换，以实现任意两个用户之间的通信，必须要有完善的信号方式。信号是通信网中交换局和用户终端之间及各交换局间在完成各种呼叫接续时所采取的一种通信语言。如交换局和用户终端之间，用户摘机、听拨号音、拨号、听回铃音、向用户振铃等就是交换机与用户间交互信息的一种语言，是信号方式的一种。

1. 按工作区域分

(1)用户线信号

用户线信号是用户话机和交换局之间的信号，包括用户状态信号、用户拨号所产生的数字信息及铃流和信号音。它们在用户线上传送。

用户状态信号即摘挂机信号；用户拨号所产生的数字信息包括号盘话机发出的直流脉冲信号和双音频话机发出的DTMF信号；铃流是交换机向用户发送的振铃信号；信号音是交换机向用户发送的各种提示信号，主要包括拨号音、忙音、回铃音、空号音、长途通知音、催挂音等。

(2)局间信号

局间信号是两个交换局间在中继设备上传递的信号，用来控制局间呼叫的接续和拆线等。它涉及各种信号系统的具体应用，如1号信号系统、7号信号系统等。

2. 按信号的传递方向分

局间信号按信号的传递方向可分为前向信号和后向信号。

(1)前向信号

前向信号又称为正向信号,它是沿着建立接续的前进方向传递的信号,即从主叫用户所在局指向被叫用户所在局所传递的一切信号。

(2)后向信号

后向信号又称为反向信号,其信号流向与前向信号正好相反。

3. 按信号的功能分

(1)线路信号

线路信号又称监视信号。它是用来监视或改变线路上的呼叫状态或条件,反映呼叫进程,以控制接续的进行。

线路信号在模拟信道上传送可用直流信号或交流信号,在数字信道上传送可用数字型线路信号。

局间直流线路信号:共 19 种 DC(1)~DC(19),主要用于与纵横制或步进制交换机之间的配合,信号形式有四种:"高阻+""-""+""0"。

局间交流线路信号:分带内单频线路信号(北美的 R1 信号系统和中国 1 号信号系统,线路信号频率为 2 600 Hz)、带内双频线路信号(5 号信号系统,线路信号频率为2 400~2 600 Hz)、带外单频线路信号(欧洲的 R2 信号系统,频率为 3 825 Hz)。

数字型线路信号:当局间传输设备采用 PCM 时,局间线路信号必须采用数字型线路信号。数字型线路信号就是用数字编码表示线路上的各种状态,我国采用三位码,前向采用 af、bf、cf,后向采用 ab、bb、cb。其中,a 位表示用户的摘挂机状态;b 位表示设备状态;c 位表示话务员操作。

我国采用的数字型线路信号共有 13 种标志方式,即 DL(1)~DL(13)。

(2)选择信号

选择信号又称路由信号,它主要由主叫用户发出的数字信号即被叫的地址信息组成。记发器信号就是一种选择信号,它是一种局间随路信号,它包含被叫用户号码的数字信号及为建立接续所必需的控制信号。我国的记发器信号采用带内多频编码信号,前向为六中取二的多频记发器信号,共组成 15 个信号;后向信号为四中取二的编码方式,组成 6 个信号。

(3)操作信号

操作信号又称管理信号,用于电话网的管理和维护。

4. 按信号的传递途径分

(1)随路信号

随路信号就是用话路本身来传递各类信号,即用传送语音信息的通道来传送电话接续过程中所需的各种业务信号,如占用、应答、拨号、拆线等信息。

用户线信号、局间线路信号、局间多频记发器信号均为随路信号,中国 1 号信号系统是典型的随路信号系统。

(2)公共信道信号方式

公共信道信号方式又称局间公共信道信号方式,是在程控交换和 PCM 技术发展的基础上产生的。该信号方式中,将语音信号和局间信号分别在不同的信道上传送。

7 号信令系统采用的就是公共信道信号方式。该系统适于数字网,信号传输速率为

64 kbit/s。与随路信号方式相比，它具有如下优点：信号容量大，能适应各种新业务的要求；信号传输速度快，大大缩短了接续时间；通话期间仍可传送信号等。近几年随着通信网的迅速发展，7 号信令系统得到了广泛的应用。

(五)交换机的组成

交换机通常由三部分组成：交换网络、接口、控制系统。

交换网络实现交换机内用户间或用户与中继线间语音信号的交换。

接口把来自用户线或中继线的各种不同的输入信令和消息转换成统一的机内信号，以便控制单元和交换网络进行处理和接续。

交换机的控制系统实现对整个交换机的控制和处理。其功能可分为两大类：呼叫处理，运行、管理和维护(OAM)。

四、区段数字调度的基础知识

(一) 数字会议电路的基本原理

数字交换网络只能实现两个用户间的全交换(通话双方均能听到对方讲话)，以及一个用户对多个用户的广播式交换(一个用户为主持，其他用户只能听到主持讲话，而主持只能听到其中一个人讲话)，而不能完成三个或三个以上用户全双工会议交换(每个用户均能听到其他所有用户讲话)。在数字交换系统中，由数字会议电路完成该功能。由于 PCM 编码为非线性码，无法实现直接相加。为解决这一问题，一般采用以下两种方式：

(1)假设 A、B、C 三个用户需开全双工会议，图 2-10 所示的方法是将 PCM 信号变成模拟信号，相加后再变成 PCM 信号。

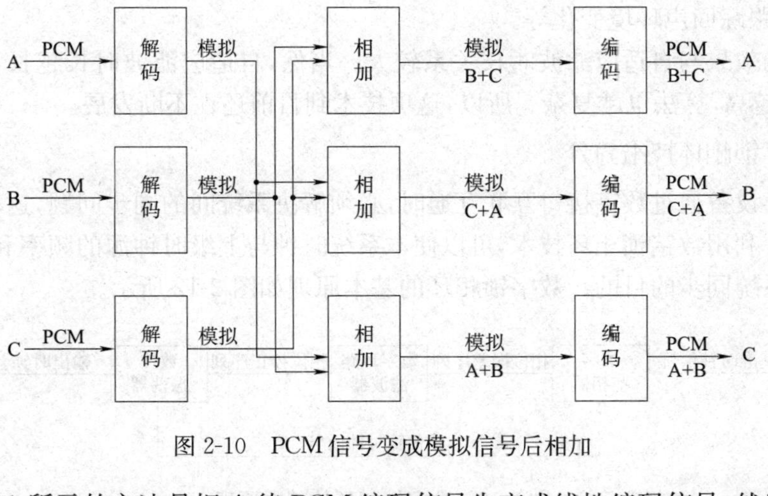

图 2-10　PCM 信号变成模拟信号后相加

(2)图 2-11 所示的方法是把 A 律 PCM 编码信号先变成线性编码信号，然后将线性编码信号相加，其结果再变回 A 律 PCM 编码信号。

(二)回波相消技术简介

对于既有调度设备，为防止主通道(传声器和扬声器)啸鸣，调度总机采用的是由调度员脚踏控制的单工通话方式，车站值班台采用的是模拟音控自动半双工的通信方式。

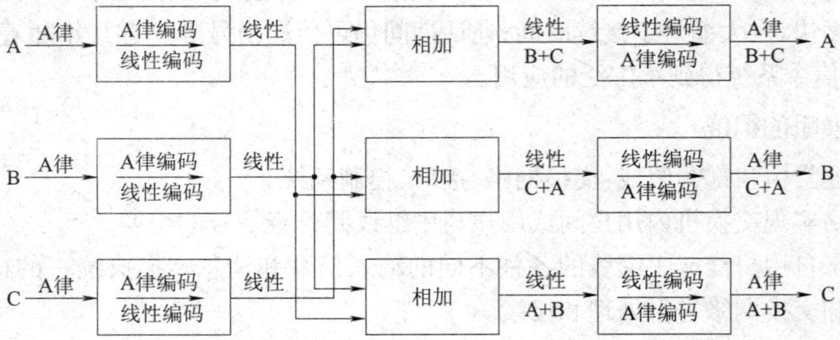

图 2-11　A 律 PCM 信号变成线性编码信号后相加

要实现主通道的全双工通话，必须解决啸鸣问题。引起啸鸣的关键是语音的回波。在一次通话过程中，回波成分往往很复杂。从回波产生途径来看，可分为空间回波和线路回波两种。空间回波是指从扬声器出来的声音又通过传声器进去返回给讲话的人；线路回波是指发出去的声音在电路或线路上传输时，由于 2/4 线变换等因素，一部分声音又返回给讲话的人。

线路回波又分为近端回波和远端回波两种。从回波的性质看，回波可分为线性回波和非线性回波两种。

区段数字调度系统的操作台运用回波相消技术实现了调度指挥的全双工通信。

回波相消一般采用 DSP 数字信号处理技术，对回波信号进行自适应预估而提前将之消除。要成功实现这一点，必须充分考虑多种因素，并采用先进的技术和算法，如先进的自适应滤波算法、自动增益控制、背景噪声过滤，同时考虑空间回波、线路回波和非线性回波、啸鸣检测、快速跟踪回声环境变化等。

回波相消效果与自适应滤波时长关系较大。当然，自适应滤波时长越长，效果越好，但对 DSP 要求越高，算法也越复杂。所以，这项技术到目前还在不断发展。

（三）数字锁相环技术简介

数字交换设备通过数字接口互联互通时，必须解决系统间的同步问题，这就要用到数字锁相环技术。利用数字锁相环技术，可以使本系统时钟与上级时钟源的频率和相位同步，从而达到两个系统同步的目的。数字锁相环的基本原理如图 2-12 所示。

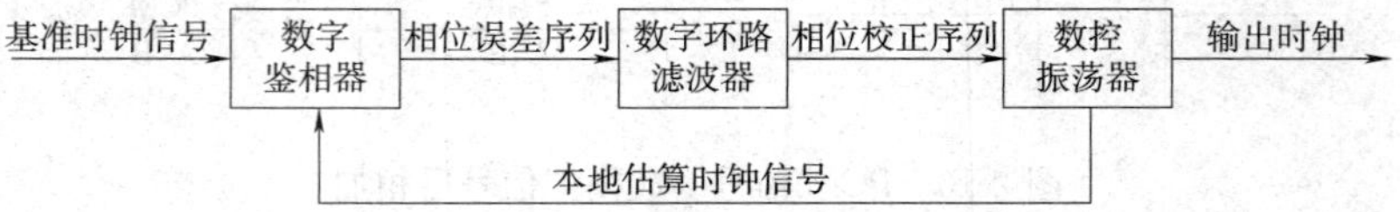

图 2-12　数字锁相环的基本原理

图 2-12 中，基准时钟信号即由上级时钟源提供的同步时钟信号，该时钟信号一般从数字接口的信号码流中提取，频率一般为 8 kHz 或 2.048 MHz。

数字鉴相器将基准时钟信号和本地估算时钟信号的相位进行比较，输出相位误差序列。数字环路滤波器在环路中对输入噪声起抑制作用，并且对环路的校正速度起调节作用，以保证数字锁相环的相移和抖动指标满足一定的要求。数字环路滤波器产生一个相位校正序列给数控振荡器使用。

数控振荡器又称数字钟，它受数字环路滤波器输出的相位校正序列控制，产生本系统所需的时钟，同时产生与基准时钟信号同频率的本地估算时钟信号，供数字鉴相器使用。

经过以上处理，输出的时钟信号与输入的基准时钟信号实现了同步。

锁相环是个相位误差控制系统。它比较输入信号和数控振荡器输出信号之间的相位差，从而产生误差控制信号来调整数控振荡器的频率，以达到与输入信号同频。在环路开始工作时，如果输入信号频率与数控振荡器频率不同，则由于两信号之间存在固有的频率差，它们之间的相位差势必一直在变化，输出相位误差序列。在相位误差序列的控制下，数控振荡器的频率也在变化。若数控振荡器的频率能够变化到与输入信号频率相等，在满足稳定性条件下就在这个频率上稳定下来。达到稳定后，输入信号和数控振荡器输出信号之间的频差为零，相差不再随时间变化，相位误差序列为一固定值，这时环路就进入“锁定”状态。这就是数字锁相环工作的大致过程。

(四)数字交叉连接(DXC)的应用

数字交叉连接是指将数字交换设备(或数字交叉连接设备)的两个端口用固定或半固定的方式连接起来，以达到两个端口直通的目的。在数字交换设备内，数字交叉连接和数字交换这两个概念有本质区别，前者是通过网管或维护终端做数据建立或拆除的，而后者是通过呼叫信令建立和拆除的。但两者的共同点是设备必须具备时隙交叉功能。

数字交叉连接在区段数字调度系统中的应用主要表现在提供通道的能力方面。由于区段数字调度系统的主系统和分系统均具有全时隙交叉能力，故能很方便地为其他业务或应用提供点对点的(64 kbit/s 或 $n\times64$ kbit/s)通道，如站内、邻站间或任意两个站间的通道。同时，由于区段数字调度系统的主系统和分系统有丰富的会议资源，还可以为其他业务(如无线列调大三角)提供数字共线通道。

第二节　数字调度通信系统

一、系统原理

数字调度通信系统是随着通信技术、计算机技术等高新科技的飞速发展研制成功的铁路数字专用通信系统。它是基于数字传输通道在铁路沿线大量铺设的前提下设计的。数字时分交换技术是数字调度通信系统的基本技术，另外，计算机硬软件控制技术、数字信号(语音)处理技术、环行网络自动保护技术等也是数字调度通信系统中采用的一些重要技术。

数字调度通信系统的基本原理就是使用计算机硬件、软件去控制数字时分交换网络的交换接续，来达到人们期望的通信方式及通信需求。为了使通话效果更好，也为了在免提通话方式下取得更好的效果，数字调度通信系统采用了数字信号(语音)处理技术对通话语音做了一定的处理，例如抵消免提通话方式下的声音回波、语音大小自动控制等。为充分保证数字调度通信系统的安全可靠，采用环行网络的组网技术，环行网络的任何一处断裂，都不会影响任何通信业务。

二、系统组成

数字调度通信系统一般由数字调度主机、操作台、集中维护管理系统等组成。

(一)数字调度主机

数字调度主机是为调度所和站场提供调度指挥的数字交换设备，其主要功能为：网络和通道管理、组网、呼叫处理、交换及各种通信业务的综合接入。

数字调度主机为模块化结构设计，一般由电源模块、控制模块、交换模块、资源模块、时钟模块、接口模块组成。数字调度主机系统框图如图 2-13 所示。

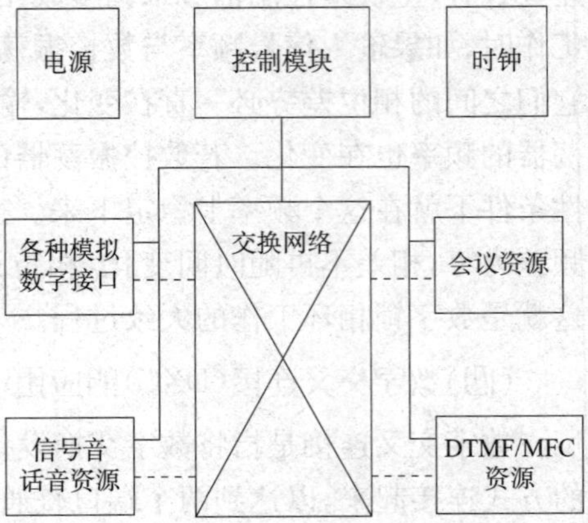

图 2-13　数字调度主机系统框图
——控制线；----网络 PCM 线

1. 电源模块

电源模块实际上是二次电源，即输入为 −48 V，经 DC/DC 转换后，为系统提供各种工作电源，主要为 ±5 V、±12 V、铃流等。如果现场没有 −48 V 电源，则需另配电源系统。一般为分层供电、双备份设计，具有负荷分担、实时热备份功能。

2. 控制模块

控制模块实现对调度主机的交换网络、各种资源、各种接口的控制及管理，以及各种信令的处理。

控制模块一般为多处理机结构，模块化设计，集中和分散相结合的控制方式，各处理机分级实现负载分担和功能分担。分级方法如下：

主处理机：实现对全系统的综合控制和管理，包括对各子处理机、交换网络和重要资源等的控制和管理，具有实时热备份功能。

子处理机：在主处理机的控制下实现对特定功能的控制和管理，也具有实时热备份功能。

3. 交换模块

交换模块实现全系统的网络交换功能。各接口和各资源通过网络总线（PCM 线）连接到交换网络上，在控制模块（一般由主处理机直接控制）的控制下，完成两个接口间或某接口和某资源间的音频信号或数据交换。

4. 资源模块

资源模块提供系统所需的各种公共资源，主要是会议资源、双音多频（DTMF）资源、多频互控（MFC）资源等。所谓公共资源是指挂在交换网络上的任意接口均可使用的资源。其中，会议资源用以实现系统所需的各种会议功能，包括数字共线、全呼、组呼、会议呼等功能；双音多频（DTMF）资源用以实现对各接口终端设备（如双音频话机）的双音频收发功能；多频互控（MFC）资源用以实现采用中国 1 号信令的局间数字中继的多频互控收发功能。

5. 时钟模块

时钟模块为系统提供所需的各种时钟、时序信号。时钟模块是数字交换的核心和基础，与数字交换相关的各部分包括交换网络、各接口和各资源、各种串行控制信号等均是在时钟模块提供的统一时钟、时序下协同工作，从而完成系统的交换功能。

6. 接口模块

接口模块实现系统与各终端（包括：通用终端，如双音频话机；专用终端，如操作台）或设备的接口功能。接口模块由各终端电路组成。

数字调度主机的主要接口如下：

(1)2 M接口(A接口)

数字调度主机通过2 M接口经由2 M透明通道实现各种形态的组网方式。

(2)U接口("2B+D"接口)

数字调度主机通过"2B+D"接口与操作台连接，并为操作台提供工作电源。该接口为数字调度主机与操作台间提供两个64 kbit/s的语音和数据通道，以及一个16 kbit/s的信令通道。其传输载体为一般普通的双绞线。

(3)用户接口

兼具普通用户接口、共电接口功能。接入普通双音频话机或共电话机，作为拨号用户或调度、站场分机，支持脉冲/双音频拨号呼叫或摘机立接呼叫；接入既有集中机的共分盘，实现与集中机间的立接呼叫；接入区间电调回线，实现区间电调用户摘机呼叫电调的功能。

(4)共分接口(环路接口)

用以接入站场扩音、广播设备，实现站场广播；接入既有集中机的共总盘，实现与集中机间的立接呼叫。

(5)磁石接口

接入既有站间闭塞回线或站间模拟通道，作为站间数字通信的备份；接入磁石电话用户，作为调度或站场分机；接入既有集中机的磁石盘，实现与集中机间的立接呼叫。

(6)下行区间接口

接入下行区间回线，与上行区间接口配合，完成既有区转机(QJ-76或QJ-87)的全部功能。支持脉冲和双音频收号。

(7)上行区间接口

接入上行区间回线，与下行区间接口配合，完成既有区转机(QJ-76或QJ-87)的全部功能。

(8)2/4线音频接口

接入各类具有2/4线音频接口的终端，为其他业务(如无线列调、红外、调监等业务)提供透明的64 kbit/s通道，组网形态可以是共线或点对点方式。

(9)模拟调度接口

可代替原有的各种调度总机(DC、GC、YD类)，把原有的调度回线接入到数字专用通信系统中，作为数字调度系统的备份资源或作为未进行数字化改造区段的接入方式。

(10)选号接口

接入模拟调度回线或模拟专用电话回线，可接收各种模拟调度总机发出的模拟呼叫信号。

(二)操作台

操作台是调度(值班)员进行调度操作的终端设备。调度(值班)员通过操作台上各按键进行各种调度操作,如应答来话,单呼、组呼、全呼用户,转移或保持来话,召集会议等。

操作台一般由键盘部分、显示部分、接口部分、控制部分、通话回路部分、电源部分、其他辅助功能部分等组成。

1. 键盘部分

键盘部分为调度(值班)员提供操作界面。一般分为单呼、组呼键区,功能键区,数字键区。单呼、组呼键区为调度(值班)员提供单键呼叫功能,同时具备应答和挂机功能。该键区一般分为 48 键和 24 键两种规格,键区内任何键均可根据现场需要任意定义。

功能键区为调度(值班)员提供其他特定的功能,如键权、主辅切换、转移、保留、会议、全呼、录音、放音等。数字键区为呼出拨号和菜单选择、参数设置键区。

2. 显示部分

显示部分用以指示操作台的运行状态和各种呼叫状态,一般分为灯显示和液晶显示两部分。灯显示通过指示灯的不同颜色和不同闪烁频率提示当前各种状态;液晶显示则可以很直观地显示各种更复杂的状态。

3. 接口部分

接口部分完成操作台与数字调度主机的接口功能。采用"2B+D"接 El,传输码型为 2B1Q 码。为操作台与数字调度主机之间提供两个 64 kbit/s 的语音和数据通道,以及一个 16 kbit/s 的信令通道。两个 64 kbit/s 通道分别对应操作台的主辅通道,而操作台与数字调度主机之间各种信令交互则是通过 16 kbit/s 的信令通道完成。

4. 控制部分

控制部分实现操作台内各部分的管理和控制、操作台的呼叫处理、与数字调度主机的信令交互等功能。

5. 通话回路部分

通话回路部分分为主通道(传声器和扬声器)和辅通道(通话手柄)两部分。两个通道均为全双工通信。主通道一般都采用回波相消和自动增益控制等技术,以防止啸鸣,提高通话质量。

6. 电源部分

电源部分为操作台提供所需的各种工作电源,如±5 V、3 V 等。操作台一般采用远端供电方式。

7. 其他辅助功能部分

此部分包括各厂家提供的各项辅助功能,如电子复述机功能、录音功能、操作台的测试和维护功能等。

各厂家的键盘操作台外观大同小异,在此选择一例,如图 2-14 所示。

(三)集中维护管理系统

集中维护管理系统由一台或多台集中维护管理终端、打印机组成。当系统有多台集中维护管理终端时，放置于主系统所在地的终端称为主维护管理终端.其他终端称为分维护管理终端。集中维护管理系统可对主系统和主系统管辖范围内的所有分系统进行集中维护管理及监控，但主系统与分系统之间必须通过 2 M 数字通道相连。

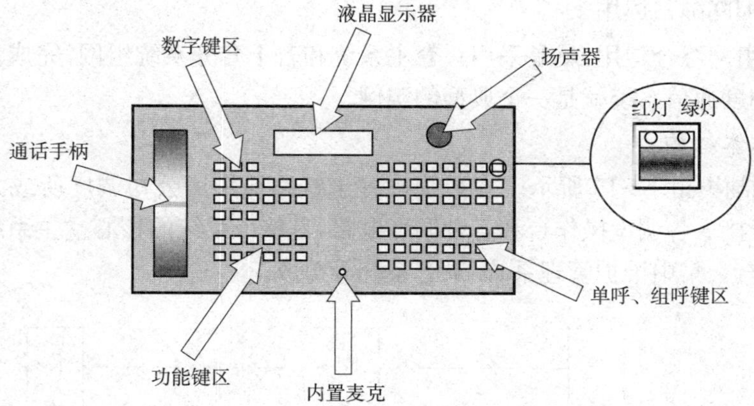

图 2-14　键盘操作台

集中维护管理系统具有性能管理、配置管理、故障管理、安全管理等功能。

三、系统运用

系统运用分单机运用和多机组网综合运用两种方式。

（一）单机运用

所谓单机运用，是指采用一套调度主机，完成单一功能的通信设施，根据不同的需求，可在多种场合下使用。

1. 作为固定交换机使用

主机只需配置公共模块，包括电源模块、控制模块、交换模块、资源模块、时钟模块等。此外，根据实际运用需要，再配置中继模块，具有 E1 接口、模拟用户接口和数字用户接口，便成了一台固定交换机，具有 PBX 的全部呼出功能。

（1）与铁路程控交换机相连，采用中国 1 号信令并统一编号，相当于将铁路自动电话延伸至铁路沿线中间站。

（2）与干、局调交换机相连，采用 1 号数字用户信令并统一编号，相当于将干、局调用户延伸至区段中间站。

（3）与移动交换机（MSC）相连，采用 1 号数字用户信令并统一编号，完成固定用户与移动用户之间的交换接续，组成专用通信网，实现固定电话网与移动电话网的业务融合。

2. 作为站场通信使用

主机除配置公共模块之外，还需配置“2B＋D”数字用户接口及与本系统配套的操作台，模块用户接 E1 和调度回线接口。组成多个相互独立的封闭用户群，以完成站场内部通信业务，取代现有用多台模拟电话集中机的组网方式。操作台可作为内部用户群的主席台（车站值班台），例如某站场有到达场、出发场、编组场等三场，每场均有自己的值班台与所属用户组成一个内部相对独立的封闭用户群，值班台与相应的列车调度台相连。

对于较大的站场，场与场之间相隔较远，如果只设一台主机，要将所有用户电缆接入，需重新铺设电缆，施工困难，造价又高，可以设多台数字调度主机用级联方式组网，应根据运用需求、地位环境、既有电缆布局等因素综合考虑如何组网。

(二)多机组网综合运用

所谓多机组网综合运用，就是采用一套主系统和若干套分系统组网，完成多种业务的通信设施，区段调度通信系统就是一个典型的实例。

1. 系统总体结构

系统总体结构如图 2-15 所示。主系统放置于铁路局集团公司调度所或大型调度指挥中心，主要用于接入各调度操作台和各种调度电路，是整个系统的核心。主系统由数字调度主机、调度操作台、集中维护管理系统、录音系统等组成。

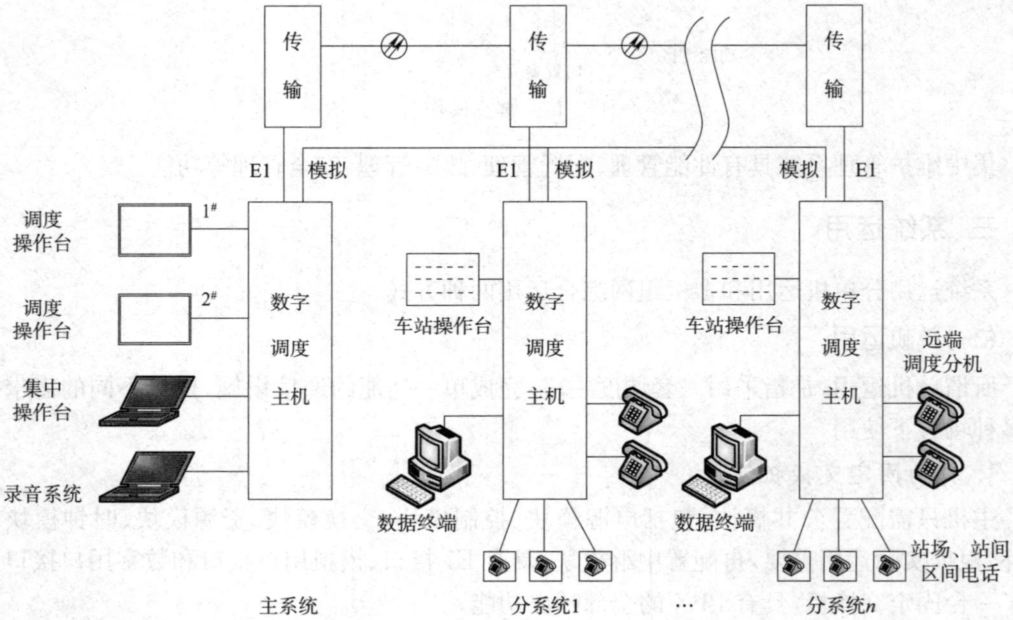

图 2-15　系统总体结构

分系统放置于铁路局集团公司管辖范围内各车站，通过数字传输通道与主系统相连，主要用于接入车站操作台、远端调度分机、站间电话、区间电话、站场电话等。分系统由数字调度主机、车站操作台等组成。

2. 系统的呼叫与通信方式

在模拟调度系统中，调度总机对分机的呼叫是通过发送不同双音频组合来呼叫不同的分机，调度分机呼叫调度总机则是采用定位受话方式，即不需发送呼叫信号，通话与呼叫是在同一个通话(电路)中进行的。

在数字调度系统中，通话与呼叫是在不同的通道中进行，语音是在如前所述的“数字共线”通道中传送的，而呼叫信号是通过专用通信通道(一般占 3～4 个时隙)传送的。在总线形组网方式下，该专用通信通道自主系统贯穿所有分系统，主系统与分系统的通信如图 2-16 所示。

由图 2-16 可以看出，主系统和各分系统间通信为典型的总线式结构，以主系统为主导，其他分系统处于从属地位。主系统对各分系统采用分时轮询的访问方式，专用通信通道的管理权归主系统。通信由主系统发起，即主系统通过图中信令发送端口发送各种消息，其中包含被访问分系统的地址信息。图中各分系统对应信令接收端口为实线，表示所有的分系统的信令接收端口均随时处于接收状态，并分析主系统是否访问自己。图中各分系统对应信令发送端口为虚线，表示平常处于断开状态，当被访问分系统确认自己为被访问对象时，通过交换网络将该分系统的信令发送端口连至主系统的信令收总线，从而实现主系统与该分系统间通信。

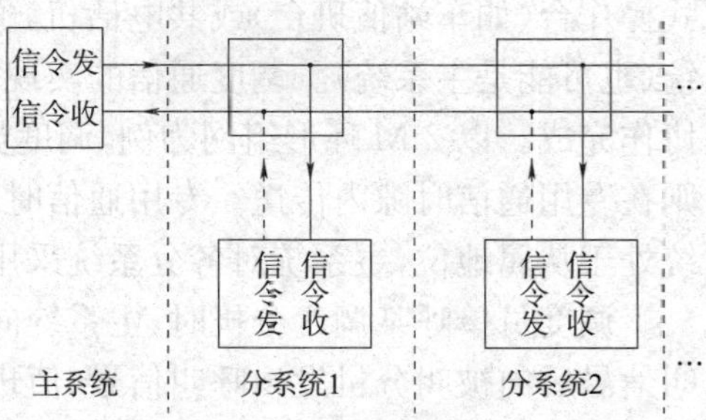

图 2-16　主系统与分系统的通信示意图

为保障通信信令的可靠传输，专用通信通道一般采用 HDLC（高级数据链路控制）方式进行通信。通信信令采用数据包的格式，类似于 7 号信令系统。由于采用高性能处理器及多条 HDLC 通道，并采用高效的专用信令，使主系统和各分系统间通信速度很快。一般的呼叫响应时间均在毫秒量级。从处理能力方面讲，在总线形组网形式下，一个主系统在一个数字环内带的分系统数一般可达 50 个。

由于各厂家数调系统的主系统和分系统间采用自己开发的专用信令，使不同厂家的主系统、分系统间无法采用专用通信通道直接进行通信，只能通过标准接口和信令（如用户/环路方式、中国 1 号信令系统等）进行通信。

四、系统主要业务及功能

区段数字调度通信系统可以全面实现铁路各项专用通信业务，包括区段调度通信、站场通信、站间通信、区间通信、专用通信等；同时利用该系统可实现一系列扩展业务，包括为其他业务提供通道、自动电话放号等。

区段数字调度通信系统还具有集中维护管理和自动通道保护等功能。

（一）区段调度通信

区段调度通信包括列车调度通信、货运调度通信、牵引供电调度通信。

区段数字调度通信系统可以实现铁路局集团公司所有方向、所有区段的区段调度通信业务，并可以实现与局调、干线调度的多级联网。调度通信方式为以调度员为中心的一点对多点的通信系统。区段调度员可按个别呼叫、组呼或全呼等方式呼叫调度辖区范围内相关的所属用户并通话，并接收所属用户的呼叫并通话。通话方式为全双工方式，也可根据需要设置为单工定位受话方式。

调度业务的通道组网方式有以下几种：星形、共线形、综合型（星形＋共线形）、混合形（数字＋模拟），组网方式的选择主要视区段数字调度通信系统的 2 M 通道组网方式和是否存在模拟分机而定。如在最常用的 2 M 环形组网方式下，可以用数字共线的方式；如果该调度区段的某些分机仍为模拟分机，则需用混合形组网方式。

调度员一般使用键控式操作台，通过“2B＋D”接口接入主系统；调度分机一般采用键控式操作台(如车站值班台)或共电话机,通过"2B+D"接口或共电接口就近接入相应的分系统(也可能是主系统)。调度通信的实现需要区段数字调度通信系统的主系统和相关分系统协作完成。以 2 M 环形组网为例,调度员和调度分机的语音通道为数字共线通道,呼叫信令则在专用通信时隙内传送。专用通信时隙为典型的总线型结构,以主系统为主导,其他分系统处于从属地位,主系统对各分系统采用分时轮询的访问方式。

调度员单呼某调度分机时,主系统向该分机所属分系统发出呼叫信号,该分系统收到呼叫信号后向被叫分机发出呼叫信号(值班台或话机振铃),调度员听回铃音;被叫分机摘机应答后,该分系统向主系统发送被叫应答信号,然后主、分系统将网络接通,调度员和被叫分机通话;通话完毕一方挂机后,挂机方所属系统(主系统或分系统)向对方发挂机(拆线)信号,未挂机方所属系统收到该挂机信号后向未挂机终端送忙音。(注:上述发起呼叫或挂机过程中,如果调度员当前呼叫通道内有其他用户,则不向调度员送回铃音或忙音)分机呼叫调度员过程与调度员单呼某调度分机过程相似。

调度员组呼或全呼时,主系统在专用通信通道上发组呼或全呼信号,相应用户对应的分系统收到该组呼或全呼信号后,向相应分机发出呼叫信号(值班台或话机振铃),调度员听回铃音;当某一被叫分机摘机应答后,其所属分系统向主系统发送被叫应答信号,然后主系统和该分系统将网络接通,调度员与之通话,其他用户陆续摘机后自动加入通话;部分分机挂机后,自动退出通话;当调度员或所有分机都挂机后,该呼叫拆除。

根据需要,调度操作台间可具有台间联络功能。在一个 2 M 环内,一个调度业务占用一个 64 kbit/s 通道共线时隙。

(二)专用通信

专用通信包括车务、工务、电务、机务、水电等专业调度通信。专用通信与调度通信只是业务性质的不同,从技术原理上两者完全相同,系统可以实现铁路局集团公司各方向的所有专用电话业务。

专用通信的通信方式、通道组网方式、呼叫方式和时隙占用情况与调度通信相同。

当某专用通信调度台与主系统不在一个地点时,该专业调度台可以通过就近的分系统接 入,这种接入方式称为远程调度台。远程调度台一般有两种实现方式,第一种方式是在主系统和相应分系统间设置 3 条专用 64 kbit/s 通道,将该远程调度台的"2B+D"通道直接连接到主系统的"2B+D"接口,由主系统直接管理该远程调度台;第二种方式是由相应分系统直接管理该远程调度台,所有呼叫接续由该分系统经由主系统处理。第一种方式的优点是系统处理简单,缺点是需独占 3 条 64 kbit/s 通道;第二种方式正好相反,其优点是节省了 3 条 64 kbit/s 通道,但增加了呼叫处理的复杂性。

(三)站场通信

站场通信包括车站(场)集中电话、驼峰调车电话、平面调车电话、货运电话、列检电话、车号电话和商检电话等。站场通信是铁路专用通信的重要组成部分,它上与调度电话、专用电话联系,下与铁路车站站场内不同用户保持联系。

每个车站分系统都是一个独立的调度交换机,车站分系统可实现以一个或多个车站操作台为中心,接入各种站场电话,并保留原有通信方式的站场通信系统,以取代原有集中机等既有站场通信设备。

值班员使用键控式操作台，通过“2B+D”接口接到车站分系统；站场内的用户可以通过共电接口、共分接口、磁石接口等接入到车站分系统；站场广播系统通过共分接口接入到车站分系统；调度电话、专用电话除了可以从车站分系统的数字接口接入，还可以在没有数字通道时从选号接口、共分接口接入，通过车站分系统内部的全数字无阻塞时隙交换网络、多方会议电路方便灵活地组成了站场通信，值班员可以通过操作台上的按键任意实现单呼、组呼、会议呼。

单呼：按相应的键即可呼出对应的用户。

组呼：按相应的键可呼出设定为同一组内的用户。

会议呼：值班员可利用该功能将多个临时用户召集起来开会。

车站操作台具有台间联络功能，可实现值班员之间的通信。

车站分系统同时支持拨号呼叫、出局呼叫等功能。

站场通信为分系统内部业务，不需占用 2 M 环内的时隙。

(四)站间通信

站间通信是指(相邻)两车站值班员之间进行语音联络的点对点通信业务。

车站值班员一般使用键控式操作台作为值班台，站间呼叫一般为单键操作，即一键直通。如果不考虑跨站站间通信业务，站间通信一般占用 2 M 环中两个 64 kbit/s。通道时隙，其中一个时隙为主用站间时隙，另一个作为备用站间时隙。三用时隙处于分段复用状态，即任一车站与其上、下行车站的站间通话均使用该时隙，也就是说通过车站分系统的交叉连接功能实现了时隙的分段复用。当 2 M 环的通道出现一处断点(备用 2 M 通道除外)时，该断点两侧两个车站将无法利用主用站间时隙进行站间通话，这时候系统将自动启用备用站间时隙作为这两个站的站间通话通道。

实际应用中，站间通信在某些情况下被允许跨站使用(如高速铁路线中的行车站)。此时，只需再给一个时隙做这种站间通信用，同样这个时隙也可以被分段使用。

站间通信的呼叫信令一般有两种处理方式：其一是两个分系统通过主系统(经由专用通信通道)转发呼叫信息；其二是两分系统间建立直达信令通道，直接处理站间呼叫信令。两种处理方式中，前者站间呼叫依赖主系统，而后者站间呼叫与主系统无关。

区段数字调度通信系统可利用既有的站间模拟通道(模拟实回线或电缆)作为站间数字通道的备份，当某分系统无法通过数字通道与邻站通信时，系统会自动将站间通信切换到模拟备用通道上进行。车站分系统一般采用磁石接口接入站间模拟通道。

(五)区间通信

1. 区间电话

车站分系统内置了区转机功能。每个车站分系统均可设置一个或多个下行区间电话接口和上行区间电话接口，并通过这些接口接入区间通话柱。在通信方式上保留原区转机的工作方式。

区间电话业务分为区间专用自动和区间电调直通两种：在区间专用自动回线上，用户摘机后需拨号呼叫，由车站分系统根据所拨号码进行转接；在区间电调直通回线上，用户摘机后由车站分系统直接接入电调台。

区间专用自动的号码一般分配如下：

1——区间通话柱间互相呼叫。 2——上行站。

3——下行站。 4——列调。

5——电务。 6——各站。

7——养路。 8——信号电力。

9——备用。 0——地区自动。

车站分系统具有将区间电调直通业务并入区间专用自动的能力，如在上述区间专用自动的号码分配中，将“9”分配给电调，则区间专用自动的用户摘机拨“9”后将被转接到电调台。这种方式可以节省一对区间回线。

2. 区间应急抢险人工电话

铁路行车区间通话柱上的应急抢险人工电话回线可以接到数调系统中车站分系统的磁石接口或共电接口，由系统将其以数字共线或点对点方式转接至枢纽主系统，再由其转接至铁路人工长途台。

3. 区间应急抢险自动电话

通过数调系统与干调系统、局调系统的联网，可以将干调系统、局调系统中的调度自动网号码资源放号到数调系统中的各个车站分系统中，再由其引入到区间回线中，并且在同一调度区段内保持号码一致，以方便铁路应急抢险时，在区间可以直接拨号呼叫干调系统或局调系统的调度台。

(六)DXC 功能

区段数字调度通信系统的主系统和分系统均具有全时隙交叉功能，故单个系统(主系统或分系统)和整个系统均具有完备的 DXC 功能。利用这一功能可以很方便地为其他业务或应用提供点对点的(64 kbit/s 或 $n\times 64$ kbit/s)通道，如站内、邻站间或任意两个站间的通道。同时，由于区段数字调度系统的主系统和分系统有丰富的会议资源，还可以为其他业务(如无线列调大三角)提供数字共线通道。系统支持各种复杂连接的调度业务、专用业务、各种复杂的数字共线业务以及点对点、点对多点、广播型的半固定接续等。

提供通道的业务接口可以是：音频 2/4 线接口、“2B＋D”接口、64 kbit/s 同向接口等。

(七)PBX 和自动电话延伸功能

区段数字调度通信系统的各调度主机(主系统或分系统)均具有完备的 PBX 功能，通过用户/环路接口、2 M 接口等与其他交换网(如铁路自动交换网、干调网)相连，支持内部拨号呼叫、出局和入局呼叫等。内部编号可采用短号码(不等位编号)或与其他交换网等位编号两种方式。采用不等位编号时，用户(非立接用户)内部呼叫拨短号码，出局、入局呼叫均采用二次拨号；采用等位编号时，用户内部呼叫和出局、入局呼叫均采用交换网的统一编号，无须二次拨号。

区段数字调度通信系统还具有将中心站自动网用户延伸到周边小站的功能。中心站调度主机(主系统或分系统)通过 2 M 接口或用户/环路接口与程控交换机相连，被延伸的用户直接接入相应的车站分系统。与接入网相比，该接入方案具有如下特点：

(1)对被延伸用户号码没有要求,可以将没有规律的号码下放到各小站,有效利用号码资源。

(2)具有 1∶1 到 1∶4 连续可调的集线比。

(3)通道使用灵活高效:可利用数调系统 2 M 环中剩余通道,也可使用单独的放号通道;同一方向的小站通道可互相复用,即每站不需独占通道,从而提高通道使用率,降低呼损。

(八)集中维护管理功能

区段数字调度通信系统的集中维护管理系统参照电信管理网(TMN)标准,涵盖了性能管理、配置管理、故障管理、安全管理四大功能。

(1)性能管理:显示主系统和各车站分系统的网络拓扑结构;查看网络、主系统和各分系统的运行状况;查看各系统单板和接口的状态;查看各系统的程序和数据版本;加载程序和数据;主备切换等。

(2)配置管理:网络通道的配置;主系统和分系统的数据配置;各调度台数据的配置;多个网管终端权限和管理范围的配置等。

(3)故障管理:全系统所有告警、故障信息的收集、统计和分析,生成告警日志,告警的查看和打印。

(4)安全管理:控制各维护管理终端的权限,控制各级管理员和操作员的操作权限和操作方式,确保网管系统的安全性。

(九)通道保护功能

区段数字调度通信系统具有如下通道保护功能:

(1)数字自愈环

在主系统和分系统的 2 M 组网中,采用数字自愈环的方式,保证数字环的任何一处断开都不会影响系统的正常运行,增加了系统的安全可靠性。

(2)断点保护

某个车站分系统断电或维修,或系统有严重故障时,该系统将自动从环上脱离,以保证数字环的完整性。

(3)利用模拟通道对数字通道进行备份

系统可利用备用的模拟通道对重点调度业务或站间业务的数字通道进行备份。当某些分系统无法通过数字通道与主系统通信(如数字环中同时出现两个或两个以上断点)时,系统将自动利用备用的模拟调度回线实现调度员与相应调度分机之间的呼叫,以保证调度业务畅通。同样,当两个分系统无法通过数字通道进行站间通信时,这两个分系统将自动利用站间备用模拟通道完成站间呼叫。

五、系统运用的安全与保护措施

为保证系统的安全运用,区段数字调度通信系统从以下三个方面提供安全保护措施。

(一)组网

1. 数字自愈环

在系统组网时,采用环状的数字自愈通道,保证数字环的任何一处断开都不会影响系统的正常运行,增加了系统的安全可靠性。

2. 断电保护

某个车站断电、停电维修，或该站分系统有严重故障时，该分系统自动将上、下行 2 M 口对接并从环上脱离，来电后自动恢复，无须人工启动和加载，以保证数字环的完整性。

3. 数字/模拟通道互为备份

当数字传输通道出现故障时，系统自动切换到备用的模拟通道，保证调度业务正常使用。

(二)硬件设计

1. 超大规模集成电路

系统集成度较高，可靠性好。

2. 模块化设计

局部损坏不影响全局。

3. 实时热备份

控制部分、电源部分和关键接口均可实现"1+1"或"n+1"实时热备份。

4. 故障时自动切换到应急分机

当操作台或"2B+D"接口、用户线故障时，系统自动切换到备份的应急分机，也就是说可以用普通电话机替代操作台。

(三)诊断告警与集中维护

1. 自诊断、测试和告警

系统具有完善的自诊断、测试和告警功能，一旦发现问题，马上通过声光告警提示维护人员，同时在集中维护管理系统上有详细的记录，可以增强维护能力，提高响应速度。

2. 受控状态

系统所有设备包括备用设备均处于受控状态，保证备用设备运行良好，免去了繁重的设备检修工作。

3. 远程诊断

有的系统还具有远程诊断功能，在异地通过自动电话网接通维护台，进行远程诊断和技术支援。

第三节　铁路调度通信网络

前面简单介绍了铁路调度通信网的网络结构是根据铁路运输调度体制来安排的，按干线、局线两级调度分两层网络结构，本节将分别叙述各层网络的组成、网络编号及呼叫方式、网络同步及接口信令等问题。

一、干线调度通信网络

(一)网络组成

干线调度通信网络由设在国铁集团的 Hicom382 数字调度交换机为汇接中心，与设在各铁路局集团公司的 Hicom372 数字调度交换机或其他型号数字调度交换机用 2 M 数字中继通道相连接，相邻铁路局集团公司的数字调度交换机之间也以 2 M 数字中继通道相连作为直达路由，从而构成一个复合星形网络的干线调度通信网，如图 2-17 所示。

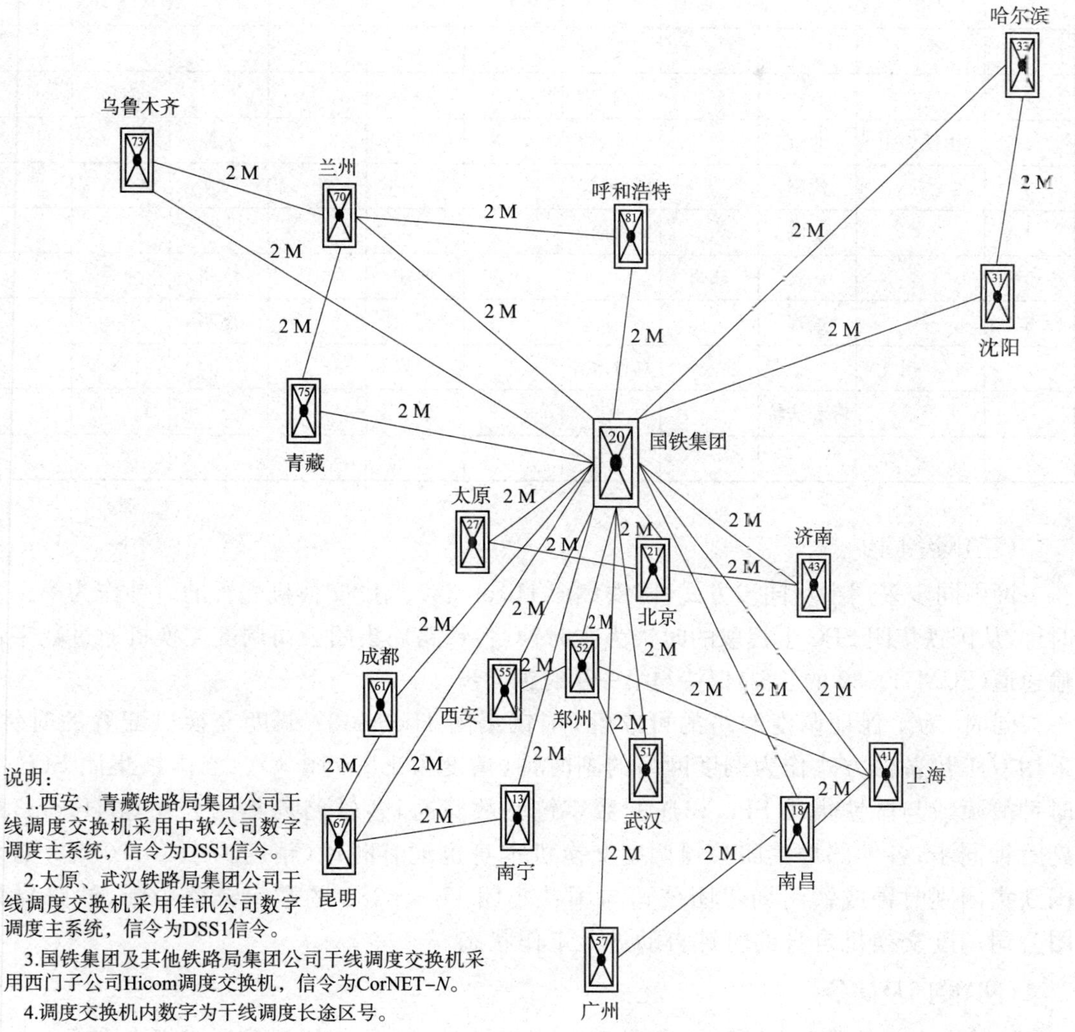

图 2-17　干线调度通信网络图

（二）网络编号及呼叫方式

干线调度专用网用户与局线调度专用网用户的电话号码，全路统一编号，采用五位码（H_1H_2ABC），编号前两位 H_1H_2 为调度局向号，后三位 ABC 为用户号。表 2-5 是铁路调度区号表。

纳入调度台的用户，调度员无须拨号，单键直呼所属调度分机，分机遇忙，调度员可强插通话，调度员还可进行全呼、组呼。调度网内用户相互间呼叫，听一次拨号音直拨五位码。

表 2-5 铁路调度区号表

H_1	H_2									
	0	1	2	3	4	5	6	7	8	9
0										
1				南宁					南昌	
2	国铁集团	北京						太原		
3		沈阳		哈尔滨						
4		上海		济南						
5		武汉	郑州			西安		广州		
6		成都						昆明		
7	兰州			乌鲁木齐		青藏				
8		呼和浩特								
9										

(三)网络同步

网内同步采用主从同步方式,国铁集团 Hicom382 调度交换机配置的时钟作为第一从时钟,从国铁集团 SPC 上提取的时钟为主时钟,各铁路局集团公司调度交换机通过数字传输通道(PCM 30/32 的 TS_0)保持与第一从时钟同步。

同时,为了保证调度网络的可靠性,国铁集团 Hicom382 调度交换机配置的时钟,采用双工热备份方式作为调度网络的副时钟(精度为 $\pm5\times10^{-6}$)。当国铁集团 SPC 主时钟故障或与国铁集团 SPC 相连的数字链路故障时,各铁路局集团公司与 Hicom382 副时钟同步;各铁路局集团公司调度交换机本身也配有时钟(精度为 $\pm1\times10^{-6}$),如果国铁集团副时钟或铁路局集团公司与国铁集团 Hicom382 的数字链路中断,铁路局集团公司调度交换机自身的时钟自动进入工作状态。

(四)接口及信令

交换机之间的局间中继接口采用"30B+D"数字接口,用 2 M 数字通道相连接。

铁路局集团公司调度交换机采用 Hicom372,其局间信令采用西门子专用 ISDN 网络共路信令(CorNET 信令)。CorNET 信令属于 ISO OSI 参考模型的第三层——网络层,网络层的主要功能是利用数据链路层所保证的相邻节点间的无差错数据传输功能,通过路由选择和中继功能实现两个端系统之间的连接。此外在功能上还覆盖了原 CCITT 有关用户—网络接口 ISDN D 信道协议的 Q. 930、Q. 931 标准和 EMCA Q-SIG 协议的内容,从而在以 CorNET 互联的 Hicom 交换机专网范围内提供大量公共 ISDN 网络所没有的服务,由此组成一个统一的 ISDN 调度网络,实现全部 ISDN 功能的全网透明传输,如全网范围内的遇忙/无应答呼叫转移、遇忙/无应答回叫、会议电话、热线、强插、强拆、多次中央呼叫等调度功能。

铁路局集团公司调度交换机如果采用其他型号的调度交换机,其局间信令采用 DSS1 信令。

二、区段调度通信网络

铁路局集团公司调度有两种类型：一是以局调度指挥中心对全局相关站段的调度指挥，其通信网络结构，有的用专线组成星形调度通信网络，有的用铁路自动电话拨号呼叫进行联络；二是铁路局集团公司调度员仅对铁路线上某一区段的各车站（段、所、点）进行调度指挥，按其调度范围仍称为区段调度通信，下面介绍区段调度通信网络的特点与组成。

（一）区段调度通信网络的特点

铁路区段调度通信网络是根据调度通信业务性质、地理位置及安全可靠性的特殊要求等多方面因素来组建的，概括起来有以下两大特点：

（1）数字共线形的通信网络

区段调度的通信方式：调度所调度员→车站值班员为指令型；车站值班员→调度所调度员为请示汇报型。

根据调度业务性质为一点对多点的调度指挥，地理位置又呈链状结构，为有效利用传输通道，仍沿用模拟通信时的共线方式。

（2）以 2 M 自愈环组成区段调度通信网络

区段调度业务包括了列车调度、货运调度、电力调度，每一类调度分别只占用一个时隙，一个 2 M 传输通道的通信容量，完全可以容纳多个区段的各类调度业务。组网时，一个 2 M 数字通道从始端站至末端站按上下行逐站串接，末端站又从另一层传输网中的一个 2 M 返回至主系统，从而构成一个 2 M 数字环。逐站串接的 2 M 为主用，末端站迂回的 2 M 为备用。当区段通信线路在某一点中断，从断点至末端站可由迂回的 2 M 接通主系统，所以称之为 2 M 自愈环。尽管通信传输网络也具有自愈功能，区段调度通信网的 2 M 自愈功能为安全可靠运用多了一层保护，即使大通道全部中断，只要从主系统至末端站从异网沟通一个迂回 2 M，仍能保证调度通信的正常使用。

（二）区段调度通信网络的组成

区段调度通信组网时，必须根据数字传输通道和铁路运输区段的实际情况，综合考虑如何组成 2 M 自愈环。

1. 确定一个自愈环内串接多少个分系统（车站）

在保持同步和呼叫响应时间不大于 50 ms 的要求下，根据制造商提供的资料可以稳定串接 50～64 个分系统。50 个车站之间的线路长度不会小于 500 km，至少有 4 个行车调度区段，这对安全可靠性来说是不可取的。在实际运用中，运输繁忙的主干线路上，以一个行车调度区段为一个 2 M 自愈环，其他线路上以两个行车调度区段合用一个 2 M 自愈环，区段调度通信网络组网如图 2-18 所示。

图 2-18 中 AB 站为两个调度区段的分界站，必须同时纳入 A 列调台和 B 列调台。

2. 对几种特殊情况的处理

（1）枢纽列车调度台的组网

枢纽列车调度台，也有的称为集中列调或地区列调，各单位命名不一样，实际都是指大站周边的几个小站组成的一个列车调度台。

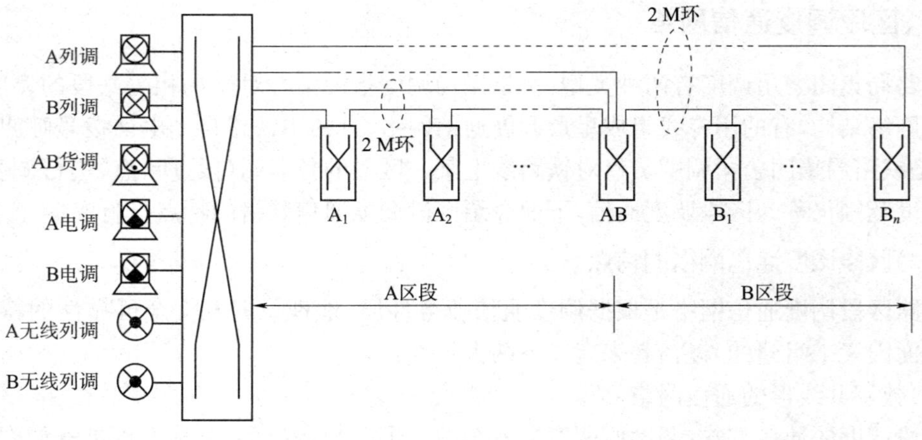

(a) 一个行车调度区段用一个2 M自愈环组网

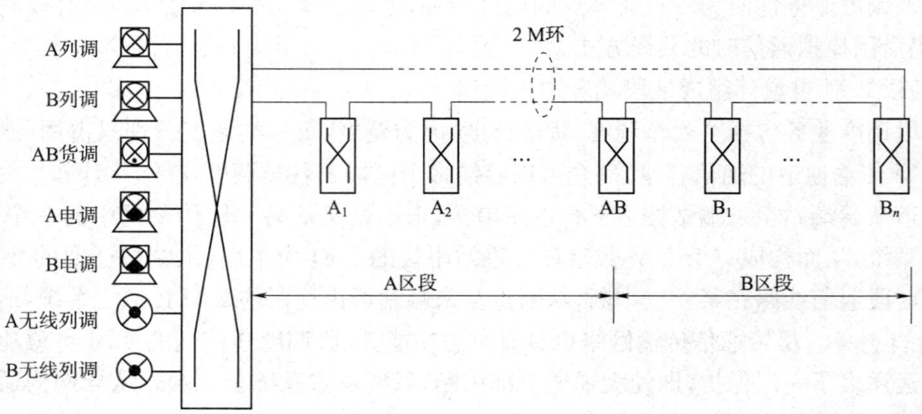

(b) 两个行车调度区段合用一个2 M自愈环组网

图 2-18 区段调度通信网络组网图

图 2-19 (a)为枢纽列调地理位置示意图,对枢纽列调台组网时,要根据地理位置和数字通道传输情况来确定能自行组成 2 M 自愈环的是最佳方案,但实际很难做到。如图 2-19 (b)所示,A 方向和 B 方向主干线路具有数字传输条件,可以将 A 方向的 A_1、A_2、A_3 站和 B 方向的 B_1、B_2、B_3 站分别纳入该方向主干线路的区段 2 M 自愈环内,占用一个时隙,C 方向的 C_1、C_2、C_3 自行构建一个 2 M 自愈环,D 方向未经数字化改造,D_1、D_2 站的调度分机仍为模拟调度分机,接入主系统的模调接口。这样将 4 个方向的调度分机分别采用时隙的、2 M 的、模拟的方式,在主系统中进行星形汇接,从而构成一个数模混用、星形加共线形的复合网络。

(2)具有分支铁路线的区段调度通信网络

在主干铁路线上的某中间站有一条分支铁路线,分支线上几个中间站的调度电话纳入该调度区段,其地理位置分布如图 2-20(a)所示。

图 2-20(b)分支线为模拟通信线路,分支线上的 Z_1~Z_4 4 个小站仍采用双音频调度分机,那么在 A_Z 站的分系统需配置模调接口,并在该站分系统进行汇接。

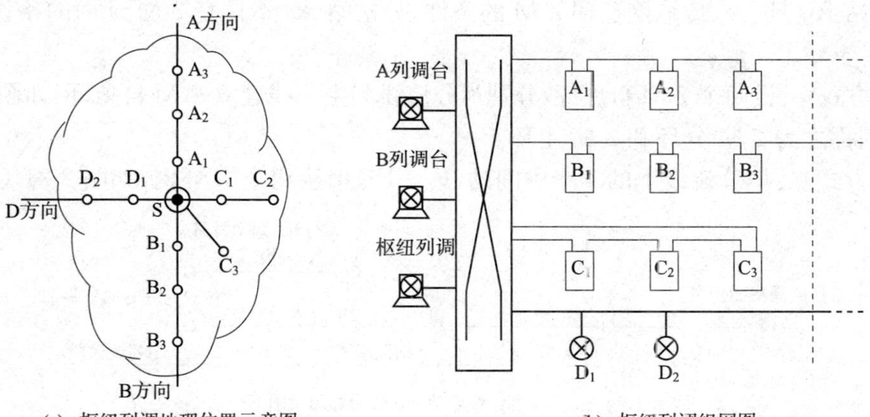

(a) 枢纽列调地理位置示意图　　(b) 枢纽列调组网图

图 2-19　枢纽列车调度台组网示意图

图 2-20(c)为分支线已具有数字传输通道，该分支线自行组成一个 2 M 支环并接入 A_Z 站分系统汇接处理，A_Z 站分系统需配置 4 个 2 M 口。

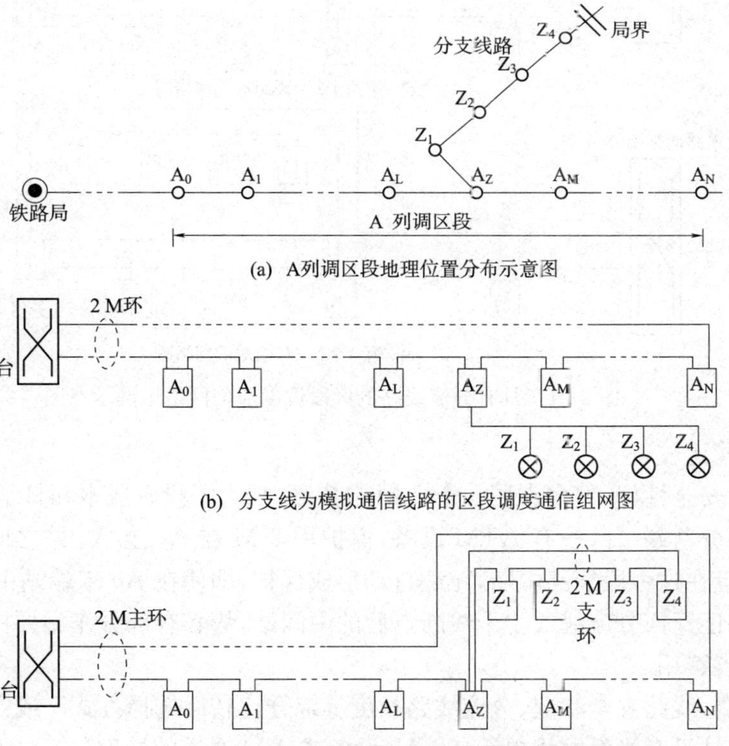

(a) A列调区段地理位置分布示意图

(b) 分支线为模拟通信线路的区段调度通信组网图

(c) 分支线为数字传输通道的区段调度通信组网图

图 2-20　具有分支铁路线的区段调度通信组网图

(3)具有分流线路的区段调度通信网络

在主干铁路线上的某一段另建有一条分流铁路线，作为迂回或货运直达用，分流线上小站的调度电话纳入该调度区段，其地理位置分布如图 2-21(a)所示。

末端站 A_N 具有从传输网迂回 2 M 的条件，分岔站 A_F 不具有 2 M 迂回的条件，有两种组网方式。

组网方式一：设两个 2 M 自愈环，分别为分流线和主干线建立 2 M 自愈环，如图 2-21 (b) 所示，分别称之为 2 M 分环和 2 M 主环。

组网方式二：把分流线上的 4 个中间站(F_1～F_4)串接到 2 M 环内，如图 2-21 (c)所示。

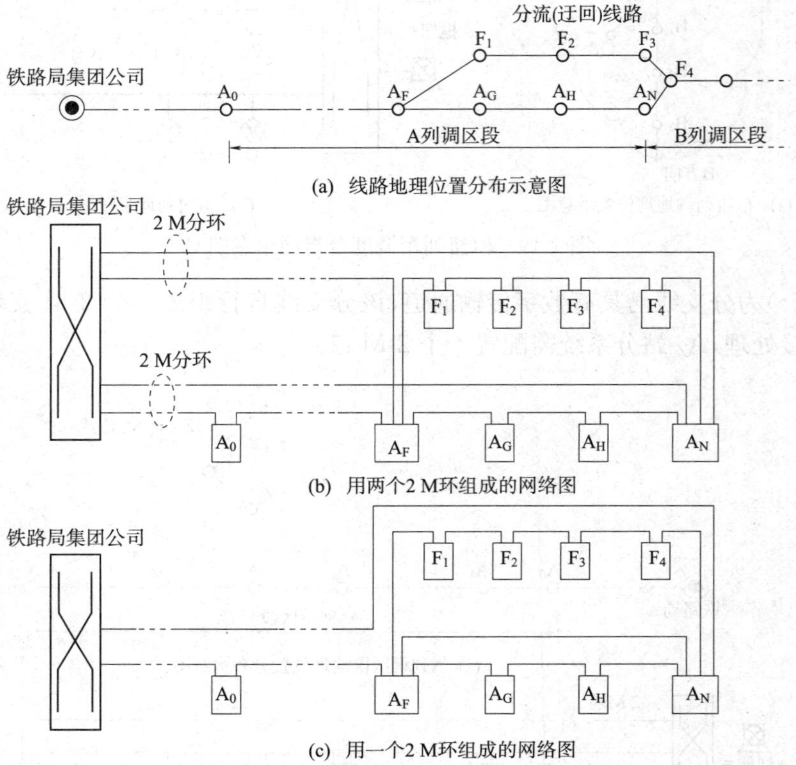

图 2-21 具有分流线路的区段调度通信网络组网示意图

两种方式比较：

方式一：安全性好，但多占用一个 2 M 自愈环，加大了投资成本和日常运营费用。

方式二：分岔站 A_F，没有 ATM 设备，保护用 2 M 在 A_F 至 A_N 站之间仍走在区段传输通道中。一旦在这一段线路中断，无法自动形成保护，即使在 A_N 末端站由人工进行 2 M 倒接，也只能保证迂回分流线或主干线断点后的中间站，势必有部分车站要中断，安全性较差，但可大大节省费用。

要对投资、线路安全状况、分流线路长度等综合比较后选择方式一或方式二。

(4)中间站没有光纤网络单元(ONU)设备或 2 M 通道的处理

没有 2 M 传输设施的中间站，有下列几种情况：

一种是线路乘降站，不办理客货运业务，只需一台列车调度电话分机，那么可以在相邻站的分系统用“2B＋D”接口延伸至线路乘降站，该列调分机采用数字话机，如果两站间距离超过 5 km，可以用电缆线路数字复用设备。总之，该线路乘降站的一切通信设施纳入相邻站的分系统。

另一种情况是比较大的中间站，传输系统及 ONU 接入设备设在该地区的通信站，将分系统也设在通信站，车站所有通信终端用地区电缆接入，这是一种最为简单的办法。但存在问题较多，如地区电缆线路有时要经过多处电缆交接箱；电缆芯线不够时，车站原有的模拟集中电话机还得利用，将影响全网的通信质量。可以采用级联的办法解决，如图 2-22 所示。用级联方式连接，即在车站增设一台分系统，该分系统只设用户接口包括“2B＋D”接口。通信站的分系统只设 2 M 接口和“2B＋D”接口，“2B＋D”接口数 n 视车站对外的用户数而确定，如车站值班台、区间用户、站间行车电话等等，这是目前常用方式之一。

此外，也可采用高速数字用户环路（HDSL），如图 2-23 所示，将 2 M 延伸至车站。这种方式对传输线要求很高，HDSL 设备必须高质量，实际运用中很少采用。但是，这种方法维护界面很清楚，随着通信技术的发展将逐渐被接受。

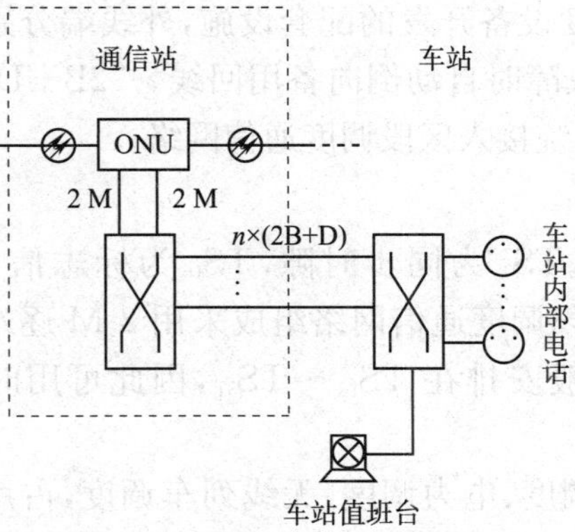

图 2-22　用级联方式连接

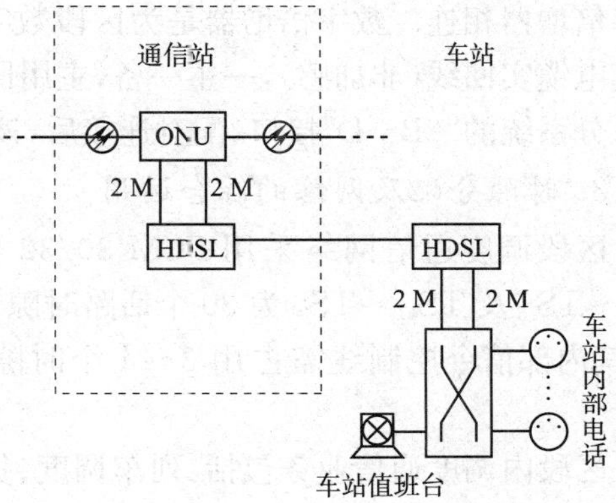

图 2-23　用 HDSL 方式连接

还有一种情况是光传输系统隔站设置 ONU 接入设备，最简单的处理方法是：利用区段数字调度设备具有数模兼容的特点，在没有 ONU 接入设备的中间站，仍沿用原有模拟调度分机。数模混用的组网方式如图 2-24 所示。

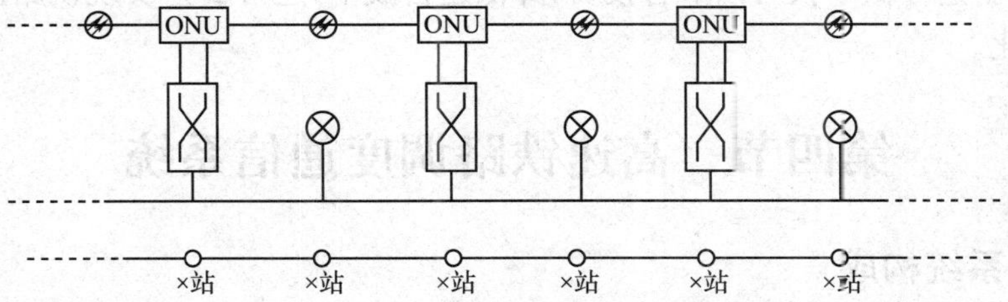

图 2-24　数模混用的组网方式

这种数模混用的组网方式，确实简单，投资又省，但模拟线路的传输质量差，整个区段全线接入，通信质量得不到改善，这是一种不可取的办法。

在这里介绍一种切实的办法，有点类似级联的方式，但比级联又进了一步，即用数字倍增器联网如图 2-25 所示。

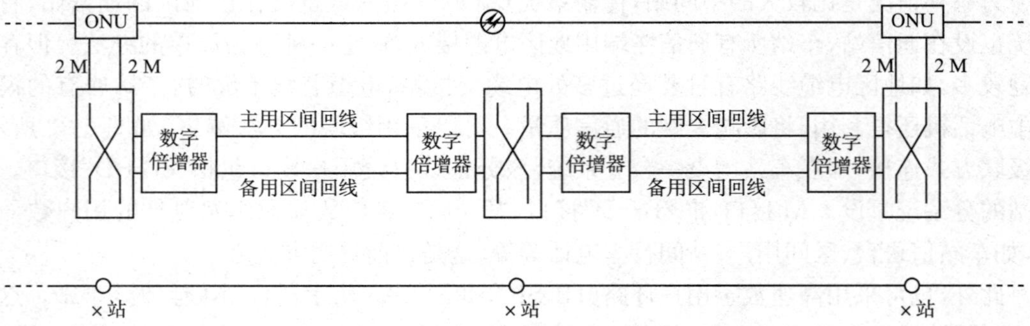

图 2-25　用数字倍增器联网

在没有 ONU 接入设备的中间站设一套分系统，仅配置用户接口，与相邻车站之间通过数字倍增器相连。数字倍增器是为区段数字调度设备开发的配套设施，外线端分别接两对区间电缆实回线(非加感)，一主一备，主用回线故障时自动倒向备用回线。“2B+D”接口端接入分系统的“2B+D”接口，配对连接后，该分系统接入区段调度通信网络。

3. 时隙分配及网络的综合运用

区段调度通信网络采用 PCM 30/32 传输，TS_0 为同步时隙，TS_{16} 为标志信号时隙，TS_1～TS_{15} 及 TS_{17}～TS_{31} 为 30 个话路时隙。区段调度通信网络组成采用 2 M 逐站串接方式，其内部信令控制线需占用 3～4 个时隙，一般安排在 TS_{28}～TS_{31}，因此可用时隙还有 26 个。

区段内调度通信业务包括：列车调度、货运调度、电力调度、无线列车调度，占用 4 个共线时隙。即使由两个调度区段组成的 2 M 自愈环，也只需 6～8 个共线时隙。另外站间行车电话需占用 2～3 个站间时隙(将时隙分段使用)。因此，如果仅开放区段调度电话业务，只需 8～11 个时隙，还有 2/3 的通信容量空闲。而铁路数字专用通信系统完全是针对铁路区段通信的特点和需要而开发的产品，接口丰富、使用灵活，可以提供数字共线的通信业务，因此完全可以利用区段调度网络内的空闲时隙开放中间站局调分机、区间应急通信自动电话、区段公务专用电话等区段语音业务，以及红外线轴温检测传输通道、电力远动、信号监测等区段数据通信。这样做不仅可以节省投资，降低运营成本，还可真正实现铁路区段专用通信数字化、综合化。

第四节　高速铁路调度通信系统

一、FAS 系统构成

由于我国高速铁路的快速发展，原有铁路通信提供的业务和功能与现代高铁需要之间的差距在不断扩大，GSM-R 网络应运而生，基于 GSM-R 的调度通信系统也随之发展起来。针对高速铁路 GSM-R 调度通信的需求人们研发了固定用户接入交换机 FAS(Fixed users Access Switching)系统，采用模块化设计、分布式结构、全分散控制、数字交换和计算机技术，具备各种通信业务的接口，既能满足调度通信的需求和各种业务的综合接入，又能适应与 GSM-R 网络和其他数字程控交换的互通互联，其构成如图 2-26 所示。

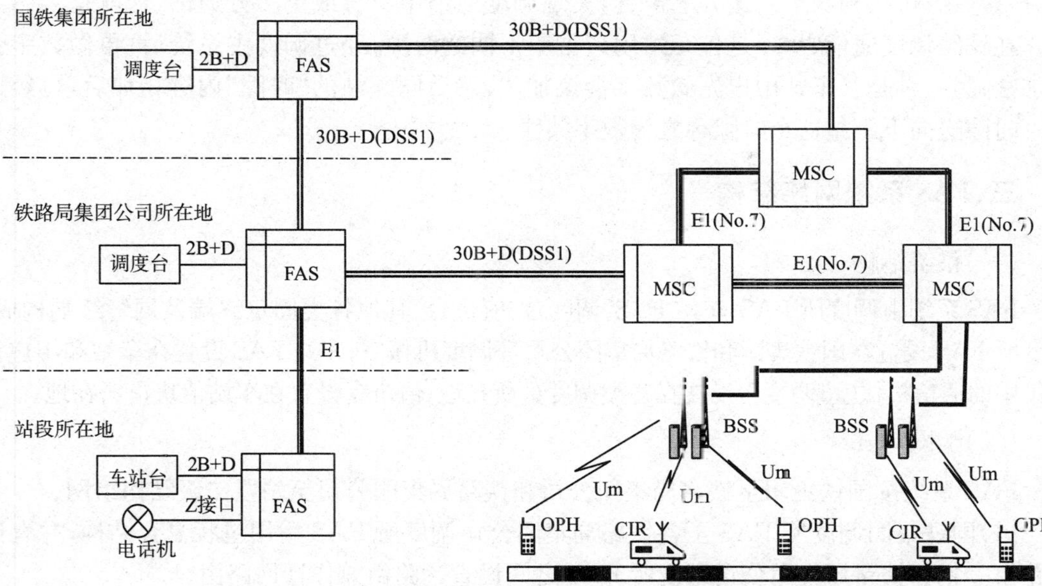

图 2-26　FAS 调度通信系统的构成

现场数字调度通信系统都简称为数调，数调和 FAS 实际是同一设备，只是在不同的使用场合，配置有所不同，称谓也就不同，即在 GSM-R 网络中称为 FAS；在非 GSM-R 网络中称为数调。目前高铁 FAS 系统主要有佳讯公司 MDS3400 和中软公司 CTT4000 调度系统，在后面的章节将分别做以介绍。

二、FAS 系统基本原理

FAS 系统主要采用数字交换技术，先将模拟话音信号数字化，其次是将数字化的语音信号进行交换，实现数字共线和数字交叉连接。

（一）模数转换

调度通信所传送的话音信号是模拟信号，要在数字通道传送，必须将其数字化，并在接收端还原成模拟信号。因此要对语音信号进行抽样、量化、编码三个步骤后，完成话音信号数字化，即模数转换。

（二）数字交换

将数字化的话音信号通过数字网络进行交换，实际上是时隙的交换，数字交换网络能够将一个时隙的内容交换到另一个时隙去，时隙交换也就是将时分多路复用线（PCM 复用线，常称为数字链路）中某一时隙的话音脉码信息在时间位置上调制到另一时隙中去，实现时隙间信息的交换，这就是数字时分交换原理。

（三）数字共线

数字交换网络只能实现两个用户间的全交换（通话双方均能听到对方讲话），而要完成三个或三个以上用户全双工会议交换（每个用户均能听到其他所有用户讲话），则需要专门的数字会议电路。数字会议电路的原理是将通信中两个发送方的数字信号叠加后再送给接收方,接收方可听到两个发送方的声音,实现调度通信中三方或更多方通话,这就是数字共线。在铁路调度通信中,一是各车站用户占用不同的时隙,经过调度主系统后,再做数字会议加法;另一种是各车站用户先做数字会议加法,然后同邻站的“时隙”内容相加后,再经过同一时隙送向下一站这个时隙称之为数字共线。

三、FAS 系统网络结构

(一)系统结构

FAS 系统由调度所 FAS、车站 FAS、调度台、值班台、其他各类固定终端及网管终端构成。调度所 FAS 设置在国铁集团和铁路局集团公司等调度机械室;车站 FAS 设置在车站和用户相对集中的通信机械室;调度台设置在各类调度员所在地;值班台设置在车站值班员所在地。

(二)组网方式

FAS 系统按国铁集团至铁路局集团公司和铁路局集团公司至站段二级结构组网。

(1)国铁集团调度所 FAS 至各铁路局集团公司调度所 FAS 采用星状复合结构,并有迂回路由。相邻铁路局集团公司调度所 FAS 之间设直达路由兼作迂回路由。

(2)铁路局集团公司调度所 FAS 系统至车站 FAS 系统采用环形或星形结构。

采用环形组网时铁路局集团公司调度所 FAS 系统与车站 FAS 系统,以及车站 FAS 系统之间以两个 2 M 口为一个基本共线单元,一个为上行 2 M 口,一个为下行 2 M 口。整个系统需要两个透明 2 M 通道,一个作为主用通道,另一个作为备用通道,以构成数字自愈环。铁路局集团公司调度所 FAS 系统的下行 2 M 口、各车站 FAS 系统的上、下行 2 M 口、末端车站 FAS 系统的上行 2 M 口经由主用 2 M 通道首尾相连,铁路局集团公司调度所 FAS 系统的上行 2 M 与末端站 FAS 系统的下行 2 M 口通过备用 2 M 通道相连,构成整个数字调度系统。

采用星形的组网方案中,铁路局集团公司调度所 FAS 系统提供多个 2 M 数字接口,分别与车站 FAS 的 2 M 数字接口连接,每个车站 FAS 系统至铁路局集团公司调度所 FAS 都有自己独立的 2 M 通道,铁路局集团公司调度所 FAS 系统与车站 FAS 系统间可独立完成话音及数据等业务。

(三)FAS 系统的同城异地容灾

为了保证铁路调度系统的安全可靠,FAS 系统采用同城异地容灾备份方式,即在同一个铁路局集团公司的不同地点设置一主一备两套调度所 FAS 系统。当主用系统出现故障,备用系统自动升级为主用系统,保证整个铁路调度系统的正常运行。

在主、备调度所 FAS 主系统处各设置一套网管系统,实现网管的“1+1”备份,两套网管之间通过 IP 网络连接,保证数据同步。

四、FAS 系统业务功能

(一)调度业务

以列车调度为例,铁路局集团公司列车调度员使用的终端设备称为××列车调度台,其调度对象为所辖车站值班员、相关站段调度。

特点:直接指挥列车运行的通信设备;调度员对车站值班员为指令型通信,值班员对调度员为请示汇报型通信；以调度员为中心，一点对多点的通信；铁路线点多线长，呈线状分布，列调通信也呈链状结构。

要求：列车调度电路是独立封闭型的，除救援列车电话、区间施工领导人电话可临时接入，其他任何用户不允许接入。调度电话必须保证无阻塞通信，调度台处于定位受话状态，调度分机摘机（或按键）便可直接呼叫调度台。

1. 列车调度

列车调度员以单呼（车次号功能寻址/MSISDN 号码方式）、组呼、广播方式呼叫调度辖区内的机车司机。

列车调度员以单呼、组呼方式呼叫调度辖区内车站值班员。

列车调度员组呼调度辖区内的机务段（折返段）运转、列车段、车务段、电力牵引变电所等值班员并通话。

列车调度员向调度辖区内的车站值班员、机车司机、助理值班员、工务人员、道口人员发起紧急组呼。

机车司机按位置寻址/ISDN 号码方式个别呼叫当前所在调度辖区内的列车调度员并通话。

机车司机按位置寻址/ISDN 号码方式个别呼叫本站、前方站、后方站值班员并通话。

机车司机向调度辖区内的调度员及相邻车站值班员、机车司机、助理值班员、工务人员、道口人员发起紧急组呼。

2. 牵引供电调度

牵引供电调度员按个别呼叫、组呼等方式呼叫调度辖区内相关所属用户并通话。

牵引供电调度员接收所属用户的个别呼叫并通话。

(二)站场通信

站场通信是实现车站值班员、助理值班员、客运值班员之间的通信，其用户包括机车司机、车站外勤值班员、站内道口、值班（工务、通信、信号 、电力、接触网）工区、客运作业人员等。

站场通信有两种类型，一种是大型车站多个作业场，主场车站调度员与各相关值班员构建的若干个一点对多点的调度通信，简称站调。另一种是小站车站值班员与若干个站内用户（道岔清扫房电话等）之间构建一点对多点的站内通信，在这里用站内通信一词，以便与大型车站的站场通信有所区别，其特点和要求与调度通信基本类同，所不同的只是组网方式不同。

(三)站间通信

站间通信是实现两车站值班员之间进行的点对点话音通信，即站间行车电话或闭塞电话。两者含义不一样。闭塞电话是信号的一个组成部分，在区间闭塞采用电话闭塞法时，车站与相邻站用电话来办理闭塞，对闭塞电话的 a、b 两根线不能任意调换，更不能随意中断，严格禁止办理越站闭塞，所以闭塞电话只能是相邻站之间通信。随着信号设备的发展，区间闭塞法几乎不再采用电话闭塞法，已大量采用半自动闭塞和自动闭塞，这时的站间电话只是用来通报列车运行状态和相关行车业务，于是出现了站间行车电话这一称谓，同时又出现了非相邻站之间的站间通信。

特点：点对点通信。

要求：固定直达电路（回线），不允许搭挂其他任何电话分机。

(四)区间通信

为区间作业人员提供对外联络的通信设施。

特点：受模拟通信设备的限制，区间电话只能呼叫车站、调度及本地自动电话；上行站可以呼叫区间，其他用户无法呼入。

要求：(1)在同一区间两个点之间可以相互呼叫并通话。

(2)区间可以呼叫上行站、下行站、列调、电调。

(3)具有接入铁路自动电话本地网的功能。

需要特别说明的，数调设备上来之后，为不改变原有的通信方式，按上述要求开发的区间通信。实际上数调设备有强大的功能，完全能适应现场实际运用的需要，目前上、下行车站都可以呼叫区间电话。

(五)FAS 系统内开放常用应急通信

应急通信是铁路专用通信的重要组成部分，应急通信系统由人工电话、调度电话、自动电话、静图传输组成。当发生重大、大事故后，应急通信可建立事件现场内部通信，可将事件现场的话音和拍摄的图像直接传送至铁路局集团公司运输指挥中心。应急通信构建方案如图 2-27 所示。

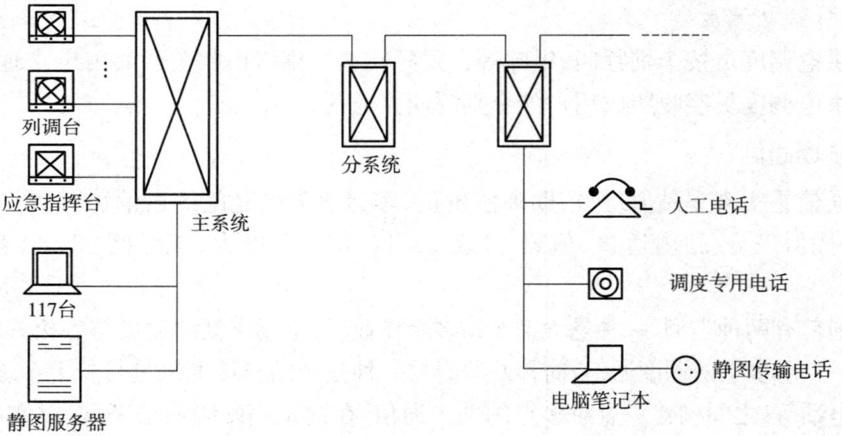

图 2-27　应急通信构建方案图

主系统及各分系统需要配置的接口、占用时隙及用途见表 2-6。

表 2-6　主系统及各分系统接口配置、占用时隙及用途表

主　系　统	各分系统	占用时隙(时隙名称)	用　　途
用户环路接口接 117 立接台	磁石(共电)接口	一条共线时隙(人工直达)	实现现场与 117 台的人工直达
配应急指挥台需配“2B+D”接口	共电接口	一条共线时隙(调度专用)	实现现场与救援中心直达对讲
音频用户接口接静图服务器	音频用户接口	一条共线时隙(静图传输)	实现现场向静图服务器发送图像

复习思考题

1. 简述数字会议电路的基本原理。
2. 简述回波相消技术原理。
3. 简述数字锁相环技术原理。
4. 简述数字调度通信系统组成及各部分作用。
5. 说明数字调度主机组成及各部分作用。
6. 简述数字调度主机的主要接口的种类及功能。
7. 简述数字调度系统主要业务及功能。
8. 画图说明区段调度通信网络的组成。
9. 区段调度通信网络有什么特点?
10. 说明FAS系统的概念。
11. 说明FAS系统的组网方式。

第三章　佳讯数字调度通信系统

第一节　“飞鸿 98”系统概述

飞鸿 98 铁路数字专用通信系统(以下简称“飞鸿 98”)是针对铁路通信传输系统数字化后,通过一种接入设备,利用数字信道把沿线各站的各种专用通信业务综合起来,提供全面的数据、语音等服务。它简化了专用通信系统的结构,改善了专用通信系统的话音质量,提高了数字信道的利用率,从根本上解决了沿线小站的通信问题,形成了以自控为主的、智能化的、全程全网的网络化综合调度指挥平台。

一、系统总体结构

“飞鸿 98”分为两大部分:枢纽主系统和车站分系统。系统总体结构如图 3-1 所示。

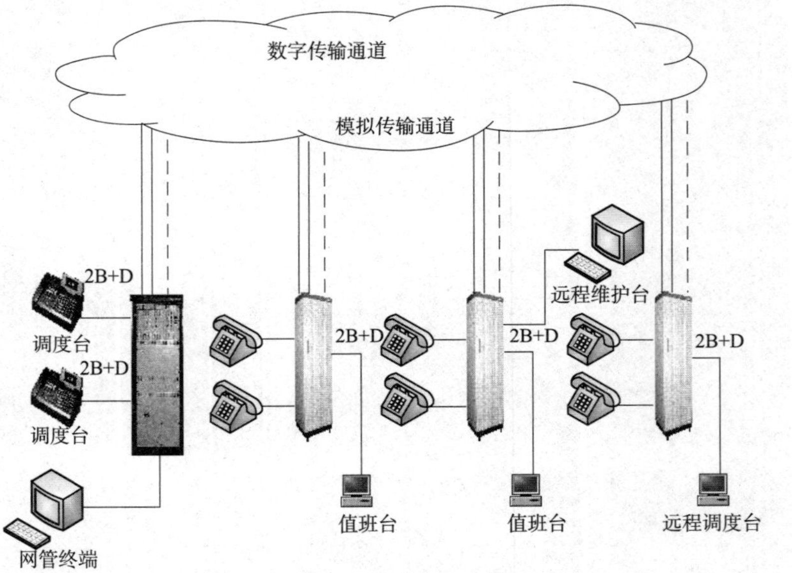

图 3-1　系统总体结构示意图

枢纽主系统(调度所调度交换机)一般位于各个铁路局集团公司或调度指挥中心,车站分系统(车站调度交换机)一般位于铁路局集团公司所管辖的各个车站或小的调度指挥中心,两者之间通过数字传输通道构成通信网络,在网络内部实现语音、数据等业务。“飞鸿 98”同时兼容模拟传输接入的方式,实现数字和模拟通信方式互为备份。

“飞鸿 98”可以替代调度工区内的调度电话总机、专用电话总机、汇接分配器等专用通信设备，以及站场内的集中机、调度分机、区转机及铃箱等站场通信设备，形成全程全网的数字专用通信网。它实现了全数字化的调度通信、专用通信、站场通信及各种数据业务，并使用专用的网管系统对“飞鸿 98”进行维护管理。

枢纽主系统与车站分系统在设计上各有专用性，可分开独立使用。如果仅把枢纽主系统用于调度侧，则可以替代老式调度总机接入原有的模拟调度实回线，而相应使用新的调度台，完成全双工通信，有效抑制回波、消除杂音振鸣。也可以仅用车站分系统替代原有站场集中机、区转机、调度分机等其他站场通信设备，从而完成站场通信的数字化改造。

(一)枢纽主系统的组成

枢纽主系统总体分为三个相对独立的部分：系统后台、前台操作台、网管系统(维护台)，其结构如图 3-2 所示。

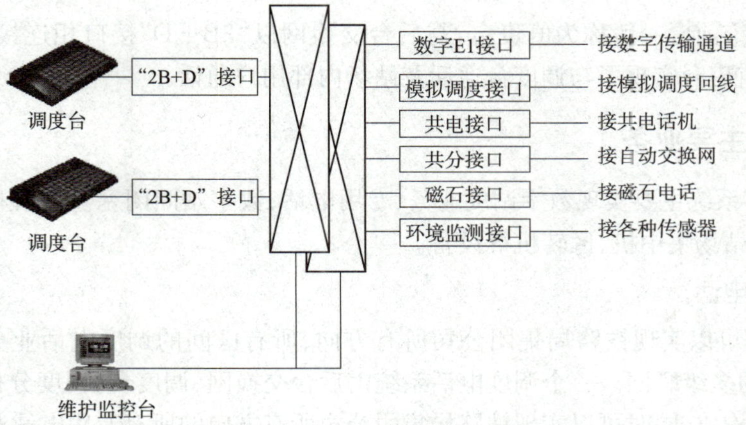

图 3-2　枢纽主系统结构图

枢纽主系统后台由多层机架组成，采用先进的大规模集成电路，模块化结构设计，包括主控层、数字模块层、模拟模块层和扩展模块层。每层由多块不同的电路板组成。数字模块层、模拟模块层和扩展模块层可根据需要配置相应的电路板，主控层与各模块层之间以自定义总线连接。

枢纽主系统的前台操作台一般称调度台，与后台之间通过“2B－D”接口连接，后台能够对前台远程供电。当前台与后台距离较远时，可以通过相近的车站分系统接入，即远程调度台。

“飞鸿 98”采用微机作为维护监控终端，通过 RS-232 串口与后台主控单元背板上的串口连接。管理人员可通过图文界面的维护软件对整个系统进行数据维护、监控管理。枢纽主系统实现了一个铁路局集团公司范围内数字化调度电话，各种数字专用电话，形成一个完整的专用数字通信网，“飞鸿 98”同时兼容老式模拟调度电话接入。

(二)车站分系统的组成

车站分系统总体分为两大部分：后台交换网与前台操作台，其结构如图 3-3 所示。

车站分系统是“飞鸿 98”的车站侧设备。通过数字 E1 接口接入数字传输系统，与主系统共同构成数字通信网络。其主要功能为接入数字调度电话、接入数字化的专用电话、站场通信(集中机功能)、区转机功能等。

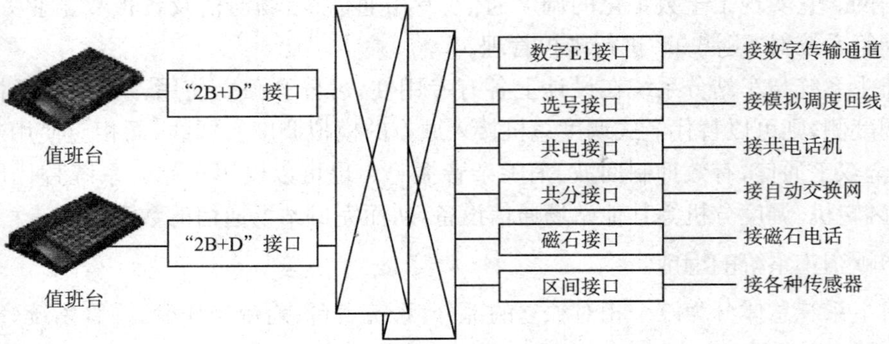

图 3-3　车站分系统结构图

车站分系统前台一般称为值班台,与后台交换网以"2B＋D"接口相连接。由后台系统供电,键控式值班台实现了与调度台通话及站场内部用户通话。

二、系统主要业务

"飞鸿 98"系统主要实现数字调度业务、专用电话、数字站间闭塞及各种模拟接入业务,同时能够替代站场集中机、区转机等设备。

(一)调度电话

"飞鸿 98"可以实现铁路局集团公司所有方向、所有区间的调度电话业务,可以实现局调、干线调度的多级联网。一个调度电话系统由后台交换网、调度台、调度分机、录音设备及数字传输通道构成,同时可以实现铁路局集团公司所有方向的所有专用电话业务。

"飞鸿 98"可接入模拟通道,采用模拟调度通信的方式通信,作为数字调度通信的有效备份,形成数/模通道互为热备份的方式,在两者之间可以自由地进行手动切换。无论数字通道还是模拟通道,调度分机既可以是值班台,也可以是共电话机或原有的音频(高阻式)调度分机。

(二)站场通信

站场通信包括与调度电话、专用电话通信,与车站站场内不同用户通信,主要通过车站分系统实现。键控式操作台通过"2B＋D"接口接到分系统;站场内的用户可以接入到分系统的共电接口、共分接口、磁石接口等;调度电话、专用电话除了可以从分系统的数字接口接入,还可以在没有数字通道时从选号接口、共分接口接入。这些接口通过分系统内部的"512×512"全数字无阻塞时隙交换网络、多方会议电路方便灵活地组成了站场通信,值班员可以通过操作台上的按键任意实现单呼、组呼、会议、全呼。

(三)站间通信

站间通信指两个车站分系统值班台进行的通信业务。通过"数字环"的一个时隙实现话音业务。一个车站分系统与其上行车站分系统的站间通信,需使用 2 M 中一个时隙,而此车站分系统与其下行车站分系统的站间通信,可同时使用 2 M 中的这一个时隙。"飞鸿 98"系统实现了时隙的分段复用。

一个车站除了与其邻站通信外，还可能与其他不相邻车站进行站间通信。此时，可以再分配一个时隙给这种站间通信使用，同样这个时隙也可以被分段使用，或者通过枢纽直连来实现该业务。

模拟站间通信是通过相邻车站间的模拟实回线完成的。车站分系统可以将这些保留的模拟实回线接到磁石接口上，作为对数字站间通信的模拟备份。

（四）区间电话

车站分系统具有区转机功能，用一块区转机板代替了原区转机，区转机板有上行区间电话接口和下行区间电话接口，接入区间通话柱。在通信方式上保留原区机的工作方式。

（五）站场广播接入

车站分系统中设有共分接口，与站场广播系统提供的共电接口对接，实现值班员对站场的广播。

（六）无线调度接入

"飞鸿 98"在铁路局集团公司调度所与沿线车站之间提供 4 线音频共线通道，为无线调度系统的各设备之间提供音频通道。

三、系统主要功能

（一）远程调度

在铁路调度专用通信网中，铁路局集团公司内的调度台，尤其是电务、车务、工务等调度台不一定位于铁路局集团公司调度中心内，可能会被安放在远离调度中心的某一个车站附近。这些调度台可以通过"2B＋D"接口接入到就近的车站分系统后台，即通过枢纽主系统的远主 U 口板和车站分系统的远分 U 口板来实现，其功能、性能与位于枢纽主系统的完全相同，称位于车站侧的调度台为"远程调度台"。

（二）系统级联

通过"飞鸿 98"车站分系统可以级联多个下级车站。根据实现的业务不同，分为两种实现方式，通过数据通信板实现模拟级联和 4E1 数字板实现的数字级联。"飞鸿 98"系统容量对于绝大多数车站的站场通信是完全足够的，而对于需要大容量通信的站场（如编组场），可以将多个分系统级联起来，实现模拟业务的扩容，此时上级车站分系统和级联车站分系统通过数据通信板连接。

某些车站分系统通过共线方式构成一个"数字环"，这些车站并不直接接入到枢纽主系统的一块数字板上，而是通过枢纽主系统某块数字板已组成的一个"数字环"中的某个车站分系统的 4E1 数字板接入到系统中，实现与调度通信和站间业务.数字级联如图 3-4 所示。

（三）应急分机

车站分系统可通过软件将一部共电话机设置成应急分机，对应该分系统的一个值班台。当该值班台出现故障，系统将自动切换到应急分机，由应急分机替代值班台实现通信业务。分机可通过 19＋对应值班台的按键号来拨号实现呼叫业务。

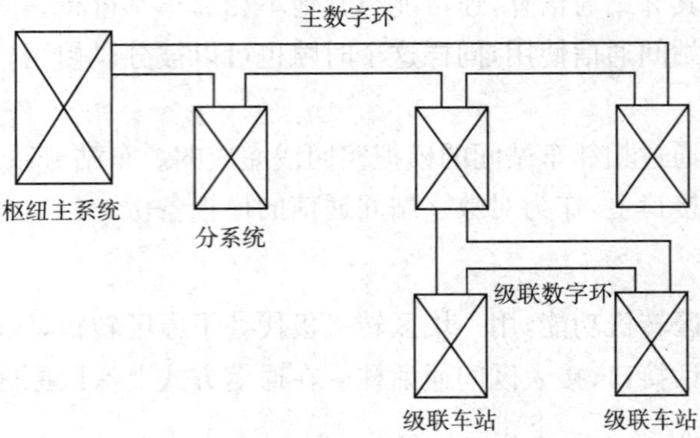

图 3-4　数字级联

(四)多通道录音仪

多通道录音仪由工控机、语音卡、系统软件组成。它可以替代目前铁路站场和调度区段所使用的单路或多路录音设备,并实现远程监听和放音功能。多通道录音仪可提供多达 31 个录音通道,1 个放音通道,语音的录制采用音控方式。录制的语音资料存储在硬盘中,系统在硬盘中特开辟有一块永久存储区,使用人员可将重要的录音资料转移到永久存储区中,便于较长期地保留。

(五)系统出入局

"飞鸿 98"系统采用特有的信令方式,实现系统内部通信。根据业务需要,通过主系统的信令板,实现出、入局通信。信令板采用中国 1 号随路信令方式与交换局或其他通信设备实现局间中继,局间中继采用 2 M 数字中继传送线路信令和 MFC 记发器信令。

(六)在线升级

根据需要,系统可对车站分系统主控板进行程序升级。在枢纽侧维护台设置超级终端比特率 19 200 bit/s,数据位 8,偶校验,停止位 1。在维护台中主控板软件升级内选择所要升级的车站名称,升级文件名。U 口模块号可选择 1～4,分别代表 1 200 bit/s、2 400 bit/s、9 600 bit/s、19 200 bit/s。U 口设备号可任意设置为 1～3。进入超级终端选择好下载文件路径进行升级。

(七)全数字无阻塞交换

"飞鸿 98"采用先进的数字时分交换技术。枢纽主系统和车站分系统分别具备"1 024×1 024""512×512"的全数字无阻塞交换网络,为各种业务的实现打下了坚实的基础。

(八)稳定的系统平台

"飞鸿 98"采用模块化设计,为提高系统可靠性,采用了两套主控制单元,双机双网同时工作,互为热备份,一旦主用的控制单元出现故障,系统控制程序检测到后即自动切换。系统提供了两种切换方式:故障切换、人工切换。"飞鸿 98"系统(包括枢纽主系统和车站分系统),提供对接口板的"$n+1$"($n\geqslant1$)实时热备份,包括 U 口板及其他类型的模拟接口板。枢纽主系统还提供对数字板的"$n+1$"($n\geqslant1$)实时热备份。对于系统所有模拟接口板,都支持热插拔功能。

四、系统组网方式

“飞鸿98”通过车站分系统设备把沿线各站的专用通信业务综合起来，利用数字信道传输到枢纽主系统或通过主系统分配到相应的目的地址。根据数据配置的不同，组网类型可分为：星形方式、共线方式和综合方式。

（一）星形方式

星形组网方式如图3-5所示。枢纽侧每一块主数字板提供两个E1数字接口，通过传输通道，与某一个车站分系统的E1数字接口连接，实现该车站通信的数字接入。每一个车站分系统数字板一般也提供两个E1数字接口，当两个E1接口同时和枢纽数字板的E1接口连接时，形成一个保护通道。一个E1传输出现故障，不影响该车站业务。枢纽主数字板的两个E1接口也可分别接入两个分系统，分系统使用其中的任意一个E1接口，即点对点的接入。

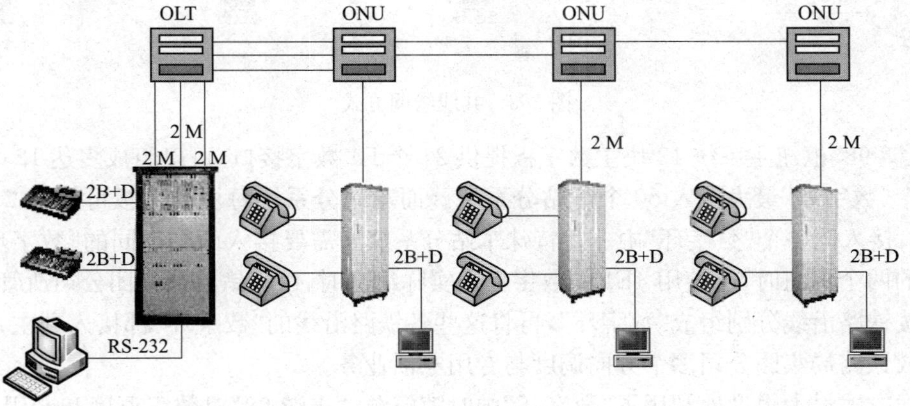

图3-5　星形组网方式

枢纽侧最多提供12块数字板，可接入12个或24个车站分系统。每个车站分系统对应于主系统都有自己独立的2 M通道，完成语音及数据业务等。每种业务均可独享2 M通道时隙，实现区段调度及站场业务。

星形组网方式相对要求占用更多的传输资源，以确保网络的安全性。

（二）共线方式

共线组网方式如图3-6所示。枢纽主系统与多个车站分系统是通过E1数字中继接口连接的（中间经过数字传输通道，如SDH/接入网等）。

共线组网时，枢纽主系统一块主数字板和车站分系统的第二个E1接口都称为下行E1接口，第一个E1接口称为上行E1接口。枢纽主系统的一个下行E1数字接口经过数字传输通道连接到车站分系统1的上行E1接口，车站分系统1的下行E1接口经过数字传输通道连接到车站分系统2的上行E1接口，后者的下行E1口再连接到车站分系统3的上行E1接口。如此类推，车站分系统n的上行E1接口经过数字传输通道与上一个车站的下行E1接口连接，同时n车站的下行E1接口经过数字传输通道（如数字微波、SDH）直接连接到枢纽主系统的上行E1数字接口上。枢纽主数字板将这两个2 M通道时隙在内部一一对接，

这 n 个车站分系统与枢纽主系统一起就构成了一个数字通道环路，称之为“数字环”。所有车站分系统与主系统经过同一 2 M 通道实现数字业务的传输。

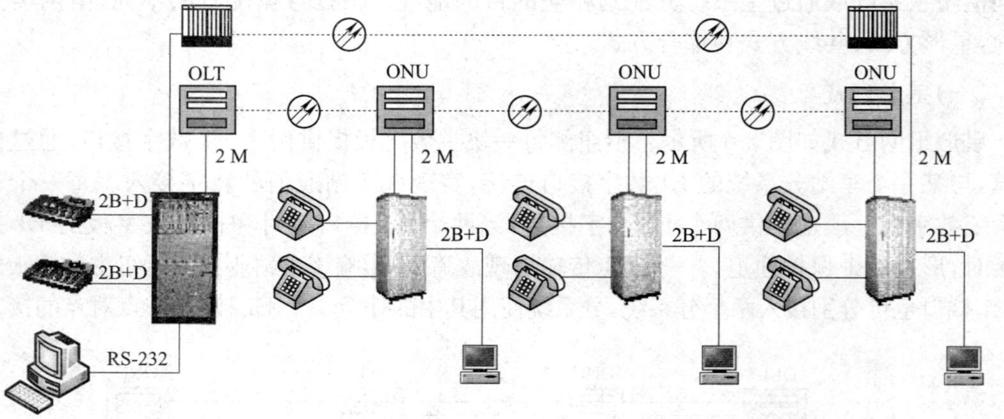

图 3-6　共线组网方式

“飞鸿 98”枢纽主系统 12 块主数字板提供 24 个 E1 数字接口，可以组成多达 12 个“数字环”，每个“数字环”最大接入 50 个车站分系统。而车站分系统每块数字板可提供 2 个数字 E1 接口，接入同一个“数字环”中。在特殊车站分系统如需要接入两个不同的“数字环”或属于不同的两个枢纽时，可使用 4E1 的数字板。实际组网时，可将铁路局集团公司所管辖的各个车站按铁路沿线分别组成“数字环”，再将这些各铁路沿线的“数字环”都接入到主系统上，从而完成铁路局集团公司多个方向调度与专用电话业务。

共线方式最大限度地利用了“数字环”中时隙资源，“飞鸿 98”对数字调度和专用电话业务采用“数字共线”的方式实现。各个车站的值班员或调度分机用户都在“数字环”中的同一个时隙上与主系统的调度值班员通话。一种数字调度或专用电话业务占用“数字环”上的一个时隙。系统共可接入多达 27 种调度或专用电话业务。这种时隙称为“共线时隙”。

“飞鸿 98”可采用分段的方式实现站间通信，每种站间通信占用“数字环”中的一个时隙进行通信，多个车站同时使用时，只是将这个时隙分段使用。另外还定义一个时隙作为站间分段备份使用，此时隙类型统称为“分段共享(有备份)”“分段共享(无备份)”和“分段备份”。

当枢纽主系统和某个车站分系统或两个分系统之间直接实现某种数字业务时，可以使用“两点专用”时隙类型实现点对点的通信。

综上所述“数字环”上的时隙主要被用作：共线时隙、两点专用、分段共享和分段备份。这些所有时隙的总数不能超过 30。对于一个数字环上的各个车站来说，30 个时隙用来分配以上各种专用通信业务是足够的。可以参考以下的计算公式：

$$3+G+J+J+Y+Y+Y<30$$

式中　3——系统内部通信检测及数据传送所占用的固定通信时隙；

G——有 G 个共线时隙，用于调度电话或专用电话；

J——有 J 种站间通信，同时有 J 个站间通信备份时隙；

Y——有 Y 个远程调度台，一个远程调度台需要 2～3 个时隙，一个时隙固定为共线业务时隙，如果只使用一个话音通道，则再需要一个时隙，当使用主辅话音通道时，需要两个时隙。

一般来说，$G<10$，$J<3$，$Y<3$，故上述公式总可以成立。而 TS_0 用于传输传送帧同步信号，TS_{16} 用于传送复帧同步和随路信令。

共线方式组网，系统主要具有以下特点：

(1)“数字环”自愈

一般情况下，通信使用下行 E1 通道，系统实时监测 2 M 口的通信状态，当检测到“数字环”下行 E1 通道的某处断开时，立刻切换至上行 E1 通道方向进行通信，从而保证“数字环”的任何一处断开都不会影响系统的正常通信，切换时间为毫秒级。

(2)断电直通

某个车站分系统出现断电时，此车站分系统的上、下行 E1 接口通过继电器自动导接起来，仍构成一个封闭的“数字环”，从而不影响系统正常通信。

(三)综合方式

根据实际需要，将共线方式、星形方式同时运用在一个专用通信网中，形成综合组网方式。

以上三种组网方式在硬件上没有区别，只是软件不同，“飞鸿 98”在组网时，可以同时采用其中的一种、两种或三种方式相结合组网，以适应铁路复杂的网络情况。

第二节　调度所调度交换机的结构和原理

一、硬件整体结构

“飞鸿 98”分为枢纽主系统(调度所调度交换机)和车站分系统(车站调度交换机)，通过数字传输通道构成通信网络，使用统一网管系统。车站分系统可独立实现站场集中机功能。操作台与后台分离设计。系统提供了丰富的接口，包括“2B+D”、磁石、4 线音频、模调、共分、共电、选号等接口。

二、枢纽主系统

(一)主系统后台结构

枢纽主系统采用先进的大规模集成电路，组成高性能的交换网络及控制电路，其结构如图 3-7 所示。后台交换网模块化结构设计，从上至下层依次为数字模块层、模拟模块层、主控层、扩展模块层组成。一个数字模块层可配接 12 块数字板，一个接口模块层可配接 15 块接口板。各种接口模块的数量由实际情况的需要而灵活配置。主控层与其他模块层之间采用自定义的信号总线相连接。

1. 主控层

主控层包括主控单元和电源单元，以及一块主控层背板。主控单元包括 A、B 两个平面，每个平面由无铃流电源板、音源板、主控板、会议板构成，各电路板必须按顺序安装，不能混插。主控单元右侧为A平面，从左至右依次为会议板、主控板、音源板、电源板；B平面从左至右电路板安装顺序和A平面正好相反。主控单元能够实现：提供系统工作时钟，提供大容量的会议电路和系统所需的各种信号音，与数字板、接口板、与网管终端通信，交换与汇接各接口的消息和话音等，是整个系统运行和数据交换的核心部分。为保证系统的安全可靠性，系统配有互为热备份的两套主控单元，分别为A平面和B平面，二者数据保持一致，保证切换时对通信不会造成任何影响，并且在某一个平面任意一块电路板出现故障时，系统会自动或通过手动完全切换到另一个平面工作。主控平面每块电路板在系统中的槽位固定，不能任意改变位置。电源单元为两块有铃流电源板，分别给接口模块层提供+5 V、−5 V直流电源，铃流及磁铃，两块电源板互为热备份。

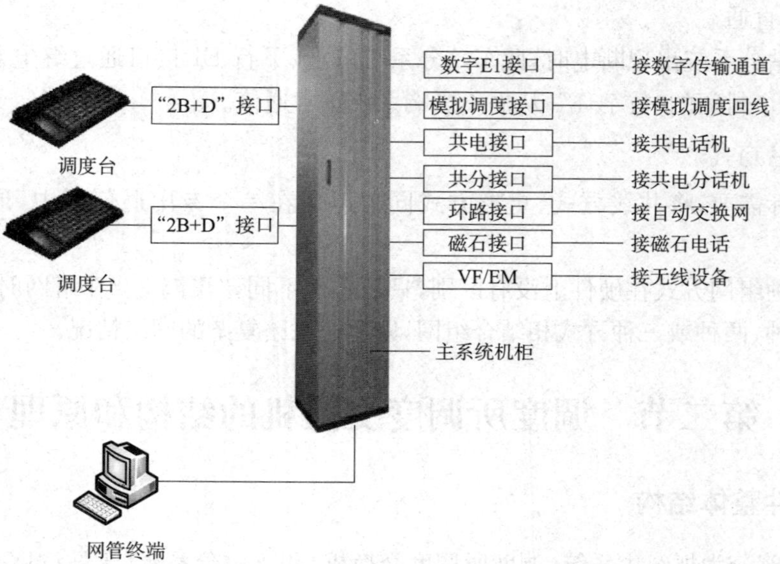

图 3-7　枢纽主系统结构

2. 数字模块层

每个数字模块层可包括数字背板一块，无铃流电源板两块，主数字板1～12块。两块无铃流电源板互为备份，给主数字板提供+5 V、−5 V直流电源。每块主数字板提供两个数字接口(E1接口)，分别为“上行E1接口”与“下行E1接口”。通过这两个E1口，实现枢纽主系统和数字传输通道连接，并将各车站分系统依次接入，形成调度专用网的“数字环”。枢纽主系统通过此接口板与各车站分系统通信，传送数字调度电话，传送数字专用电话及转接数字化的站间、站内通信。每块主数字板可以提供接入一个“数字环”，一个枢纽主系统最多可提供接入12个“数字环”。每个“数字环”最大接入50个车站分系统。“飞鸿98”规定1～12块主数字板为33～44模块，主数字板支持“$n+1$”($n\geqslant1$)备份。其中第33模块一般作提取外部时钟使用。

3. 模拟模块层

模拟模块层由背板和各模拟接口板组成。模拟模块层可安装15块模拟接口板，包括U

口板、共电板、接口板、数据通信板等。“飞鸿 98”规定模拟模块层模拟接口板的模块号从左至右为 1～15 模块。

4. 扩展模块层

扩展模块层由背板和 15 块模拟接口板组成，“飞鸿 98”规定扩展模块层模拟接口板的模块号从左至右为 16～30 模块。

(二)枢纽主系统背板说明

1. 数字层背板

数字层背板主要提供 12 个主数字板槽位，可安装 12 块主数字板，同时提供 24 个 E1 数字接口，接入 24 个 E1 传输通道，在共线方式下，可接入 12 个数字环。提供与主控层通信的 DB15 接口，实现主数字板与枢纽主控之间的通信(见附录六图 F6-4～图 F6-7)。

2. DB15 接口

在数字背板上半部分有上下两排，共 24 个 DB15 接口，其中第一排 12 个接口接入主控层 A 平面，实现与 A 主控平面的通信。下排 12 个接口接入主控层 B 平面。从右至左规定为第1～12个接口，连接主控层时注意对应关系(见附录六图 F6-4～图 F6-7 所标注的序号)。

3. E1 数字接口

数字背板下半部分有 24 个 E1 接口，每列两个 E1 接口，分别是上行 E1 的发收接口，下行 E1 的发收接口。每列 E1 接口对应一块数字板，在该数字板某一个 E1 接口未接入 2 M 传输系统时，该 E1 接口收发需要通过 2 M 自环头自环。每块数字板与分系统在共线方式下构成一个“数字环”。枢纽主系统与分系统 E1 接口连接如图 3-8 所示。

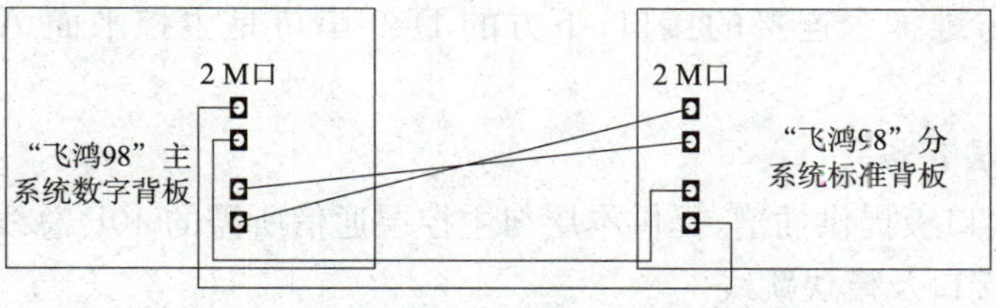

图 3-8 枢纽主系统与分系统 E1 接口连接

4. 备份用跳线(图 3-9)

主数字板支持“$n+1$”的热备份，其中背板上的跳线块用于明确数字板的备份情况。从背板的背面看，两个 DB15 接口中间的两针跳线块是切换互锁信号跳线块，每个 E1 同轴接口下面都有两排三针的跳线块，简称外线跳线块，用于确定此同轴是与外线相连，还是自环。两对同轴中间有一个 16 针的跳线块，是备份组信号跳线块。当 $n(n\geqslant 1)$块数字板用一块数字板作为备用时，这“$n+1$”个数字板应在背板上连续放置。如数字板 1、数字板 2 和数字板 3 是一个备份组，其中数字板 3 是数字板 1 和数字板 2 的备用板。插接数字板 3 的槽位，其外线跳线块的

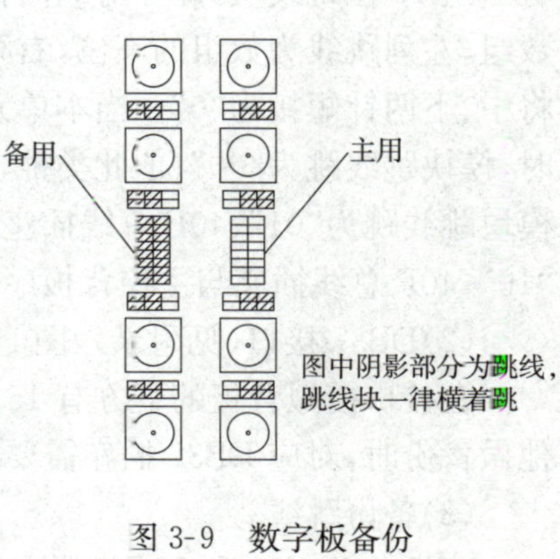

图 3-9 数字板备份

1 针与 2 针短连，备份组信号跳线块不短连，切换互锁信号跳线块不短连；插接数字板 1 和数字板 2 的槽位，其外线跳线块的 2 针与 3 针短连，备份组跳线块全部短连，切换互锁跳线块短连。数字板 4 没有备份电路板，其外线跳线块的全不短连，备份组跳线块全部不短连，切换互锁跳线块不短连。当不插电路板时，所有跳线块都不用短连。

5. 主网层背板

提供本网主/备系统总线驱动，提供双机双网控制信号。通过 AT 电源线，将主控层有铃流电源板的电源输出送至模拟模块层和扩展模块层，实现了主控层与各个模拟模块以及与数字模块之间的通信。并且提供两个 DB9 串口用来连接维护台。在背板上有一组接线端子台，系统运行使用－48 V 电源，外线红线 0 V 接到接线端子的最上面一个端子，－48 V 接到接线端子的最下方一个端子（见附录六图 F6-4～图 F6-7）。

(1)40P 总线接口

在主网背板的中部有 4 个 40P 总线接口，是用来与模拟模块层和扩展模拟模块层的 40P 总线接口相连接，实现它们之间的通信。从下部右侧至上部左侧依次为 1～4 个 40P 总线，在模块层通过高低位跳线来确定与某一个总线相连。

(2)DB15 接口（见附录六图 F6-4）

在 40P 总线接口的两侧各有 12 个 DB15 接口，用来与枢纽数字背板相连。右侧为 B 平面，与数字背板第二排 DB15 接口相连，左侧为 A 平面，与数字背板第一排 DB15 接口相连。具体对应见附录图中数字的一一对应关系。

(3)DB9 串口接口

在 40P 总线接口的左侧，有两个 DB9 串口接口，用来连接维护台。其中上方的 DB9 串口是主控平面 B 与维护台连接的接口，下方的 DB9 串口是主控平面 A 与维护台相连的接口。

6. 模拟模块层背板

给各种模拟接口板提供插槽，提供本层与主控层通信所需的 40P 总线接口。

(1)40P 总线接口及模块跳线

在背板右侧和中部有两个 40P 总线接口，用来与主控层相连。在背板的中部和左侧各有一组 16 位跳线块，即一对纵向排列的三针跳线，竖着插跳线块。两列跳线组成一个两位数组，左列跳线为数组的高位，右列跳线为数组的低位。用跳线块将上、中两针短接为“1”，将中、下两针短接为“0”。当本单元的 40P 总线插座与主控背板序号为“1”的总线插座相连时，模块跳线跳为“00”；依此类推，40P 总线插座与主控背板序号为“2”的总线插座相连时，模块跳线跳为“01”；40P 总线插座与主控背板序号为“3”的总线插座相连时，模块跳线跳为“10”；40P 总线插座与主控背板序号为“4”的总线插座相连时，模块跳线跳为“11”。

(2)DB37 接口（见附录六图 F6-5）

在接口模拟背板的下方有 15 个 DB37 插座，用于引出模块的外线。当某一电路板给其他做备份时，对应 DB37 插座需要插上自环头。

(3)备份跳线

背板上 IDC36 和 IDC12 跳线块用于明确接口板的备份比例和备份位置。

从背板的背面看，每个 DB37 的左边都有一个 IDC36 的跳线块，DB37 的上边有一个

IDC12 的跳线块(以下简称这两种跳线块分别为此接口板的 IDC12 跳线块和 IDC36 跳线块)。当对应这个 DB37 的槽位所插接的电路板有备份电路板时,其 IDC12 跳线块和 IDC36 跳线块应全部短接,而此电路板的备份电路板的 IDC12 跳线块和 IDC36 跳线块不短接。备份电路板所对应的 DB37 上需插接一个 DB37 自环头。当 $n(n \geqslant 1)$ 块接口板用一块接口板作为备用时,这"$n+1$"个接口板应在一块背板上连续放置。

(三)枢纽主系统容量

系统配接最大接口数如下:

(1)E1 数字接口,24。

(2)"2B+D"接口,60。

(3)模拟接口,180。

(4)最多配接调度台数,48。

(5)最多可接入数字环数,12。

(6)一个"数字环"最多挂接分系统数,50。

三、"飞鸿 98"主要电路板

(一)枢纽主系统侧专用电路板

枢纽主系统侧主要包括主控板、音源板、会议板、主数字板、时钟板、信令板、模调总机板等,每块电路板的前面板显示了不同的状态指示灯,各有一个复位按钮,用来手动复位。这些电路板只能使用在枢纽主系统侧(以下各电路板指示灯含义见附录四,与外线的卡接见附录五)。

1. 主控板

主控板包括处理机、时钟电路、交换网、通信和复位等部分电路,完成存储控制工作,提供系统时钟,提供各模块交换时隙,与各接口模块、各调度台和系统维护监控台通信,交换与汇接各接口模块的语音通道等。采用 80186 作为控制器,使用了两个串口和两个 I/O 端口。交换网采用大规模串行无阻塞数字交换网络芯片完成"1 k×1 k"数字交换网络。为提高运行可靠性,系统采用两块主控板(即主交换网)同时运行,互为热备份,一个处于主用状态,另一个处于备用状态。可通过软件主备切换或在主控面板上手动切换复位键,实现整个主网的切换。主控上有三组 J41、J42、J43 跳线块用于确定系统的工作时钟同步方式,时钟跳线如图 3-10 所示。

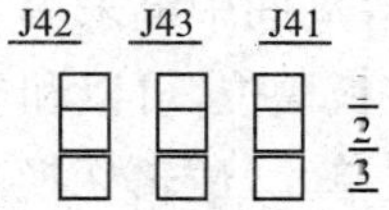

图 3-10　时钟跳线

将 J42 的 2 和 3 短接,J43 的 1 和 2 短接,则时钟单元工作在自由运行模式,而将 J43 的 2 和 3 短接,则时钟单元工作在锁相运行模式。

2. 音源板

音源板上有两组音源发生器,每组发生器可以支持 60 s 音信号,音信号内容由相应的 ROM 内数据决定。两组音源发生器形成的音信号合并成两路 STBUS 总线输出。面板上的指示灯分别表示各音源发生器是否正常工作。各音源发生器上电时自动复位,也可用软件通过复位。音源板为系统提供各种回铃音和忙音等提示音。

音源板同时还提供对数字模块层的驱动电路。

3. 会议板

系统提供 8 组 240 方多方会议功能，同时提供与接口模块层的接口驱动电路。

4. 主数字板

每块主数字板实现两个 E1 接入，共线组网方式下接入到一个“数字环”中。每块数字板包括 E1 接口单元、通信单元、时钟单元、单 T 接线器、切换逻辑单元、接口驱动和控制单元。E1 接口单元构成了两个 2 M 口，两个 2 M 口分别同上行站和下行站的 2 M 口相连，所有车站的两个 2 M 口都按这种方法连接在一起，构成一个大的数字环。主要完成的功能有：码型变换，即将 HDB3 的线路编码转换成单极性不归零码的 PCM 信号；时钟提取部分完成发送接收时钟以及帧同步信号；线路监测部分，一旦出现帧同步和复帧同步丢失，线路检测到会产生一个告警信息。一个 E1 接口包含 32 个时隙，在线路上传输时，TS_0 用于传送帧同步信号，TS_{16} 用于传送复帧同步和随路信令，其余 30 个时隙作为话路或数据通道。通信单元使用 HDLC 协议，完成与各车站信息的收发及数字板同主控板的通信。时钟单元完成提取外部时钟或由本单元振荡产生一个同步时钟。接口驱动和控制单元完成对接口地址分配和对数据总线及地址总线的驱动控制等功能。

5. 时钟板

采集外部时间，向系统前台提供准确时间。时钟板可安装在模拟层任一槽位，时钟板共 4 路接口，可使用时钟板上的任何一路。每一路对应外线为 3 根线，按顺序是：入、出、地，因为对端连接的是时钟源，时钟板只需接受，所以只需连接“入”和“地”即可。时钟板通过 RS-422 转RS-232的转换头和时钟源连接。当枢纽主控收到时钟板的设置时间消息后，储存并自动计时，当收到前台索取时间消息后，回复当前时间。

6. 信令板

实现“飞鸿 98”，信令板采用中国 1 号随路信令方式与交换局或其他通信设备实现局间中继，局间中继采用 2 M 数字中继传送线路信令和 MFC 记发器信令。信令板占用一块主数字板槽位，可以和主数字板混插。信令板包括 E1 数字接口单元、通信单元、交换网单元，复位单元，逻辑切换单元和控制单元构成。E1 数字接口单元完成码型变换，即将 HDB3 的线路编码转换成单极性不归零码的 PCM 信号，接到本板交换网的 HW3；时钟提取完成发送接收时钟以及帧同步信号；线路监测部分，一旦出现帧同步和复帧同步丢失，线路检测到会产生一个告警信息。一个 E1 接口包含 32 个时隙，在线路上传输时，TS_0 用于传送帧同步信号，TS_{16} 用于传送复帧同步和随路信令，其余 30 个时隙作为话路或数据通道。本模块的 E1 接口输出是 75 Ω 不平衡方式。通信单元使用 HDLC 协议，负责数字模块同主网模块通信协议的解包和打包。

7. 模调总机板

当系统接入 YD 类、DC 类或 GC 类音频话机时，枢纽主系统主控板可模拟发送 YD 类、GC 类及 DC 类音频分机的选叫音频，发送音频是直接发送到模拟接口上或数字时隙上，接口板不做处理，直接通过。使用模调总机板时，主控呼叫一个音频分机时不再直接将音频发送到接口，而是将消息发送给模调总机板，模调总机板收到消息后，由音频号判断是哪种类型的音频分机，向外线发送相应音频。模调总机板可检测接收DC类分机的FSK码，完全兼容老DC总机功能，可检测接收DTMF音频信号。模调总机板可发送以下频率：

(1)单频，500 Hz、605 Hz、730 Hz、910 Hz、1 100 Hz、1 330 Hz、1 650 Hz、1 995 Hz、2 420 Hz。

(2)FSK，1 300 Hz、2 100 Hz。

(3)双音多频，1 Hz、2 Hz、3 Hz、4 Hz、5 Hz、6 Hz、7 Hz、8 Hz、9 Hz、*、0 Hz、#。

模调总机板有两种工作方式：模拟直通方式和数字转接方式。

(1)模拟直通方式

模调总机板直接接模拟外线，如图3-11所示。

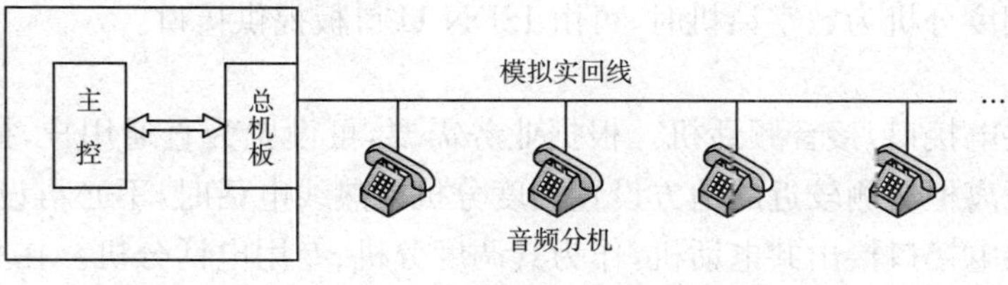

图3-11 模调总机板模拟直连

(2)数字转接方式

模调总机板将音频发送到数字时隙上去。主控将发送音频的消息发送给总机板，总机板通过半固定连接和数字时隙相连。当总机板设置为"数字转接"时，它不再将音频发送给模拟外线方向，而是将音频发送到对应数字板相应的通道上去，数字转接如图3-12所示。

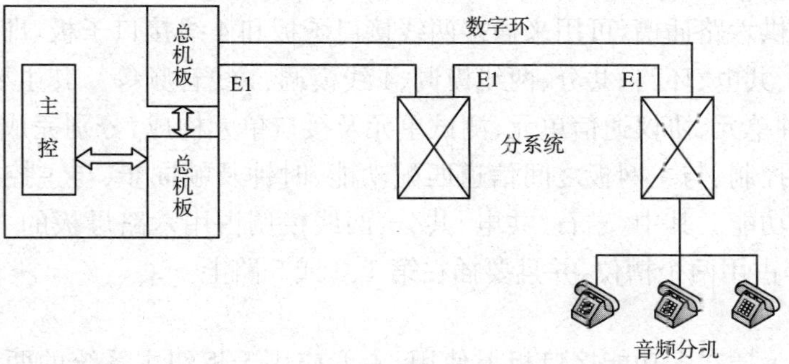

图3-12 数字转接示意图

(二)枢纽主系统和车站分系统通用电路板

1. U口板

U口板提供"2B+D"接口，两个B通道，一个D通道。两个B通道走话音，一个D通道走消息，选用U接口作为前台和后台的接口，接入主系统调度台或分系统值班台。

U口板通过"2B+D"接口以4芯电缆为距离较近的键盘式调度台或值班台提供工作电源和信号(−48 V/200 mA)。前两线为电源线，后两线为信号线。U口板由控制单元、通信单元、交换网、U接口、继电器组、在线/离线切换逻辑、接口驱动和控制单元组成。U口板可以混插在各接口板的位置，系统对此板提供"$n+1$"($n\geqslant1$)备份功能。

U口板包括以下几种类型：三路U口板、录音U口板、单路录音U口板、远主U口板、单路远主U口板、远分U口板、单路远分U口板、单双路ISDN U口板。

三路 U 口板提供三路"2B+D"接口，可以接入 3 个操作台。

录音 U 口板包含会议单元、数模转换部分，提供两条音频输出通道和一个串口，用于和多通道录音仪相接。它与录音仪之间采用串口通信。录音仪的放音通道由共电板提供。每路提供一个"2B+D"接口和一路录音接口，可以接一个前台和一个录音仪。双路录音 U 口时，第一路引出外线时前两线为电源线，3、4 线为第一路信号线。5、6 线为第二路电源线，7、8 线为第二路信号线，9、10 线为第一路的录音线，11、12 线为第二路的录音线。

具有一路录音 U 口功能的电路板，称为单路录音 U 口板。

如果系统要接入远程调度台，则需在枢纽侧安装远主 U 口板，与之相对应，在远程调度台连入的车站侧需安装远分 U 口板。远主 U 口板和远分 U 口板既可以是单路的，也可以是两路的。当调度分机为数字话机时，可由 ISDN U 口板提供接口。

2. 共电板

提供 6 路共电接口，接音频话机。根据业务需要，可设置为直通用户，摘机后直接上前台。当需要在距离枢纽侧较近的地方设置调度分机或热线电话时，不必再设一车站分系统，可从枢纽侧的共电接口接出共电话机，作为其调度分机、专用电话分机。在车站侧也使用共电板，此接口主要用来接入站场通信的各种共电话机，如直通用户、拨号用户、应急分机等。车站值班员通过此接口呼叫站场用户或接受用户呼叫。此接口与原老式集中机的共总接口功能完全相同。共电板由通信单元、共电接口单元、交换网等部分组成，分别完成与主控通信，提供接口电路和内部母线分配功能。

3. 六路母板(接口板-6)

六路母板提供六路插槽，可用来插接两线接口子板和 4 线接口子板，即两线或 4 线的小插板，包括：磁石、共电、环路、共分、两线模调、4 线模调、4 线音频等。其主要由处理器单元、交换网单元、时钟单元、协议通信单元、测试单元及接口单元构成，分别完成本板信息处理和对各功能模块的控制、与主网板之间信道匹配功能、时钟及帧同步、与主控板之间的 HDLC 通信协议控制等功能。其中，磁石、共电、共分、两线模调占用六路母板的一个槽位，而 4 线模调、4 线音频等占用两个槽位，并且要插在第 1、3 或 5 路上。

4. 模调板

模调板设计为插在多功能接口板上使用，一般应用于枢纽主系统的两线或 4 线模拟调度总机接口，也可应用于某个车站分系统。模调板内置音控电路，实现半双工的功能，使用时采用共线方式与调度分机连接。包括继电器、音控、CODEC 电路、测试倒换等部分。现场可根据效果进行增益调节。发送调节电位器 R18 的 1、2 脚之间电阻值增大，两线模调插板的发送增益减小，反之则增益增加。接收调节电位器 R6 的 1、2 脚之间电阻值增大，两线模调插板的接收增益减小，反之则增益增加。

5. 磁石板

磁石插板安装于接口板上，占用 1 个槽位，提供两线接入模拟实回线。相邻站间可以通过各站的磁石插板接入模拟实回线，实现模拟站间闭塞，也可以直接接磁石话机。

6. 电源板

"飞鸿 98"电源板分有铃流电源板和无铃流电源板，枢纽侧和车站侧均可使用两块电源板实现冗余备份或单独使用一块电源板。

无铃流电源板：电源板输入为－48 V直流电源；电源板输出为＋5 V、－5 V直流电源，为各电路板提供电源。

有铃流电源板除提供＋5 V、－5 V直流电源输出外，还提供两种25 Hz、75 V的铃流源信号，分别向共电接口的用户话机和磁石接口的用户话机送振铃。

有铃流电源板主要由DC/DC电源模块控制单元、两个铃流模块控制单元、切换控刮继电器单元、告警及切换逻辑控制单元、显示单元和总线接口单元等七部分组成。电源模块控制单元将输入的－48 V转换成±5 V电源输出。

共电用铃流模块控制单元利用直流－48 V，为系统产生一个25 Hz、交流90 V的铃流源信号，它是一个叠加在－48 V上的偏置信号，用来向共电接口的用户话机送振铃。

磁石用铃流模块控制单元利用直流－48 V，为系统产生一个25 Hz、交流90 V的铃流源信号，此信号是2线对地平衡信号，用来向磁石接口的用户话机送振铃。

告警及切换逻辑控制单元，用一片GAL16V8实现，它通过比较两块电源板的输入控制信号，产生正确的告警信号和切换控制信号，告警信号输出到显示单元，切换控制信号控制本板是否输出铃流。相应信号又输出到接口信号单元，用于通知备份电源板正确动作。

四、“飞鸿98”前台操作台

“飞鸿98”前后台分离设计，通过“2B＋D”接口(由U口板提供)接入系统。对每个前台提供两个B通道和一个D通道，两个B通道传送话音，一个D通道传送消息，一般都采用键控式操作台。用于枢纽侧的调度台和用于车站侧的值班台，两者在硬件结构上基本相同，通过数据设置完成不同的使用功能。键控式操作台包括24键和48键两种。前台接入“2B＋D”接口时，需要通过一个接线盒。接线盒有两种：无源接线盒和有源接线盒。分别实现后台远程供电和本地220 V供电。后台和前台在1 km以内的一般用无源接线盒，由后台给前台提供48 V电源。1 km以上的用有源接线盒，通过本地交流220 V供电。是否使用有源接线盒和接48 V的电缆的阻值有关，在70 Ω以上的用有源接线盒，并且接48 V的电缆不能接保安器。

(一)操作台构成

操作台由呼叫键区、拨号键区、功能键区、液晶显示屏、指示灯、手柄和麦克等部分构成。呼叫键区通过数据定义可设置为各种功能键。拨号键区用于系统出局拨号使用。显示屏显示从维护台或外接时钟提取的时间。操作台上有两个绿色的指示灯，左侧灯长亮代表后台供电正常，右侧灯代表信号灯，匀速闪烁正常。

1. 呼叫键区

呼叫键区由48或24个呼叫键构成，可由后台交换网定义为单呼键、组呼键、台联键。

绿灯闪烁：主通道呼出。

红灯闪烁：辅通道呼出。

红绿交替闪烁并响铃：外线正在呼入。

绿灯长亮：主通道正在通话。

红灯长亮：辅通道正在通话。

(1)单呼键功能。每个单呼键对应着一个接口或数字接口的一个调度时隙。值班台要呼叫这个接口或这个时隙对应的用户,则只需按下此键。后台根据不同接口类型分别处理,负责接通话路,点亮值班台上此键对应的指示灯。反之,此键对应的这个接口或这个时隙对应的用户要呼叫值班员,后台首先闪烁对应的指示灯,值班员按下此键,即表示应答。

(2)组呼键功能。组呼键与单呼键类似,不同的是,每个组呼键可对应多个接口。多个接口被呼出后,可同时与值班员通话。组呼键只用于值班员呼出,不可用于呼入。

(3)自动应答键功能。值班台或调度分机呼叫调度台时,直接通话,当设置为自动应答时,有呼入时响铃、指示灯红绿闪,需要按键应答。

2. 功能键区

功能键区设 8 个键位,由切换键、手柄键、菜单键、参数键、音量+键、音量−键、录音键、放音键组成。

(1)切换键功能。用于麦克扬声器与手柄通话通道选择切换。

(2)手柄键功能。用于主通道和辅通道之间的话路选择。

(3)菜单键功能。与参数键配合使用设置系统参数。

(4)参数键功能。与菜单键配合使用设置系统参数。

(5)录音键与放音键功能。“飞鸿 98”操作台具有录放音功能,此功能用于免提工作方式。每次录音最长为 8 min,每次录音覆盖前一次的录音。

(二)操作台特性

“飞鸿 98”采用了 DSP 数字信号处理技术,使喇叭对麦克风的回声得以抑制,同时抵消模拟接口 2/4 线转换所带来的回波,消除了自激现象产生的可能;同时实现全双工通信。采用 AGC 自动增益控制技术,在系统内部自动进行电平调节,无论用户的声音是大还是小,操作人员所听到的声音都保持在一个比较合适的范围之内,即用户侧的语音变化在 0~20 dB 范围内时,操作台喇叭的输出电平保持在一个相对合适的范围之内。

五、“飞鸿 98”维护台

“飞鸿 98”采用微机作为维护监控终端,通过两个 DB9 串口与后台主控单元相连。维护台串口上安装有串口保护器插,串口线插到串口保护器上,以防止串口被烧毁。两个串口分别与主枢纽的 A、B 两个平面通信。当维护台和后台距离超过 15 m 时,不能直接通过串口线连接。可更改枢纽背板上的表贴电阻,增大电阻来延长串口线距离,或者经过 RS-232 转 RS-449 的接口转换器通过传输通道来实现。系统安装了飞鸿 98 数字环生成软件和维护台软件。“飞鸿 98”数字环生成软件实现对数字环时隙的分配。而整个系统的故障信息通过传输网络经串口直接上报至维护台,同时可对车站各分系统和主系统统一进行数据配置,维护管理。

(一)维护台连接注意事项

维护台通过串口与后台串口相连,维护台一般为一台普通计算机。在不能确认后台设备的−48 V 地与计算机的 220 V 地在远端是否接在一起时,一定要在近端用较粗的电线将维护台的外壳(220 V 地)与−48 V 的地线(或后台的保护地线)连接在一起。做此连接时关闭各设备电源,包括维护台显示器电源。

（二）维护台串口设置

维护台通过串口与枢纽主系统主控网络相连，主维护台串口的比特率设置为 2 400 bit/s。远程维护台串口速率设置为 1 200 bit/s。

第三节 车站调度交换机的结构和原理

一、车站分系统

（一）车站分系统后台组成

车站分系统（车站调度交换机）结构如图 3-13 所示，由分标准层和模拟接口扩展层组成，提供了丰富的模拟接口。

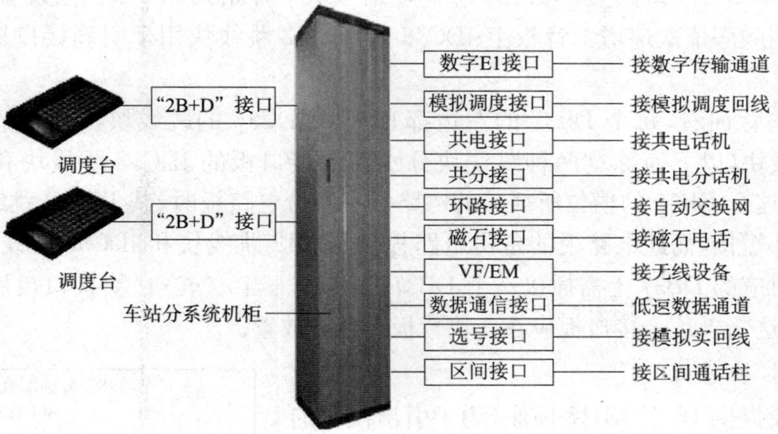

图 3-13 车站分系统结构图

1. 分标准层

由一块分标准背板、两块分主控板、两块分数字板、两块有铃流电源板和各种模拟接口板构成，包括 U 口板、共电板、接口板、选号板、区转机板、数据通信板等。分标准背板提供与扩展层的数据总线接口、分标准层电源模块向扩展层供电的电源接口。分主控板和分数字板均为 1∶1 热备份。模拟接口板从左至右模块号规定为 1～8 模块，且各模块的插槽位置互相兼容。

2. 模拟接口扩展层

由一块模拟接口扩展背板和 15 块模拟接口板构成。"飞鸿 98"规定 15 个模拟接口模块的模块号从左至右为 1～15 模块。模拟接口扩展层由分标准侧通过 ATX 电源线供电。

（二）分系统背板结构

1. 分标准背板

提供两个分数字板、两个分主控板、两个有铃流电源板和 8 个模拟模块的插槽，以及各种接口。

(1)DB37 接口。分标准背板的下方有 8 个 DB37 插座,用于引出模块的外线。当某一模块做其他模块的备份电路板时,该板所对应的 DB37 插座安装一个 DB37 自环头。

(2)40P 总线接口。分标准背板右侧和中部有两个 40P 总线接口,用来与模拟接口扩展层相连。上方的 40P 总线连接至车站分系统扩展模块层背板的右侧的 40P 总线,下方的 40P 总线连接至车站分系统扩展模块层背板的左侧的 40P 总线,实现与扩展层通信。

(3)DB9 串口接口。在 40P 总线右侧有两个 DB9 串口,在进行本地管理时,可通过串口进行数据配置管理,平时需要用 DB9 串口自环头自环。

(4)E1 数字接口。在背板最右侧有两个 E1 数字接口,上方一个为上行 2 M 接口的信号发和收,下方为下行 2 M 接口的信号发和收接口。

(5)备份跳线和车站跳线。在 E1 接口左侧有两组 16 位跳线块,用于明确车站在数字环中的位置,即车站号。跳路为 0,开路为 1。车站号从 1 开始到 50。同一"数字环"中车站号根据接入传输顺序依次递增。背板上 IDC36 和 IDC12 跳线块用于明确接口板的备份比例和备份位置。

从背板的背面看,每个 DB37 的左边都有一个 IDC36 的跳线块,DB37 的上边有一个 IDC12 的跳线块(以下简称这两种跳线块分别为此接口板的 IDC12 跳线块和 IDC36 跳线块)。当对应这个 DB37 的槽位所插接的电路板有备份电路板时,其 IDC12 跳线块和 IDC36 跳线块应全部短接,而此电路板的备份电路板的 IDC12 跳线块和 IDC36 跳线块不短接,备份电路板所对应的 DB37 上需插接一个 DB37 自环头。当 $n(n\geqslant1)$ 块接口板用一块接口板作为备用时,这"$n+1$"个接口板应在一块背板上连续放置。

2. 车站扩展背板

背板主要提供 15 个 DB37 插座,用于引出模块的外线。备份跳线块实现模拟模块的 $n:1$ 备份,具体跳线同上。

(1)40P 总线接口。连接分标准背板,右侧 40P 总线连接分标准背板上上方的 40P 总线。左侧连接分标准背板上下方的 40P 总线。40P 总线连接如图 3-14 所示。

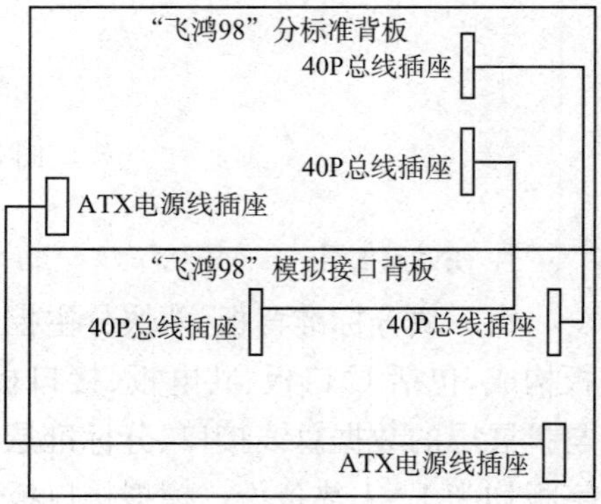

图 3-14　40P 总线连接示意图

(2)车站高低位跳线。分标准背板上对应两个数字环有上下两组 16 位跳线块,用于明确车站在数字环中的位置,即车站号。跳路为 0,开路为 1。

(三)系统容量

系统配置最大容量如下:

(1)E1 数字接口,4。

(2)"2B+D"接口,46。

(3)模拟接口,138。

(4)最多配接值班台数,15。

二、车站分系统专用电路结构

(一)分主控板

分主控板是车站分系统的控制中心,实现"512×512"交换网络。它是数字话音通道的交换中心,话路的接续在此进行。分主控板由主处理机系统(80186)、时钟提取单元、交换单元、会议单元、通信单元、处理机接口单元、告警单元、主/备控制单元等组成。话路交换网总共有16对HW线:两对HW线分配给会议电路,从话路交换网出来的话音信号,先送到会议电路去,会议电路对参与会议的时隙做加,然后送回话路交换网;1对分配给HDLC,HDLC把消息按HDLC格式送到话路交换网,由话路交换网接续到所需要的时隙去,同时HDLC接受从话路交换网来的HDLC格式的消息,并报告CPU,等CPU来取;话路交换网的两对HW线和数字板相连,话路交换网的6对HW线和接口板相连,作为话音通道;1对HW线用于数字音信号的输入,两对HW线用于环回测试,两对HW线备用。

(二)分数字板

分数字板由单T接线器、通信单元、会议单元、E1接口单元、时钟单元、音信号单元、主/备切换逻辑单元、接口驱动和控制单元组成。E1接口单元接受SDH传输设备送来的2 M信号,从中提出E8K信号,此信号同步于上一车站的时钟。时钟单元锁E8K信号,输出本板和整个车站分系统所需时钟。通信单元完成本车站同上行站、下行站的通信,同时它也负责数字板同主控板的通信。会议单元让本车站和上行站、下行站相应通话时隙构成会议。音信号单元产生各种信号音送往主控板。主/备切换逻辑单元完成主用和备用的切换控制。接口驱动和控制单元是数字板的控制核心。

(三)区转机板

车站分系统中,用一块区转机板替代了原有的区转机,从而达到了内置区转机的功能。区间板上既有上行区转机接口,又有下行区转机接口,接入上下行区间通话柱。在通信方式上,保留了原有区转机的工作方式。

区转机板包括两种接口:上行区间电话接口和下行区间电话接口。

上行区间电话接口:接上行区间电话回线,检测上行区间转机送过来的DTMF信号,并向主控CPU传送信号。

下行区间电话接口:接下行区间电话回线,检测下行区间通话柱上电话摘挂机信号,识别号码,振铃,发送DTMF信号至下行站。

区转机板专用与区间电话的连接如图3-15所示。

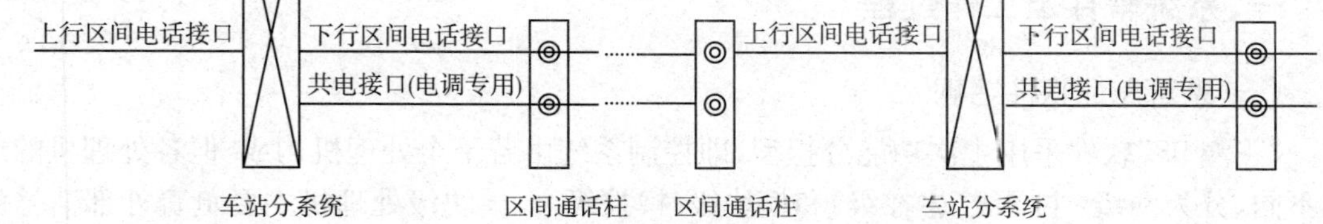

图3-15 区间电话与车站分系统的连接示意图

从区间电话的连接方法图可以看出，区转机板对外接口分上行站接口和下行站接口。上行站接口就是指DTMF检测电路接口，下行站接口检测下行区间通话柱上电话摘挂机信号，并发送DTMF信号至下行站。区转机板主要由交换网部分、通信单元部分、驱动器部分构成。

区间电话的号码一般分配如下：

1——区间通话柱间互相呼叫。　2——上行站。

3——下行站。　4——列调。

5——电务。　6——各站。

7——养路。　8——信号电力。

9——备用。　0——地区自动。

(四)选号板

提供选号接口，以共线方式与调度总机连接，该接口与选叫接收设备(铃箱)共同使用，由铃箱识别调度总机的音频选叫信号；可以取代集中机的选号盘，可以接收DTMF信号，还可以接收主系统的DTMF信号的00全呼号，选号板作为模拟分机，可以和模拟总机对接(YD类、DC类)。每块选号板提供三路选号接口。

单板电路主要由如下单元构成：处理器单元、交换网单元、时钟单元、协议通信单元、接口单元、自动备份倒换单元。

处理器单元：由51单片机及外围电路构成，完成本板信息处理和对各功能模块的控制功能。交换网单元：完成本板与主网板之间信道匹配功能。同时提供本板编译码器的控制信道。时钟单元：由系统的4 M时钟和帧同步，生成本板所需的时钟。协议通信单元：本板与主控板之间的HDLC通信协议控制器。接口单元：完成各接口的控制、检测和接续功能。

(五)数据通信板

接收外部数据、消息处理、消息打包传输，主要为实现本机与远端设备的数据传输。通过数据通信板可以实现分系统级联或配置远程维护台。在级联或接远程维护台时，如果下级车站或远程维护台离分系统较远，可通过一对Modem来延伸距离。接级联车站时，数据通信板放在级联车站的第一模块。提供三线简化RS-232接口，通过跳线可提供内置调制解调器接入方式，接收外部数据终端通过调制解调器发送的信号。每块数据通信板提供4路接口。

第四节　“飞鸿98”系统工作原理

一、系统软件及工作过程

(一)系统总体软件结构

“飞鸿98”软件采用主次功能分担型，即控制系统由若干个处理机构成，但各处理机的地位不同，分为两级：主网级(主控级)和模块级(模控级)。模块级处理机主要负责外部信号的采集和对输出端口的控制，而主网级处理机则负责各终端模块之间的信息交换和管理控制。

枢纽侧和车站侧软件系统由主网级软件子系统、终端模块级软件子系统、数字环模块软件组成。主网级软件负责数据管理、呼叫接续、维护测试等；终端模块软件负责各终端电路的监视与控制、部分呼叫处理等。这两个子系统各自独立，它们之间通过数字环模块软件传递消息，彼此联系，相互通信，即枢纽侧和车站侧通过数字环进行通信，从而构成一个整体。主网级由主处理机、单 T 交换网、会议电路等组成。主网级与模块级的处理机之间利用 PCM 链路进行通信，采用 HDLC 规程。主网级主要负责号码分析、话路接续、链路连接、消息处理、呼叫状态管理、数据传输与管理，以及与各模块间的通信等。图 3-16 是系统总体软件结构图。

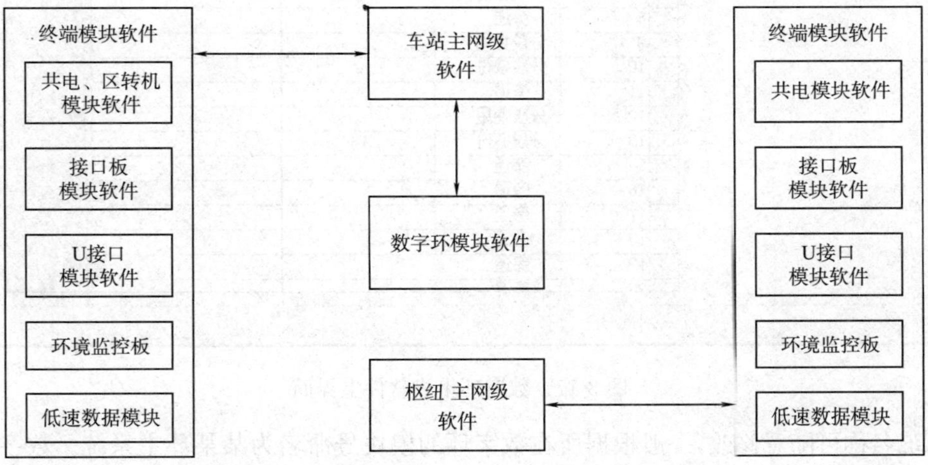

图 3-16　系统总体软件结构图

为保证系统有较高的可靠性，主网级采用双平面设计，主平面和备平面为主、备用工作方式，主用机和备用机同时接收消息，同时处理，同时接续，但只有主用机可以发消息。当主用机故障时，系统自动切换至备用机，保证呼叫不损失。模块级按模块种类采用“$n+1$”备用方式，当一个模块故障时，系统自动切换至备用模块，当模块中的一个设备故障时，系统自动切换至备用模块上的备用设备。

(二)“飞鸿 98”数字环生成软件

系统数字时隙和母线的时隙需要通过数字环生成软件配置，运行“C:\Program Files\Digi2000\Digi2000. exe”进入软件。通过主界面用户可以完成的工作有：增加/删除车站、时隙分配、生成数据、查看版本信息、打开帮助文件等。

1. 数字环生成软件

运行数字环生成软件，进入主界面，如图 3-17 所示。

在工具栏中包括数据、版本和帮助项。当配置完某主系统或车站时隙数据后，单击“数据”将生成本车站的数字环数据(同时弹出显示数据窗体)。单击“保存”将数据文本保存到用户指定的文件中。

(1)主系统属性

列表中左部分管理栏可添加主系统、分系统。选择数据中心单击鼠标右键，出现“增加主系统”子菜单，单击该菜单。出现主系统配置属性，包括：系统名称，数字板软件日期，会议芯片类型，时钟源选择，是否接车站分系统，以及车站分系统的车站号。

图 3-17　数字环生成软件主界面

系统名称可随意修改，一般根据所在数字环的模块号命名为某某环主系统。数字板软件日期根据具体数字板的版本日期选择，2001 年 9 月 1 日以前软件版本为 1.0，之后为 1.1。

根据不同的软件版本，系统将生成不同格式的数字环数据文件。会议芯片类型包括三种选项：M8924、M34116、DSP1.0，根据实际会议芯片类型选择。时钟源可选择从数字环提取或自由产生，或第一、二个 2 M 提取。如果该数字环下挂接车站，则选择“是”。在最后的车站号输入文本框中，写入该主系统数字环所挂接的所有分系统的车站号。注意：车站号的有效范围是 1～50，同时各数字之间用逗号间隔。主系统属性如图 3-18 所示。

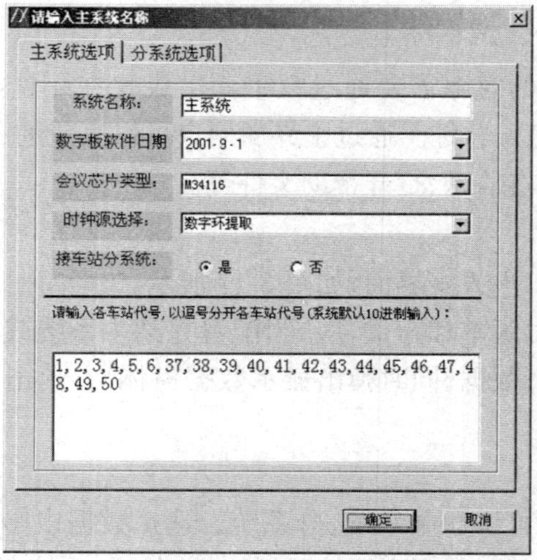

图 3-18　主系统属性

(2)分系统属性

在树形列表栏右键单击主系统或分系统,弹出菜单,用户可以选择增加/删除来改车站数据,或者修改车站属性。属性包括系统名称,可填实际车站名称。数字板软件日期,根据实际数字板的版本日期选择。会议芯片类型同主系统属性。分系统数字板设置,根据分系统实际安装数字板数量选择单机或双机,即在有备份数字板情况下选择双机。图 3-19 是系统添加栏。

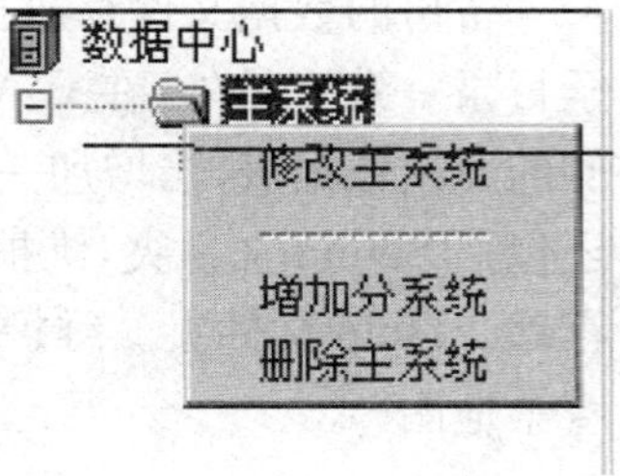

图 3-19 系统添加栏

2. 系统时隙分配

如图 3-17 右侧列表中第一列 1～27 表示数字环的时隙号。时隙性质用来描述该数字环时隙的业务性质。共有 5 种选择:共线、两点专用、分段使用、分段备份、旁通。

共线:该数字环的时隙可以在多个车站使用,每个车站都可以接入多个会议业务。输入的母线时隙格式:HW-TS,其中母线号 HW 的取值范围为 5、6、7(系统固定,默认为 5,该母线用于和主控通信,6 和 7 用于 4E1 数字板时);时隙号 TS 的取值范围为 0～29,多个时隙之间用","分隔。如 5-0,5-1。一般来说一种调动业务占用一个共线业务,每个车站的任一个终端用户(如值班台的一个按键、一部调度分机)占用一个母线时隙。

两点专用:该数字环的时隙只用于两个车站之间或枢纽主系统和分系统之间的业务,即点对点的时隙分配。输入的数据格式:HW-TS+","+"车站号",其中母线号 HW 的取值范围:5、6、7;时隙号 TS 的取值范围:0～29。枢纽主系统的号码系统规定为"0"。

分段使用(分段共享):该数字环的时隙分段用于两个相邻车站之间的业务。实现站间通话业务。输入的数据格式:HW-TS,共有 4 种有效输入:(HW-TS,HW-TS);(HW-TS,);(,HW-TS);(,)。如果某车站上行没有分系统,只分配一个母线和时隙用(,HW-TS)格式。下行无分系统,则用(HW-TS,)格式。当某车站上下行分系统需要通话时,该车站母线和时隙不分配,只选择时隙性质分段使用,填(,)即可。

分段备份:填写数字环时隙设为分段使用的时隙号。给分段使用业务时隙做备份。

旁通:该数字环时隙未使用。

(三)维护台软件

维护台数据库文件一律采用 Foxpro2. 5 的 DBF 文件格式。枢纽侧数据文件存放在 C:\Maintain\Data\Dispatch目录下,包括调度侧模块表、模拟线路表、调度台按键表、号码表、调度侧组呼表、全呼表、调度侧半固定接续表、中继表、号码转换表、业务号码对照表的库文件。枢纽侧数字环数据也存放在此目录下,如果是 33 模块数字板的数据,一般命名为 Ddigit33. txt。车站数据文件的存放采用分级目录,每一个模块的所有车站的数据存放在一个子目录下,子目录名称形如 Md1,其中 1 表示第一个数字模块。如 33 模块数字板所接车站数据在 Md33 子目录下,每一个车站的数据文件又存放在下一个子目录下,子目录名称形如 St1,其中 1 表示该车站的车站号。在车站子目录下,每一个车站分系统的数据文件又存放在一个子目录下,名称为 Sub0,其中 0 表示为车站主集中机,1 以上表示为分系统。最终车站的 DBF 数据文件直接存放在这个目录下。包括车站侧模块配置表、模拟线路表、值班分机和值班台表、值班台按键表、数字线路表、区转机线路表、译码表、告警路由表、半固定接续表、组呼表等。车站侧数字环数据 digit. txt 文件也存放在该目录下。

备份的数据文件存放在 C:\Maintain\Backup 目录下，其存放结构与 C:\Maintain\Data 子目录一致。另外，在 C:\Maintain\Data 目录下还有一个 Original 子目录，存放的是车站侧的原始数据表，当增加一个新车站时，维护台从这个目录下复制原始数据。C:\Maintain 还包括 Sound 文件夹，维护台上报告警时可选择不同告警声音。Warning 文件夹，告警信息存储。Help 文件夹。维护台背景地图和系统执行文件，可通过更换地图文件来更改维护台背景地图。

(四)典型呼叫流程

1. 值班台呼叫用户(图 3-20)

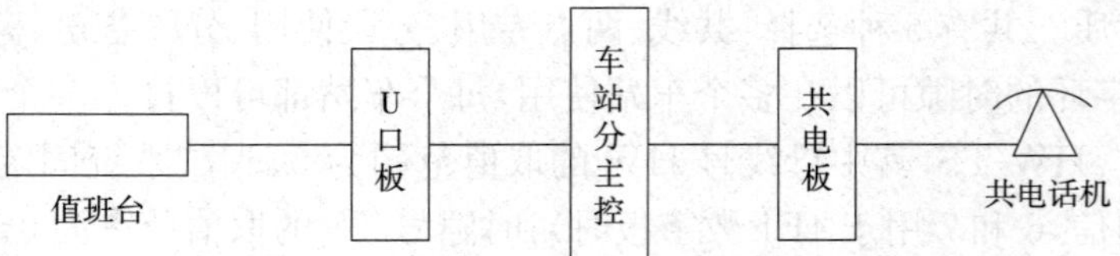

图 3-20　值班台呼叫流程

呼叫流程如下：

(1)值班员按下某一按键，前台检测到此动作，上报给 U 口板。

(2)U 口板将此动作翻译成占用请求消息，发送给车站分主控板。

(3)车站分主控对此消息进行分析，根据数据确定目的分机所在的物理位置，将此消息发送给共电板。

(4)共电板收到占用消息后，共电话机振铃。

(5)当共电板检测到共电口摘机应答后，将此信号翻译成应答消息，发送给主控。

(6)此条应答消息经分主控、U 口板的转发后，最终至值班台。

(7)该值班台相应的指示灯由闪烁变为长亮，表示呼叫成功，双方可进行通话。

(8)通话结束后，若值班员先挂机，则共电板会检测到挂机信号，将此信号翻译成挂机消息，经过与应答消息一样的消息传送过程送至值班台上。

(9)值班台相应的指示灯熄灭，表示对方先挂机。

2. 调度台呼叫值班台(图 3-21)

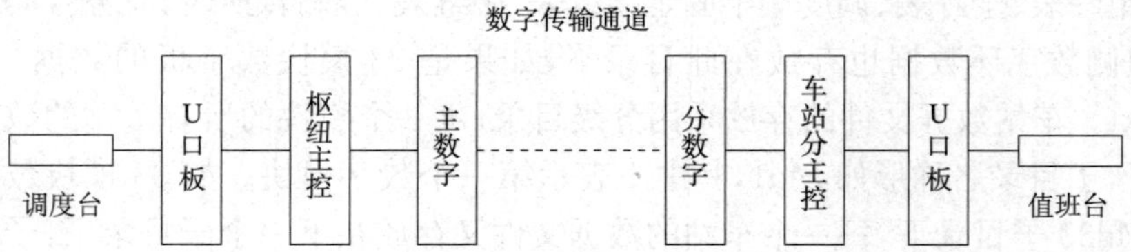

图 3-21　调度台呼叫值班台流程

呼叫流程如下：

(1)调度员按下某一按键，调度台检测到此动作，上报给相应 U 口板。

(2)U 口板将此动作翻译成占用请求消息，发送给枢纽主控板。

(3)枢纽主控板对此消息进行分析,确定用户所在车站分系统的位置后,将此消息发送到主数字板上。

(4)主数字板直接将此消息通过传输系统发送到相应车站分系统分数字板。

(5)分数字板接收到此消息后,转发给车站主控。

(6)车站主控对此占用消息进行分析,根据数据确定目的分机所在物理位置,将此消息发送给相应 U 口板。

(7)U 口板收到占用消息后,送至相应值班台,该值班台上对应的按键指示灯闪烁并响铃。

(8)当值班员按下按键应答时,U 口板检测到应答信号,将此信号翻译成应答消息,发送给车站主控。

(9)此条消息经车站主控、分数字板、主数字板、枢纽主控、U 口板的转发后,最终至调度台。

(10)调度台指示灯由闪烁变为长亮,表示呼叫成功,双方可进行通话。

(11)通话结束后,若值班员先挂机,则车站分系统的 U 口板会检测到挂机信号,将比信号翻译成挂机消息,经过与应答消息相反的过程将消息送至枢纽侧的调度台上。

(12)调度台的指示灯熄灭,表示对方已挂机。

(13)通话结束时,若调度员先挂机,U 口板将此动作翻译成挂机消息,经枢纽主控、主数字板、分数字板、车站主控,到达 U 口板。

(14)U 口板收到对方挂机消息后,直接向值班台送忙音,表示调度员已挂机。

3. 调度分机呼叫调度台(图 3-22)

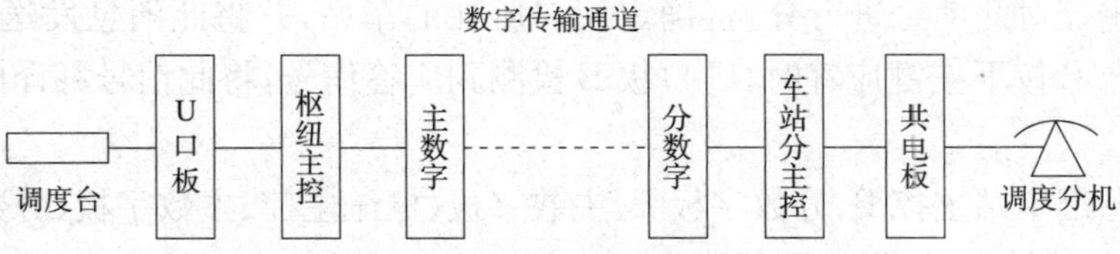

图 3-22　调度分机呼叫调度台流程

呼叫流程如下:

(1)调度分机摘机,车站分系统的共电板检测到摘机信号后,将此信号翻译成一条占用消息,发送给车站主控。

(2)车站主控对此消息进行分析,确定最终用户的物理位置后,将占用消息发送给分数字板。

(3)分数字板将消息经传输通道发给主数字板。

(4)主数字板将此消息转发给枢纽主控板。

(5)枢纽主控收到此占用消息后,进行分析,确定最终用户所在的物理位置,然后将消息转发给 U 口板。

(6)调度台收到 U 口板发来的占用消息后,将相应的指示灯直接点亮,同时给主叫方回复应答消息。

(7)此应答消息经过 U 口板、枢纽主控、主数字板、分数字板、车站主控、最终到达共电板。

(8)共电板收到应答消息后,将话路搭通,此时双方可通话,呼叫成功。

(9)通话结束后,若调度分机先挂机,则车站分系统的共电板会检测到挂机信号,将此信号翻译成挂机消息,经过与应答消息一样的传输送至枢纽侧的调度台上。

(10)调度台的指示灯由常长变成熄灭,表示对方先挂机。

(11)通话结束时,若调度员先挂机,U 口板将此动作翻译成挂机消息,经枢纽主控、主数字板、分数字板、车站主控,到达共电板。

(12)共电板收到对方挂机消息后,直接向调度分机送忙音,表示调度员先挂机。

4. 值班台呼叫值班台(图 3-23)

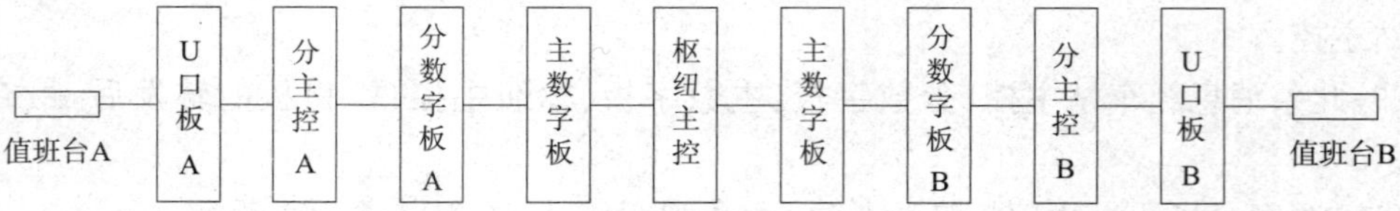

图 3-23 值班台呼叫值班台流程

呼叫流程如下:

(1)值班台 A 按下按键,前台检测到此动作,上报给 U 口板 A。

(2)U 口板将此动作翻译成占用请求消息,发送给车站分主控 A。

(3)分主控 A 对此消息进行分析,将此消息送到分数子板 A 上。

(4)分数子板 A 将此消息输出到传输通道上。

(5)相应主数字板接收到此消息后,转发给枢纽主控。

(6)枢纽主控对此消息进行分析,确定用户所在的车站,并将此消息发送给相应的主数字板,当值班台 B 按下按键应答时,U 口板 B 检测到应答信号,将此信号翻译成应答消息,发给车站主控 B。

(7)此消息经车站主控 B、分数字板 B、主数字板、枢纽主控、主数字板、分数字板 A、分主控 A、U 口板 A 的转发后,最终至值班台 A。

(8)值班台 A 指示灯常亮,表示呼叫成功,双方可通话。

(9)通话结束后,若值班台 A 先挂机,则车站分系统 U 口板 A 会检测到挂机信号,将此信号翻译成挂机消息,经过与应答消息一样的传输送至值班台 B 上。

(10)值班台 B 的指示灯由常亮变成熄灭,表示对方先挂机。

(11)若值班台 B 先挂机,则经过上述过程,结束通话。

二、数据配置

(一)数据配置

“飞鸿 98”业务功能是通过不同硬件和软件实现的,同时各种业务需要定义数据。枢纽主系统和车站分系统数据在维护台中配置。“飞鸿 98”业务主要分为模拟业务和通过“数字环”实现的数字业务。前者直接在维护台中定义数据,后者需要在进行数据配置前首先确定各种业务所占用的数字时隙以及枢纽侧和各个车站所要占用的母线时隙。具体时隙类型分配见前部分说明。数据配置分两大部分，枢纽侧数据配置和各车站侧数据配置，在维护台中通过不同的数据表格进行定义。所有数据在维护台配置或修改以后，会自动保存到 Data 数据夹中（具体路径见前面说明），只有单击“发送至主控”才能生效。涉及“数字环”业务的数据时，需要先加载分配的“数字环”时隙，再配置数据。发送数据时可以选择单机或双机来确定数据是由一块主控板或两块主控板存储。

1. 枢纽侧数据配置

枢纽侧数据主要包括：模块配置表、模拟线路表、业务号码对照表、号码表、调度台按键表、调度侧组呼表、调度侧半固定接续表、中继表、号码转换表等。各个表格之间有一定的相互关联。具体情况请看各表的详细描述。其中所有模块配置表中备注栏可填写相关信息注释。

(1)模块表(图 3-24)

模块号	模块类型	物理模块号	时隙号	备份模块号
1	U口模块	无	无	无
2	模拟模块	无	无	4
3	模拟模块	无	无	4
4	模拟模块	无	无	无
5	未安装	无	无	无
6	未安装	无	无	无
7	未安装	无	无	无
8	未安装	无	无	无
9	未安装	无	无	无
10	未安装	无	无	无
11	未安装	无	无	无
12	未安装	无	无	无
13	未安装	无	无	无
14	未安装	无	无	无
15	未安装	无	无	无
16	未安装	无	无	无
17	未安装	无	无	无

图 3-24 枢纽模块表

在图 3-24 模块表中，第一栏为模块号 1～32，可根据实际硬件的模块类型选择 U 口模块、模拟模块、时钟模块，其中时钟模块指数据通信板，33～44 为数字模块，从 45 模块开始是虚拟数字模块。在数字级联业务或跨枢纽业务时，需要定义一个虚拟数字模块，具体业务通过某一数字模块的 0～30 时隙实现。1～44 模块的“物理模块号”和“时隙号”不需要填，只有在虚拟数字模块（44～64 模块）时需要在“物理模块号”和“时隙号”填入该虚拟模块通信所用的时隙。备份模块号填做备份的模块号码，如图中 4 模块给 2、3 模块做备份，则 2、3 模块备份模块号栏填 4。

设置完数据可单击全部传送。或者用鼠标左键配合“Shift”选择需要传送的数据，单击传送选定数据。也可选择修改的数据传送。在传送过程中会出现图 3-25 所示对话框。

数据传送完后，可关闭对话框。当选择备份数据时，可将定义的数据备份到指定位置，以便以后恢复数据，如图 3-26 所示。

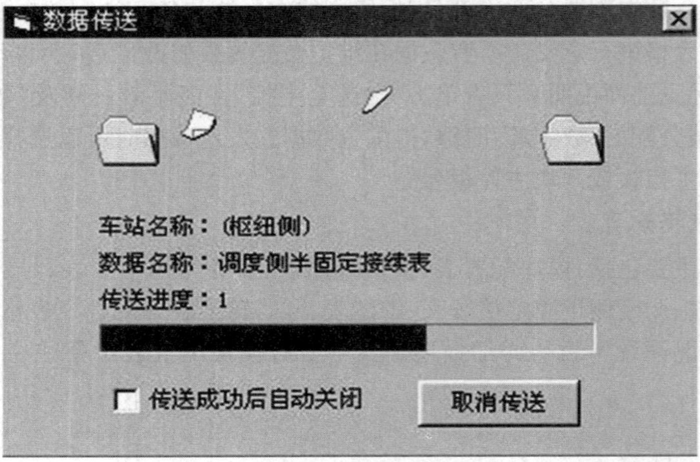

图 3-25　数据传送图框

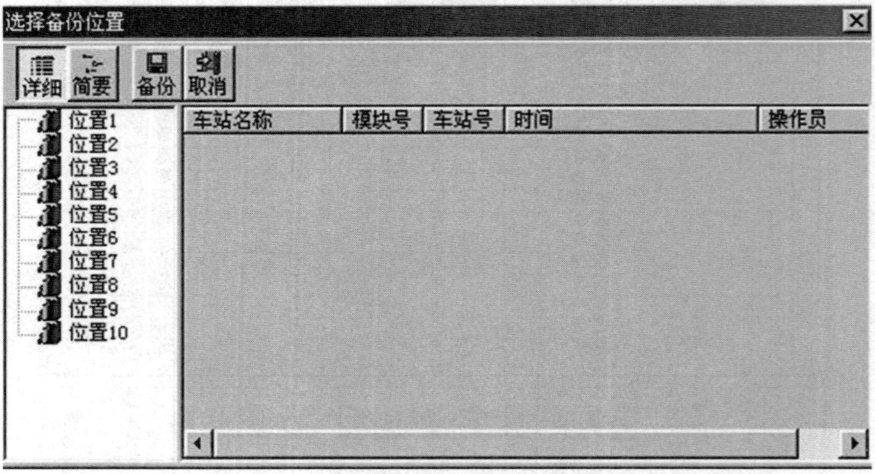

图 3-26　数据备份表

可以选择任意一个备份位置，单击“备份”，将原有表格的数据备份到此位置，如果需要恢复时，在相应数据配置表中选择“恢复数据”，进入恢复数据的对话框中，和图 3-25 唯一区别是“备份”变成“恢复”，选中位置单击“恢复”，则恢复为备份位置的数据(注：以下每个数据配置表的数据传送和数据备份同上)。

(2)模拟线路表(图 3-27)

图 3-27 模拟线路表储存所有模拟线路的信息。

前 32 个模块(每个模块 6 条线路)共 192 条线路(注：U 口模块只有前 3 路，后 3 路必须填未用)。线路号、模块号、设备号：用户不能更改。线路号代表模拟设备的每一路线号。模块号代表每一个模拟每块号，对应于模块配置表中的模块。设备号代表每一模块的 1～6 路。

线路类型：包括 2 线音频、磁石、选号、4 线音频、4 线模调、环路、共电、前台、区间等，根据具体安装的电路板进行设置。如果未安装，选择未用。

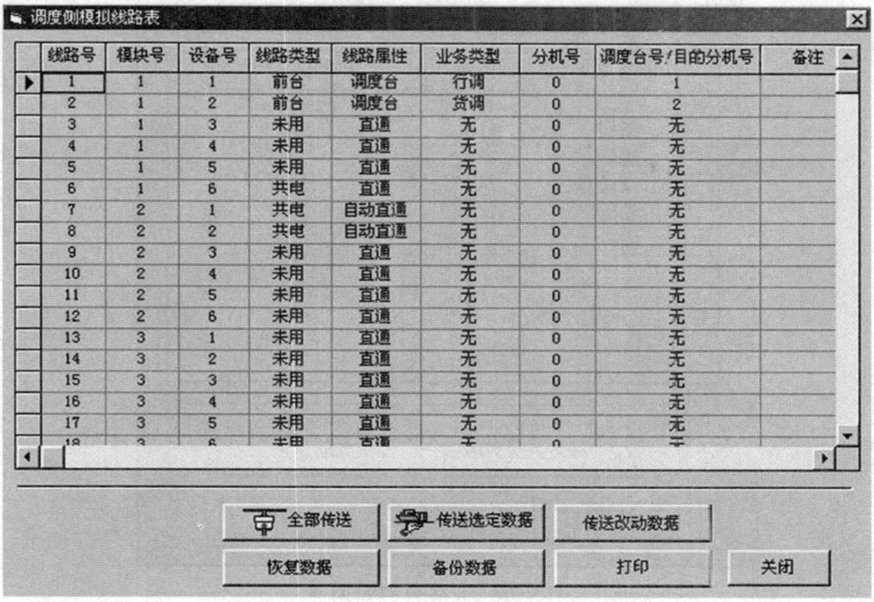

线路号	模块号	设备号	线路类型	线路属性	业务类型	分机号	调度台号/目的分机号	备注
1	1	1	前台	调度台	行调	0	1	
2	1	2	前台	调度台	货调	0	2	
3	1	3	未用	直通	无	0	无	
4	1	4	未用	直通	无	0	无	
5	1	5	未用	直通	无	0	无	
6	1	6	共电	直通	无	0	无	
7	2	1	共电	自动直通	无	0	无	
8	2	2	共电	自动直通	无	0	无	
9	2	3	未用	直通	无	0	无	
10	2	4	未用	直通	无	0	无	
11	2	5	未用	直通	无	0	无	
12	2	6	未用	直通	无	0	无	
13	3	1	未用	直通	无	0	无	
14	3	2	未用	直通	无	0	无	
15	3	3	未用	直通	无	0	无	
16	3	4	未用	直通	无	0	无	
17	3	5	未用	直通	无	0	无	
18	3	6	未用	直通	无	0	无	

图 3-27　枢纽侧模拟线路表

线路属性：不同线路类型的线路属性选项不同。如前台的线路属性可选择调度台、单主远调度台、双主远调度台或值班台。单、双主远调度台指单路或双路远主调度台。共电的线路属性可选择“调度直通”——用户摘机直接接通调度台。“调度拨号”——用户可通过拨号呼叫本业务内所有用户。2/4 线模调和音频插板线路属性固定为直道。时钟线路属性根据具体外接时钟设备选择。

业务类型：选择所属业务名称，如行调、货调等。

分机号：号码表中分配给此线路的分机号码，范围从 0～99。

调度台号/目的分机号：如果该线路类型为前台，则需指定“调度台号”，枢纽侧最多安装 48 个前台，“调度台号”取值范围为 1～48。如果该线路为直通属性的分机，则需填写对应的“目的分机号”。

(3)业务号码对照表(图 3-28)

图 3-28 的功能是将业务号同其汉字名称对应起来，以增强可读性。业务号为两位号码，一个业务类型对应一个业务号，从上至下按升序排列。

(4)号码表(图 3-29)

在系统中，每种业务类型对应一张号码表，可通过表中上方的调动业务类型下拉菜单进行选择。图 3-29 号码表中最多存放 100 条号码信息，取值范围为 0～99。系统以号码为关键字查找此表，得到模块号、设备号/车站号，从而确定该号码所对应的物理位置。各种调度或站间业务都是通过号码来确定对应关系，就像平时的电话号码一样。

模块号：填写某项业务所在车站所属的“数字环”的模块号。如果是实现模拟业务，此处填写实现该业务的模拟模块号。

设备号/车站号：对于模拟模块(模块号从 1～32)来说，此处选择的是设备号，即第几路，取值范围为 1～6。对于数字模块(模块号从 33～44)来说，此处选择的是该业务所在的车站号。

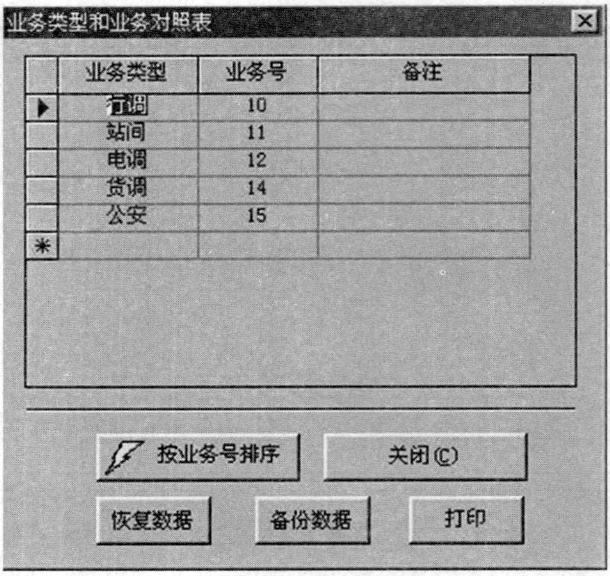

图 3-28 业务号码对照表

图 3-29 调度侧号码表

时隙号/音频号：如果此号码对应的模块号为数字模块并且此线路为共线时隙或分段共享时，此处填此线路的“数字环”的时隙号；如果此号码对应的模块号为模调模块时，此处应填模调音频号。对于 GC 类调度总机，音频号填原分机号；对于 DC 类调度总机，音频号填 160＋原分机号(0～41)；对于 YD 类调度总机，音频号填 100＋原分机号(1～42)。

(5)调度台按键表(图 3-30)

图 3-30 共 48 张，分别对应模拟线路表中的“前台”的操作台号。每个按键表共包括 48 个按键的数据，每条数据内容即为按下当前按键所对应的呼叫号码。

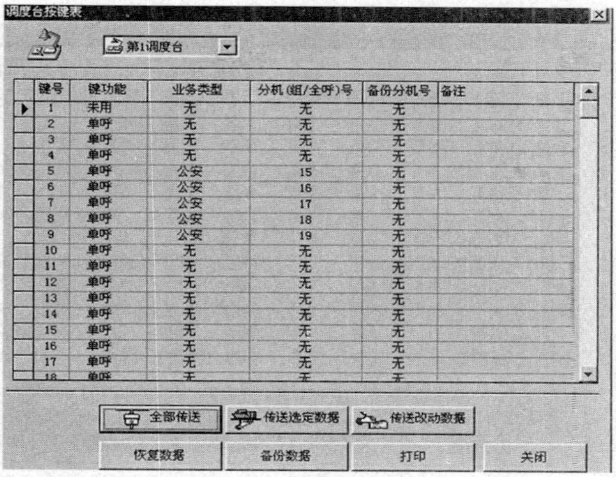

键号	键功能	业务类型	分机(组/全呼)号	备份分机号	备注
1	未用	无	无	无	
2	单呼	无	无	无	
3	单呼	无	无	无	
4	单呼	无	无	无	
5	单呼	公安	15	无	
6	单呼	公安	16	无	
7	单呼	公安	17	无	
8	单呼	公安	18	无	
9	单呼	公安	19	无	
10	单呼	无	无	无	
11	单呼	无	无	无	
12	单呼	无	无	无	
13	单呼	无	无	无	
14	单呼	无	无	无	
15	单呼	无	无	无	
16	单呼	无	无	无	
17	单呼	无	无	无	
18	单呼	无	无	无	

图 3-30 调度台按键表

键功能:单呼——呼叫分机号对应的用户。

组呼——呼叫一组用户,分机号位置填入组呼号(图 3-31)。

全呼——相当于呼叫此调度台所有单呼用户。

台联——呼叫其他调度台。

自动应答——用户呼叫调度台时响铃。

会议——选择会议功能下,可任意呼叫多个用户。会议键的业务类型和分机号都填“无”。

未用——此键未用。

业务类型:单呼键对应用户的业务类型,一般为此调度的业务类型或站间业务。

分机号:第一呼叫用户的号码,如果是调度业务或站间业务,此处对应号码表中定义的某一业务的号码。如果是台联填入被叫调度台的分机号,则要同时注意业务类型,需填写被叫调度台所属的业务类型。当键功能为组呼时,此处填号码表中定义的组呼号,用来呼叫一组用户。

备份分机号:第二呼叫用户的号码。如果第一呼叫用户线路出现故障,自动转呼第二呼叫;或者在调度台先按下“手柄”键,然后再按下此单呼键可直接呼叫第二呼叫用户。

(6)组呼表(图 3-31)

图 3-31 中最多可设置 48 组组呼,组呼号从 1~48。每组组呼最多可以有 16 个组呼成员,从键号 1~16,这里填写调度台上的按键号,一个键号对应一个所要呼叫的调度台按键号。每一组用户可根据需要随意选择,小于等于 16 个用户即可。定义组呼时第一组组呼号必须使用,其他可以任意选择。

(7)半固定接续表(图 3-32)

图 3-32 主要用来实现跨枢纽、远程调度、提供透明通道等业务,可以接通任意两个时隙。

方向:可选择单向或双向,即代表单方向通信和双向通信。没有业务时最好选择断开。

源模块:可以是模拟模块,也可以是数字模块,所以这里可选择 1~44 模块号。

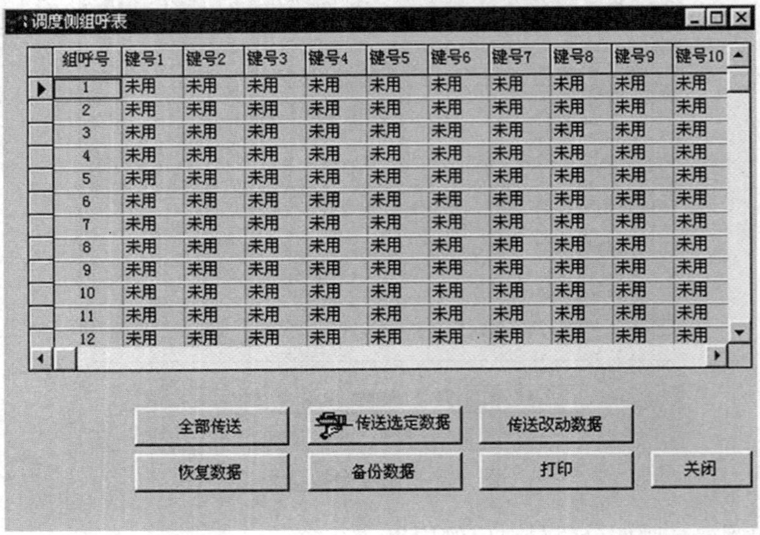

组呼号	键号1	键号2	键号3	键号4	键号5	键号6	键号7	键号8	键号9	键号10
1	未用	未用	未用	未用	未用	未用	未用	未用	未用	未用
2	未用	未用	未用	未用	未用	未用	未用	未用	未用	未用
3	未用	未用	未用	未用	未用	未用	未用	未用	未用	未用
4	未用	未用	未用	未用	未用	未用	未用	未用	未用	未用
5	未用	未用	未用	未用	未用	未用	未用	未用	未用	未用
6	未用	未用	未用	未用	未用	未用	未用	未用	未用	未用
7	未用	未用	未用	未用	未用	未用	未用	未用	未用	未用
8	未用	未用	未用	未用	未用	未用	未用	未用	未用	未用
9	未用	未用	未用	未用	未用	未用	未用	未用	未用	未用
10	未用	未用	未用	未用	未用	未用	未用	未用	未用	未用
11	未用	未用	未用	未用	未用	未用	未用	未用	未用	未用
12	未用	未用	未用	未用	未用	未用	未用	未用	未用	未用

图 3-31 调度侧组呼表

序号	方向	源模块	源设备	源母线	源时隙	目的模块	目的设备	目的母线
1	断开	无	无	无	无	无	无	无
2	断开	无	无	无	无	无	无	无
3	断开	无	无	无	无	无	无	无
4	断开	无	无	无	无	无	无	无
5	断开	无	无	无	无	无	无	无
6	断开	无	无	无	无	无	无	无
7	断开	无	无	无	无	无	无	无
8	断开	无	无	无	无	无	无	无
9	断开	无	无	无	无	无	无	无
10	断开	无	无	无	无	无	无	无
11	断开	无	无	无	无	无	无	无
12	断开	无	无	无	无	无	无	无
13	断开	无	无	无	无	无	无	无
14	断开	无	无	无	无	无	无	无

图 3-32 调度侧半固定接续表

源设备：根据具体数据选择 1～6 路。

源母线和源时隙，系统自动生成。目的模块和目的设备同上配置，而目的母线和目的时隙也是系统根据数据自动生成。

(8)中继表(图 3-33)

图 3-33 是“飞鸿 98”和交换局间相连的数字中继的数据，其数据和对端相对应。交换局侧如果是入中继的话，“飞鸿 98”侧必须是出中继；交换局侧如果是出中继，“飞鸿 98”侧对应的必须是入中继；双方也可以都使用双向中继。

中继表以数字中继为索引，共 30 条中继线。

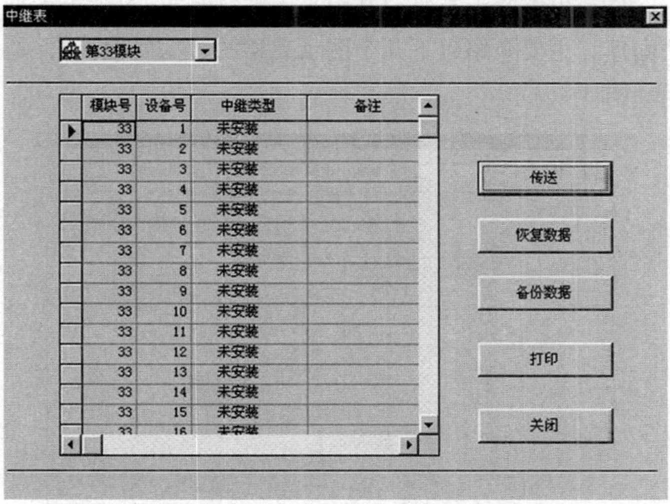

模块号	设备号	中继类型	备注
33	1	未安装	
33	2	未安装	
33	3	未安装	
33	4	未安装	
33	5	未安装	
33	6	未安装	
33	7	未安装	
33	8	未安装	
33	9	未安装	
33	10	未安装	
33	11	未安装	
33	12	未安装	
33	13	未安装	
33	14	未安装	
33	15	未安装	
33	16	未安装	

图 3-33 调度侧中继表

(9)号码转换表(图 3-34)

模块号	时隙号	属性	主叫业务号	主叫分机号	被叫业务号	被叫分机号	本方号码	对方号码
33	0	未安装	无	255	无	255		
33	1	未安装	无	255	无	255		
33	2	未安装	无	255	无	255		
33	3	未安装	无	255	无	255		
33	4	未安装	无	255	无	255		
33	5	未安装	无	255	无	255		
33	6	未安装	无	255	无	255		
33	7	未安装	无	255	无	255		
33	8	未安装	无	255	无	255		
33	9	未安装	无	255	无	255		
33	10	未安装	无	255	无	255		
33	11	未安装	无	255	无	255		
33	12	未安装	无	255	无	255		
33	13	未安装	无	255	无	255		
33	14	未安装	无	255	无	255		
33	15	未安装	无	255	无	255		
33	16	未安装	无	255	无	255		

图 3-34 调度侧号码转换表

图 3-34 的作用是将“飞鸿 98”内外号码进行转换、翻译,即将交换局发来的号码(如 66088 和 40285)转换成“飞鸿 98”内部的号码(如行调 1 号分机、行调 3 号分机)。

号码转换表以主控连接数字板时隙号为索引,可使用 0～30 共 31 个时隙。

属性包括“调度”和“非调度”业务。主叫业务号和被叫业务号填写各自业务类型,如调度或站间。主叫分机号和被叫分机号填各自在号码表中定义的号码。

“本方号码”和“对方号码”是交换局侧所设号码,本方号码是交换局下放到“飞鸿 98”的号码,对方号码则是对端交换局侧的号码。

2. 车站数据配置表

车站侧主要用到模块表、模拟线路表、数字线路表、值班台按键表、半固定接续表、组呼表、值班台与值班分机表、告警路由表等。其中半固定接续表、组呼表类似于调度侧的表格，数据属性配置方法同理。主要介绍以下几个图示表格的数据属性。

(1)模块配置表(图 3-35)

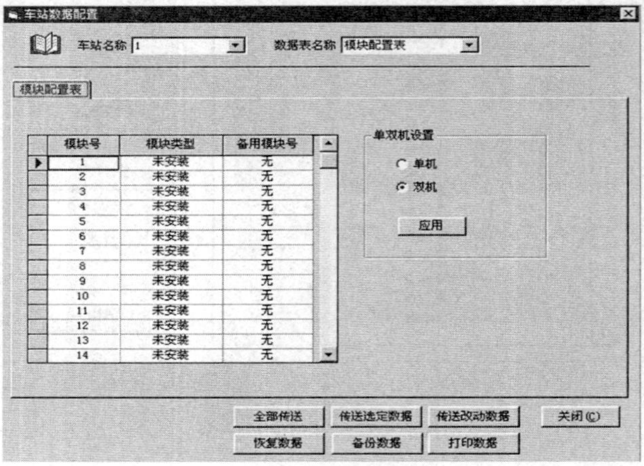

图 3-35 车站模块配置表

图 3-35 配置车站分系统每一块电路板的类型，设置完以后需要传送数据，当车站分系统只配置一块数字板时，“单双机设置”选择单机，两块主控板时选择双机，然后单击应用传送数据(以下其他数据配置表的操作同上)。

模块号：从“1～24”，分别代表模拟模块号，车站分系统最多安装 23 块模拟接口板。

模块类型：根据具体电路板的类型进行选择，单击鼠标右键出现下拉菜单包括：用户板、区转板、U 口板、接口板、通信板、未安装等项。

备用模块号：某电路板有备用模块时，填备份电路板的模块号。如 3 模块给 2 模块做备份，则在 2 模块号对应的备份模块号处填“3”。

(2)模拟线路表(图 3-36)

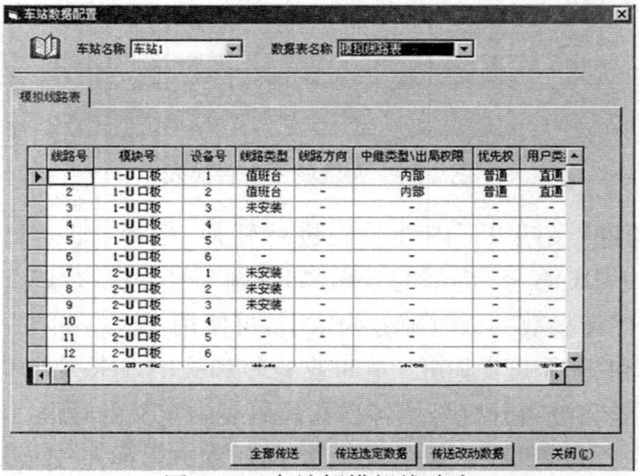

图 3-36 车站侧模拟线路表

图 3-36 主要定义每条模拟线路的参数。

线路号：从 1～144 固定。

模块号：从 1～24 固定，根据模块配置表中定义的模块属性自动生成。

设备号：每一模块从 1～6，模块提供最大的线路数。

线路类型：根据模块表中对应的硬件类型填写具体的线路属性，可选择各种属性。

线路方向、中继类型：只对环路有意义。

优先权：只对共电用户有意义，可选择普通或优先，一般为普通。

用户类型：如果是值班台，则选择“直通”，远程调度台选择“分远”。共电线路根据共电话机实现的业务可填直通、拨号、应急分机、放音通道。“直通”指摘机后直接呼叫目的分机的业务。“拨号”用户是互相通过拨一个两位或三位号码实现呼叫。“应急分机”用来替代值班台。“放音通道”可以实现录音仪的调听。其他线路类型的线路此处一般为“直通”。

业务类型：一般选择“内部分机”，当业务为调度分机时，选择具体的调度业务类型。当线路类型为“磁石”，并且实现模拟站间闭塞时，此处填“无”。

分机号：调度分机时，0～99，为号码表中分配的号码；为内部分机且是拨号属性用户时，可分配三位号码。

目的分机：调度业务时填“1”。其他都填“无”。

需要注意的是区间业务时，第一路线路类型选择“区间”，用户类型填“拨号”，业务类型填“无”。第三路线路类型选择“区间”，用户类型填“直通”，业务类型填“内部分机”。

(3)数字线路表(图 3-37)

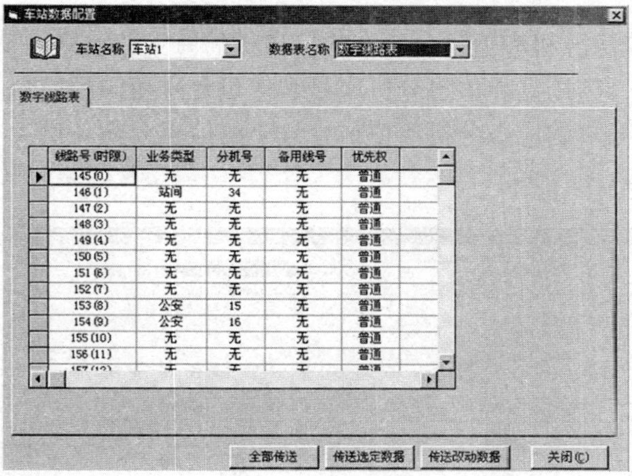

图 3-37　车站侧数字线路表

图 3-37 定义车站侧调度业务或站间业务。

线路号从 145～208，括号内的 0～63 代表车站连接数字板的时隙。如果是 2E1 的数字板，线路号从 145～176。分系统一般为 2E1 数字板，此时时隙号从 0～30，31 和 63 为系统保留时隙。

对于某一个调度或站间业务已经提前分配了母线和时隙(具体分配方法以上已说明)，在该表中找到该业务对应的时隙号，业务类型根据具体业务选择。分机号填该业务在调度侧号码表中定义的号码。备用线号填模拟备份时的模拟线路号。

(4)值班分机和值班台表(图 3-38)

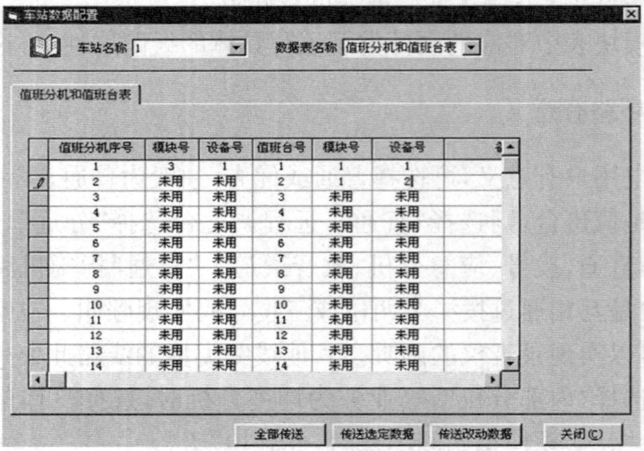

图 3-38　值班分机和值班台表

该配置表主要定义车站值班台的台号,如果值班台有应急分机,可以定义该值班台对应应急分机的模块、线路号。当值班台出现故障时,可以由相应应急分机做替代,实现值班台的业务。

值班分机序号:从"1～30"固定,其中前 15 个做应急分机,后 15 个可做值班分机。

模块号:左侧填实现应急分机或值班分机用户板的模块号。右侧填值班台对应 U 口板的模块号。

设备号:分别填应急分机和值班台所在的接口板的"1～6"线路的某一路。

值班台号:从"1～30"固定。值班分机序号和值班台号相同的应急分机给相应值班台做备份。如值班分机序号 1 的应急分机给值班台号 1 的值班台做备份。

(5)值班台按键表(图 3-39)

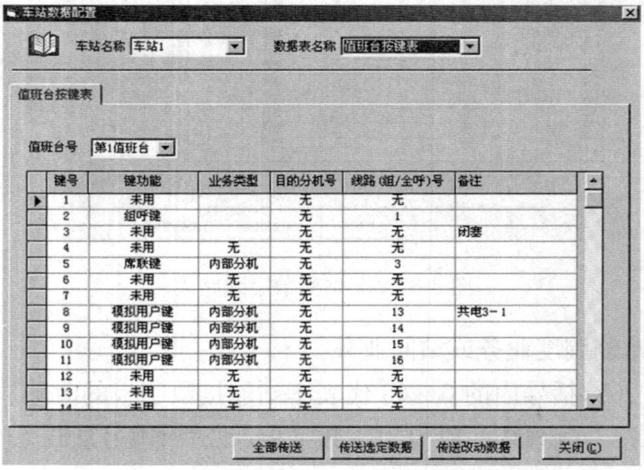

图 3-39　车站值班台按键表

定义值班台按键类型,共有 30 个按键表,每张按键表有 48 个按键数据需要定义,车站侧一般使用前 24 个按键(根据值班台按键数)。

键功能：模拟用户键——呼叫分机号对应的一模拟用户。

数字用户键——呼叫分机号对应的一数字用户。

组呼——呼叫定义的一组用户，分机号位置填入组呼号(参见图 3-31)。

全呼——呼叫全呼表中定义的用户，分机号位置填入全呼号。

会议——会议状态可任意呼叫多个用户。

席联——呼叫其他值班台。

自动应答——用户呼叫调度台时响铃。

未用——此键未用。

业务类型：模拟用户一般为内部分机，数字用户填具体业务类型。

目的分机号：调度业务时，固定填“1”。站间业务时，填所呼叫的车站在调度侧号码表中定义的号码。

线路号：该按键用户业务所对应的模拟线路表或数字线路表中的线路号。组呼时填组呼表中定义的一组用户的组呼号。

(6)告警路由表(图 3-40)

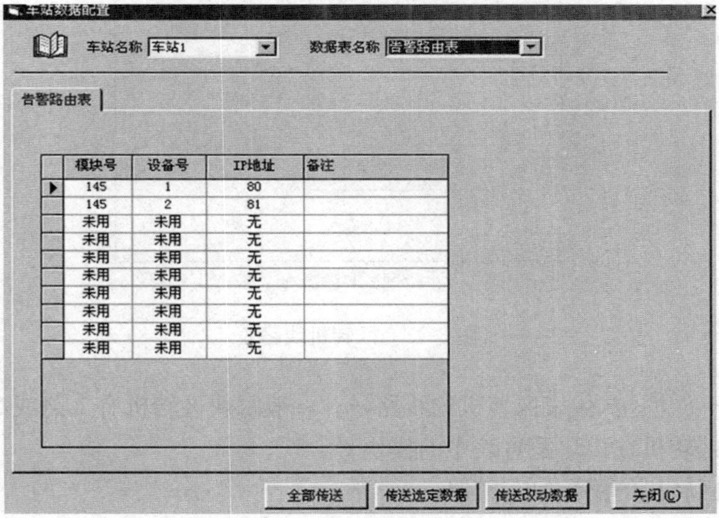

图 3-40　车站告警路由表

告警路由表配置，确保该车站出现软硬件故障时，告警消息能及时上报给各个维护台。主维护台模块号固定填 145(数字 A)，设备号填“1”，IP 地址为“80”，远程维护台的地址可填“81～89”，模块号和设备号根据远程维护台的配置确定。

(7)全呼表(图 3-41)

全呼号：从“1～30”固定，在值班台按键表中定义一个全呼键后，在线路号项填此处定义的全呼号。

键号：“键号 1”至“键号 48”填写此组全呼所需要呼叫的用户在值班台上的按键号。

如全呼号 1 的一组全呼为值班台上按键号 1～10 用户，可以在全呼号 1 的一行键号下分别填“1～10”。在值班台定义全呼键后，可呼叫“1～10”号键用户。

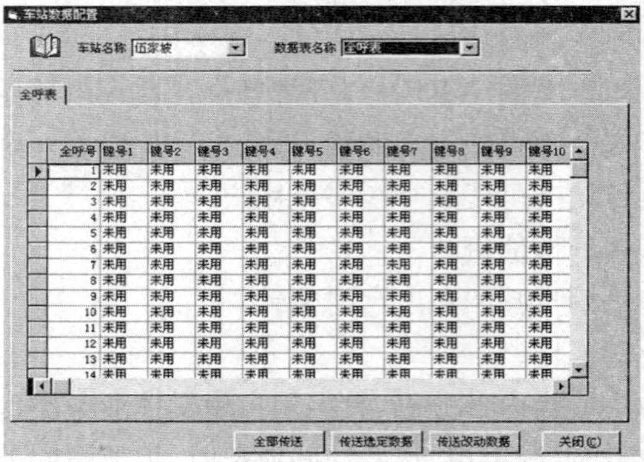

图 3-41　车站全呼表

(8)区转机线路表(图 3-42)

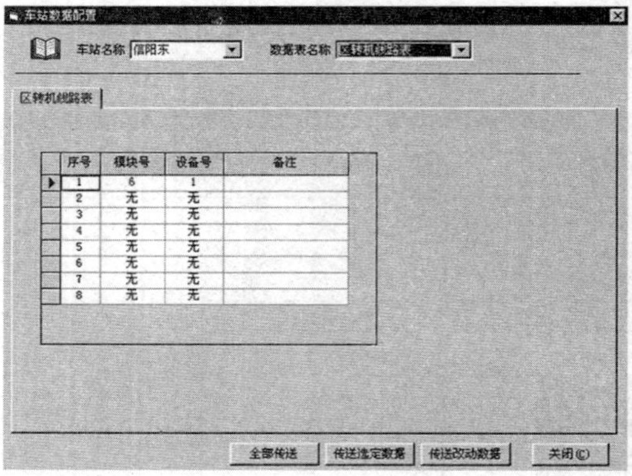

图 3-42　区转机线路表

序号:从“1～8”固定,代表区转机的线路号。一般每块区转机有 1 路或 2 路的。

模块号:填区转机在模块配置表中的模块号。

设备号:填区转机的路数“1～2”路。

(9)区转机译码表(图 3-43)

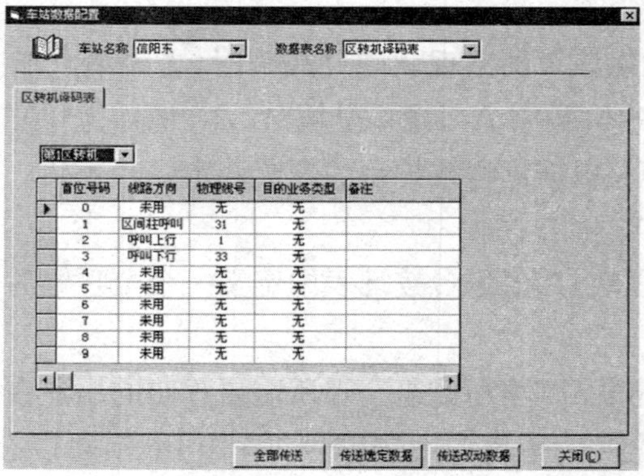

图 3-43　区转机译码表

(二)数据配置举例

1. 增加一块电路板

例如:在第 4 模块增加一块接口板。

第一步:打开车站侧的模块配置表,在模块号为 4 的一条记录中,模块类型一项单击鼠标右键选择“接口板”,备用模块号为无。增加电路板见表 3-1。

表 3-1　增加电路板

模　块　号	模块类型	备用模块号
1	U 口板	无
2	用户板	无
3	选号板	无
4	接口板	无
5	未安装	无

第二步:用鼠标单击修改记录左边的方框,选中后单击“传送选定数据”,如要一起传送多条记录,按以下方法操作:先按住 Ctrl 键不放,再单击修改记录左边的方框,选中后单击“传送选定数据”。

注:(1)以下举例中,如有数据发生修改时,都需传送数据,操作方法同“第二步”。

(2)在修改数据之前应先备份以前的数据。

(3)数据修改后传送数据应确认传送是否成功,如果失败,则需要重新传送,传送成功后要关闭当前窗口,以便数据写入 Flash 中。

(4)数据配置完成后要对所在站点进行复位,以确认数据是否修改成功。

(5)如果数据配置不成功且严重影响工作,应立即恢复原数据,并把以前的数据进行传送。如果不影响工作,可继续查找原因,进行数据配置。

2. 配置模块备份数据

例如:2、3 模块是用户板,其中 4 模块是 2 模块和 3 模块的备用模块。

第一步:打开车站侧的模块配置表,在模块号为 4 的一条记录中,在模块类型一项单击鼠标右键,选择“用户板”,备用模块号为无。在模块号为 2、3 的记录中,在备用模块号一项单击鼠标右键,选择“4 模块”。4 模块的备用模块号字段一定要设置成“无”,它不能再有备用模块。配置模块备份数据见表 3-2。

表 3-2　配置模块备份数据

模　块　号	模块类型	备用模块号
1	U 口板	无
2	用户板	4
3	用户板	4
4	用户板	无

3. 增加车站内的一个分机用户

例如:某一分系统中接口板配置为:第2模块是共电,在共电板的第2路配置一部分机,摘机后直接呼叫车站值班台,车站值班台的3号键对应此分机。

第一步:打开车站侧的模拟线路表,在线路号为8(模块号为2,设备号也为2)的记录中,线路类型选“共电”、优先权选“普通”、用户类型选“直通”、业务类型选“内部分机”,其他的不填。增加车站内的一个分机用户(一)见表3-3。

表3-3 增加车站内的一个分机用户(一)

线路号	模块号	设备号	线路类型	线路方向	中继类型	优先权	用户类型	业务类型	分机号	目的分机号
1	1	1	值班台	—	—	普通	直通	内部分机	—	—
⋮	…	…	…	…	…	…	…	…	—	—
8	2	2	共电	—	—	普通	直通	内部分机	—	—

修改完后传送选定数据。

第二步:打开车站侧的值班台按键表,键号为3的记录中键功能选“模拟用户键”,业务类型选“内部分机”,目的分机号选“无”,线路(组/全呼)号填“8”。增加车站内的一个分机用户(二)见表3-4。

表3-4 增加车站内的一个分机用户(二)

键　号	键　功　能	业务类型	目的分机号	线路(组/全呼)号	备　注
1	数字用户键	北行调	1	145	行调
2	未用	无	无	无	
3	模拟用户键	内部分机	无	8	分机

4. 配置值班台和值班分机数据

例如:1模块是U口板,在U口板的第一路配置一个值班台;第2模块是用户板,在用户板的第1路配置一部值班分机。

第一步:打开车站侧的模拟线路表,在线路号为1的记录中,线路类型选“值班台”,优先权选“普通”,用户类型选“直通”,业务类型选“内部分机”,其他的不填。

在线路号为7的记录中,线路类型选“共电”,优先权选“普通”,用户类型选“值班分机”,业务类型选“内部分机”,其他的不填。配置值班台(一)见表3-5。

表3-5 配置值班台(一)

线路号	模块号	设备号	线路类型	线路方向	中继类型	优先权	用户类型	业务类型	分机号	目的分机号
1	1	1	值班台	—	—	普通	直通	内部分机	—	—
⋮	…	…	…	…	…	…	…	…	—	—
7	2	1	共电	—	—	普通	值班分机	内部分机	—	—

第二步：打开车站侧值班台和值班分机表，根据上表1号值班分机的模块号填入“2”、设备号填入“1”；1号值班台的模块号填入“1”、设备号填入“1”。配置值班台(二)见表3-6。

表3-6　配置值班台(二)

值班分机序号	模 块 号	设 备 号	值班台号	模 块 号	设 备 号
1	2	1	1	1	1
2	未用	未用	2	未用	未用

5. 配置组呼/全呼数据(组呼最多可定义16个用户、全呼最多可定义48个用户)

例如：车站值班台定义9号按键为组呼键，组呼对象为3、4、5、6号按键对应的用户。

第一步：打开车站侧值班台按键表，键号为9的记录中，键功能选“组呼键”，业务类型选“内部分机”，目的分机号为“无”，线路(组/全呼)号填入“1”。配置组呼/全呼数据(一)见表3-7。

表3-7　配置组呼/全呼数据(一)

键 号	键 功 能	业务类型	目的分机号	线路(组/全呼)	备 注
1	数字用户键	北行调	1	145	行调
2	模拟用户键	内部分机	无	7	分机
⋮	…	…	…	…	…
9	组呼键	内部分机	无	1	

第二步：打开车站侧的组呼表，在组呼号为1的记录中，键号1、键号2、键号3、键号4分别填入“3”“4”“5”“6”。配置组呼/全呼数据(二)见表3-8。

表3-8　配置组呼/全呼数据(二)

组呼号	键号1	键号2	键号3	键号4	…	键号14	键号15	键号16
1	3	4	5	6	未用	未用	未用	未用
2	未用	未用	未用	未用	未用	未用	未用	未用
3	未用	未用	未用	未用	未用	未用	未用	未用

6. 配置车站值班台席联数据

例如：某一车站分系统中有两个值班台，1号值班台定义2号键呼叫2号值班台，2号值班台定义3号键呼叫1号值班台。

第一步：打开车站侧的模拟线路表。根据表3-9知道线路号1、2的物理位置分别安装了两个值班台。

表3-9　配置车站值班台席联数据(一)

线路号	模块号	设备号	线路类型	线路方向	中继类型	优先权	用户类型	业务类型	分机号	目的分机号
1	1	1	值班台	—	—	普通	直通	内部分机	—	—

续上表

线路号	模块号	设备号	线路类型	线路方向	中继类型	优先权	用户类型	业务类型	分机号	目的分机号
2	1	2	值班台	—	—	普通	直通	内部分机	—	—
⋮									—	—
7	2	1	共电	—	—	普通	直通	内部分机	—	—

第二步：打开车站侧值班台和值班分机表，根据表 3-10 可知 1 号值班台的模块号是 1，设备号填入是“1”；2 号值班台的模块号填入“1”，设备号填入“2”。

表 3-10　配置车站值班台席联数据(二)

值班分机序号	模　块　号	设　备　号	值班台号	模　块　号	设　备　号
1	2	1	1	1	1
2	2	2	2	1	2
3	未用	未用	3	未用	未用

第三步：打开车站侧的值班台按键表，选择“1 号值班台”，在键号 2 定义席联键，在业务类型中选“无”，目的分机号为“无”。在“线路(组/全呼)号”填入“2”。配置车站值班台席联数据(三)见表 3-11。

表 3-11　配置车站值班台席联数据(三)

键　　号	键　功　能	业务类型	目的分机号	线路(组/全呼)号	备　　注
1	数字用户键	北行调	1	145	行调
2	席联键	无	无	2	
3	模拟用户键	内部分机	无	8	

第四步：打开车站侧的值班台按键表，选择“2 号值班台”，键号 3 定义为“席联键”，在业务类型中选“无”，在线路(组/全呼)号中填“1”。配置车站值班台席联数据(四)见表 3-12。

表 3-12　配置车站值班台席联数据(四)

键　　号	键　功　能	业务类型	目的分机号	线路(组/全呼)号	备　　注
1	数字用户键	北行调	1	145	行调
2	模拟用户键	内部分机	无	8	分机
3	席联键	无	无	1	

7. 在车站分系统中配置调度分机数据

例如：枢纽第 33 模块所挂接的 10 号车站分系统中加一部调度分机，业务类型属于北行调，物理位置是 10 车站第 2 模块(共电板)的第 2 路，摘机占车站时隙 TS_5、数字环 TS_1 呼叫北行调调度台的 6 号键。

第一步：打开枢纽侧的号码表，业务类型选择“北行调”，定义号码“2”为这部调度分机的号码。在号码为“2”的记录中，模块号填入“33”，设备号/车站号填入“10”，该调度业务对应数字环的母线时隙是1。配置车站值班台席联数据（五）见表3-13。

表3-13 配置车站值班台席联数据（五）

号码	模块号	设备号/车站号	时隙号/音频号
1	1	1	1
2	33	10	1
3	无	无	无

第二步：打开枢纽侧的调度台按键表，选择“1号调度台”，键号6的记录中，在键功能中选“单呼”，业务类型选“北行调”，分机/（组/全呼）号填“2”。配置车站值班台席联数据（六）见表3-14。

表3-14 配置车站值班台席联数据（六）

键号	键功能	业务类型	分机/（组/全呼）号	备份分机号	备注
1	单呼	北行调	10	无	
2	未用	无	无		
⋮	…	…	…	…	…
6	单呼	北行调	2	无	调度分机

第三步：打开车站侧的数字线路表，在线路号为“150”的记录中，业务类型中选“北行调”，分机号中填“2”。（此调度分机具体填到哪条线路上，是与数据环上的调度业务所占用的时隙号以及车站分系统数字板与分主控板之间为此业务所分配的时隙号相对应的，在第一步中分配的是第“5”时隙对应的线路号是“150”）此例中数字线路表的配置见表3-15。

表3-15 配置车站值班台席联数据（七）

线路号（时隙）	业务类型	分机号	备份线路	优先权
145(0)	北行调	11	无	普通
150(5)	北行调	2	无	普通

第四步：打开车站侧的模拟线路表，在线路号为“8”的记录中，线路类型选“共电”，优先权选“普通”，用户类型选“直通”，业务类型选“北行调”，分机号填“2”。配置车站值班台席联数据（八）见表3-16。

表3-16 配置车站值班台席联数据（八）

线路号	模块号	设备号	线路类型	线路方向	中继类型	优先权	用户类型	业务类型	分机号	目的分机号
1	1	1	值班台	—	—	普通	直通	内部分机	—	—
⋮	2	1	共电	—	—	普通	直通	内部分机	—	—
8	2	2	共电	—	—	普通	直通	北行调	2	1

8. 配置枢纽主系统调度台和车站分系统值班台的呼叫数据

例如：在枢纽主系统中有一个调度台(北行调)，在10车站增加一个值班台(以前该车站没有值班台)，调度台的定义"7"号键占车站时隙 TS_6 和数字环 TS_1 呼叫值班台的"1"号键。

第一步：打开枢纽侧的号码表，业务类型选择"北行调"，定义号码"4"为呼叫10车站值班台的号码。在号码为"4"的记录中，模块号填入"33"，设备号/车站号填入"10"，该调度业务对应数字环的母线时隙是1。配置枢纽主系统调度台和车站分系统值班台的呼叫数据(一)见表3-17。

表3-17　配置枢纽主系统调度台和车站分系统值班台的呼叫数据(一)

号　码	模　块　号	设备号/车站号	时隙号/音频号
1	1	1	无
2	无	无	无
3	33	10	1
4	33	10	1

第二步：打开枢纽侧的调度台按键表，选择"1号调度台"，键号7的记录中，在键功能一项中选"单呼"，业务类型选"北行调"，分机/(组/全呼)号填"4"。配置枢纽主系统调度台和车站分系统值班台的呼叫数据(二)见表3-18。

表3-18　配置枢纽主系统调度台和车站分系统值班台的呼叫数据(二)

键　号	键　功　能	业务类型	分机/(组/全呼)号	备份分机号	备　注
1	单呼	北行调	10	无	
2	未用	无	无		
⋮	…	…	…	…	…
6	单呼	北行调	3	无	10车站调度分机
7	单呼	北行调	4	无	10车站值班台

第三步：在10车站增加一个值班台，方法同上例。

第四步：打开车站侧的数字线路表，在线路号为"151"的记录中，业务类型中选"北行调"，分机号中填"4"(此调度分机具体填到哪条线路上，是与数据环上的调度业务所占用的时隙号及车站分系统数字板与分主控板之间为此业务所分配的时隙号相对应的，在第一步中分配的是第"6"时隙对应的线路号是"151")。此例中数字线路表的配置见表3-19。

表3-19　配置枢纽主系统调度台和车站分系统值班台的呼叫数据(三)

线路号(时隙)	业务类型	分　机　号	备份线路	优　先　权
145(0)	北行调	11	无	普通
150(5)	北行调	3	无	普通
151(6)	北行调	4	无	普通

第五步：打开车站侧的值班台按键表，选择“1 号值班台”，在键号 1 定义数字用户键，在业务类型中选“北行调”，目的分机号为“1”，在线路（组/全呼）号填入“151”。配置枢纽主系统调度台和车站分系统值班台的呼叫数据（四）见表 3-20。

表 3-20　配置枢纽主系统调度台和车站分系统值班台的呼叫数据（四）

键　　号	键功能	业务类型	目的分机号	线路(组/全呼)号	备注
1	数字用户键	北行调	1	151	北行调
2	模拟用户键	内部分机	无	8	

9. 配置模拟备份

例如：在枢纽主系统中有一个调度台（北行调），在 10 车站有一个值班台，调度台的定义“5”号键占模拟调度实回线（从枢纽的 4 线音频接调度分配器，然后接到每个车站的选号口）呼叫值班台的“3”号键。

第一步：在枢纽侧增加一块多功能接口板，在模块配置表中设置. 模块配置见表 3-21。

表 3-21　模块配置

模　块　号	模块类型	物理模块号	时　隙　号	备份模块号
6	模拟模块	0	0	无

第二步：在多功能接口板的第一路配置 4 线音频，枢纽侧模拟线路表中设置见表 3-22。

表 3-22　枢纽侧模拟线路表

线路表	模块表	设备表	线路类型	线路属性	业务类型	分机号	调度台号
31	6	1	4 线音频	直通	南行调	无	无

第三步：在枢纽侧号码表中选择北行调业务设置，行调业务设置见表 3-23。

表 3-23　行调业务设置

号　　码	模　块　号	设备号/车站号	时隙号/音频号
10	6	1	3
20	33	10	0

第四步：在枢纽侧北行调调度台按键表中设置见表 3-24。

表 3-24　行调调度台按键表

键　　号	键　功　能	业务类型	分机(组/全呼)号	备份分机号
2	单呼	南行调	20	无
5	单呼	南行调	10	无

第五步：在10车站配置一块选号板，在模块配置表中配置见表3-25。

表3-25　模块配置表

模块表	模块类型	备用模块
5	选号板	无

第六步：配置10车站模拟线路表，车站模拟线路表配置见表3-26。

表3-26　车站模拟线路表配置

线路号	模块号	设备号	线路类型	用户类型	业务类型	分机号	目的分机号
25	5—选号板	1	选号	直通	内部分机	3	无

第七步：在10车站值班台按键表中配置，车站值班台按键表配置(一)见表3-27。

表3-27　车站值班台按键表配置(一)

键号	键功能	业务类型	目的分机号	线路(组/全呼)号
2	数字用户键	南行调	1	149
3	模拟用户键	内部分机	1	25

在现场中，经常要调试模拟备份，主要有以下两种模拟备份的接法：

第一种情况是直接从枢纽侧的4线音频接调度分配器(或PCM)，然后接到每个车站的选号口；另一种情况是从车站的4线音频口连接，然后接到其他车站的选号口。并且现场也有两种情况并用的接法。

下面就做模拟备份的数据进行说明。

第一种情况：

第一步，在车站侧模拟线路表中"线路类型"：选号。"业务类型"：内部分机。"分机号"：0～99任选，例如选"3"。

第二步，在枢纽侧号码表中找到一个号码，例如：50。模块号：9。设备号：3。音频号：为车站侧的分机号。车站值班台按键表配置(二)见表3-28。

表3-28　车站值班台按键表配置(二)

号码	模块号	设备号	音频号
50	9	3	3

在调度台按键表中找到一个按键，调度台按键表见表3-29。

表3-29　调度台按键表

键号	键功能	业务类型	分机号	备份分机号	备注
5	单呼	××	50	无	模拟备份

第二种情况：

第一步，在车站侧模拟线路表中"线路类型"：选号。"业务类型"：内部分机。"分机号"：0～99任选，例如选"5"。

第二步，在枢纽侧号码表中找到一个号码，如60。模块号：为本数字环模块，如“35”。设备号：车站侧的分机号+50。时隙号：为数字环中各模拟备份分配的时隙号，如16。模拟备份的接法(一)见表3-30。

表3-30 模拟备份的接法(一)

号 码	模块号	设备号	音频号
60	35	55(5+50)	16

在调度台按键表中找到一个按键，模拟备份的接法(二)见表3-31。

表3-31 模拟备份的接法(二)

键 号	键功能	业务类型	分机号	备份分机号	备 注
7	单呼	××	60	无	模拟备份

在第二种情况中，涉及一块4线音频，并且在车站侧分配一个时隙，如：4线音频为10模块、3路，分配给4线音频的数字时隙号为“17”，如果此车站为12车站，在12车站半固定接续表中配置，模拟备份的接法(三)见表3-32。

表3-32 模拟备份的接法(三)

序号	方向	源模块号	源设备号	源母线号	源时隙号	目的模块号	目的设备号	目的母线号	目的时隙号
0	双向	10	3	…	…	145	17	…	…

10. 配置枢纽侧调度台台联数据

例如：在枢纽侧系统中有两个调度台北行调和南行调，北行调调度台定义2号键呼叫南行调2号键，南行调调度台定义2号键呼叫北行调2号键。

第一步：打开枢纽侧的模拟线路表。根据表3-33知道线路号1、2的物理位置分别安装了两个调度台。配置枢纽侧调度台台联数据(一)见表3-33。

表3-33 配置枢纽侧调度台台联数据(一)

线路号	模块号	设备号	线路类型	线路属性	业务类型	分机号	调度台号	输出增益	输入增益
1	1	1	前台	调度台	北行调	1	1	—	—
2	1	2	前台	调度台	南行调	1	2	—	—

第二步：打开枢纽侧的调度台按键表，选择“1号调度台”，在键号2定义“台联键”，在业务类型中选“南行调”，分机号为“1”。配置枢纽侧调度台台联数据(二)见表3-34。

表3-34 配置枢纽侧调度台台联数据(二)

键 号	键功能	业务类型	分机号	备份分机号	备 注
1	单呼键	北行调	10	无	
2	台联键	南行调	1	无	

第三步：打开枢纽侧的调度台按键表，选择“2 号调度台”，键号 3 定义为“席联键”，在业务类型中选“北行调”，分机号一项中填“1”。配置枢纽侧调度台台联数据(三)见表 3-35。

表 3-35　配置枢纽侧调度台台联数据(三)

键　号	键　功　能	业务类型	分　机　号	备份分机号	备　　注
1	单呼键	南行调	10	无	
2	台联键	北行调	1	无	

11. 配置枢纽侧远程调度台数据

例如：10 车站需要安装电调和货调两个远程调度台，在枢纽侧系统中第 2 模块有一块双路远主 U 口板，在 10 车站第 1 模块有一块双路远分 U 口板，数字环分配 20、21 时隙给电调；22、23 时隙给货调。

第一步：打开枢纽侧的模拟线路表。根据表 3-36 在线路号 7、8 的物理位置分别安装了两个远程调度台。线路类型选择“前台”，线路属性选择“双主远调度”，业务类型选择“电调”和“货调”，分机号填“1”。配置枢纽侧远程调度台台联数据(一)见表 3-36。

表 3-36　配置枢纽侧远程调度台数据(一)

线路号	模块号	设备号	线路类型	线路属性	业务类型	分机号	调度台号	输出增益	输入增益
1	1	1	前台	调度台	北行调	1	1	—	—
2	1	2	前台	调度台	南行调	1	2	—	—
…	…	…	…	…	…	…	…	…	…
7	2	1	前台	双主远调度	电调	1	3		
8	2	2	前台	双主远调度	货调	1	4		

第二步：打开枢纽侧的半固定接续表。在序号 0、1 的位置上配置电调数据，源模块号填“2”表示是在枢纽第 2 模块安装的远主 U 口板，源设备号选择“第 1 路的 B2”和“第 3 路的 B1”，目的模块号填“33”，目的设备号填“20”“21”，表示把远主 U 口板“第 1 路的 B2”和“第 3 路的 B1”连接到数字环 33 模块的“20”和“21”两个时隙。配置枢纽侧远程调度台台联数据(二)见表 3-37。

表 3-37　配置枢纽侧远程调度台数据(二)

序号	方向	源模块号	源设备号	源母线号	源时隙号	目的模块号	目的设备号	目的母线号	目的时隙号
0	双向	2	第 1 路 B2	…	…	33	时隙 20	…	…
1	双向	2	第 3 路 B1	…	…	33	时隙 21	…	…
3	双向	2	第 2 路 B2	…	…	33	时隙 22	…	…
4	双向	2	第 3 路 B2	…	…	33	时隙 23	…	…

第三步：打开 10 号车站侧模拟线路表。根据表 3-38 在线路号 1、2 的物理位置分别安装了两个远程调度台。线路类型选择“前台”，用户类型选择“分远调度”，业务类型选择“电调”和“货调”，分机号填“1”。配置枢纽侧远程调度台台联数据(三)见表 3-38。

表 3-38　配置枢纽侧远程调度台数据(三)

线路号	模块号	设备号	线路类型	线路方向	中继类型	优先权	用户类型	业务类型	分机号	目的分机号
1	1	1	值班台	—	—	普通	分远调度	本地分机	—	—
2	1	2	值班台	—	—	普通	分远调度	本地分机	—	—

第四步:打开 10 号车站半固定接续表。在序号 0、1 的位置上配置电调数据,原模块号填"33",原设备号填"20""21",目标设备填"1"表示是在 10 车站第 1 模块安装的分远 U 口板,目标设备号选择"第 1 路的 B1"和"第 3 路的 B1",表示把数字环 33 模块的"20"和"21"两个时隙连接到分远 U 口板"第 1 路的 B1"和"第 3 路的 B1"上。配置枢纽侧远程调度台台联数据(四)见表 3-39。

表 3-39　配置枢纽侧远程调度台数据(四)

序号	方向	源模块号	源设备号	源母线号	源时隙号	目的模块号	目的设备号	目的母线号	目的时隙号
0	双向	145	20	…	…	1	第 1 路 B1	…	…
1	双向	145	21	…	…	1	第 3 路 B1	…	…
3	双向	145	22	…	…	1	第 2 路 B1	…	…
4	双向	145	23	…	…	1	第 3 路 B2	…	…

12. 1 号信令数据配置

例如在交换局侧将一自动电话设置调度分机使用,号码为 66088,交换局下给调度台的号码为 40285,对应到"飞鸿 98"内的号码分别为行调业务的 3 号和 1 号。

自动电话可拨号 21111 呼叫调度台,调度台按键可呼叫该自动电话,其他自动电话拨号 21111 则不允许呼叫调度台。

第一步:打开调度侧模块表将信令板安装为第 34 模块,模块类型设置为数字模块。时隙为"0"。

第二步:打开调度侧号码表定义一个号码如"3"号。信令数据配置(一)见表 3-40。

表 3-40　信令数据配置(一)

号　码	模　块　号	设备号/车站号	时隙号/音频号
1	1	1	1
2	无	无	无
3	34	无	0
4	无	无	无

第三步:打开调度侧按键表,定义一个单呼键对应该调度业务。信令数据配置(二)见表 3-41。

表 3-41　信令数据配置(二)

键　号	键　功　能	业务类型	分　机　号	备份分机号
1	单呼键	行调	3	无
2	无	无	无	无

第四步:打开调度侧中继表,根据对端交换机设置出入中继。信令数据配置(三)见表 3-42。

表 3-42　信令数据配置(三)

模　块　号	设　备　号	中继类型	备　　注
34	1	出中继	
34	2	出中继	
34	3	出中继	
34	4	出中继	
34	5	出中继	
34	6	入中继	
34	7	入中继	
34	8	入中继	
34	9	入中继	
34	10	入中继	

第五步:打开调度侧号码转换表,定义主被叫号码,本方和对方号码。信令数据配置(四)见表 3-43。

表 3-43　信令数据配置(四)

模块号	时隙号	属　性	主叫业务号	主叫分机号	被叫业务号	被叫分机号	本方号码	对方号码
34	0	调度	行调	1	行调	3	40285	66088
34	1	未安装	无	255	无	255		
34	2	非调度	自动电话	5	自动电话	6	21112	
34	3	未安装	无	255	无	255		

13. 配置数字级联车站调度业务数据

例如在 35 数字环 17 车站建立级联数字环,使调度台和级联车站能互相呼叫。通信时隙使用数字环时隙 10、主主控-数字时隙 10、分主控-数字时隙 10,行调业务使用数字环的 8 时隙作为共线时隙。级联数字Ⅱ使用 7 母线的 29 时隙和枢纽主控进行通信。

17 车站要使用 4E1 数字板,可将数字级联数字板从逻辑上看为两部分,和主数字环连接的部分我们暂定称为“级联数字Ⅰ”,将和级联数字环连接的部分我们称为“级联数字Ⅱ”。

级联数字Ⅱ所起的作用是主数字板的作用,它同普通的主数字板一样,担负着一条数字环的核心任务:和数字环上所有的分数字进行通信,它通过主数字环上的一个时隙直接和主系统相连。

同时数字级联用到了"虚拟模块"的功能。首先要定义虚拟模块,然后分配枢纽主系统和车站分系统的数字环数据,具体的数据定义和以上调度业务数据配置相同。

第一步:配置模块表,定义虚拟模块属性,其中物理模块号中填 17 车站所在"数字环"的模块号。时隙号为 35 模块分配给虚拟模块的"数字环"的时隙。配置模块见表 3-44。

表 3-44 配置模块表

模 块 号	模块类型	物理模块号	时 隙 号	备份模块号	备 注
1	未安装	无	无	无	
…	未安装	无	无	无	
35	数字模块	无	无	无	
…					
46	数字模块	35	10	无	

第二步:定义主数字环时隙。

进入数字环数据软件,在"35 数字环"中定义枢纽主系统行调业务时隙。业务说明中填写各项时隙的备注含义。8 时隙为行调业务所占共线时隙。定义主数字环时隙(一)见表 3-45。

表 3-45 定义主数字环时隙(一)

时 隙 号	时隙性质	母线时隙	业务说明
…	旁通		
8	共线	5-8	
9	旁通		
10	两点专用	5-10,17	
…	旁通		

在"35 数字环"中定义 17 车站分系统行调业务时隙。8 时隙为行调业务所占时隙,5-8 是分配到 17 车站主控的时隙,6-8 是通过 6 母线分配到级联数字Ⅱ部分的时隙。定义主数字环时隙(二)见表 3-46。

表 3-46 定义主数字环时隙(二)

时 隙 号	时隙性质	母线时隙	业务说明
…	旁通		
8	共线	5-8,6-8	
9	旁通		
10	两点专用	7-29,0	
…	旁通		

第三步：配置级联车站配置表，注意级联车站的模块号填写虚拟模块号 46。在维护台中数据配置中选择车站配置表，具体 IP＝256×（模块号－1）＋车站号。其中模块号为该车站所在"数字环"的模块号，车站号为分系统背板跳线确定。配置级联车站配置见表 3-47。

表 3-47　配置级联车站配置表

车站名称	IP 地址	模块号	设备号	子系统号
17 车站	8721	35	17	0
级联车站 10	11530	46	10	0
级联车站 10	11531	46	11	0
级联车站 10	11532	46	12	0

第四步：配置 46 环枢纽主系统时隙。8 时隙是级联数字环上的行调业务使用的共线时隙，注意它是连接到 6 母线的 8 时隙，和级联数字Ⅰ的 6 母线 8 时隙相连。配置 46 环枢纽主系统时隙见表 3-48。

表 3-48　配置 46 环枢纽主系统时隙

时隙号	时隙性质	母线时隙	业务说明
…	旁通		
8	共线	6-8	
9	旁通		
10	旁通		
…	旁通		

配置 46 环级联车站的时隙。三个级联车站均相同。配置 46 环级联车站的时隙见表 3-49。

表 3-49　配置 46 环级联车站的时隙

时隙号	时隙性质	母线时隙	业务说明
…	旁通		
8	共线	5-8	
9	旁通		
…	旁通		

第五步：号码表配置：号码 5、6、7 是级联车站分机的分机号，注意模块号要填虚拟模块的模块号。号码表配置见表 3-50。

表 3-50　号码表配置

号　码	模 块 号	设备号/车站号	时隙号/音频号
5	46	10	8
6	46	11	8
7	46	12	8

第六步:调度侧模拟线路表、按键表、分系统的模块表、模拟线路表、值班台按键表、数字线路表等,数据配置和一般配置方法相同。

第五节　MDS3400 数字调度通信系统

为了适应在 GSM-R 大环境下铁路有线无线的统一要求,北京佳讯公司在成熟产品"飞鸿 98"的基础上,推出了新一代铁路调度通信系统 MDS(多媒体调度系统)。MDS 既能用作一般的调度通信系统,也能用作 FAS 系统,同时容量比"飞鸿 98"更大。此外,MDS 也能平滑支持 IP 组网应用和语音、数据、视频等各种多媒体通信,并保证能从现有数字调度通信系统或 FAS 系统平滑升级到多媒体调度通信系统。

一、系统概述

(一)系统组成

MDS(多媒体调度系统)包括 MDS3400 交换平台、VT200 一体化触摸屏调度终端、JK24 按键式调度终端,以及统一网管系统 Anymanager。

(二)主要特点

MDS3400 是一个交换平台,能用作专用调度交换机、FAS 交换机,公务电话交换机、人工话务台交换机,能平滑升级至同时支持电路交换和软交换。自身也能用作监控系统和视讯会议系统,并能接入其他多家厂商的综合视频监控系统。分别或同时支持电路和 IP 组网应用,支持客户由单纯的话音指挥调度向多媒体指挥调度平滑过渡,支持客户从电路交换向软交换平滑过渡。系列化终端满足用户个性的需求,同一个终端能实现所有业务的操作和联动。单板种类少,所有业务板可以任意槽位混插,所有业务板都可以支持"1+1"保护。软件可扩展性好,在线升级方便。采用平台的设计思想和先进的软件设计方法,采用稳定性、可靠性及可扩展性好的实时操作系统,通过软件加载方式实现软件升级。通过严格先进的配置管理、先进的设计和严格规范的测试,保证升级版本的一致性和兼容性。系统采用人性化的功能细节设计和人性化的维护管理。

(三)应用领域

MDS 主要用于铁路数字调度通信系统、FAS 调度通信系统和多媒体调度系统。

用于一般数字调度通信系统时,MDS3400 可用作主系统和分系统,主系统带若干数字环,每个环上有若干个分系统,系统结构如图 3-44 所示。

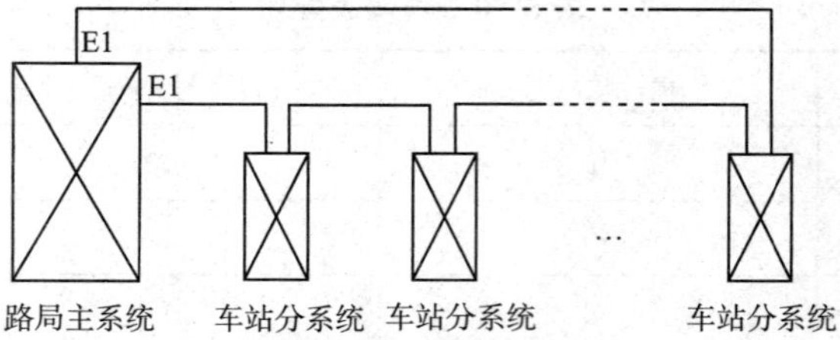

图 3-44　系统结构

GSM-R 调度通信系统从总体上分为两大部分，以 FAS 为中心的固定用户系统和以 MSC 为中心的无线用户系统，两者之间通过"30B+D"(DSS1)接口相连，FAS 系统的部署与原有线数字调度系统类似，分别置于国铁集团、铁路局集团公司及沿线各个车站。

用于 FAS 调度通信系统时，MDS3400 可用作路局集团公司 FAS 和车站 FAS。GSM-R 及 FAS 调度通信系统的构成及组网方式如图 2-26 所示。

在多媒体调度系统应用时，其构成如图 3-45 所示。

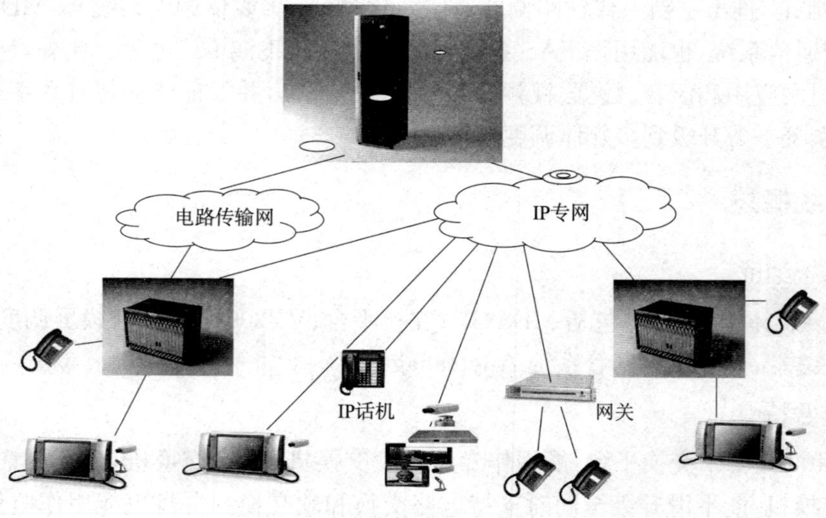

图 3-45　多媒体调度系统的构成

调度台和各种分机用户可以直接接入 IP 网，也可以接入所属 MD3400 或其他 IP 接入网关。用户可以是电路话机、IP 话机、语音调度台、多媒体调度台、监控终端等。

(四)容量和接口

MDS 交换容量为"4 096×4 096"，各种业务接口板可以任意混插，各种接口可以共享交换容量。最多支持 112 个 E1 或者 80 个数字环，最大用户数 3 136，最大会议方数为 1 920。

MDS3400 提供丰富的接口：STM-1 SDH 光接口、34 Mbit/s PDH 光接口、E1 接口、ISDN BRI(2B+D)接口、FXS 接口(模拟用户接口)、FXO 接口(环路中继接口)、E/M 中继接口、磁石接口、2 线音频接口、4 线音频接口、选号接口、区间接口。

MDS 采用相同的 E1 接口板，支持中国 No. 1、No. 7、DSS1 等信令。MDS 采用专用的 E1 数字环接口板，支持专用数字环信令。

MDS3400 提供 10/100 M 以太网接口，接入的 IP 终端采用 SIP 协议。

二、电路组网方式

对于电路组网方式，各调度台和调度电话属于所接入调度交换机的用户。因此此时的组网主要是通过 E1 中继的组网。

(一)数字环

多个 MDS3400 通过 E1 数字中继接口相连，主系统的下行 E1 口经过数字传输通道连接到分系统 1 的上行 E1 口，分系统 1 的下行 E1 口同样经过数字传输通道连接到分系统 2 的上行 E1 口上，如此串接到最后一个分系统的上行 E1 口，其下行 E1 口经过另外一条数字传输通道直接连接到主系统的上行 E1 数字接口上。这样，这 n 个分系统与主系统就构成了一个封闭的数字环，数字环示意如图 3-46 所示。

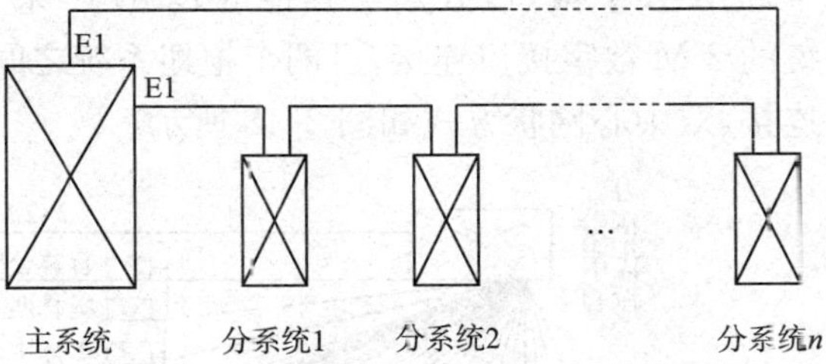

图 3-46　数字环示意图

MDS3400 系统有多达 80 对数字环 E1 接口，可以组成多达 80 个数字环，每个 MDS3400 可以在多个数字环中，并且可以在有的数字环中作主系统，在有的数字环中作分系统。

1. 数字环自愈

在一般情况下，通信使用下行 E1 通道，系统实时监测 2 M 口的通信状态，当检测到数字环下行 E1 通道的某处断开时，立刻切换至上行 E1 通道方向进行通信，从而保证数字环的任何一处断开都不会影响系统的正常通信，切换时间为毫秒级。

2. 断电直通

有些情况下，某个车站由于一些特殊原因系统出现断电的情况，则此 MDS3400 系统的上、下行 E1 口将自动对接起来，还构成一个封闭的数字环，因而不会影响系统正常通信。

3. 时隙分配

一个 2 M 数字环中共有 32 个时隙，其中 TS_0 和 TS_{16} 时隙为帧同步时隙和信令时隙，剩余的 30 个时隙中的 3 个时隙作为 MDS3400 系统的内部通信时隙使用，其余的 27 个时隙可作为话音时隙使用。MDS3400 系统采用通话占用时隙的方式，每一组通话动态地占用一个空闲时隙，当通话结束时，该时隙通道被释放；在进行组呼或召开会议时，MDS3400 只占用数字环中的一个共线时隙。

4. 数字环中的车站数量

MDS3400 数字环组网时一次出局（出站，非站内）呼叫需要占用环中一个时隙，其中组呼和会议可以看作是一次呼叫，总共只占用一个数字环时隙。

在 MDS3400 系统里，一个 2 M 数字环共有 27 个中继时隙可作为话音时隙使用，为保证呼叫成功，一个数字环通常情况下可按 6～10 个车站设计。

（二）星形方式

网络中某一个 MDS3400 系统通过多个 2 M 数字接口，分别与其他 MDS3400 系统的 2 M 数字接口连接，星形方式如图 3-47 所示。

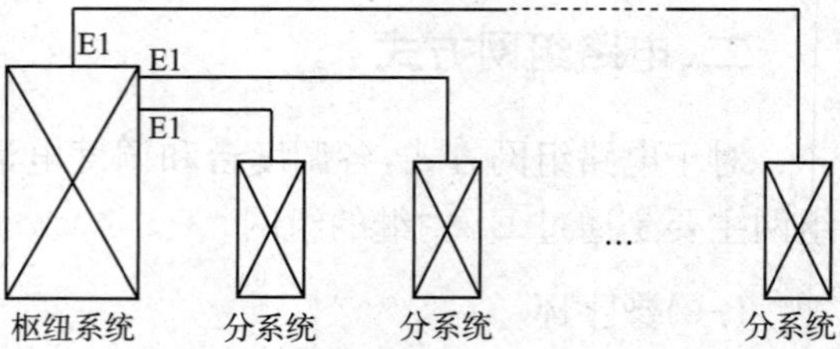

图 3-47　星形方式

（三）双中心网状方式

网络中有两个 MDS3400 系统都通过多个 2 M 数字接口，分别与其他 MDS3400 系统的 2 M 数字接口连接，且两个枢纽系统之间，以及其他相邻系统之间，都有 2 M 数字接口连接，双中心网状方式如图 3-48 所示。

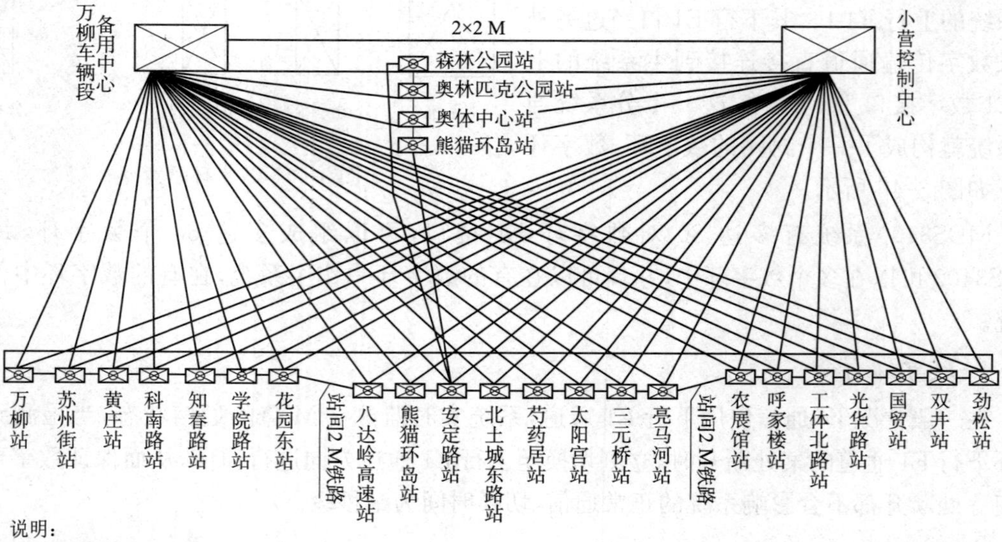

说明：

①图中 ⊠表示主系统。

②图中 ⊠表示分系统。

③主、备中心间及至各车站，各相邻车站，万柳至劲松、熊猫环岛及森林公园至安定路通过2 M链路相连。

图 3-48　双中心网状方式

（四）树形方式

树形调度网络是多级星形方式的叠加，每级系统均可通过星形组网方式与上一级或下一级系统进行通信，从而构成多级数字调度指挥网络，如图 3-49 所示。

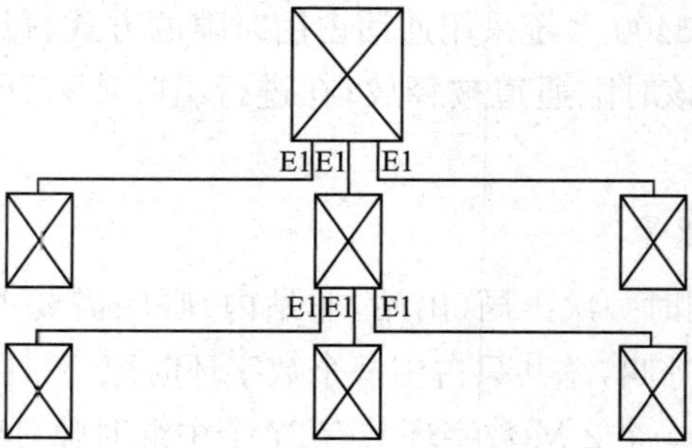

图 3-49　树形方式

三、IP 组网方式

IP 是网络层技术，依赖于下层的传输技术。IP 与宽带基础网的结合成为新一代电信网络的特点，当前主要有 IP over ATM、IP over SDH、IP over DWDM 三种宽带 IP 组网技术。

IP over ATM 是把 ATM 的速度快、容量大、多业务支持能力的优点与 IP 的简单、灵活、易扩充和统一性的特点结合起来的一种技术。

IP over SDH 是以 SDH 网络作为 IP 数据网络的物理传输网络，它保留了 IP 面向非连接特性，使用链路适配及成帧协议对 IP 报文进行封装，然后按字节同步的方式把封装后的 IP 报文映射到 SDH 的同步净负荷包（SPE）中。标准的将 IP 包换射到 SDH 的方法是 IP/PPP/HDLC/SDH。PPP 协议提供多协议封装、差错控制和链路初始化控制等功能，HDLC 帧格式负责同步传输链路上的 IP 数据帧的定界。

IP over DWDM 是一种简单直接的体系结构，它以高性能路由器取代传统的基于电路交换的 ATM、SDH 电交换和复用设备，通过 OADM、OXC 或者 DWDM 耦合器直接连至 DWDM 光纤，由这些设备控制波长接入、交换、选路和保护。IP over DWDM 是真正意义上的数据链路网，可以通过指定波长做旁路或直通连接，网络的业务功能只在 IP 层完成。所以利用 IP 组网有很多优点，当前 IP 组网有广泛的应用。

目前宽带 IP 网尚未形成统一的标准，但 IP over DWDM 能够极大地拓展现有的网络带宽，最大限度地提高线路利用率，并且在外围网络以千兆以太网成为主流的情况下，这种技术能真正地实现无缝接入。所以，从长远发展来看，IP over DWDM 更具竞争实力，可能成为未来宽带 IP 网络通信的首选解决方案。

（一）纯 IP 单系统组网（图 3-50）

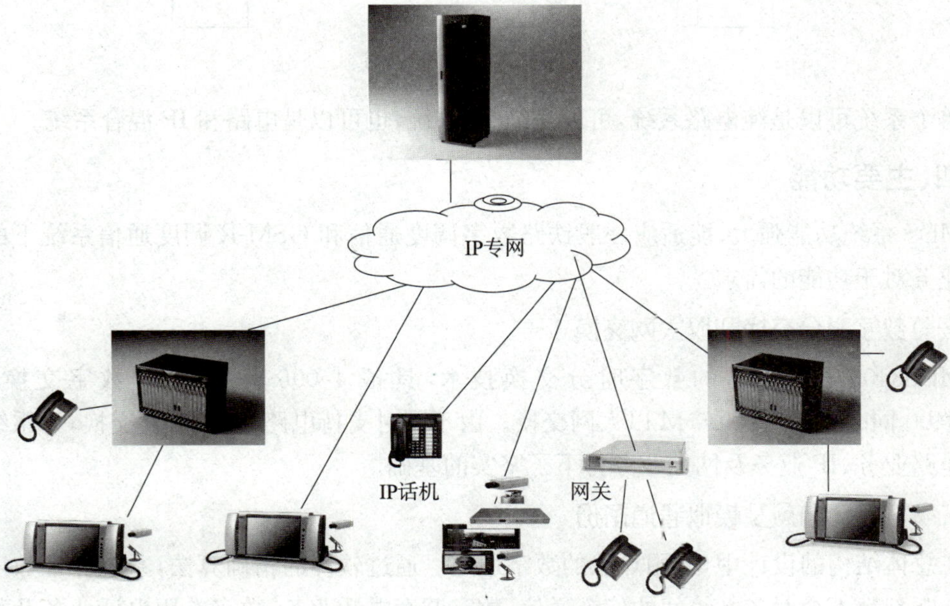

图 3-50 IP 单系统组网示意图

(二)IP 和电路单系统组网(图 3-51)

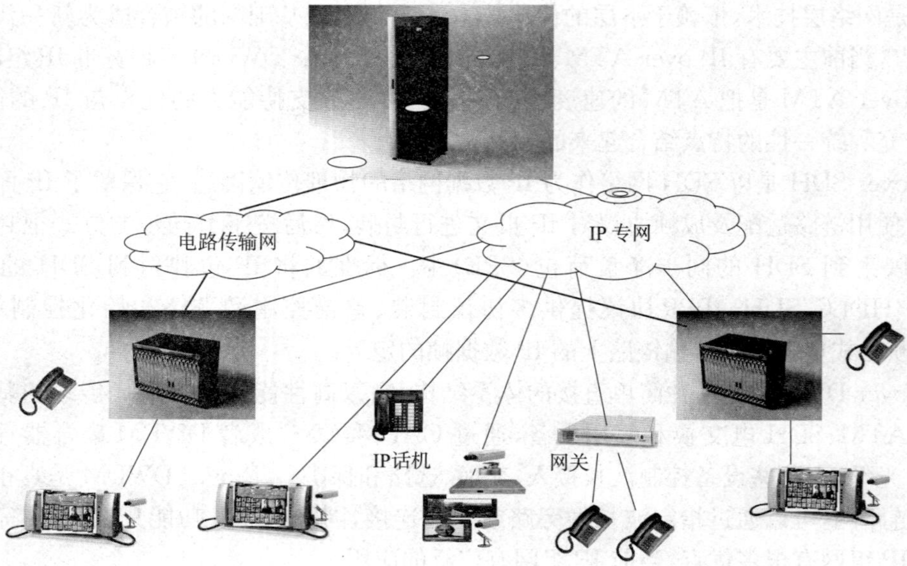

图 3-51　IP 和电路单系统组网

(三)IP 中继多系统组网(图 3-52)

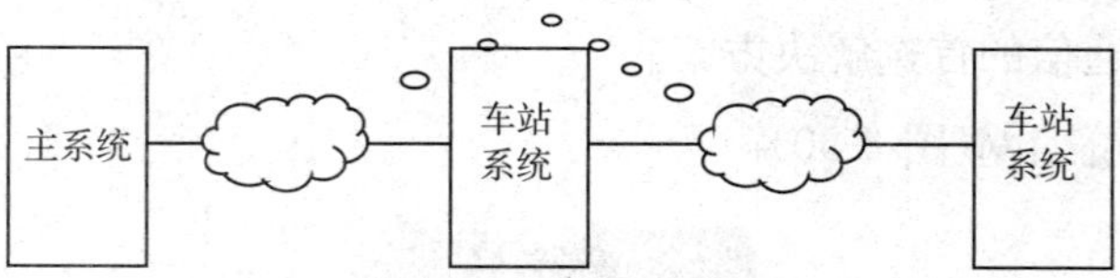

图 3-52　多系统组网

单个系统可以是纯电路系统,可以是纯 IP 系统,也可以是电路和 IP 混合系统。

四、主要功能

MDS 系统功能强大,能适应一般铁路数字调度通信和 GSM-R 调度通信系统下的各种调度业务对于功能的需求。

(一)数字时分交换和以太网交换

MDS3400 采用先进的数字时分交换技术,具备 4 096×4 096 全数字交换网络。MDS3400 同时支持 10/100 M 以太网交换。由于同时支持电路交换和 IP 交换,为系统支持各种电路业务、IP 业务及网关业务打下了坚实的基础。

(二)数字环自愈及模拟通道备份

在总体结构的设计中,采用环状的数字通道。通过软件的精确算法,系统保证数字环任何一处断裂都不会对各系统间的信令通信、数字调度电话业务、数字专用电话业务及数字站间通信有任何影响。

在一般情况下,系统通信使用下行 E1 通道,系统实时监测 2 M 口的通信状态,当检测到数字环下行 E1 通道的某处断开时，立刻切换至上行 E1 通道方向进行通信，从而保证数字环的任何一处断开都不会影响系统的正常通信，切换时间为毫秒级。

在数字环有多处断裂的情况下，系统还可以自动切换到备用电缆通道，保证系统重要通信能正常进行。

(三)断电直通

当某一个系统(车站 FAS)的供电出现故障或需要断电维修时，该系统所接的上下行两个 2 M 口收发将直接接通，将此站旁愈出数字环，以保证整个数字环的完整性，从而使通信不因某一个单点设备的故障而中断。

(四)远程调度台

在调度系统组网时，铁路局集团公司内的调度台，尤其是电务、车务、工务等调度台并没有位于铁路局集团公司调度中心内，可能会被安放在远离调度中心的某一个车站附近。这些调度台可以通过“2B+D”接口接入到就近的车站系统后台，其功能、性能与位于铁路局集团公司内或调度中心内的完全相同。

(五)系统级联

S 系统的容量对于绝大多数车站的站场通信是完全足够的，对于一些容量较大的车站则可以采用 M 系统，而对于一些大的站场(例如编组场)，还可以采用多个系统级联的方式来完成大容量需求的站场通信。被级联的系统在业务、功能以及对其维护管理上均不受任何影响，级联方式如图 3-53 所示。

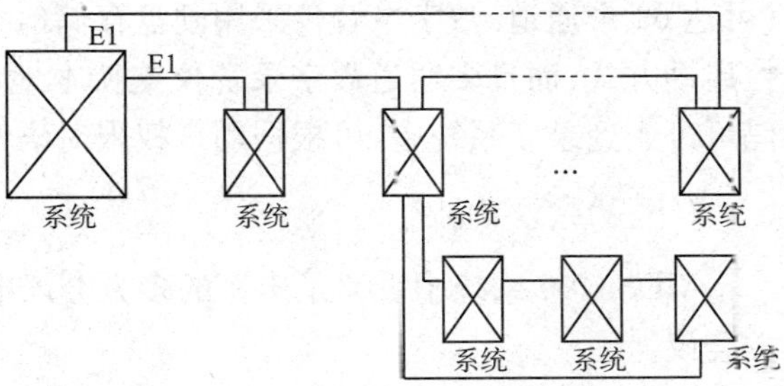

图 3-53　级联方式

(六)兼容现有调度系统功能

MDS3400 系统可兼容现有数字调度系统功能及原有的模拟调度系统功能，同时系统还提供各种模拟接口直接接入模拟调度总机、模拟调度分机、模拟调度回线等模拟设备。

(七)紧急电话

某电话被设置为紧急电话(优先用户)呼叫调度台或车站值班台时，调度台和车站值班台不需应答话路已被接通，紧急电话和调度台或车站值班台即可直接通话。

(八)紧急呼叫

当调度台(车站值班台)发起紧急呼叫时，调度员(车站值班员)先按紧急呼叫键再按相应的按键，即可提高此次呼叫的级别。此时，对于级别低的呼叫即可实现强插、强拆。

(九)集中管理远程维护

MDS3400 系统在枢纽侧可以设一个网管终端，通过 RS-232 串口接入系统后台，可实现对主系统(铁路局集团公司枢纽 FAS)及全线的系统(车站 FAS)的集中管理与远程维护，网管子系统功能强大，涵盖了性能管理、故障管理、配置管理及安全管理四大功能，具体的描述详见“网管子系统”部分。

(十)热备份功能

MDS3400 系统的关键接口部件如主控制器、交换网、会议资源、音源、扩展、驱动等都提供"1+1"热备份的功能，数字板和其他用户板提供可选"1+1"热备份功能。数字板和其他用户板可以设置为不需要"1+1"热备份。

(十一)回波抑制与自动增益控制

MDS3400 系统采用了先进的 DSP(数字信号处理)技术，有效地解决了 2/4 线转换所带来的回音及免提通话中的扬声器对麦克风的回声，从而实现了调度电话、专用电话的全双工通信。

同时，也为了增加系统对各种线路的自适应能力，MDS3400 系统还利用 DSP 技术实现了对语音的自动增益控制(AGC)，避免了因线路造成声音大小不均衡的情况。

(十二)录音功能

MDS3400 系统可提供录音接口，接入多通道数字录音仪，佳讯公司自主研发的多通道(可达 64 个通道)数字录音仪采用硬盘存储(40 G 硬盘可存储 3 700 h 以上的语音资料)、声控启动方式，而且多通道数字录音仪支持本地放音和远程放音两种方式。用户根据用户密码可进入到录音系统中，可根据用户权限对语音资料进行播放、检索、转储等。

(十三)会议功能

MDS3400 系统中设置了丰富的多方会议电路(最多 1 920 方)，供调度员、值班员组织多方会议。

(十四)DXC 功能

MDS 系统内部支持 DXC1/0 功能，即支持 64 k 数字交叉连接功能。系统支持各种复杂连接的调度业务、专用业务、各种复杂的数字共线业务以及点对点、点对多点、广播型的半固定接续等。

(十五)多种防护功能

MDS 系统的各种接口都有三级防雷防强电保护，以更好地适应雷雨地区和铁路电气化区段的设备安全运用。机箱机柜的工艺、电路板的布线等都经过了精心设计，使系统具备了较强的防电磁干扰能力，同时极大地降低了系统对外的电磁辐射。

(十六)无人站实现方式

在有些铁路线中会存在无人站(如青藏线)，无人站有时无人值守，有时有调度员值守。MDS 系统可实现车站台在有人值守与无人值守时的切换，并在无人值守时向呼叫用户送提示音，告知对方此站是无人值守站。具体的实现方式如下：

无人站车站台软件界面在进入无人值守状态时显示黑屏。

无人站车站台软件增加无人值守时的语音提示，如："这里是××车站，现在无人值守，请挂机"，语音播放两遍。

无人站车站台界面如图 3-54 所示。

图 3-54　无人站车站台界面

如无人值守时，单击界面上方的“转为无人值守站请单击这里”，单击之后，界面如图 3-55 所示。

此时若有用户呼叫此车站，系统即自动发出“这里是××车站，现在无人值守，请挂机”的语音提示。

(十七)时钟同步方式

MDS 系统的时钟系统既可以独立地自由运行，也可以与外时钟 2 Mbit 同步。

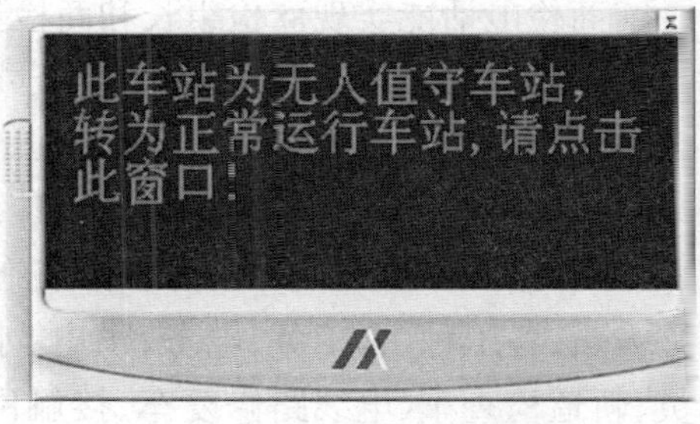

图 3-55　无人值守站界面

五、系统主要业务

系统能实现“飞鸿 98”产品的所有业务外，主要增加了多媒体业务，具体业务如下。

(一)系统实现的语音业务

调度业务：

(1)列调。列车调度员以单呼(车次号功能寻址/MSISDN 号码方式)、组呼、广播方式呼叫调度辖区内的机车司机。列车调度员以单呼、组呼方式呼叫调度辖区内的车站值班员。列车调度员组呼调度辖区范围内的机务段(折返段)运转、列车段(车务段、客运段)、电力牵引变电所等值班员并通话。列车调度员向调度辖区范围内的车站值班员、机车司机、助理值班员、工务人员、道口人员发起公共紧急组呼。支持机车司机按位置寻址/ISDN 号码方式个别呼叫当前所在调度辖区的分局列车调度员并通话。支持机车司机按位置寻址/ISDN 号码方式个别呼叫本站/前方站/后方站值班员并通话。支持机车司机向所属调度辖区的调度员以及相邻的车站值班员、机车司机、助理值班员、工务人员、道口人员发起铁路紧急呼叫。

(2)货调。货运调度员应按个别呼叫、组呼等方式呼叫调度辖区范围内相关的所属用户并通话。货运调度员接收所属用户的个别呼叫并通话。

(3)电调。牵引供电调度员应按个别呼叫、组呼等方式呼叫调度辖区范围内相关的所属用户并通话。牵引供电调度员接收所属用户的个别呼叫并通话。

(4)专用业务。专用电话调度员可按个别呼叫、组呼等方式呼叫管辖范围内相关的所属用户并通话。专用电话调度员接收所属用户的个别呼叫并通话。

(5)站场通信。包括车站集中电话、货运电话、列检电话、车号电话和商检电话等。

车站集中电话能实现以车站值班员(调度员)、助理值班员、客运值班员等为中心的通信,其用户包括机车司机、车站外勤值班员、站内道口、铁路局集团公司调度员、工务(信号、通信、电力、接触网等)工区、货场值班员、客运作业人员、车务段调度、调车区长、机务运转、内勤车号员、商检组长、计划员、清扫房工作人员等。

货运电话能实现货运计划员和外勤货运员、车站值班员、货运员、装卸所、常驻货主(专用线)、货运室值班员等用户之间的通信。

列检电话能实现列检值班员和列检员、车站值班员、红外线值班员、红外线调度员等用户之间的通信。

车号电话能实现内勤车号员和外勤车号员及其他相关用户之间的通信。

商检电话能实现商检组长和商检员及其他相关用户之间的通信。

(6)站间通信。相邻两车站值班员办理有关行车业务的专用电话。在本系统中,既可通过数字通道实现站间通信,也可通过磁石接口作为模拟备份通道通信。系统在两者之间可以自由地进行手动切换、故障自动切换。

(7)施工养护通信。指为维修或施工临时组织的通信,主要用户包括维修或施工现场指挥人员、各工种(含工务、电务、供电、水电等,下同)指挥人员及现场作业人员、现场防护人员、轨道检查车(电线路修复车、接触网综合检测车、各种施工作业车辆、试验车等)工作人员、列车调度员、牵引供电调度员、车站值班员、机车司机及其他相关人员。各工种指挥人员可按个别呼叫、组呼等方式呼叫相关所属用户并通话。各工种指挥人员接收所属用户的个别呼叫并通话。维修或施工现场指挥人员可按个别呼叫、组呼等方式呼叫现场各工种相关人员并通话。维修或施工现场指挥人员接收现场各工种相关人员的个别呼叫并通话。

(8)道口通信。道口通信的主要用户包括道口值班人员、车站值班员以及其他相关人员。车站值班员个别呼叫、组呼方式呼叫辖区范围内的道口值班人员并通话。车站值班员接收辖区范围内的道口值班人员的个别呼叫并通话。

(二)系统实现的多媒体业务

(1)文本信息:触摸屏幕调度终端能发送文本信息,IP 终端和 ISDN 终端能接收文本信息,对文本信息长度本身没有限制。

(2)视频监控:系统能接入 IP 摄像头,在触摸屏调度终端或者专用的视频终端上能查看和控制视频。系统也能接入其他厂家的监控系统,并在 MDS 的终端上进行视频监视和控制,在需要时能做到语音和视频联动。

(3)视讯会议:系统支持视讯会议,触摸屏调度台用作视讯会议终端。系统也可以接入其他厂家的视讯会议系统,从调度终端上参加其他系统的视讯会议,在需要时做到视讯会议终端和其他终端的联动通信。

六、系统主要特点

(一)可靠开放的交换平台

MDS3400 是一个交换平台，能用作专用调度交换机、FAS 交换机，公务电话交换机、人工话务台交换机，能平滑升级至同时支持电路交换和软交换。自身也能用作监控系统和视讯会议系统，并能接入其他多家厂商的综合视频监控系统。

由于其良好的软硬件体系结构设计，做到了层次化、模块化和内部接口标准化，无论是增加硬件接口还是软件功能，都只是增加一个简单的模块，能保证开发周期短，系统稳定快、兼容性好。

(二)能平滑升级和扩展

系统能分别或同时支持电路和 IP 组网应用，支持客户由单纯的话音指挥调度向多媒体指挥指挥调度平滑过渡，支持客户从电路交换向软交换平滑过渡。

软件可扩展性好，在线升级方便。采用平台的设计思想和先进的软件设计方法，采用稳定性、可靠性及可扩展性好的实时操作系统，通过软件加载方式实现软件升级。通过严格先进的配置管理、先进的设计和严格规范的测试，保证升级版本的一致性和兼容性。

(三)多媒体终端融合应用功能

由于系统支持多媒体终端，该终端有强大的处理能力和处理语音、数据和视频的能力，能同时支持各种多媒体应用。多媒体终端开放的交换平台的支持下，能对语音、数据和监控、视讯会议等系统进行联动控制，融合了各种应用功能。

(四)系统安全性、可靠性设计周到

系统采用“1＋1”热备份的电源输入，每一个插箱都有一个空气开关控制。在插箱内部，各单板采用－48 V 分散供电。

系统的所有单板都能实现“1＋1”热备份。此外，还能实现以下两种方式的系统“1＋1”热备份，如图 3-56 所示。

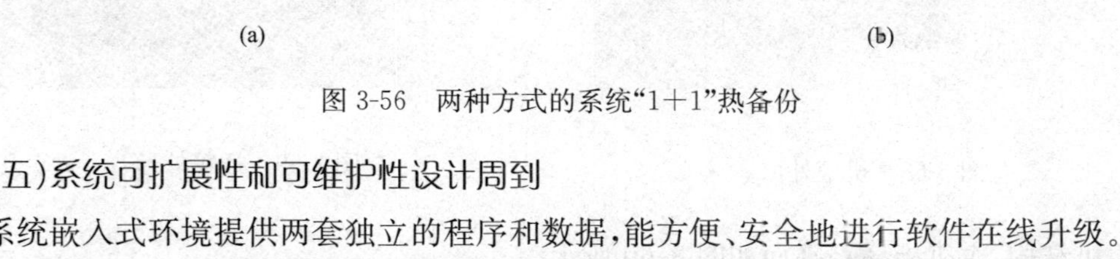

图 3-56　两种方式的系统“1＋1”热备份

(五)系统可扩展性和可维护性设计周到

系统嵌入式环境提供两套独立的程序和数据，能方便、安全地进行软件在线升级。系统提供设备数据的上、下载功能，保证数据的安全性和恢复的方便性。同时软件升级时分成下

载、校验、试运行和正式切换(升、降级)等四个步骤,既能保证安全地传送下载新的软件,同时又可以在"请点"的时间内进行全线试验和切换。

(六)人性化的功能细节设计

系统提供需多个性化和人性化的功能。比如:调度终端和网管界面操作风格有些是可以由用户订制的,振铃声音也可以由用户设置;在通常的交换系统中存在以下问题:当用户 A 呼叫用户 B 且正在振铃时,若用户 C 也呼叫用户 B,如果二者呼叫级别相同,则用户 C 得到的提示信息是用户 B 正在通话中或正忙,而实际情况很有可能是用户 B 根本就不在,从未摘机接听!MDS 可细分出是线路故障、有用户正在呼叫、正在通话等各种呼叫状态并准确提示用户,在细节上满足客户的需求。

七、MDS3400 调度交换平台简介

(一)系统结构

主机框图:MDS3400 采用标准 19 英寸机柜,为插箱插板式结构。单个 MDS3400 模块分为主控层和扩展层两种插箱,体系结构如图 3-57 所示。

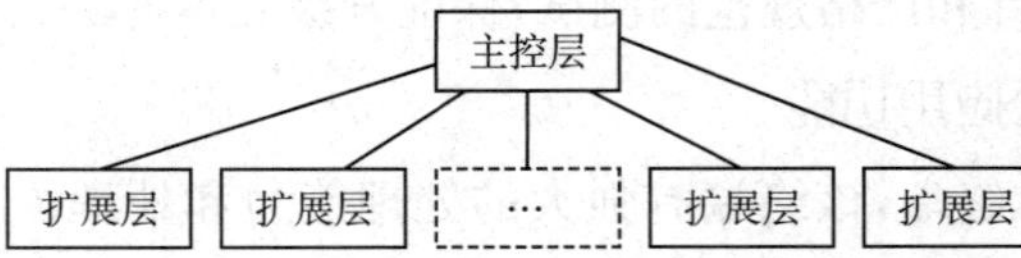

图 3-57　体系结构

一个扩展层可以带 14 个扩展层(集线比 1∶1)或 28 个扩展层(集线比 2∶1)。由于任意业务板可以插在任意槽位,主控层根据所带扩展层的多少也插一定数量的用户板。同样道理,如果扩展曾有 E1 接口板,满配置也要不了 14 个扩展层,极端情况下主控层业务槽位全插 E1 接口板就能占用全部系统交换容量。

机柜外形如图 3-58 所示;插箱外形如图 3-59 所示。

图 3-58　机柜外形

图 3-59　插箱外形

主机结构:主机柜插箱平面如图 3-60 所示。

直流配电单元/风扇/告警															
1	2	3	4	5	6	7	8	9	10	11	12	13	14	15	16
数字环/接口	数字环/接口	数字环/接口	数字环/接口	数字环/接口	数字环/接口	驱动	驱动	数字环/接口	数字环/接口	数字环/接口	数字环/接口	数字环/接口	数字环/接口	接口/铃流	接口/铃流
1	2	3	4	5	6	7	8	9	10	11	12	13	14	15	16
数字环/接口	数字环/接口	数字环/接口	数字环/接口	数字环/接口	数字环/接口	驱动	驱动	数字环/接口	数字环/接口	数字环/接口	数字环/接口	数字环/接口	数字环/接口	接口/铃流	接口/铃流
1	2	3	4	5	6	7	8	9	10	11	12	13	14	15	16
数字环/接口	数字环/接口	数字环/接口	数字环/接口	数字环/接口	数字环/接口	驱动	驱动	数字环/接口	数字环/接口	数字环/接口	数字环/接口	数字环/接口	数字环/接口	接口/铃流	接口/铃流
1	2	3	4	5	6	7	8	9	10	11	12	13	14	15	16
扩展/数字接口	扩展/数字接口	扩展/数字接口	扩展/数字接口	扩展/数字接口	扩展/数字接口	主控	主控	扩展/数字/接口	扩展/数字/接口	扩展/数字/接口	扩展/数字/接口	扩展/数字/接口	扩展/数字/接口	扩展/数字/接口/铃流	扩展/数字/接口/铃流
风扇框															
交流配电单元															
配线单元															

图 3-60 主机机柜插箱平面图

佳讯 MDS3400 数字调度分系统与主系统的功能特点基本一致，区别在于车站分系统接入需求量较少，在 MPU 交换能力为“1 024×1 024”，远低于主系统。车站分系统一般只接入上行站和下行站 2 M 通道，分系统 DLL 多采用 2E1 或 42E1 的板件。DSL、ASL、MIL 等其他板件与主系统完全相同，可以相互使用。因此，只介绍主系统的结构原理。

(二)主控层

主控层采用 19 英寸机柜的插箱，共有 16 个槽位，其中两个槽位为“1+1”主备用的主控板，其余 14 个槽位可以插任意接口板，其中带扩展层时需要插扩展板。主控板上提供了电路交换网、以太网交换、同步定时、主控 CPU 系统，以及基本的音源、音信号收发、会议等资源。本层的模拟用户需要的铃流可以插铃流板来提供，也可以靠系统整体铃流模块来提供，根据实际应用需要配置。

(三)扩展层

扩展层采用 19 英寸机柜的插箱，共有 16 个槽位，其中两个槽位为“1+1”主备用的驱动板，其余 14 个槽位可以插任意接口板。扩展层的接口板和主控层的接口板完全一样，但不能插扩展板。本层的模拟用户需要的铃流可以在本层插铃流板来提供，也可以靠系统整体铃流模块来提供，根据实际应用需要来选择配置。

(四)接口类型

MDS3400 提供丰富的接口：E1 接口、ISDN BRI(2B+D)接口、FXS 接口(模拟用户接口)、FXO 接口(环路中继接口)、E/M 中继接口、磁石接口、2 线音频接口、4 线音频接口、选号接口、区间接口、10/100 M 以太网接口。

(五)信令种类

MDS 采用相同的 E1 接口板，支持中国 No. 1、No. 7、DSS1、QSIG 等信令。MDS 采用专用的 E1 数字环接口板，支持专用数字环信令。IP 支持 SIP 终端接入。

(六)部分单板介绍

(1)DTL 板：数字中继板，提供 E1 接口与其他交换机连接，每板可以提供 8 路 E1 接口，该接口支持 No. 1、No. 7、DSS1 等信令。

(2)DLL 板：数字环板，提供数字环 E1 接口与其他交换机连接，每板可以提供 8 路 E1 接口即 4 个数字环接口，该接口支持铁路专用数字环信令。

(3)DSL 板：提供“2B+D”接口与触摸屏调度台或键控式调度台连接，每板可以提供 4 路接口。

(4)ASL 板：共电用户接口板。每块共电板提供 16 路共电用户接口。

(5)MIL 板：接口板由母板和各子板组合而成。每块母板可任意插接四块各类型子插板，每块子插板提供两个同类型的接口。子插板类型包括：磁石插板、2/4 线音频插板、选号插板、环路插板、区间插板等。这些接口板可在母板上根据需求灵活配置。

(6)RSU 板：会议资源板。每块板提供 256 方会议资源。

(7)IPU 板：IP 接口板。每块板有 256 路用户网关，以及进行相应的协议处理。

八、操 作 台

MDS系统支持的调度台和车站台包括触摸屏操作台和键控式操作台，两者都是通过“2B+D”接口接入M系统或S系统后台。操作台采用了DSP数字信号处理技术，使喇叭对麦克风的回声得以抑制，同时抵消模拟接口2/4线转换所带来的回波，消除了自激现象产生的可能，实现了全双工通信。采用AGC自动增益控制技术，在系统内部自动进行电平调节，无论用户的声音是大还是小，操作人员所听到的声音都保持在一个比较合适的范围之内。

（一）触摸屏操作台

触摸屏操作台分为用于调度所侧的调度台和用于车站侧的车站台，两者在硬件结构上相同，通过数据设置完成不同的使用功能。

触摸屏操作台设计特点是一体化触摸屏操作台，一体化触摸屏调度台将屏幕、双手柄及扬声器集成，采用图形化的操作界面。同时还可配置麦克及鼠标，并支持触摸与鼠标同时操作。一体化触摸屏操作台外形如图3-61所示。

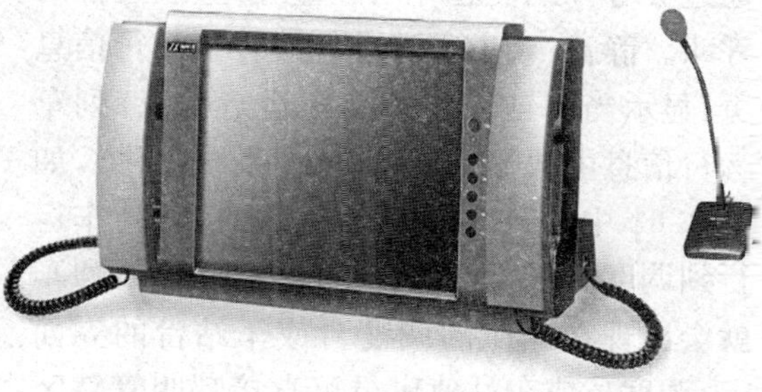

图3-61　一体化触摸屏操作台外形图

一体化触摸屏操作台与调度交换子系统之间通过“2B+D”接口连接，支持主辅两个通道，其中麦克、扬声器和右手柄为主通道，左手柄为辅通道，操作台与调度交换子系统之间距离1 km以内。

触摸屏操作台可实现的功能如下：单呼、组呼、会议、广播；呼叫转接、呼叫转移、呼叫保持；强拆、强插；来电电话号码显示、来电中文显示、呼叫状态显示、呼叫级别显示；双通道通话、一键直通；按键扩展；保存通话记录；数据业务；调度辖区内列车运行的实时显示。一体化触摸屏操作台界面与单手机触摸屏操作台完全相同，操作台主界面如图3-62所示。

图3-62　操作台主界面

呼叫显示区:显示调度台呼入、呼出对象的状态信息。

按键呼叫区:用户定义的呼叫按键,对应呼叫对象的电话号码。每一按键代表一个用户或一组用户,按键可根据实际使用要求定义为单呼键、组呼键或广播键。

功能键区:用来完成呼叫保持、转接、主辅通道切换等功能的按键。

功能键包括以下按键:上一条:选择上一条呼叫记录。下一条:选择下一条呼叫记录。主接听:选择主通道接听。辅接听:选择辅通道接听。保持:保持当前呼叫。拒绝:拒绝选择的呼入。切换:切换主辅通道。转接:转接当前的通话。申请发言:在会议中申请发言、可以讲话。结束发言:释放发言、结束讲话。系统配置:完成系统配置,包括按键配置、增益配置、附加业务的设置、数据业务的设置、公里标的设置、通话记录的查询等。拨号盘:通过拨号方式发起呼叫。重拨:重拨选择的呼叫。静音:对主通道进行静音。运行信息页:显示当前辖区内的列车运行信息(列车运行信息由数据中心或MIS系统提供),如图3-62中的列车是动态显示的,若列车运行到调度员或车站值班员的管理区段,列车就会出现在相应的调度台或车站台的界面上,调度员或车站值班员可直接呼叫管辖区域内的列车司机。单键呼叫页:显示单键拨号按键。翻页:可对按键呼叫区进行扩展。呼叫1、呼叫2、呼叫3、呼叫4:如果呼入的电话号码在调度台上没有定义,则从呼叫1到呼叫4中选择一个空闲的键响应该呼叫,并进行号码翻译,如图3-63所示。

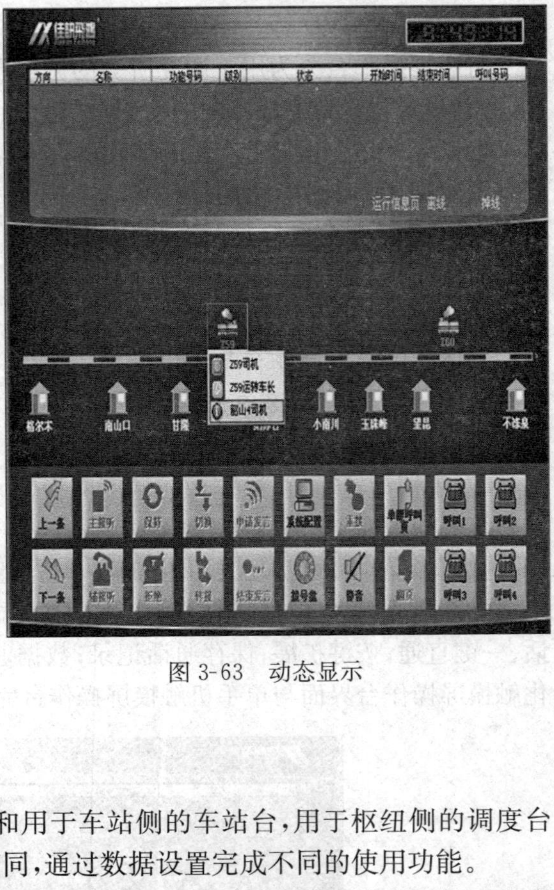

图3-63　动态显示

(二)键控式操作台

键控式操作台分为用于枢纽侧的调度台和用于车站侧的车站台,用于枢纽侧的调度台和用于车站侧的车站台,两者在硬件结构上相同,通过数据设置完成不同的使用功能。

键控式操作台由拨号键区、呼叫键区、功能键区、液晶显示屏、按键指示灯、手柄和麦克等部分构成。

键控式操作台与调度交换子系统之间通过"2B+D"接口连接,支持主辅两个通道,其中麦克、扬声器为主通道,手柄为辅通道。操作台与调度交换子系统之间距离若采用后台供电方式可达1 km,若采用本地供电方式可达5.5 km,也可通过传输设备将调度台无限延伸。

键控式操作台具有24、48、60键三种容量规格,图3-64为60键键控式操作台外观图。

用户键区通过维护台可设置为各种单呼、会议、组呼、转接等功能键。数字键区可用于设置系统时间和系统出局拨号使用。液晶显示屏用于显示系统时间、系统菜单设置和各种操作状态,系统时间可以从维护台取得,也可以通过液晶菜单进行设置。麦克和耳麦用于主通道通话,手柄用于辅通道通话,主辅通道可以通过切换键进行切换。功能键包括液晶菜单操作、音量调节、录放音控制、主辅通道切换、会议、参会、监听、保持、转接、麦克控制等按键。

键控式操作台具有单呼、组呼、会议、广播、呼叫转接、呼叫转移、呼叫保持、强拆、强插、一键直通、来电电话号码显示、来电中文显示、双通道通话等功能。

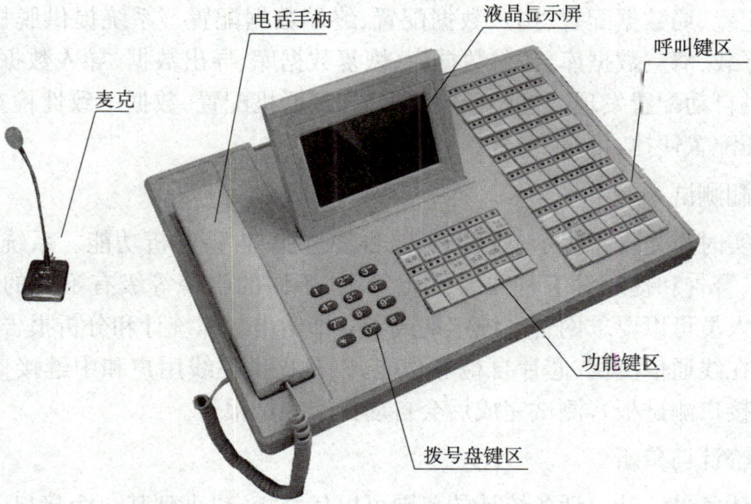

图 3-64 60 键键控式操作台外观图

九、网管子系统

(一)网管系统概述

MDS3400 通过 Anymanager 网管系统进行运行维护,包括数据和配置管理、告警与测试管理、话务统计与分析、计费、内置式信令分析等几大模块,各模块可以分别加载,可以部署在一台计算机上,也可以分别部署在不同的计算机上。

从逻辑上,把一台 MDS3400 交换机当作一个网元,在 MDS3400 叠加组成更大容量的交换机时也是如此。网管系统可以同时管理多个 MDS3400 网元,同时能管理交换机所属的终端。

网管与交换机之间采用 TCP/IP 通信,网管只需要与一台或几台交换机在一个 LAN 里通信,其余交换机可以靠主控之间的通信为网管管理远程网元提供 IP 通信通道。网管上和主控上都支持 IP 路由协议。网管系统和网元之间采用佳讯私有的应用层协议。

网管系统软件采用 C/S 方式。客户端软件相同,但根据不同的权限可以加载运行一个或多个或全部模块。客户端软件可以和服务器端软件部署在同一台计算机上。

网管服务器具备接受上层网管管理的能力,并已经能提供 SNMP 接口和私有接口接受上层网管管理。上层网管若需要其他接口则需要另行开发,但软件体系结构保证这种模块开发对系统其他部分没有影响,时间进度也会比较快。

网管系统要求运行平台最低配置如下:

硬件平台:CPU 为 P4 3 G 或以上;内存为 1 G 以上(推荐 1 G);硬盘空闲空间 80 G 或以上;显示器及显卡为 19 英寸液晶显示,支持“1 280×1 024”分辨率。键盘和鼠标为标准键盘和 3 键鼠标。音箱可选配。

软件平台:操作系统为 Windows2000/WindowsXP 或者 Linux。数据库为 MySQL(免费)或oracle(需要购买 License)。

(二)数据与配置

网管系统的配置功能保证开通和维护人员能正确、可靠、安全、迅速地完成交换机的配置,包括系统配置、局数据配置、用户数据配置、终端数据配置。系统提供脱机配置、数据库上载、数据库下载、清空数据库、备份数据库、恢复数据库、导出数据、导入数据等完善的数据库操作,也提供自动配置发现、数据复制、数据修改、联机配置、数据一致性检查、数据同步核对等操作,保证配置便捷、可靠、安全。

(三)告警和测试

系统提供实时声光告警提示、告警确认、告警过滤、告警分析功能。系统把告警分为紧急、严重、一般、警告和提示等五种告警严重等级,不同的告警等级有不同的颜色和声音提示。运行维护人员可以要求网管系统定期或者立即给出故障统计和分析报告。

系统提供在线通信测试、芯片自检等功能,以及提供在线用户和中继接口测试功能(要求交换机配置接口测试板),测试完成后会自动提交测试报告。

(四)话务统计与分析

系统支持话务量统计。话务统计的范围可以任意指定,小到某一个接口,大到整个交换机。话务统计可以按主叫号码、被叫号码、接口、但单板、层、电路群、信令链路、局向等条件进行。系统也可以对服务质量进行统计,统计条件与话务量统计相同。系统支持设备状况统计,包括处理机器占用率、公共资源的使用情况等。

(五)信令分析

网管系统上有信令分析软件模块,能对 MDS3400 的信令进行分析,包括 ISDN BRI、DSS1、No. 7、中国 No. 1、QSIG 等。这样在互联互通时无须麻烦地去沟通协调,也不需要再找专用的信令分析仪去当裁判。

复习思考题

1. 简述"飞鸿 98"主要实现业务功能。
2. 说明枢纽主系统组成及各部分作用。
3. 说明车站分系统组成及各部分作用。
4. 画图说明值班台呼叫用户工作原理。
5. 画图说明调度台呼叫值班台工作原理。
6. 画图说明调度分机呼叫调度台工作原理。
7. 画图说明值班台呼叫值班台工作原理。
8. 试分析比较"飞鸿 98"与 MDS 系统的异同点。
9. 试分析比较 MDS3400 主系统与分系统有什么异同点。

第四章　中软数字调度通信系统

第一节　CTT2000L/M 系统概述

一、系统总体结构

CTT2000 L/M 数字专用调度通信系统由主系统、分系统，以及网络管理系统三大部分组成，系统构成及总体组网方式如图 4-1 所示。

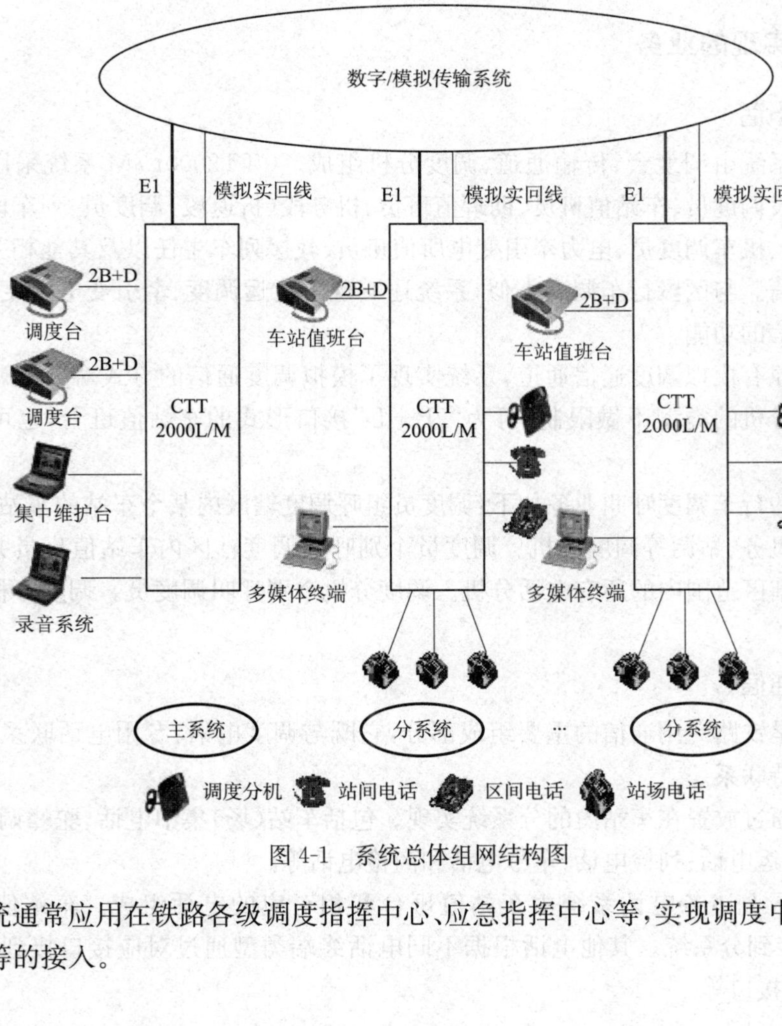

图 4-1　系统总体组网结构图

主系统通常应用在铁路各级调度指挥中心、应急指挥中心等，实现调度中心设备如调度操作终端等的接入。

分系统通常应用在铁路沿线各车站、编组场等场所，实现调度分机、站场电话、区间电话、站间行车电话、车站值班台、专用电话等设备的接入。

主系统、分系统在系统结构上完全兼容，通过灵活配置实现的不同功能。主系统、分系统通过传输系统提供的 E1 数字通道组成专用调度通信网络，系统可以灵活提供总线形组网、星形组网、树形组网、混合形等多种组网模式。

网络管理系统可以根据需要从主系统或各分系统接出，用于提供系统维护监控功能，采用不同的操作权限控制。系统具有模拟传输回线接入的条件，使数字调度与模拟调度方式互为备份，同时也解决了改造过程中的新旧设备兼容性问题。

为各级、各类调度员和车站值班员提供的键控式操作台通过“2B＋D”接口接入主系统或分系统，接口信令符合《固定用户接入交换机与用户终端设备间的接口与信令规范要求(暂行)》的要求。

根据铁路通信现状，主系统和分系统配置了类型丰富的接口：“2B＋D”接口、共电接口、共分接口、磁石接口、2/4 线音频接口、区间电话接口、环路接口、广播接口、模拟音频总机接口、模拟音频分机接口、E1 接口、“30B＋D”接口等。

二、系统实现的业务

(一)调度电话

调度电话系统由调度台、传输通道、调度分机组成。CTT2000L/M 系统采用数字共线的方式实现区段调度员、车站值班员、助理值班员、机务段(折返段)调度员、列车段(车务段、客运段)值班员、机车调度员、电力牵引变电所值班员、救援列车主任以及其他相关人员的区段行车调度通信。与区段行车调度类似，系统还实现了货运调度、牵引变电调度，以及其他调度及专用通信的功能。

通过接入原有模拟调度通信通道，系统实现了模拟调度通信的方式对数字调度通信的备份。系统对分机的类型不做限制，可为“2B＋D”接口形式的车站值班台，也可为共电话机、磁石电话等。

具体实现的行车调度呼叫业务如下：调度员组呼调度辖区内某个车站的车站值班员、助理值班员以及机务、站调等调度分机。调度员个别呼叫调度辖区内车站值班员并通话。调度员全呼调度辖区范围内的所有电话分机。调度分机个别呼叫调度员。调度分机紧急呼叫调度员。

(二)站场通信

站场通信是铁路专用通信的重要组成部分，它既与调度电话、专用电话联系，又与车站站场内用户保持联系。

站场通信通过放置在车站内的分系统实现。包括车站(场)集中电话、驼峰调车电话、平面调车电话、货运电话、列检电话、车号电话和商检电话等。

通常情况下上述各电话系统由车站值班台和相对应的电话组成。车站值班台通过“2B＋D”接口接到分系统。其他电话根据不同电话终端类型通过对应接口接到分系统，如磁石接口、共电接口等。

各值班员可以通过车站值班台单呼、组呼所辖的各电话分机。各电话分机可以摘机直接热线呼叫相应的值班员。各电话分机紧急呼叫相应的值班员。车站值班员以单键方式个别呼叫所属列车调度员并通话。车站值班员个别呼叫任意级别列车调度员并通话。

(三)站间通信

系统通过将连接在 FAS 间 E1 中的某一个时隙分段提供给相邻站间通信使用,实现车站值班员以单键方式个别呼叫相邻车站值班员并通话的功能,如图 4-2 所示。同时,可根据需要实现越站个别呼叫的功能。

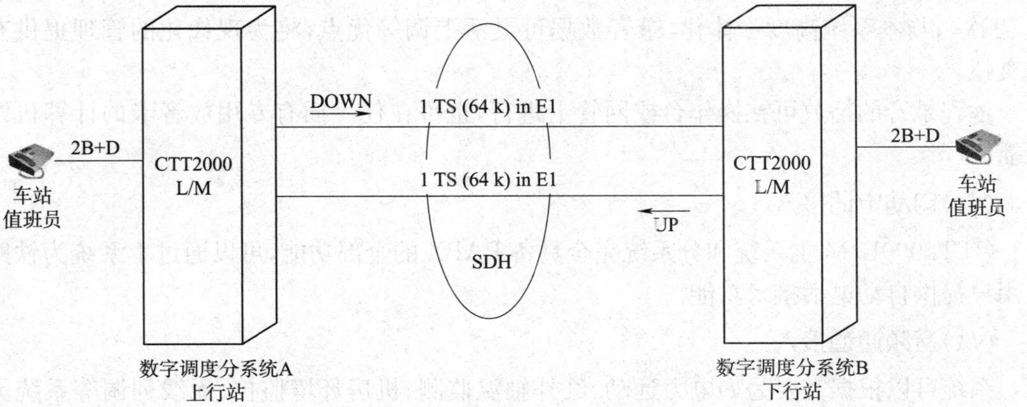

图 4-2　站间行车电话实现图

站间行车通信仅与相互通信的两个系统及连接两系统的数字通道有关,与主系统及其他分系统无关。

系统将既有模拟站间通信系统的通信线路通过磁石接口接入,实现对数字站间通信通道的保护和备份,可以自由进行人工倒换和故障自动切换。

(四)区间通信

系统提供的下行区间接口具有区转机功能。下行区间电话回线接至下行区间接口,上行区间电话回线接至上行区间接口。区间电话通过拨号可呼叫上行车站值班台、下行车站值班台,以及其他各调度台。车站值班台可以呼叫上行区间或下行区间内的区间电话。

(五)区间抢险通信

区间通话柱上的抢险电话回线可以接到邻近的 CTT2000L/M 系统中的磁石接口(或共电接口),由分系统将该接口上的呼叫路由至与主系统或分系统相连的相应的 117 立接台,构成 117 立接台与事故现场人工直达话路。区间通话柱上的列调回线可以接到临近的分系统内的共电接口,由分系统将该接口上的呼叫路由到相应的列调调度台,构成列车调度台与事故现场的列调分机的直达电话。区间通话柱上的自动电话回线可以由邻近的分系统接出。

(六)数字录音

系统中设计了三种录音系统供用户选择,为各种场合的录音及录音的自动化管理提供了一套完整的解决方案。

数字集中录音系统一般应用于录音需求较多的场所(如铁路局调度所或大型调度指挥中心);调度台录音系统只能给本调度台录音;而数字录音板除解决本系统的录音需求外,还可同时解决小站其他录音需求例如无线列调的通话录音。

数字集中录音系统以计算机为操作平台,录音介质为硬盘,采用 ADPCM 编码,2∶1 压缩率(即录音数据为 32 kbit/s),可以同时对 32 个话路进行录音,录音时间长度取决于硬盘的大小。该系统的特点是录音、监听一体化,集中管理直观方便。

调度台录音系统与数字录音板录音机理相同,录音介质为固态存储器,并采用了高压缩率算法,录音数据为 2.4 kbit/s。两种系统均具有体积小、寿命长(固态存储器擦写次数达 10 万次),与本系统高度一体化,录音数据可灵活上调等优点,将为现代化的管理提供有力的支持。

远程录音的播放可在操作台或网管上进行,也可在任一插有专用放音卡的计算机终端上播放。

(七)自动电话接入

CTT2000L/M 主系统和分系统完全具备 PABX 的全部功能,可以通过本系统为铁路沿线用户提供自动电话接入功能。

(八)音频通道接入

系统可以根据需要为如电力远动、红外轴温监测、机房环境监控、无线列调等系统灵活地提供点对点式或共线式 2/4 线音频通道。

(九)数字通道接入

系统可以根据需要为如计算机联锁、信号集中监测等系统灵活地提供点对点式 64 k 数字通道或“2B+D”通道。

(十)站场广播接入

系统设有广播机接口,与站场广播系统提供的接口对接,实现值班员对站场的广播。

三、系统主要功能

(一)全数字无阻塞交换

系统采用先进的数字时分交换技术。系统配置了“1 024×1 024”全数字无阻塞交换网络,完全满足了铁路调度通信的需要。

(二)断点保护

当某一个分系统的供电出现系统故障或断电时,该分系统所接的上、下行两个 2 M 口收发将直接接通,其他分系统之间的通信不受影响;来电后,系统自动恢复运行,无须人工干预。

(三)数字环自愈

在总体结构的设计中,通常采用环状的数字通道组网。对于数字环上出现一处的断点,致使某些业务无法进行时,系统自动寻找迂回路由,从而保证系统的正常运行,业务不受影响。

（四）数字与模拟兼容

数模兼容性能实现多种模拟接入方式，以满足调度通信系统改造过程中的过渡应用问题。数模兼容性还可以利用模拟回线作为数字回线的备用通道，以提高系统的可靠性。

（五）回波相消

对于既有调度及站场设备，为防止主通道（麦克风和喇叭）啸鸣，调度总机采用的是由调度员脚踏控制的单工通话方式，这种方式不仅分散调度员的注意力，而且操作不当时经常发生丢话和断话的现象。而车站值班台采用的是模拟音控自动半双工的通信方式，这种方式在嘈杂环境下经常不能正常工作，特别是在附近有火车鸣笛等大噪声环境下，双方几乎无法正常通话。

基于以上情况，在开发本系统操作台时使用了自动增益控制和回波相消技术，以实现主通道的真正全双工通信。

（六）会议汇接机

具备“4×64”方全双工会议功能，可实现全系统范围的同播会议，调度台或车站值班台可兼做会议主席台用。

（七）多时钟同步方式

CTT2000L/M 系统的时钟系统可以独立地自由运行、与外时钟同步。外时钟可以是 2 Mbit、2 MHz、8 kHz 等。同时，系统还可以采用主从同步方式。

主时钟：（1）自由振荡方式，采用高精度晶振 15×10^{-6}；（2）由外部提供高精度时钟源。

分时钟：采用高精度晶振 35×10^{-6}，通过数字锁相环跟主时钟，当锁相范围同步超过 250×10^{-6}时，分时钟自由振荡。

（八）电子复述

调度台与车站值班台设有“电子复述机功能”。操作人员可以灵活使用录音功能以减轻劳动强度。

（九）PABX

CTT2000L/M 系统具有 PABX 的全部功能，提供了模拟中继、1 号信令中继、7 号信令中继等多种出入中继方式。

（十）数字交叉连接

CTT2000L/M 系统提供了 64 k 交叉连接功能，使灵活的提供各种点对点、点对多点、广播型的半固定、固定接续成为可能。

（十一）系统级联

系统为不具备数字接入通道的站场提供了通过“2B＋D”接口级联的功能，使车站分系统在没有光接入的情况下可以延长接入距离至 5 km。

（十二）实现远程调度台

系统通过在 E1 中的将 3 个时隙配置为点对点的“2B＋D”专用时隙，将调度台远程接入到远离调度中心的某个小站，实现调度台的远程接入功能。

(十三)集中网管

系统提供的网络管理功能有:(1)日常管理:查看网络、主系统或分系统的运行状况,查看各系统的程序和数据版本,加载程序和数据,主备切换等。(2)配置管理:网络通道的配置,主系统或分系统的数据配置,各调度台数据的配置等。(3)故障管理:全系统所有告警、故障信息的收集、统计和分析,生成告警日志,告警的查看和打印。(4)安全管理:控制各级管理员和操作员的操作权限和操作方式,确保网管系统的安全性。(5)远程维护:可通过调制解调器(采用拨号方式)与设在铁路局集团公司的维护管理中心相连进行远程监控和维护。通过设在公司的维护管理中心可对各系统进行状态观察和远程程序加载等工作。

(十四)远端测试

系统各种接口都有自测试功能,能通过内环、外环等方式测试每个接口的状态。系统的网管终端可以发送远程测试命令,根据返回的测试结果进行分析诊断。

(十五)远程接管

用户使用本系统过程中,必要时,厂方的维护人员在经过许可的情况下可以远程登录到系统的网管中,接管系统,提供必要的技术支持。

(十六)完善的人机交互

系统的调度台和车站值班台均提供了"240×64"的大幅液晶显示器,实现全中文的状态显示功能。通过该液晶显示器,不但可以显示调度台/值班台"2B+D"U口的初始化、U口通信正常、U口通信故障等接口状态,而且可以指示调度台/值班台双通道的使用情况,如通道空闲、××呼入、××呼出、××通话、通话保留、紧急呼叫等呼叫状态。同时,通过该显示器,可以查看所有的通话记录,以及调度台/值班台的数据配置。

四、系统组网方式及业务应用

(一)系统组网方式

1. 总线形(链状)组网方式

主系统与分系统以及分系统之间以两个2 M口为一个基本共线单元,一个为上行2 M口(靠近调度中心方向),一个为下行2 M口(远离调度中心方向)。整个系统需要两个透明2 M通道(不一定独占2 M口内全部时隙,但可用时隙数不小于5),一个作为主用通道,另一个作为备用通道,以构成数字自愈环。

调度中心主系统的下行2 M口、各中间站分系统的上下行2 M口、末端站分系统的上行2 M口经由主用2 M通道首尾相连,调度中心主系统的上行2 M与末站分系统的下行2 M口通过备用2 M通道相连,构成整个数字调度系统。总线形组网方式如图4-3所示。

2 M口的时隙分配原则:除一个同步时隙(通道固需)和4个专用的通信时隙外,其余27个时隙可用作共线时隙、站间时隙、远程调度台时隙、数据专线时隙等的任意组合。

主系统通过4条专用HDLC时隙与各分系统通信(包括数据加载、在线程序升级、告警信息的上报等),并实现共线信令的处理。4条通信时隙没有特定分工,高度机动,可以4条时隙同时指向一个分系统,也可以4条时隙同时指向不同的分系统。这种设计可以获得通信通道的最大利用率,并使整个系统具有最快的响应速度和很强的应急能力。

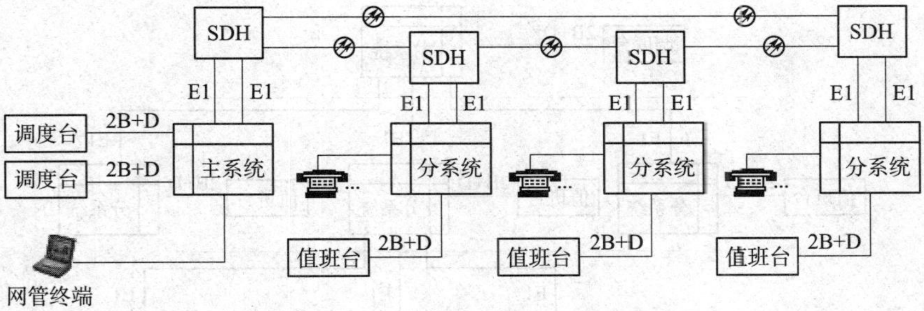

图 4-3　总线形组网方式

本系统的数字共线接入能力很强，在一个 2 M 环上挂接 64 个分系统，同时接入 25 种共线调度，平均每种调度的对象为 25 个的情况下，任何呼叫的响应时间不大于 50 ms。

在通常情况下，通信使用下行 E1 通道，系统实时监测 2 M 口的通信状态，当检测到数字环下行 E1 通道的某处断开时，立刻实现自愈环功能，断点后的分系统切换至上行 E1 通道方向进行通信，从而保证数字环的任何一处断开都不会影响系统的正常通信。

如果某个分系统出现断电的情况，这时系统会自动检测到，使这个断电的分系统上、下行 E1 口自动对接起来，实现断点保护功能，从而不会影响系统正常通信。

在一个数字环中可定义多个相互独立的虚拟调度电话网络，分别占用数字环上不同时隙；一个独立的虚拟调度电话网络可以跨越多个数字环，占用不同数字环上的时隙。

2. 星形组网方式

CTT2000L/M 主系统可提供多个 2 M 数字接口分别与各分系统的 2 M 数字接口相连，实现区段调度及站场业务。星形组网方式如图 4-4 所示。

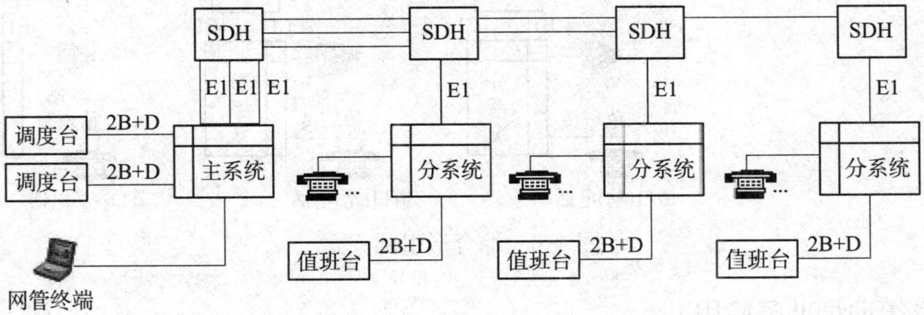

图 4-4　星形组网方式

星形的组网方案中，每个分系统都有自己独立的 2 M 通道，主系统与分系统间可独立完成话音及数据等业务，每种业务均可独享时隙。

星形组网方式相对总线方式要求占用更多的通道资源，多适用于站点为辐射式分布、通道资源丰富的情况。

3. 树形组网方式

树形组网方案是多级星形组网方式的叠加，每级系统均可通过星形组网方式与上一级或下一级系统进行通信，从而构成多级的数字调度指挥网络。该组网方式适用于干局调调度指挥系统。树形组网方式如图 4-5 所示。

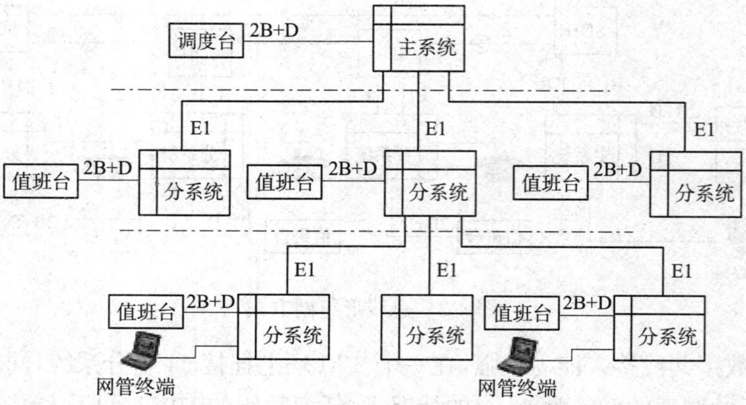

图 4-5　树形组网方式

4. 综合形组网方式

根据实际需要，将总线形方式、星形方式、树形方式同时运用在一个专用通信网中，形成综合方式。综合形组网方式如图 4-6 所示。

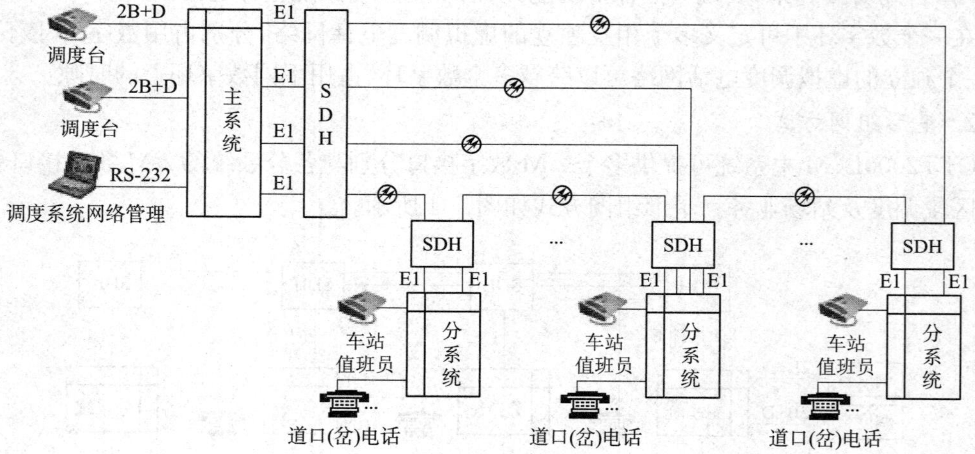

图 4-6　综合形组网方式

(二)系统典型业务应用

(1)接入模拟实回线：当系统数字通道中断导致主分系统间无法正常通过数字通道通信时，利用接入系统的模拟实回线作为系统数字通道的保护通道，保证系统的调度、站间行车等重要业务正常进行。图 4-7 为模拟实回线接入组网图。

(2)接入模拟调度总机(数字调度系统作为模拟调度分机)：图 4-8 表示的是在模拟调度总机及模拟调度实回线未做数字化改造，而原模拟调度分机需进行数字化改造的情况下，可将模拟调度实回线接入数字调度系统的模拟调度分机接口。

(3)接入模拟调度分机(数字调度系统作为模拟调度总机)：图 4-9 为解决某些调度系统部分改造的问题而采取的接入模拟调度分机或支线模拟调度的情况。

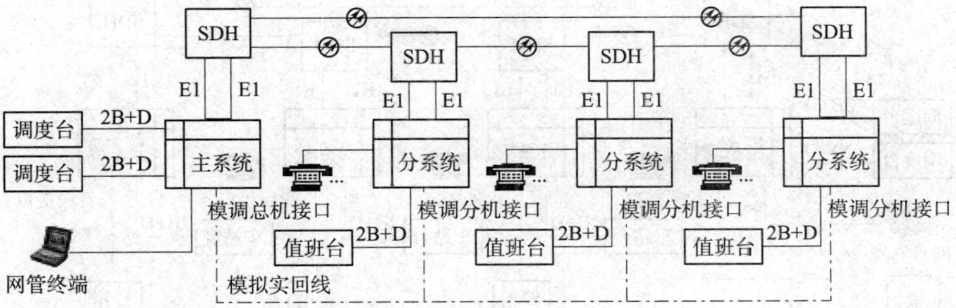

图 4-7　模拟实回线接入组网图

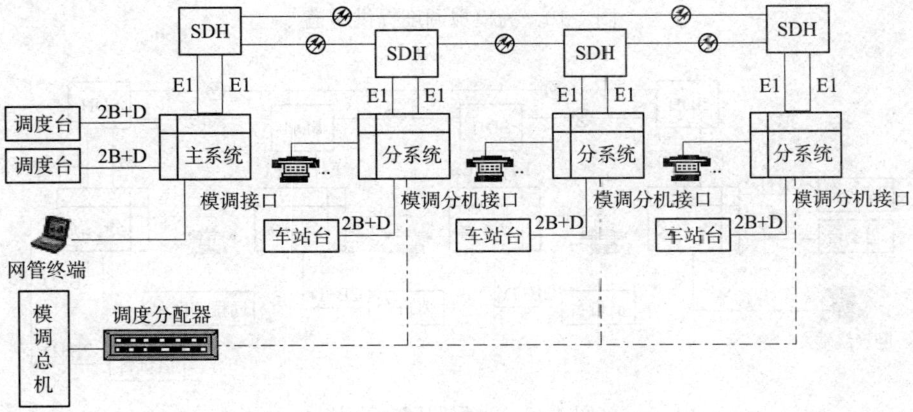

图 4-8　接入模拟调度总机

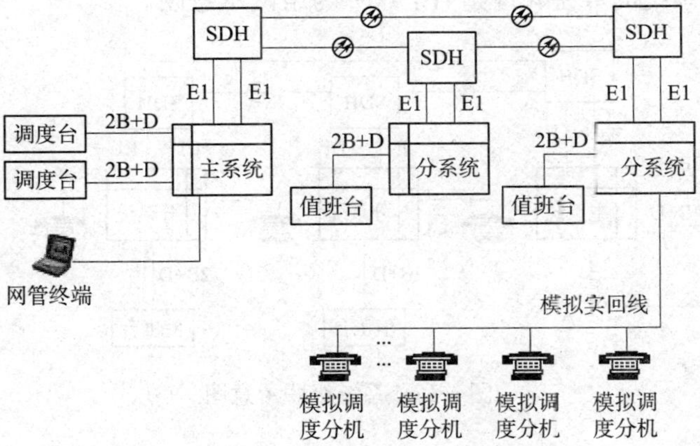

图 4-9　接入模拟调度分机

(4)为模拟调度提供通道：某些情况下，系统要为没有进行数字化改造的某种调度提供通道，例如货调等，如图 4-10 所示。

(5)接入远程调度台：远程调度台，占有传输通道的 3 个时隙，就近接入到分系统中，如图 4-11 所示。

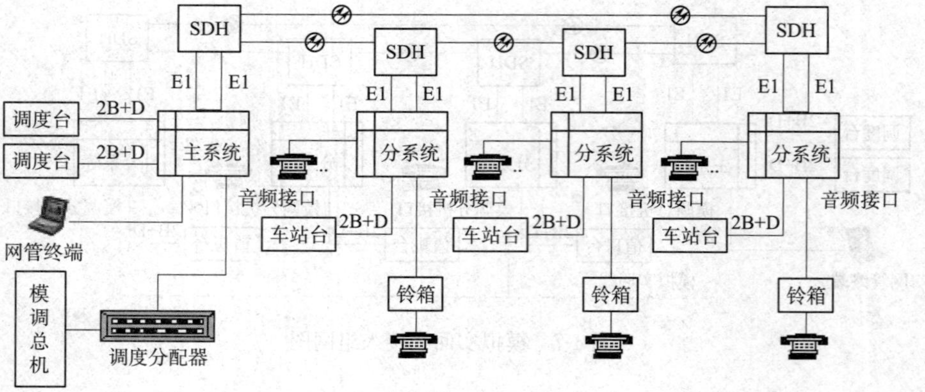

图 4-10　为模拟调度提供通道

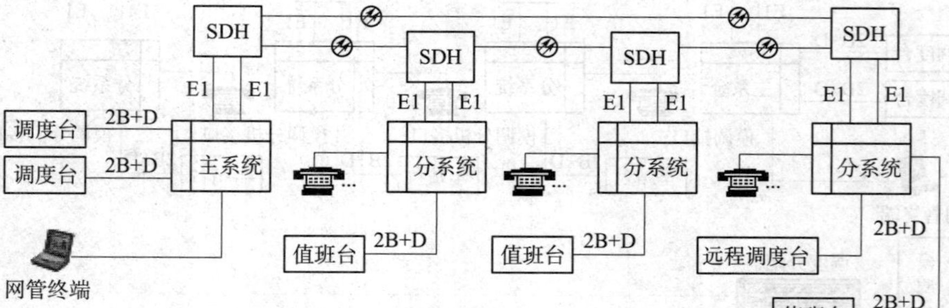

图 4-11　远程调度台接入

(6)系统级联:系统级联应用可以通过系统提供“2B＋D”接口的用来解决没有数字通信通道的小站的调度系统的数字化改造,图 4-12 为组网示意图。

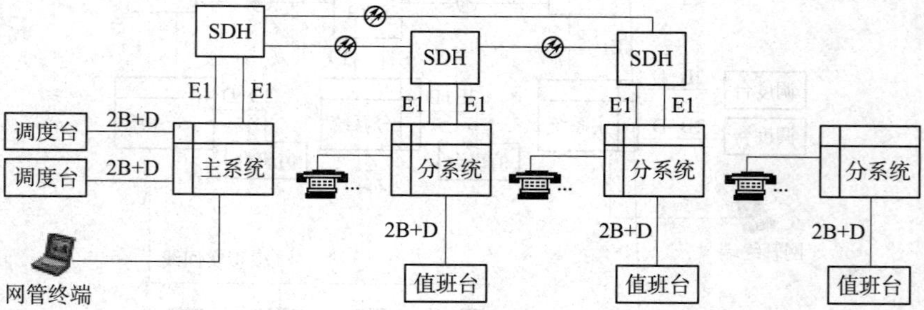

图 4-12　系统级联示意图

(7)提供通道:系统经常会为环境监控、电力远动、无线列调等系统提供共线、点对点等多种类型的音频通道业务,如图 4-13 所示。

(8)接入区间通信:CTT2000L/M 系统内的下行区间接口具有区转机的全部功能,组网如图 4-14 所示。

在区间通话柱上插入自动电话机,同过拨叫不同的号码呼叫各相关用户,号码定义见表 4-1。

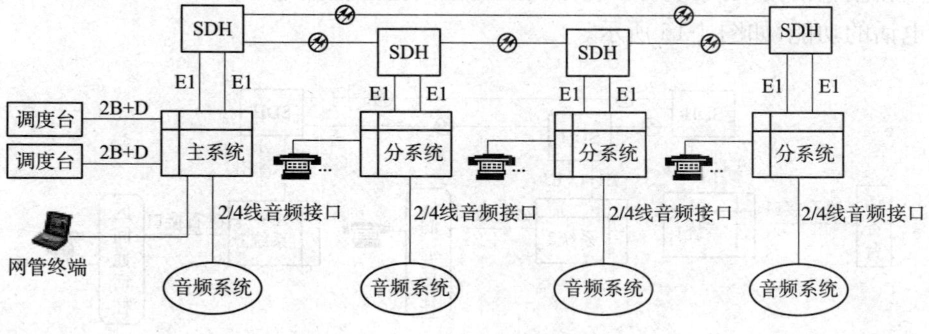

图 4-13　提供音频通道接入

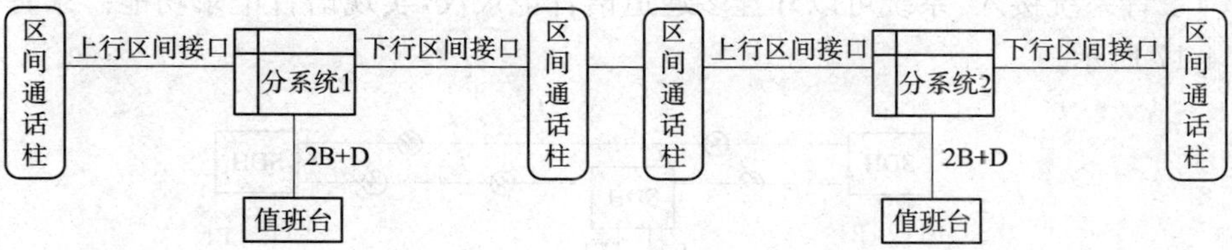

图 4-14　接入区间电话组网图

表 4-1　号 码 定 义

所拨号码	号码含义
“00”	地区自动
“10”	呼叫本区间内所有用户
“20”	呼叫上行车站
“30”	呼叫下行车站
其他号码	可根据数据配置灵活呼叫如列调、电调等各相关用户

(9)自动电话接入：CTT2000L/M 主系统和分系统具有 PABX 的全部功能，可以实现电话的出入中继以及远端放号功能，如图 4-15 所示。

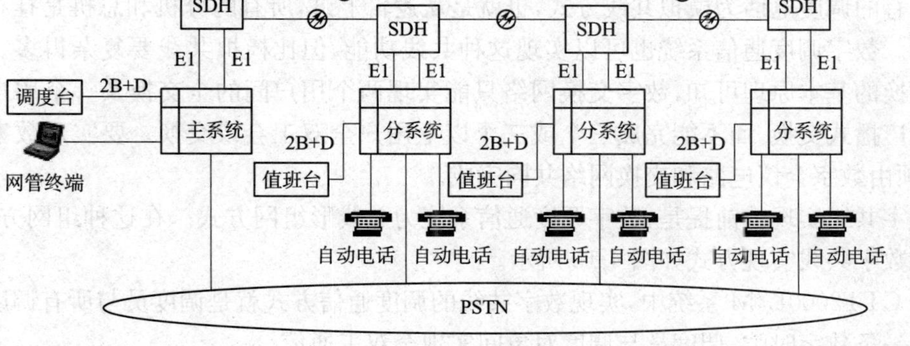

图 4-15　自动电话接入

抢险救援电话接入：系统可以将区间上的区间抢险救援电话接入至117话务台，实现区间抢险电话的功能，如图4-16所示。

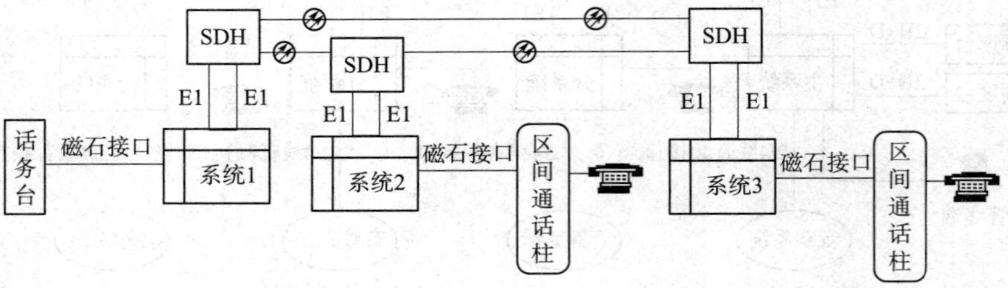

图4-16　抢险救援电话接入

(10)录音系统接入：系统可以外挂多通道语音记录仪，实现语音记录功能。录音系统接入如图4-17所示。

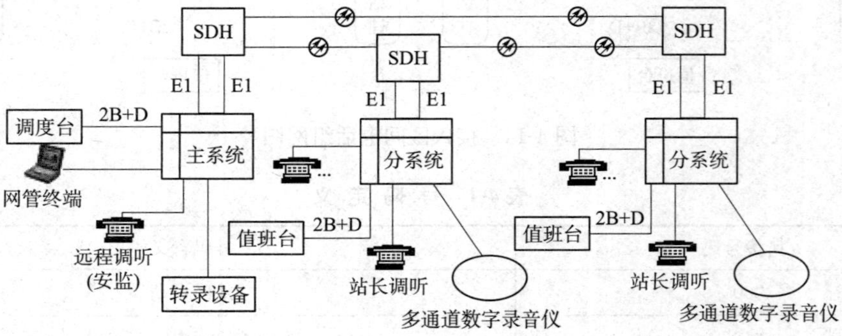

图4-17　录音系统接入

五、调度业务的组织方式

根据调度专用通信的需求特点，CTT2000L/M系统实现了以下几种调度业务的组织方式。

(一)共线形数字调度业务的接入——数字共线

既有的调度电话为模拟共线方式，也就是从逻辑上讲，所有的分机和总机是挂在一条线上通话。数字调度通信系统也可以实现这种共线功能，但比模拟共线要复杂得多。从数字时分交换的基本原理可知，数字交换网络只能实现两个用户间的全交换及一个用户对多个用户的广播式交换，而不能完成三个或三个以上用户全双工会议交换。要实现数字共线功能，必须由数字会议电路和交换网络共同完成。

数字共线实现的前提是，数字调度通信系统为总线形组网方式。在这种组网方式下，某分系统数字共线实现方式如图4-18所示。

在CTT2000L/M系统中，实现数字共线的调度通信方式就是调度员与所有调度对象通话共用一条数字时隙，调度员与调度对象间实现全双工通信。

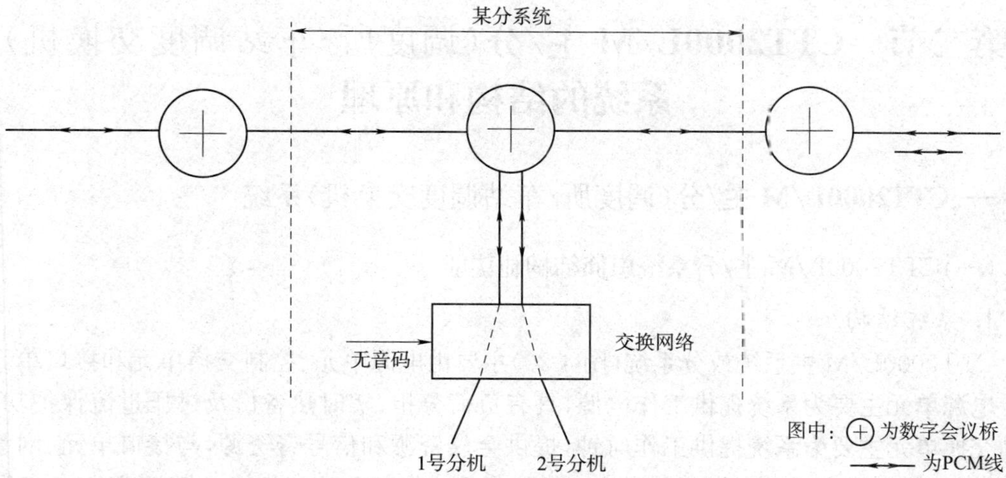

图 4-18　数字共线实现方式示意图

(二)星形数字调度业务的接入——点对点

在某些特殊的情况下,调度通信需要接入点对点数字调度业务,即星形接入数字调度,其实现方式如图 4-19 所示。

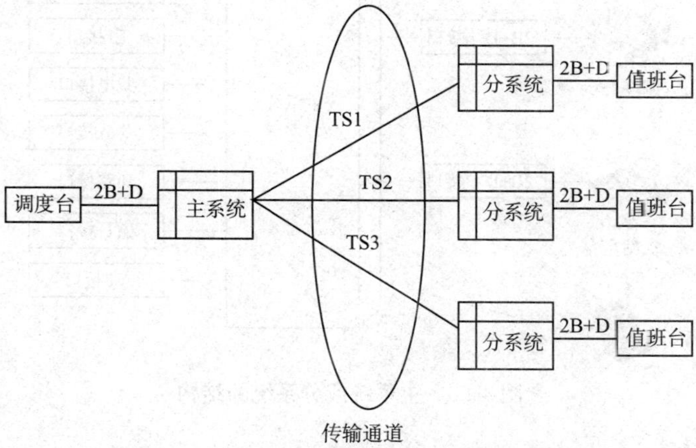

图 4-19　星形接入数字调度实现方式图

在这种情况下,每个调度对象单独占用一个数字时隙(64 k),调度系统的会议的实现由主系统来完成和控制。

(三)综合形(星形和共线组合)数字调度的接入

综合形数字调度接入就是在同一调度电路中同时运用几种接入方式。例如,可能是将星形接入的调度分机与共线形接入的调度分机在同一个会议系统中实现调度功能。

(四)模数混合接入

在数字调度系统的改造过程中,经常会出现同一调度电路中不能完全改造的问题,需要将未改造的模拟分机接入到已经改造的数字调度电路中。此时,需要在模拟分机接入点实现模拟信令与数字信令的转换,组网方式参见本章的相关内容。

第二节　CTT2000L/M 主/分(调度所/车站调度交换机)系统的结构和原理

一、CTT2000L/M 主/分(调度所/车站调度交换机)系统

(一)CTT2000L/M 主/分系统总体结构和功能

1. 系统结构

CTT2000L/M 主系统或分系统(图 4-20)主要由电源单元、控制交换单元和接口单元组成。电源单元主要为系统提供工作电源,具有负荷分担、实时热备份及过压过流保护功能。控制交换单元主要为系统提供工作时钟,提供会议资源和信号音资源,与接口单元、网管通信,交换汇接各语音通道。控制单元为双机热备份。接口单元由各接口板组成,包括各种接口,如“30B+D”接口、“2B+D”接口、E1 接口等数字接口及共总、共分、2/4 线音频、音频选号接口等模拟接口。

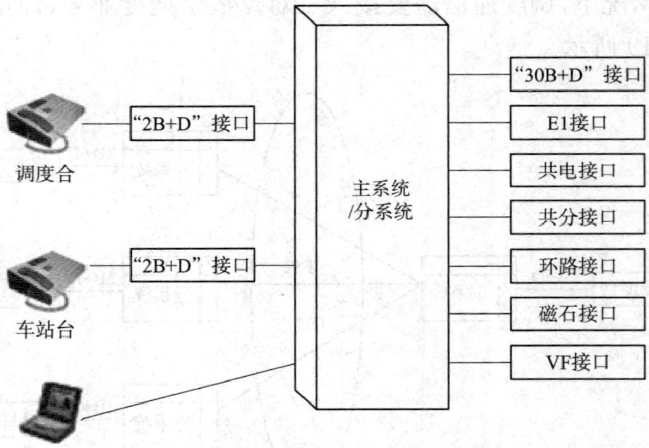

图 4-20　主系统或分系统的结构

2. 系统功能

主系统或分系统是 CTT2000L/M 系统的核心设备,通常安放在铁路各级调度指挥中心和各车站,通过主系统或分系统实现调度通信的全部功能。

主系统或分系统互相通用,可以通过数据设置实现调度功能、站场通信功能、应急通信功能、施工养护通信功能及道口通信功能要求。同时,主系统或分系统还具有如下功能:

(1)具有 PABX 基本功能。支持用户—用户信令(UUS)。具有多优先级强插/强拆功能,支持至少 5 级优先级。具有呼叫等待、呼叫保持、呼叫前转、呼叫转移功能。

(2)支持主叫线识别提供业务(CLIP)。具有录音功能。

3. 单板的配置

图 4-21 为主系统或分系统的单板配置示意图。系统中,除 PWR(电源板)和 MP 板外,其他板均可混插。

单板功能如下：

PWR	PWR	TNI	TNI	ALC	DSP	DSP	DTP	DTP	DTP	DTP	MPB	MPA	主控框
PWR	PWR	ALC	ALC	ALC	ALC	ALC	DSP	DSP	DTP	DTP	DTP	DTP	扩展框
PWR	PWR												扩展框

图 4-21　单板配置图

MPA、MPB 为 CTT2000L/M 系统主处理机板，互为热备份，并为系统提供时序、信号音、语音，同时提供 32 套 MFC 和 DTMF 收发器和“2×64”方会议资源，内置“1 024×1 024”网络，可管理最多 32 个子处理机板和 512 路模拟接口。DTP 为数字中继处理机板，可选热备份，每板两个 A 口，完成 1 号信令、7 号信令及系统共线信令的处理。DSP 为数字用户信令处理机板，可选热备份，每板四个标准“2B+D”U 接口，完成标准 U 口信令及调度台信令处理。TNI 为音频选号接口板，每板提供四路音频选号总机和分机接口，具有总机和分机的收发频率功能，无须外接铃箱，每一路做总机还是分机以及分机号码的分配都由维护台数据决定，此板用于接入老式模拟调度回线或各专用电话回线。ALC 为接口模块母板，每板提供 8 个模块槽位，可插入 8 块模块，不同模块可以混插。用户接口模块(SLICM)、环路接口模块(RCTNM)、磁石接口模块(ZCT1M)、E/M 接口模块、2 线音频接口模块(VF2M)、4 线音频接口模块(VF4M)、上行区间接口模块(ZCT2M)、下行区间接口模块(SLICMQ)、64 k 同向子速率接口模块(64 k M)等模块可以插在 ALC 母板上，以实现不同的接口功能。PWR 为电源板，提供系统所需的+5 V 电源及铃流，本系统每框配两块电源板，两板的+5 V电源工作于并联热供方式，铃流为热备份。

(二)主/分系统的主要接口及技术指标

1. ISDN“30B+D”接口

该接口主要用于与其他通信网络间的通信。具体指标有：物理/电气性能应符合 ITU-TG. 703，线路码型为 HDB3 码。满足 YDN 034. 1—1997 中 ISDN 一次群速率接口要求。支持 DSS1 信令。阻抗为 75 Ω(非平衡)和 120 Ω(平衡)可选。

2. E1 接口

该接口将系统接入数字传输通道，实现主系统与分系统以及分系统之间的互联，形成完整的数字调度系统。分系统通过此接口与主系统通信，接受维护监控台的维护监控、接入数字调度电话、数字专用电话，实现数字化的站间通话。具体指标有：

物理/电气性能应符合 ITU-T G. 703，帧结构和复帧结构应符合 ITU-T G. 704 建议，满足 YDN 065—1997 中 2 048 kbit/s 接口要求，支持 No. 1 信令。

3. 2B+D——U 接口

该接口主要以 2 线或 4 线的形式提供调度台、车站值班台的接入以及系统间级联、“2B+D”数字通道。电气特性应符合 GB/T 16654—1996 及 ITU-T G. 960 G. 962 G. 512 中关于 U 接口的规定。信令符合《固定用户接入交换机与用户终端设备间的接口与信令规范要求(暂行)》的规定。可以支持不超过 5. 5 km(线径为 0. 5 mm)的调度台或车站值班台的接入。标称策动点阻抗:135 Ω。输出脉冲幅值:±2.5 V。传输码型及速率:2BIQ码 80 kbit/s 波特;传输比特率:160 kbit/s。误码率不大于:10^{-7}。时钟密差:$\pm100\times10^{-6}$。

(1)录音接口:系统提供了2/4线音频录音接口,同时还可选择E1接口作为数字录音接口,用于外接数字录音仪。

(2)音频选号接口:此板用于接入老式模拟调度回线或各专用电话回线,具有总机和分机的收发频率功能,无须外接铃箱,每一路做总机还是分机及分机号码的分配都由网管数据决定。

(3)总机接口:阻抗:600 Ω或1 400 Ω可选。发送信号电平:(5±2)dB。频率准确度:小于±0.1%。第一选叫信号持续时间:(2±0.2) s。第二选叫信号持续时间:(2±0.2) s。

(4)分机接口:阻抗:>20 kΩ。发送信号电平:(5±2) dB。发送频率准确度:<±0.1%。发送信号时长:(2±0.2) s。接收频率范围:±10%接收灵敏度,−34 dB以上保证接收。

(5)用户(或共总)接口(SLICM):此接口主要用来接入站场的各种共电用户、共电调度分机等。调度员、车站值班员通过此接口呼叫站场用户或接受用户呼叫。此接口与原老式集中机的共总接口功能完全相同。该接口技术指标:阻抗:国标三元件标准即(200+680) Ω//0.1 μF。编码:CCITT建议G.711,A律编码。2线接口电平:2线发0 dBr。2线收−3.5/7.0 dBr;环路电阻:不小于2 200 Ω。

(6)发送铃流:25 Hz;(75±15) V。

(7)环路(或共分)接口(RCTNM):此接口与共总或共电接口相连,解决与老式集中机、其他车站分系统、PSTN等网络的互联问题。摘机阻抗:600 Ω。编码:A律编码。2线接口电平:2线发0 dBr;2线收−3.5 dBr。发送铃流:(90±15) V,25 Hz。发送时长:2 s。接收灵敏度:频率(25±10) Hz,电压大于15 V,时间持续0.5 s时保证接收。

(8)磁石接口(ZCT1M):主要用来接入站场通信的磁石用户、接入模拟站间通信通道。阻抗:600 Ω。编码:A律编码。2线接口电平:2线发0 dBr;2线收−3.5 dBr。发送铃流:(90±15) V,25 Hz。发送时长:2 s。接收灵敏度:频率(25±10) Hz,电压大于15 V,时间持续0.5 s时保证接收。

(9)下行区间接口(SLICMQ):用来接下行区间电话回线。负责检测下行区间通话柱上的电话的摘挂机信号,识别号码,振铃,发送5 000 Hz交流信号至下行站,并提供话音接口电路。

(10)5 000 Hz信号频率稳定度:≤50 Hz。5 000 Hz信号输出电平:(5±2) dB。其他指标同用户接口指标。

(11)上行区间接口(ZCT2M):用来接上行区间电话回线。能检测上行区间转接机送过来的5 000 Hz交流信号,向MP板发出呼入信号,并提供语音话音接口电路。

(12)5 000 Hz频率接收的灵敏度:频率范围:(5 000 ±100) Hz。接收电平:−15 dB以上保证接收。

(13)2/4线音频接口(VF2M/VF4M):可以通过该接口实现2/4线音频接入的功能,为用户提供点对点、共线等多种2/4线音频通道。阻抗:600 Ω。2线电平:发0 dBr;收−3.5 dBr。4线电平:发−14 dBr;收+4 dBr。信令:2E/2 M。

(14)64 k同向接口(64 k M):符合ITU-T G.703建议的要求。

(15)V.35接口(V35 M):符合ITU-T V.35建议的要求。

(三)系统容量

CTT2000L/M 系统主系统或分系统的容量(均为最大值)如下：

网络容量：1 024×1 024。

模拟接口：512(包括 V. 35，V. 24，V. 28，64 k 同向及子速率接口)。

数字用户：256。

调度台：64。

数字中继：32 个 A 口。

会议资源：4×64。

DTMF 资源：64 套。

MFC 资源：64 套。

信号音：16 种。

语音：8×8 s。

二、调 度 台

(一)调度台概况

调度台是调度员进行调度指挥的操作平台。调度员通过调度台上各按键进行各种调度操作，如应答来话、转移或保持来话、呼叫用户、召集会议等。

调度台分 PC 调度台和键控调度台两种。PC 调度台通过鼠标或触摸屏进行各种操作；键控调度台则直接通过各种特定意义按键进行操作，两者功能基本相同。

键控调度台有 48/24 直通键两种规格，下面以 48 直通键键控调度台为例进行说明。

(1)数字键区：用于呼出拨号键盘和数据设置输入键区。

(2)液晶显示器(LCD)：显示系统各种数据及运行情况，全中文指示呼叫进程。

(3)扬声器：调度台的第一语音通道受话器。

(4)麦克(MIC)：调度台的第一语音通道送话器。(与扬声器构成调度台的主用语音通道)

(5)手柄：调度台的第二语音通道(辅通道)，同时含有送、受话器各一个。

(6)功能键区：12 个功能键。

(7)菜单选择键区：6 个，可选择或察看系统各种数据。

(8)单呼、组呼键区：共 48 个，每个键可对应一个小站或用户，也可以对应组呼。

(二)调度台功能

(1)“2B+D”接口，利用一对或两对双绞线实现语音、数据、电源的传输，并可远至 5.5 km(0.5 mm 线径)。

(2)双通道(麦克/扬声器通道和手柄通道)处理，采用回波相消和自动增益控制等专用语音处理技术，通话质量高。

(3)48 个可定义单呼，组呼键；12 个功能键；18 个数字及设置键。单呼、组呼及功能键上有双色灯(红、绿)，指示操作的各种状态。

(4)中文液晶显示屏帮助调度人员迅速了解操作进程及调度对象的各种状态。

(5)8～16 min 的电子复述机功能。8～32 h 的实时录音功能，录音方式可设定为音控录音和通话录音两种。

(三)车站值班台

同调度台。

(四)网管系统

网管系统主要功能如下：

(1)系统管理。查看网络、主系统和各分系统的运行状况；查看各系统的程序和数据版本；加载程序和数据；下发远程主备切换、复位等命令；远程完成建立固定连接、半固定连接等网络交叉功能；监视系统中所有的模拟和数字端口状态；远程调整主/分系统中模拟端口电平值。

(2)数据配置管理。网络通道时隙使用方式的配置；主系统和分系统的数据配置；调度台、车站值班台数据的配置等。

(3)故障管理。全系统所有告警、故障信息的收集、统计和分析；生成告警日志；告警信息的查看和打印。

(4)安全管理。建立管理员和操作员数据库，记录管理员和操作员的各种操作信息；为各级管理员和操作员分配不同的操作权限；针对不同的管理员和操作员设置不同的操作内容，确保网管系统的安全性。

第三节　CTT4000 数字调度通信系统

一、系统特点

(一)模块化设计

全系统最大由 16 个模块组成，单模块交换能力为“16 384×16 384”；标准运用(即采用低密度接口设计)时，每个模块最大 768 门，此时系统最大接入容量为 12 088 门；各模块物理上完全独立，电源系统(包括－48 V 直流输入)完全分离，控制相对独立，任意模块故障不会影响其他模块的运行；单模块运用时，系统的接入能力超过 12 000 门。

(二)全分散控制

在硬件模块化设计的基础上实现了全分散的控制方式；全系统没有集中控制模块，从而规避了系统大规模故障甚至整机瘫痪的风险；各模块均配置双平面的模块处理机，负责本模块接口的呼叫处理和网络接续；各接口模块控制完全独立，互不依赖，任意模块故障不会影响其他模块的运行。

(三)分布式结构

分布式交换网络：各模块处理机均内置 16 k 大型交换网络，并通过模块间互连组成全系统的双套“4 096×4 096”无阻塞交换网络。

分布式控制网络：系统的网络接续、呼叫处理等控制分布在各模块中。

分布式时钟网络：各模块均有独立的时钟系统，并通过内部同步体系实现全系统时钟的同步。

分布式资源配置：各模块均配置充足的 DTMF、MFC、语音、信号音、会议等公共资源。

(四)容错处理提高系统的可靠性

控制模块并行处理:两个模块处理机对本模块内所有事件并行处理,而非主备控制。

并行运行的双套网络总线:系统分布式网络为双套"4 096×4 096"无阻塞交换网络。每块接口板通过双套网络总线分别与两块模块处理机相连。

并行运行的双套控制总线:模块间通信由独立运行的两套IP网络完成;每块接口板通过双套控制总线分别与两块模块处理机相连。

完全同步的双时钟系统:整个系统具有双套完全同步的时钟系统用于模块间时钟同步;每块接口板通过双套时钟总线分别与两块模块处理机相连。

全星形容错拓扑结构,各接口板的网络和控制总线均为全星形容错拓扑结构。

(五)公共资源双倍冗余配置

系统公共资源如时钟、会议资源、DTMF、MFC资源、信号音、语音等均分布配置在各模块内,且双倍冗余配置。

(六)TDM/IP双网络结构

系统同时具备TDM和IP两套网络,同时支持电路交换和IP交换业务。

(七)大容量、高性能

系统是分布式交换网络时隙达8 192;单模块交换能力达16 k;系统BHCA值达到70万次(实测4模块)。

(八)其他可靠性设计

调度台采用双接口设计,系统级采用双系统设计,接口备份是分布在不同模块内。采用低密度接口设计,尽量降低单板故障的影响范围。接口板的网络和控制为全星形拓扑结构,以减少各单板间的公共点,从而减少某接口板故障对其他单板的影响。由于并行处理的体制下,时钟、交换网络、控制信令等均没有主备切换时间,因此主、备倒换或控制部件失效不会导致话音、数据或控制信令的丢失,从而保证呼叫不受损。

(九)双系统备份设计

系统支持两套独立的CTT4000调度交换机局部或全部互相备份。采用双系统并行处理模式,采用双系统互助处理模式,采用调度台双接口设计,因此是非传统意义上的主备切换模式。

(十)兼容性设计

系统能够兼容CTT2000L/M的所有终端,系统能够兼容CTT2000L/M的所有接口,系统能够兼容CTT2000L/M的组网方式,包括私有信令。

二、系统实现的业务

系统实现的业务包括列车调度通信、货运调度通信、牵引变电调度通信、其他调度及专用通信、站间通信、站场通信、区间通信、应急通信、施工养护通信和道口通信等。

具体包括：系统通信过程包括个别呼叫、紧急呼叫、组呼、紧急组呼和会议呼叫；移动终端按ISDN号码寻址呼叫固定终端；移动终端按位置寻址呼叫固定终端；固定终端按MSISDN号码呼叫移动终端；固定终端按功能寻址呼叫移动终端；固定终端呼叫固定终端；移动终端发起组呼；固定终端发起组呼；GSM-R广播；紧急呼叫；会议呼叫等业务。

(一)调度业务

列车调度通信主要用户包括：局列车调度员、车站(场)值班员、机车司机、不设运转车长的乘检、助理值班员、机务段(折返段)调度员、列车段(车务段、客运段)值班员、机车调度员、电力牵引变电所值班员、救援列车主任及其他相关人员。

货运调度通信系统的用户有：货运调度员、中间站(区段站、编组站、货运站)货运室值班员、货运员及其他相关人员。

牵引供电调度通信系统的用户有：牵引供电调度员、牵引变电所值班员、车站值班员、电力机务段(折返段)值班员、接触网工区值班员、开闭所值班员、分区所值班员、变电所值班员、供电段调度室、控制站值班员、接触网工区流动作业人员及其他相关人员。

其他调度通信包括：国铁集团、铁路局集团公司各工种调度，除列车、货运、牵引供电以外的调度，以及车务、工务、电务、供电、水电、机务、车辆、公安等基层站段调度使用的专用电话业务(专用通信是运输各单位及其所属值班人员、流动作业人员等使用的具有调度功能的专用电话业务)。

(二)站间通信

指相邻站间车站值班员办理行车业务的专用电话业务。

系统通过将连接在两个分系统间E1中的某一个时隙分段提供给相邻站间通信使用，实现车站值班员以单键方式个别呼叫相邻车站值班员并通话的功能，同时，可根据需要实现越站个别呼叫的功能。

站间行车通信仅与相互通信的两个系统及连接两系统的数字通道有关，与主系统及其他分系统无关。

系统将既有模拟站间通信系统的通信线路通过磁石接口接入，实现对数字站间通信通道的保护和备份，可以自由进行人工倒换和故障自动切换。

(三)站场通信

它既与调度电话、专用电话联系，又与车站站场内用户保持联系。

站场通信通过放置在车站内的分系统实现，包括车站(场)集中电话、驼峰调车电话、平面调车电话、货运电话、列检电话、车号电话和商检电话等。

通常情况下上述各电话系统由车站值班台和相对应的电话组成。车站值班台通过“2B+D”接口接到分系统。其他电话根据不同电话终端类型通过对应接口接到分系统，如磁石接口、共电接口等。

具体包括：各值班员可以通过车站值班台单呼、组呼所辖的各电话分机；各电话分机可以摘机直接热线呼叫相应的值班员；各电话分机紧急呼叫相应的值班员；车站值班员以单键方式个别呼叫所属分局列车调度员并通话；车站值班员个别呼叫任意级别列车调度员并通话等业务。

(四)区间通信

为铁路各专业相关人员在区间与列车调度员、电力调度员、车站值班员、其他专业调度员等联系的专用电话业务。

(五)应急通信

主要用户包括:各级救援中心指挥人员、事件现场指挥人员及各工种(含车务、工务、电务、供电、水电、机务、车辆、公安、安监等,下同)作业人员、有关调度人员、车站值班员、助理值班员、机车司机、救援列车主任以及其他相关人员。

(六)施工养护通信

主要用户包括:维修或施工现场指挥人员、各工种指挥人员及现场作业人员、现场防护人员、轨道检查车(电线路修复车、接触网综合检测车、各种施工作业车辆、试验车等)工作人员、列车调度员、牵引供电调度员、车站值班员、机车司机及其他相关人员。

(七)道口通信

主要用户包括:道口值班人员、车站值班员、机车司机及其他相关人员。

(八)电话补充业务

(1)支持主叫线识别提供业务(CLIP)。

(2)支持主叫线识别限制业务(CLIR)。

(3)支持被接线识别提供业务(COLP)。

(4)主叫用户能收到被叫用户的 ISDN 号码。

(5)支持被接线识别限制业务(COLR)。

(6)支持无条件呼叫前转业务(CFU)。

(7)支持呼叫等待业务(CW)。

(8)支持呼叫保持业务(CH)。

(9)支持会议呼叫业务(CONF)。

(10)被叫用户登记无条件呼叫前转业务时,主叫用户收到"呼叫已前转"的通知的同时需收到前转目的用户号码。

(九)电话补充业务以外的新业务

系统支持呼出限制业务(OCB),支持热线服务业务(HLS)。

(十)数据业务

系统支持电路型承载业务,提供低速速率的透明传送。

三、系统主要功能

(一)基本功能

(1)完成 64 kbit/s 或 $n\times64$ bit/s 电路交换功能。

(2)为用户提供直接呼入和呼出功能。

(3)为用户提供承载业务的能力。

(4)为用户提供各种 ISDN 补充服务和新业务的能力。

(5)具有采用 DSS1 信令与 GSM-R 交换机进行配合的能力。

(6)具有送出主叫号码和呼叫优先级的功能。

(7)具备接收、存储和向局端转发号码的功能。

(8)根据 ISDN 地址码进行寻址,完成电路接续。

(9)能向用户提供实时、双向的会话业务。

(二)调度功能

(1)具有呼叫优先级划分功能。

(2)具有组呼功能。

(3)系统可以设置多个不同优先级的组呼。

(4)系统可以同时发起多个不同优先级的组呼。

(5)同一用户允许被设置在不同优先级的组呼组内,当多个组呼同时发生时,该用户被接至优先级最高的组呼内通话。

(6)具有强插功能。

(7)高优先级的呼叫可以对低优先级的呼叫进行强插。

(8)同优先级的组呼和个别呼叫间不允许强插。

(9)调度呼叫接续无阻塞。

(10)具有区别振铃的功能。

(11)能提供实时同步录音接口功能。

(12)兼容现有调度设备。

(三)调度台、值班台功能

(1)支持语音广播功能。

(2)支持 GSM-R 组呼和有线组呼。

(3)支持以功能寻址、MSISDN 号码、ISDN 号码方式实现个别呼叫。

(4)支持紧急呼叫。

(5)支持呼叫等待、呼叫保持功能。

(6)满足相关规定的优先级呼叫处理原则。

(7)支持呼叫前转、呼叫转移功能。

(8)支持强插、强拆功能。

(9)支持主叫线识别提供业务(CLIP)。

(10)支持主叫功能号码显示功能。

(11)调度台可强制注销调度辖区移动终端的功能号。

(12)扬声器、耳机音量半可调。

(13)两个通话通道可同时使用,并可相互切换。

(14)可设置 PTT 键用于组呼通话,发送预定义的双音多频信号。

(15)具有既有无线列调控制盒所有功能。

(16)支持个呼、组呼、紧急组呼等呼叫方式区别振铃。

(17)支持自动应答功能。

(18)具有 30 min 的复述功能。

(19)键控调度台或值班台支持 5 km(0.5 线径)的电源远供功能。

(四)组网能力

(1)支持星形组网:支持 DSS1 信令、No. 7 信令、No. 1 信令或私有专用信令。

(2)支持环形组网:同时支持 DSS1 信令或私有专用信令。

(3)支持树形组网:树形组网方案是多级星形组网方式的叠加,每级系统均可通过星形组网方式与上一级或下一级系统进行通信,从而构成多级的数字调度指挥网络。

(4)支持综合形组网:支持总线方式、星形方式、树形方式同时运用,形成综合形组网方式。

(五)编号方案功能

本系统支持对固定用户终端进行统一编号,分配唯一的 ISDN 号码。编号方案符合《铁路 GSM-R 数字移动通信网络编号计划》的要求,同时系统支持内部有线用户短号码呼叫。

(六)有线调度业务的接入功能

系统支持以下有线调度业务组织方式:

(1)共线数字调度的接入。

(2)星形数字调度的接入。

(3)综合形(星形和共线组合)数字调度的接入。

(4)同一条调度电路中,数字分系统与模拟调度分机可混合接入。

(七)断点保护功能

当数字环上某一个系统出现严重故障或断电时,该系统所接的上下行两个 2 M 口收发将直接接通,系统自动从数字环脱离,整个数字环的通信不受影响;该系统正常运行后,系统会自动接入数字环,无须人工干预。

(八)数字环自愈功能

在总体结构的设计中,通常采用环状的数字通道组网。如果数字环上出现一处的断点,系统自动寻找迂回路由,从而保证系统的正常运行,业务不受影响。

(九)回波相消功能

对于既有调度及站场设备,为防止主通道(麦克和喇叭)啸鸣,调度总机采用的是由调度员脚踏控制的单工通话方式,这种方式不仅分散调度员的注意力,而且操作不当时经常发生丢话和断话的现象;而车站值班台采用的是模拟音控自动半双工的通信方式,这种方式在嘈杂环境下经常不能正常工作,特别是在附近有机车鸣笛等大噪声环境下,双方几乎无法正常通话。

基于以上情况,在开发本系统调度台时使用了自动增益控制和回波相消技术,以实现主通道的真正全双工通信。

(十)会议汇接机功能

具备"16×256"方全双工会议功能,可实现全系统范围的同播会议,调度台或车站值班台可兼做会议主席台用。

(十一)PABX 功能

具有 PABX 的全部功能,提供了模拟中继、1 号信令中继、7 号信令中继等多种出入中继方式。

(十二)数字交叉连接功能

系统提供了 64 kbit/s 交叉连接功能,使灵活的提供各种点对点、点对多点、广播型的半固定、固定接续成为可能。

(十三)系统级联功能

系统支持通过 2 M 接口级联功能,支持 DSS1 信令、No. 7 信令、No. 1 信令或私有专用信令。同时系统为不具备数字接入通道的站场提供了通过"2B+D"接口级联的功能,使车站分系统在没有光接入的情况下可以延长接入距离至 5.5 km。

(十四)远程调度台功能

系统通过在 E1 中的将 3 个时隙配置为点对点的"2B+D"专用时隙,将调度台远程接入到远离调度中心的某个小站,实现调度台的远程接入功能。

(十五)远端测试功能

系统各种接口都有自测试功能,能通过内环、外环等方式测试每个接口的状态。系统的网管终端可以发送远程测试命令,根据返回的测试结果进行分析诊断。

(十六)集中管理维护功能

系统具有日常管理、故障管理、配置管理、安全管理、开放的网管接口等功能。

日常管理能查看网络、主系统和各分系统的运行状况、配置状况及连接状况,查看各系统的程序和数据版本,加载程序和数据,进行主备切换,完成对话务量统计和打印等。

故障管理具有声、光、屏幕显示告警,并可通过不同的告警形式区分不同等级的告警;全系统所有告警、故障信息的收集、统计和分析,生成告警日志,并可对告警信息进行查看和打印,完成故障的定位和判断等功能。

配置管理能进行网络通道的配置,主系统和分系统的数据配置,各调度台数据的配置等。

安全管理能控制各级管理员和操作员的操作权限和操作方式,确保网管系统的安全性。

开放的网管接口能提供开放的网络接口(10/100 M 以太网接口方式),通过 TCP/IP 的协议把告警信息等用户关心的数据传送到集中网管台;此外还提供 Q3 接口,Q3 接口是网管互通的标准接口,它不仅包括 OSI(Open Systems Interconnection)从第一层到第七层的通信协议,而且还包括在第七层中的管理信息和管理信息模型 MIB(Management Information Base),通过标准 Q3 接口,提供信息上报、查询和管理各种操作的功能。

（十七）远程接管功能

用户使用本系统过程中，必要时，厂方的维护人员在经过许可的情况下可以远程登录到系统的网管中，接管系统，提供必要的技术支持。

（十八）录音功能

设在调度中心的数字录音设备，可实时对有线、无线调度信息及广播信息进行录音记录，并可备份。设备具有多信道同时 24 h 不间断录音、不漏录的功能。能以数字方式自动记录所接用户的通话信息，平均每信道记录时长至少为 3 个月以上。实时录音系统能够每天 24 h（24×365）连续运行。同时对多条线路（1～64～128）进行实时录音，各线路之间互不影响、分别存储，不影响双方正常通话。设备有友好的人机界面，全中文显示，重要操作具有中文语音提示，人机对话操作方式直观、方便、快捷。

数字录放音设备为双机热备份，在故障情况下可自动切换，并具有手动切换功能。容量：64 路（系统具备简便、经济的扩容能力，具有扩展到 128 路能力）；冗余系统，单机配置两块 160 G高速硬盘（均预装软件系统），主备系统可实现设备无缝热切换并提供四硬盘四系统。高度稳定可靠接口丰富，具有音频录音接口、无线通信系统录音接口、公务电话系统录音接口等。

设备能完成控制中心各种调度业务和其他语音业务的实时录音及文件的存档、调用、导出；支持 USB 硬盘导出，录音文件无须转换即可在普通 PC 声卡播放；在维护人员进行查询、监听、维护操作时，不影响设备正常录音功能。

设备在查询、检索、监听、导出录音文件的操作中使用分级密码权限管理。按管理通道的权限分为超级用户和一般用户。

数字录音设备记录的通话文件信息可存储在计算机硬盘上，也可定时刻录在可重复使用的光盘上，转存周期可达 3 000 h 以上，便于查询管理。通话文件包括用户名、分机号码、通话时长及起止时间等信息。录音设备具有保留、提取和放音等功能。

四、系统结构原理

（一）调度主机

CTT4000 调度主机实现全系统的网络和通道管理功能，全系统的呼叫处理和交换功能，调度台的管理和调度功能，接口的处理及组网功能等。

CTT4000 调度分系统用作站内业务接入，具有站内及调度间呼叫处理和交换功能。CTT4000 系统中调度主系统和分系统间硬件部分及设备内部结构完全相同。

CTT4000 调度分系统与调度主系统的功能特点完全一致，但车站分系统与主系统的区别在于由于接入用户数量小于主系统，在板件配置数量上少于主系统，一般情况下车站分系统只配置主控层和一个扩展层，因此只介绍调度主系统的结构原理。

1. CTT4000 调度主机系统框图

（1）CTT4000 调度主机总体结构如图 4-22 所示。16 个接口模块通过高速互连形成一个双平面 4 096 的分布式交换网络；双平面的 100 M 以太网为模块间通信提供高速通道，并为 IP 业务的接入提供平台。每个接口模块最大 768 端口，系统等效用户线 12 088。

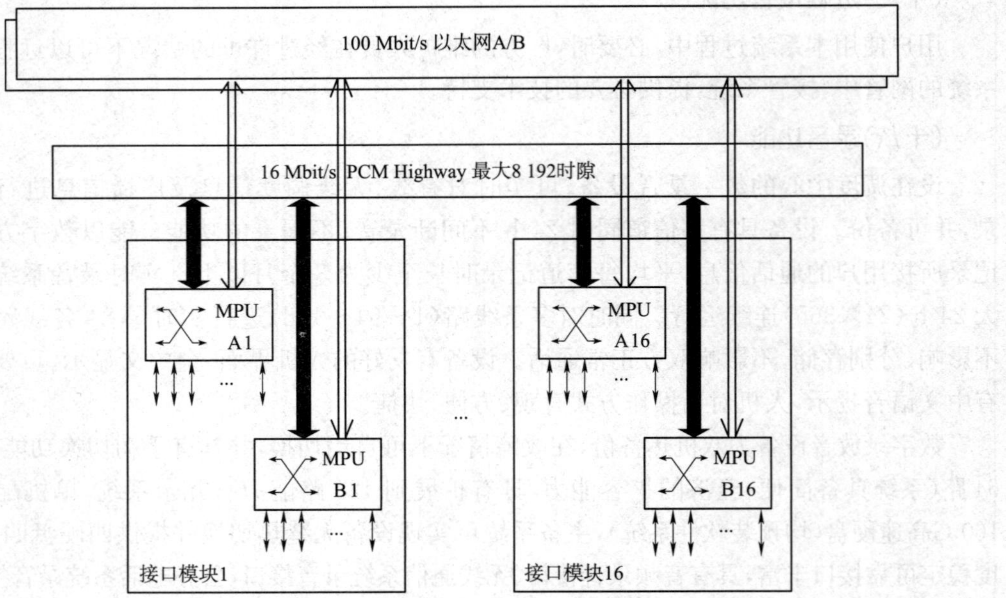

图 4-22　CTT4000 调度主机总体结构

(2)模块内网络和控制结构如图 4-23 所示。模块处理机 MPU A 和 MPU B 的双套 PCM 总线、HDLC 控制总线及时钟总线同时接入接口板 ADLC,以实现对 ADLC 的并行处理。为了增强可靠性,PCM 总线和控制总线采用全星形结构。ADLC 为所有模拟和数字接口板的统称。

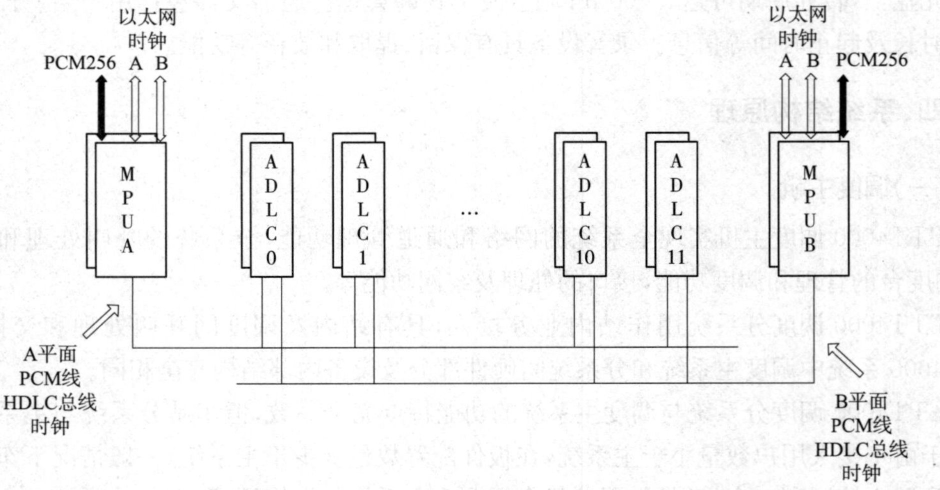

图 4-23　模块内网络和控制结构

(3)模块处理机(MPU)结构框图。模块处理机板实现对模块内各接口的控制,模块内和模块间的网络交换、信令处理等。每模块配置两块,并行处理方式。内置“16 k×16 k”大型数字交换网络,256 方会议资源,64 套 DTMF 资源,64 套 64 k HDLC 控制器,个性化语音

32种，信号音64种，并为本模块提供全系统同步的各种时钟和时序；完成模块内和模块间的网络交换、呼叫处理和控制。内置"16 k×16 k"大型数字交换网络一半（8 192时隙）用于模块间网络互联，最终形成分布式的8 192网络，另一半用于内部交换和资源接入。MPU板结构如图4-24所示。

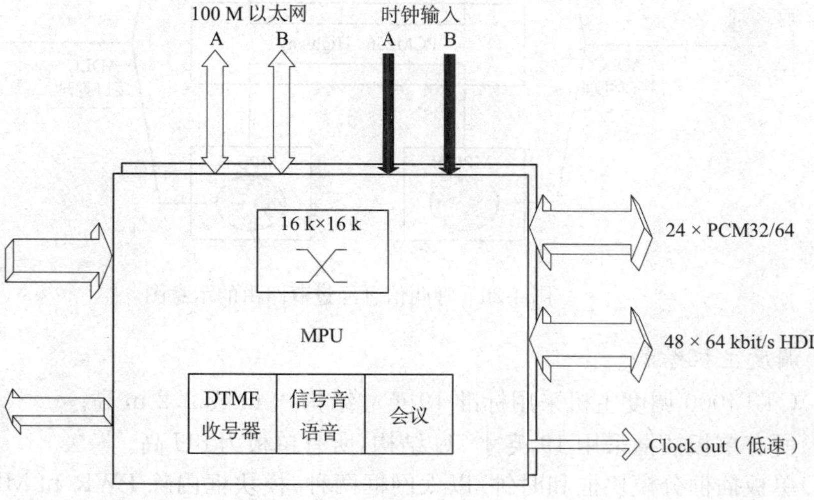

图4-24 MPU板结构框图

（4）系统同步时钟分配方式。系统可选外部时钟源，系统内主时钟A、B互相跟踪，输出的时钟完全同步。主时钟的传送为全星形结构，各模块MPU板同时接收A、B时钟，并为本模块接口板产生二级低速时钟，与主时钟完全同步，每块接口板同时接收MPU A、MPU B的时钟，如图4-25所示。

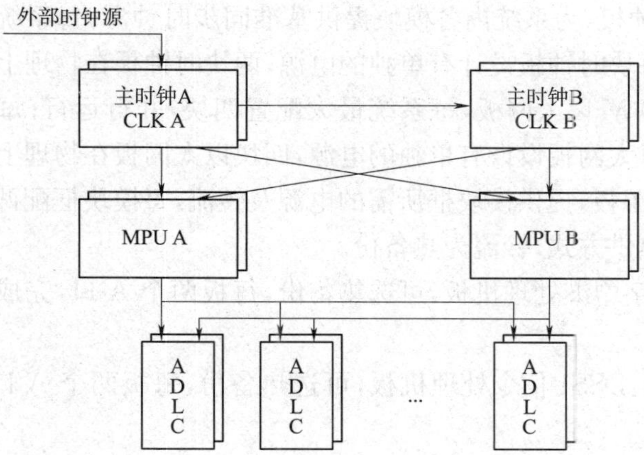

图4-25 系统同步

（5）话音数据和控制信令冗余路由。系统设计保证了任何一个呼叫信息将通过两条相互对立的物理路由传送，进一步增强了系统的可靠性。图4-26为呼叫信息经过双路由的示意图。

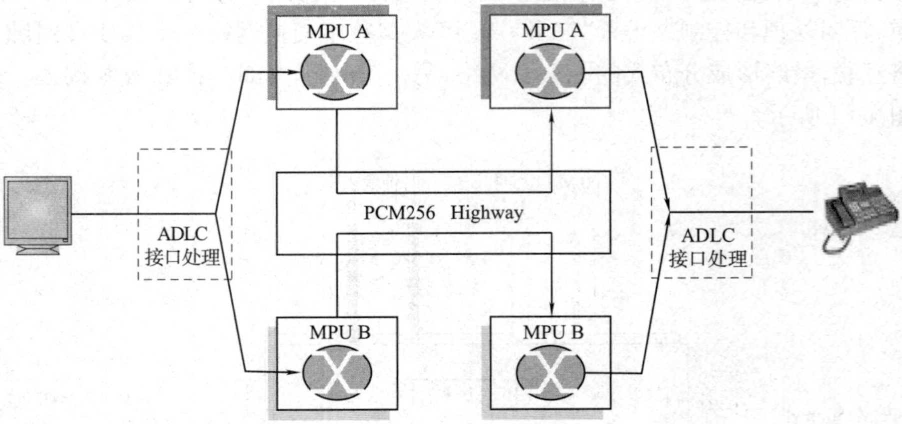

图 4-26 呼叫信息经过双路由的示意图

2. 调度主机结构

(1)CTT4000 调度主机采用标准 19 英寸结构,2 m 或 2.2 m 高。

(2)所有单板插框采用 19 英寸 7U 结构,所有单板为 6U 高。

(3)单板插框分模块框和时钟/以太网框两种,模块框内除 PWR 和 MPU 板外,其他槽位所有接口板均可混插。

系统单板配置如图 4-27 所示。

3. 单板介绍

(1)MPU 板:模块处理机板,每模块配置两块,并行处理方式。内置“16 k×16 k”大型数字交换网络,256 方会议资源,64 套 DTMF 资源,个性化语音 32 种,信号音 64 种,并为本模块提供全系统同步的各种时钟和时序;完成模块内和模块间的网络交换、呼叫处理和控制。

(2)CLK 板:时钟板,为系统内各模块提供基准同步时钟源,每系统配置两块,时钟源完全同步,并行输出;每块时钟板设计有单独的电源,两块时钟板在物理上完全独立。

(3)ENT 板:100 M 以太网板,每系统最大配置四块,并行运行;每板提供 32 个 100 M 以太网接口。每块以太网板设计有单独的电源,四块以太网板在物理上完全独立。

(4)PWR 板:电源板,提供模块框所需的电源及铃流,每模块框配两块电源板,两板的直流电源工作于并联热供方式,铃流为热备份。

(5)DTU 板:数字中继处理机板,可选热备份,每板两个 A 口,完成系统专用共线信令、No.1 信令等的处理。

(6)“30B+D”板:DSS1 信令处理机板,可选热备份,每板两个 A 口,完成 DSS1 信令的处理。

(7)SS7 板:7 号信令处理机板,可选热备份,每板两个 A 口,完成系统 7 号信令的处理。

(8)DDU 板:2 M 调度台处理机板,可选热备份,每板两个 A 口,完成调度台接口信令的处理。

(9)DSU 板:数字用户信令处理机板,可选热备份,每板两个标准“2B+D”U 接口,完成标准 U 口信令及调度台信令处理。

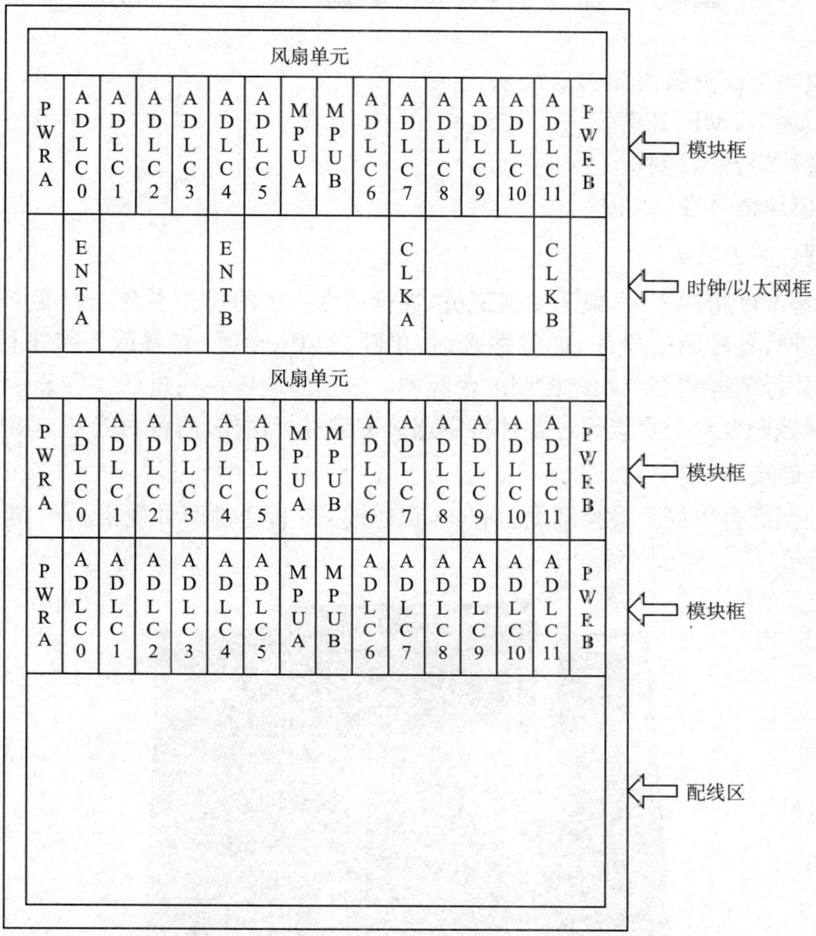

图 4-27　系统单板配置示意图

(10)ALC 为接口模块母板,每板提供 8 个接口模块槽位,可插入 8 块接口模块,不同模块可以混插。

本系统提供的接口模块种类:SLICM 是用户接口模块(Z 接口);SLICMQ 是下行区间接口模块;RCTNM 是环路中继接口模块;ZCT1M 是磁石接口模块;ZCT2M 是上行区间接口模块;EMM 是 E/M 接口模块;VF2/4M 是 2/4 线音频接口模块;V35M 是 V. 35 接口模块;232M 是子速率接口模块;64KM 是 64 kbit/s 同向接口模块;YD3M 是 YD-3 接口模块;DC7M 是 DC-7 接口模块。

4. 系统容量

(1)最大模块数:16 个。

(2)分布式网络容量:8 192 时隙。

(3)单模块网络:16 384×16 384。

(4)单模块标准运用时,每个模块最大 768 门,整个系统 12 288 门。

(5)单模块 2 M 接口:24 个(每板 2 各 2 M 接口时)。

(6)单模块用户接口:256(含 Z 接口、"2B+D"接口、磁石接口、环路接口、2/4 线音频接口等)。

(7)单模块会议资源:256 方。

(8)单模块 DTMF:128 套。

(9)单模块语音:32 种。

(10)单模块信号音:64 种。

(二)调度台

调度台是调度指挥人员(或车站值班员)进行调度指挥的操作平台。调度员通过调度台上各种按键进行各种调度操作,如应答来话、单呼、组呼、全呼、转移或保持来话、召集会议等。调度台分触摸屏调度台和键控调度台两种。触摸屏调度台通过触摸屏显示器界面进行各种操作;键控调度台则直接通过各种特定意义按键进行操作,两者功能基本相同。

1. 键控调度台

(1)键控调度台组成。键控调度台有 48 直通键、25 直通键两种规格。25 键调度台外观如图 4-28 所示。

图 4-28　25 键调度台外观示意图

键控操作台由键盘部分、显示部分、接口部分、控制部分、通话回路部分、电源部分、其他辅助功能部分等组成。

①键盘部分:键盘部分为调度(值班)员提供操作界面。分为单呼组呼键区、功能键区、数字键区。a. 单呼组呼键区为调度(值班)员提供单键呼叫功能,同时具备应答和挂机功能。该键区一般分为 48 键和 24 键两种规格,键区内任何键均可根据现场需要任意定义。b. 功能键区为调度(值班)员提供其他特定的功能,如键权、主辅切换、转移、保留、会议、全呼、录音、放音等功能。c. 数字键区为呼出拨号和菜单选择、参数设置键区。

②显示部分:显示部分用以指示操作台的运行状态和各种呼叫状态,分为灯显示和液晶显示两部分。a. 灯显示通过指示灯的不同颜色和不同闪烁频率提示当前各种状态。b. 液晶显示则可以很直观地显示各种运行状态。

③接口部分:接口部分完成操作台与数字调度主机的接口功能,分为"2B+D"接口、2 M 接口、双 2 M 接口三种。a. "2B+D"接口。传输码型为 2B1Q 码,为操作台与数字调度主机之间提供两个 64 kbit/s 的话音通道,以及一个 16 kbit/s 的信令通道。两个 64 kbit/s 通道

分别对应操作台的主辅通道，而操作台与数字调度主机之间各种信令交互则是通过16 kbit/s的信令通道完成。b. 2 M 接口。传输码型为 HDB3 码，为操作台与数字调度主机之间提供两个或多个 64 kbit/s 的话音通道，以及一个 64 kbit/s 的信令通道。两个 64 kbit/s 通道分别对应操作台的主辅通道，64 kbit/s 的信令通道完成操作台与调度交换机之间各种信令交互。为了完成某些特定功能，话音通道可以多于两个。c. 双 2 M 接口。与 2 M 接口相同功能，2 个接口可以分别接入互为备份的两套调度交换机或同一个调度交换机的两个模块，以实现调度台的双接口备份。

④控制部分：控制部分实现操作台内各部分的管理和控制、操作台的呼叫处理、与数字调度主机的信令交互等功能。

⑤通话回路部分：通话回路部分分为主通道（外置麦克风和扬声器）和辅通道（手柄）两部分。两个通道均为全双工通信。主通道一般都采用回波相消和自动增益控制等技术，以防止啸鸣，提高通话质量。

⑥电源部分：电源部分为操作台提供所需的各种工作电源如＋5 V、＋3 V/－5 V、－3 V等。操作台一般采用远端供电方式，即操作台电源部分的输入直接由远端数字调度主机提供。

⑦通话装置：主通道采用外置麦克和扬声器，辅通道采用手柄。

(2)键控操作台性能。采用“2B＋D”接口时，一对双绞线可实现语音、数据、电源同传，并可远至 5.5 km(0.5 mm 以上线径)。双通道（麦克/扬声器通道、手柄）处理，采用回波相消和自动增益控制等专用语音处理技术，通话质量高。48 个可定义单呼、组呼键；12 个功能键；18 个数字及设置键。单呼、组呼及功能键上有双色灯（红、绿）指示操作的各种状态。中文液晶显示屏可帮助调度人员迅速了解操作进程及调度对象的各种状态。

16 min 的电子复述机功能。可选 8～32 h 的实时录音功能，录音启动方式为通话态的音控。

(3)键控操作台功能：单呼、组呼、全呼功能；会议、通播、广播功能；紧急呼叫、紧急组呼；呼叫转移、呼叫转接、呼叫保持功能；用户强插、强拆功能；自动应答/选择应答功能；DTMF 拨号功能；多呼叫处理功能；呼叫调度台的无阻塞性；调度呼叫的分组处理；双通道处理；区别振铃功能；用户号码、用户中文名称、呼叫状态显示功能；通话记录功能；用户级别的处理；录音数据的灵活读取。

2. 触摸屏调度台

触摸屏调度台外观如图 4-29 所示。触摸屏调度台由触摸屏显示器、调度台主机、通话装置三部分组成。

(1)触摸屏显示器

提供调度指挥人员使用的操作和显示界面。

选用国际顶尖的 ELO 品牌，以保障触摸屏调度台的可靠性和稳定性。可根据用户需求选用不同尺寸的显示器，一般采用 17 英寸。

操作界面如图 4-30 所示。

①消息显示区：显示各种呼叫状态和信息。可显示呼叫方向、中文名称、功能号码、优先级、呼叫状态、通话时开始、结束时间、ISDN 号码等信息。

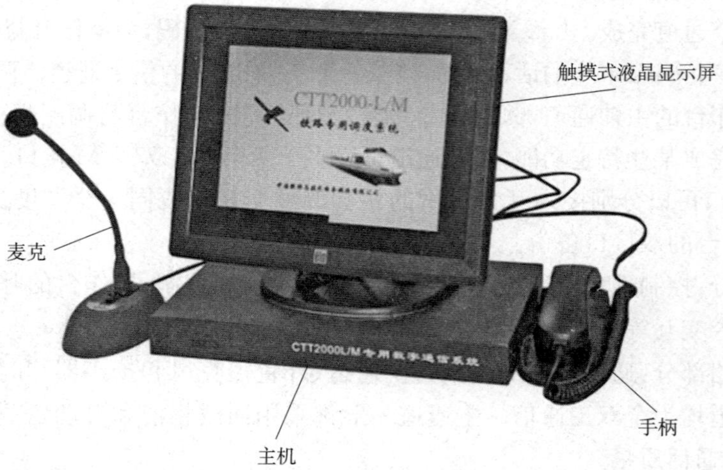

图 4-29　触摸屏调度台外观图

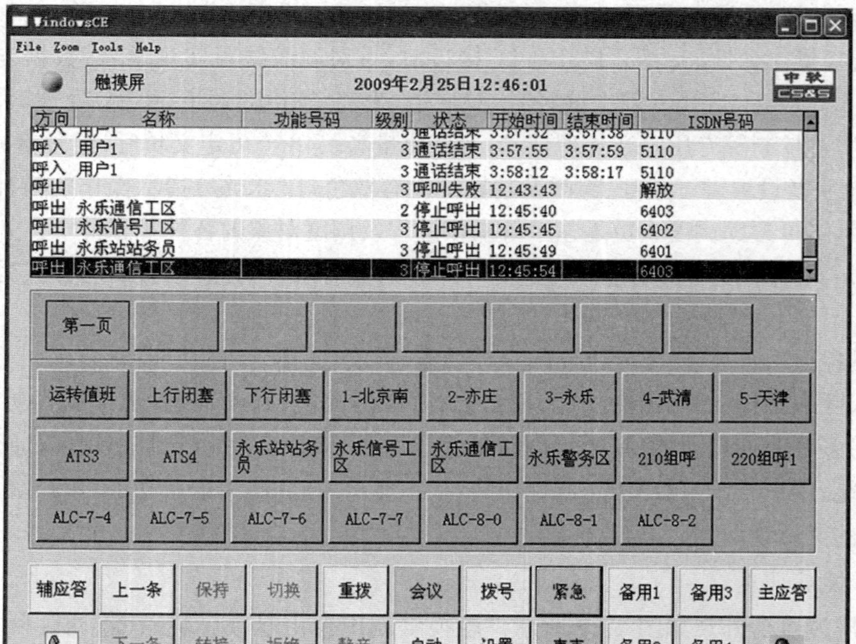

图 4-30　操作界面

②呼叫键区：单呼、组呼按键区。包含若干个单呼按键、组呼按键、语音广播按键，各个按键用于完成相应的呼叫，同时显示相应的呼叫状态。具有翻页功能。

③功能键区：功能键区包含上一条键、下一条键、主应答/主挂机键、辅应答/辅挂机键、保持键、转接键、切换键、拒绝键、自动键、静音键、会议键、重拨键、拨号盘键、设置键、紧急键、麦克/手柄选择键、备用键等功能键组成。

上一条：选择上一条通话记录。下一条：选择下一条通话记录。主应答/主挂机键：接听或挂断主通道呼叫。主应答/主挂机键：接听或挂断主通道呼叫。保持键：保持当前呼叫。转接键：转接当前通话到第三方。切换键：用于主辅通道切换。拒绝键：拒绝当前呼入。自动键：自动应答选择。静音键：用于将本方的麦克屏蔽，使对方听不到本方的声音。重拨键：自动重拨上次的呼出。会议键：组织会议。拨号盘键：显示拨号盘。设置键：显示系统设置界面，实现音量调节、振铃音设置、按键设置、呼叫限制、屏幕调节等功能。紧急键：进行GSM-R紧急组呼。麦克/手柄选择键：选择当前操作对麦克风还是手柄有效。备用键：共四个备用键，如果呼入的号码在调度台上没有对应按键，从四个备用键中选择一个空闲备用键进行应答，并显示相应电话号码。

(2)触摸屏调度台主机

实现接口控制、呼叫处理、显示处理和通话处理。

①接口部分完成调度台与数字调度主机的接口功能。分"2B+D"接口、2 M接口、双2 M接口三种。"2B+D"接口传输码型为2B1Q码。为操作台与数字调度主机之间提供两个64 kbit/s的话音通道，以及一个16 kbit/s的信令通道。两个64 kbit/s通道分别对应操作台的主辅通道，而操作台与数字调度主机之间各种信令交互则是通过16 kbit/s的信令通道完成。2 M接口传输码型为HDB3码。为操作台与数字调度主机之间提供两个或多个64 kbit/s的话音通道，以及一个64 kbit/s的信令通道。两个64 kbit/s通道分别对应操作台的主辅通道，64 kbit/s的信令通道完成操作台与调度交换机之间各种信令交互。为了完成某些特定功能，话音通道可以多于两个。双2 M接口与2 M接口相同性能。2个接口可以分别接入互为备份的两套调度交换机，或同一个调度交换机的两个模块，以实现调度台的双接口备份。

②控制部分实现操作台内各部分的管理和控制、操作台的呼叫处理、与数字调度主机的信令交互等功能。

③通话回路部分分为主通道(外置麦克风和扬声器)和辅通道(手柄)两部分。两个通道均为全双工通信，两个通道都采用回波相消和自动增益控制等技术，以防止啸鸣，提高通话质量，主用通道同时具备噪声抑制功能。

④电源部分为调度台提供所需的各种工作电源如12 V、5 V、3 V等。触摸屏调度台一般采用220 V交流供电，也可采用48 V直流供电。显示控制部分实现对触摸屏显示器的控制和显示驱动。

(3)通话装置

两个通道都支持使用外置麦克或手柄。即主辅通道同时使用麦克、主辅通道同时使用手柄、主辅通道分别使用麦克和手柄。两个通道都支持头戴式耳机、手麦。两个通道均支持摘挂机功能、支持PTT功能，支持通话装置在位信息提示功能。

触摸屏调度台功能有：单呼、组呼、全呼功能；会议、通播、广播功能；紧急呼叫、紧急组呼；呼叫转移、呼叫转接、呼叫保持功能；用户强插、强拆功能；强制与静音；自动应答/选择应答功能；DTMF拨号功能；多呼叫处理功能；呼叫调度台的无阻塞性；调度呼叫的分组处理；双通道处理；区别振铃功能；用户号码、用户中文名称、呼叫状态显示功能；通话记录功能；用户级别的处理；双通道双向音量可调；双通道PTT功能；双通道摘挂机功能；双通道通话装置在位信息提示等功能。

(三)网管系统

1. 网管系统组成

CTT4000 调度交换系统的维护台软件采用 Windows XP 操作系统为开发平台,采用 SQL-SERVER 2000作为数据库管理系统。

网管系统结构如图 4-31 所示,CTT4000 维护台系统由客户端、数据库服务器、通信服务器三个部分组成,采用客户/服务器结构和流行的 TCP/IP 通信协议互连。

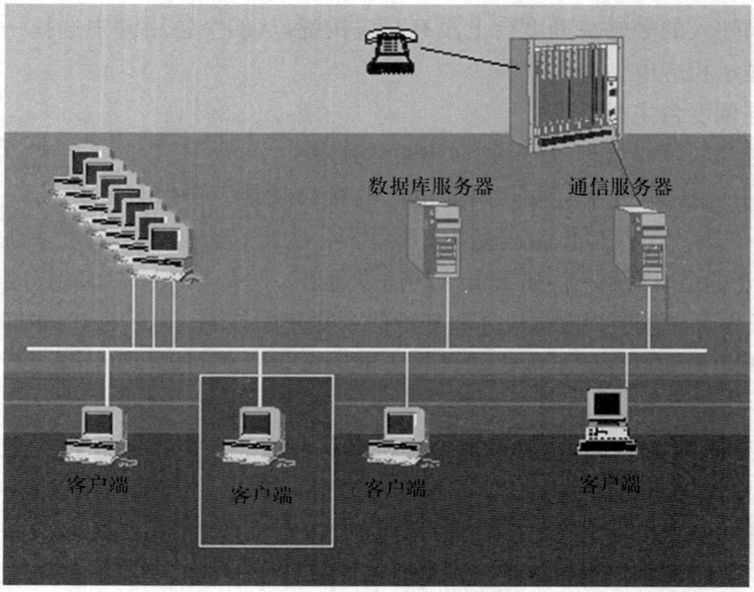

图 4-31　网管系统结构

(1)通信服务器即 CommServer4K。其主要功能可通过以太网网口连接网线与后台主机相连,完成维护台与后台主机之间的命令、数据的通信等功能,是客户端与后台主机间之间的通信桥梁。

(2)数据库服务器。存储并管理后台主机的相关配置信息以及其他如用户信息、环数据、车站数据等数据。实际应用中,采用 SQL-SERVER 作为数据库管理系统。

(3)客户端即 CttClient4K,是系统所有数据的集中管理及维护终端,提供人、机交互界面。

2. 网管系统功能

(1)日常管理

①查看网络、主系统和各分系统的运行状况。

②查看各系统的程序和数据版本。

③加载程序和数据。

④下发远程主备切换、复位等命令。

⑤远程完成建立固定连接、半固定连接等网络交叉功能。

⑥监视系统中所有的模拟和数字端口状态。

⑦远程调整主/分系统中模拟端口电平值。

(2)数据配置管理。网络通道时隙使用方式的配置;主系统和分系统的数据配置;调度台、车站值班台数据的配置等。

(3)故障管理。全系统所有告警、故障信息的收集、统计和分析;生成告警日志;告警信息的查看和打印。

(4)安全管理。建立管理员和操作员数据库,记录管理员和操作员的各种操作信息;为各级管理员和操作员分配不同的操作权限;针对不同的管理员和操作员设置不同的操作内容,确保网管系统的安全性。

五、系统组网

(一)星形组网

支持 DSS1 信令、No. 7 信令、No. 1 信令或私有专用信令下的星形组网方式。

(二)环形组网

支持 DSS1 信令或私有专用信令进行环形组网。

(三)树形组网

树形组网方案是多级星形组网方式的叠加,每级系统均可通过星形组网方式与上一级或下一级系统进行通信,从而构成多级的数字调度指挥网络。

(四)综合形组网

支持总线方式、星形方式、树形方式同时运用,形成综合形组网方式。

(五)双中心组网

支持双中心备份或互助组网方式,如图 4-32 所示。在双中心组网模式下,支持上述 4 种组网形态。

六、主要性能指标

(一)结构尺寸(单位:mm)

后台主机:600×800×2 200 或 600×600×2 200。

48 键键控操作台:460×280×100。

24 键键控操作台:360×250×80。

触摸屏调度台主机:19 英寸 1U(1U=44.45 mm)。

(二)工作电源

电源电压允许波动范围为－72～－36 V;接地要求是系统工作地与保护地宜分开设置,接地电阻小于或等于 5 Ω。功耗:后台主机(满配)小于或等于 300 W;键控操作台小于或等于10 W;触摸屏调度台小于或等于 50 W。键控操作台供电采用远供方式,最远供电距离达 5.5 km;触摸屏调度台一般采用 220 V 交流供电,也可采用 48 V 直流供电。

(三)环境要求

工作温度:－5 ℃～50 ℃。存储温度:－40 ℃～65 ℃。相对湿度:20%～90%。存储湿

度：20%～95%。大气压力：70～106 Pa。空气洁净度：直径大于5 μm灰尘的浓度小于或等于3×10^4粒/m^3。灰尘应为非导电、非腐蚀、非导磁的。电磁干扰，场强小于或等于140 dBμV/M，频率范围0.01～110 000 MHz。

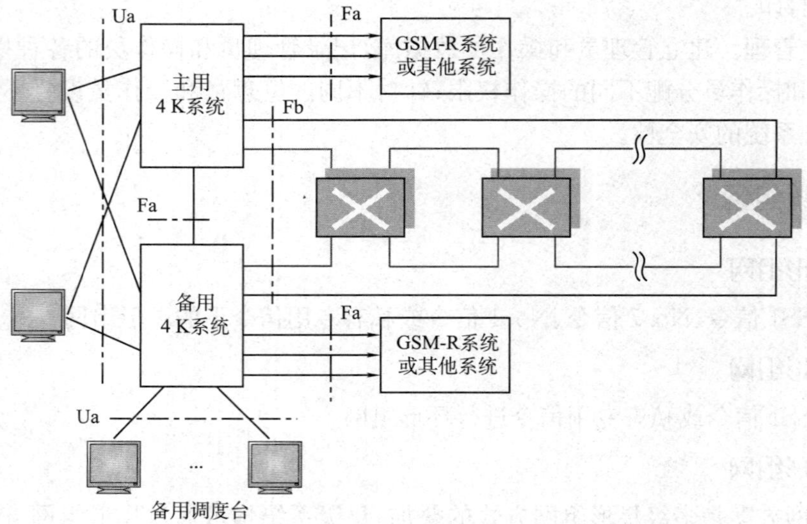

（a） 双中心组网（双主系统与分系统分别组环）

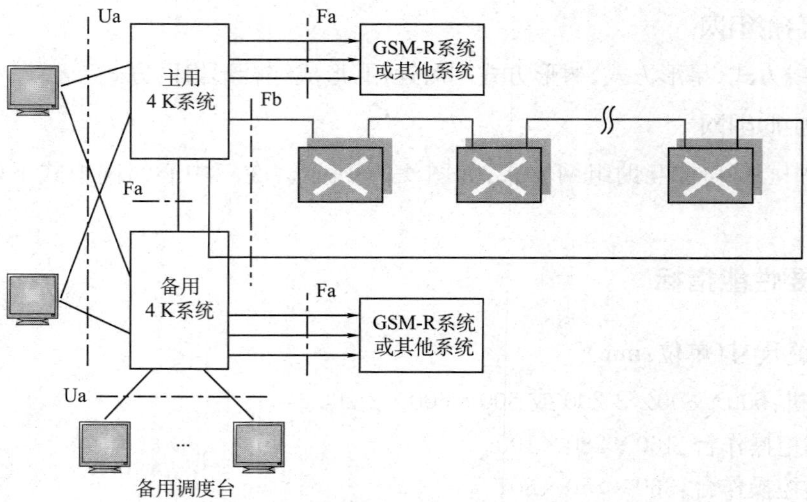

（b） 双中心组网（双主系统与分系统在一个数字环内）

图 4-32 双中心备份或互助组网方式

(四)系统RAMS指标

(1)系统平均故障间隔时间MTBF≥200 000 h。

(2)系统平均故障修复时间MTTR≤0.5 h。

(3)系统可用度A=MTBF/(MTBF+MTTR)≥0.999 99。

(4)系统设计使用寿命≥20年。

(5)忙时呼叫能力BHCA≥1 000 000次/h。

（五）接口指标

1. ISDN 基群速率接口（30B+D）

（1）物理/电气性能应符合 ITU-TG. 703 建议。

（2）帧结构和复帧结构应符合 ITU-TG. 704 建议。

（3）满足 YDN 065—1997 中 2 048 kbit/s 接口要求。

（4）阻抗为 75 Ω（非平衡）和 120 Ω（平衡）可选。

（5）满足 ISDN 基群速率接口要求。

（6）支持 DSS1 信令。

（7）满足"'30B+D'接口信令消息和流程"要求。

2. 数字 E1 接口

（1）物理/电气性能应符合 ITU-TG. 703。

（2）帧结构和复帧结构应符合 ITU-TG. 704 建议。

（3）满足 YDN 065—1997 中 2 048 kbit/s 接口要求。

（4）阻抗为 75 Ω（非平衡）和 120 Ω（平衡）可选。

（5）支持 No. 1 信令。

（6）支持私有信令。

3. ISDN 基本速率接口（2B+D）

（1）电气特性应符合关于 U 接口的规定。

（2）可以支持不超过 5. 5 km（线径为 0. 5 mm）的调度台或车站值班台的接入。

（3）标称策动点阻抗：135 Ω。

（4）输出脉冲幅值：±2. 5 V。

（5）传输码型及速率：2BIQ 码　80 kbit/s。

（6）传输波特率：160 kbit/s。

（7）误码率不大于：10^{-7}。

（8）时钟密差：$\pm 100\times 10^{-6}$。

（9）支持 DSS1 信令。

（10）支持用户—用户信令 1（UUS1）。

（11）支持用户—用户信令 3（UUS3）。

4. Z 接口

本接口符合 YDN 065—1997 的要求。

（1）阻抗：国标三元件标准即（200+680）Ω//0. 1μF。

（2）编码：CCITT 建议 G. 711，A 律编码。

（3）2 线接口电平：2 线发 0 dBr。

（4）2 线收－3. 5/7. 0 dBr。

（5）环路电阻：不小于 2 200 Ω。

（6）铃流：25 Hz；（75±15）V。

5. 共总接口

（1）直流馈电电流：（200±4）mA（恒流供电）。

(2)用户环阻：≤2 kΩ 保证摘机(含话机直流电阻)。

(3)发铃电压：(75±15) V。

6. 共分接口

(1)摘机阻抗：600 Ω。

(2)编码：A 律编码。

(3)2 线接口电平：2 线发 0 dBr；2 线收－3.5 dBr。

(4)发送铃流：(90±15) V、25 Hz。

(5)发送时长：2 s。

(6)接收灵敏度：频率(25±10) Hz，电压大于 15 V，时间持续 0.5 s 时保证接收。

7. 磁石接口

(1)外线阻抗：600 Ω。

(2)2 线接口电平：发 0 dBr；收－3.5 dBr。

(3)铃流：频率(25±3) Hz，电压(75±15) V。

(4)发送信号时长：(2±0.2) s。

(5)接收灵敏度：频率(25±10) Hz，交流电压 V≥30 V，持续时间 0.5 s 时保证接收。

8. 音频 2/4 线接口

(1)阻抗：600 Ω。

(2)2 线电平：发 0 dBr；收－3.5 dBr。

(3)4 线电平：发－3.5 dBr；收－3.5 dBr。

9. 模拟调度总机接口

(1)阻抗：600 Ω 或 1 400 Ω 可选。

(2)发送信号电平：(5±2) dB。

(3)发送频率偏差：≤±0.4%。

(4)第一选叫信号持续时间：(2±0.2) s。

(5)第二选叫信号持续时间：(2±0.2) s。

10. 选号分机接口

(1)阻抗：≥20 kΩ。

(2)发送信号电平：(2.6±2.6) dB(600 Ω)。

(3)接收频率范围：频率偏差±10%内保证接收。

(4)接收灵敏度：－34 dB 以上保证接收。

11. 64 kbit/s 同向接口

符合 ITU-TG.703 建议。

12. 下行区间电话接口

(1)馈电电压：－48 V。

(2)允许最大直流环阻：>2 kΩ。

(3)抗干扰能力：50 Hz 交流干扰，电压小于 1 V 不误动。

(4)铃流：频率(25±3) Hz，输出电压空载(75±15) V，1 kΩ 负载大于 60 V。

(5)拨号脉冲要求:(10±1)个/s。

(6)5 000 Hz 发生器:输出频率(5 000±100) Hz;输出电平:(5.2±0.9) dB。

13. 上行区间电话接口

5 000 Hz 接收器:−10 dB 以上保证接收,摘机、挂机、拨号音及铃流均不误动。

14. V.35 接口

符合 ITU-TV.35 建议。

15. 子速率接口(9 600 bit/s、19 200 bit/s)

符合 ITU-TV.24 建议。

16. 广播接口

通过本系统的环路和共电(用户)接口接入车场扩音转接机设备(环路接口)与扩音转接机的扩音盘相接,共电(用户)接口与扩音转接机的对讲盘相接,实现车场值班员话音广播以及与车场扩音通话柱的对讲功能。本系统也可以通过共电(用户)接口直接接入车场扩音通话柱,直接实现车场值班员与车场扩音通话柱的对讲功能。环路和共电(用户)接口的各项接口指标见上述相应接口。

17. 外接时钟源接口

本系统的维护台和主处理机板均配有专用的外部时钟源接口,接口形式为 RS-422。系统通过该接口引入外部标准时间,并保证本系统的主时钟(主系统主控板时钟)与外部标准时间保持一致,然后通过系统的自动校时功能,保证维护台、各调度台和车站值班台的时钟与外部标准时间保持一致。本系统的自动校时每秒进行一次,系统各终端显示的时钟与标准时钟误差在 20 ms 以内。

复习思考题

1. 简述 CTT2000 L/M 系统主要实现业务功能。
2. 说明 CTT2000 L/M 单板配置及单板作用。
3. CTT4000 系统有什么特点?
4. 试分析比较 CTT2000 L/M 和 CTT4000 系统异同点。
5. 试分析比较 CTT4000 主系统与分系统有什么异同点。

第五章　站(客)场及列车广播

第一节　站场扩音系统

铁路广播系统主要由列车广播系统、客运广播系统和站场扩音系统组成。广播系统作为铁路运营行车组织的必要手段,它的主要作用有三个方面:一方面服务运营,为乘客提供列车到站、线路换乘等信息,播放音乐改善候车环境;另一方面是出于安全考虑,在突发或紧急情况时,作为事故抢险、组织指挥的防灾广播,对乘客进行及时有效的疏导;此外,广播系统还可以对运营人员进行广播,发布有关通知信息,便于协同配合工作,提高服务质量。

站场广播设备主要用于铁路运输编组场、值班区值班员、列检值班员、机务段(折返点)整备场运转值班员等诸场所的站调、列检、机调的广播扩音,用作室内值班员指挥场内人员作业和发布命令、通告事项、室内外人员业务联系等用途。

一、扩音机的基本组成

扩音机主要由前置放大器、推动放大器、功率放大器三大部分组成。信源有话筒、收音、录放卡座、线路等。外部由线路、线路匹配变压器、扬声器组成。扩音机基本组成如图 5-1 所示。

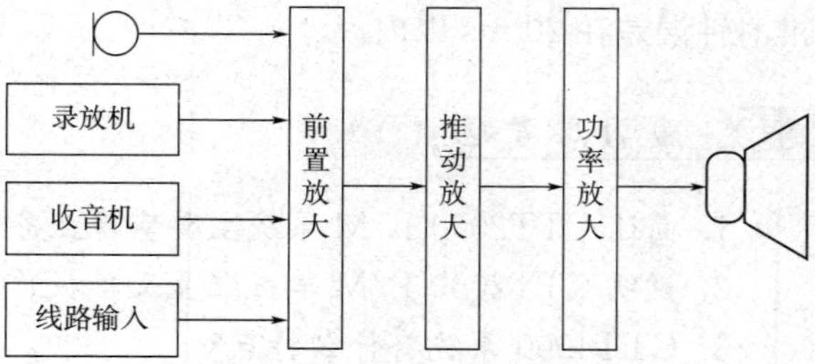

图 5-1　扩音机基本组成方框图

二、扩音机的基本原理

选择信源将微弱信号送入前置放大器进行前级和倒相放大,经倒相、放大后的信号再送入推动放大器进一步放大,以获得足够激励信号让末端功率放大器放大,功率放大器信号输出到线路,通过线路变压器匹配让其扬声器发音。

三、扩音机分类

(一)按功率大小分,有大功率和小功率

大功率一般有 275 W、300 W;小功率有 50 W、100 W、150 W。中小功率扩音机的各个组成部分一般都安装在一个机箱内;大功率扩音机为防止级间干扰,一般分装成两个部分,一部分是推动级和功放级;一部分是前级电压放大级。

(二)按其输出方式分,可分为定阻式和定压式

定阻式是指扩音机的电路中无负反馈或只加少量负反馈。因而它的输出阻抗较高,当负载阻抗变化时,它的输出电压变化较大。只有在它的输出电路配接一个和扩音机输出阻抗相等的负载,扩音机才能在允许的非线性失真范围内输出额定的功率和额定的电压。该扩音机在实际使用时一般为中小功率扩音机,不允许轻载和重载。定压式扩音机在其电路中采用了深度负反馈电路,因而它的输出阻抗较低。当负载阻抗在大于额定输出阻抗的范围变化时,扩音机的输出电压基本不变。在负载很轻,甚至开路时,扩音机仍能正常工作。定压式扩音机在实际使用中允许轻载但不允许重载。

(三)按照材质分,有晶体管扩音机、集成电路扩音机、电子管扩音机

目前铁路仍有少量站场使用电子管 275 W 扩音机,但由于电子管广播机工艺陈旧,耗电大且配件缺乏,已逐步淘汰,并向全晶体管、集成化、智能化方向发展。下面对晶体管广播机(ZC-2 型)进行讲解。

四、ZC-2 型站场扩音系统

ZC-2 型站场扩音系统前级控制无继电器,通话柱电路采用专用芯片,切换稳定、可靠。有微处理机对功放进行故障监测,对外负载线开路进行检测后并能实现自动到机,采用 14 位 A/D 转换器,保证有足够的精度。

(一)系统方框图

ZC-2 型站场扩音系统的组成如图 5-2 所示。

(二)ZC-2 型站场扩音系统的构成

ZC-2 型站场扩音系统由 TBA-2710 智能型扩音转接机(前置放大器)、TBA-8650 型自动检测倒机系统、数字定压功率放大器(120 V/240 V)标准机柜等组成。前置级采用了模块化设计,并增加了系统自动测试功能。

1. 前置放大器

TBA-2170 智能型扩音转接机(前置放大器)内含电源(24 V)直流启动辅助电源,开启灵敏度高,外线环阻≤3 kΩ 时能可靠工作。本机设置了三个级别、六种信源输入和独立通话柱对讲扩声等进行前级增音及控制调节。

2. 功放倒机

系统中设有功放检测控制器,它实时检测功率放大器的输入与输出信号,当功率放大器出现故障,它会将出现其对应的输入音频切换到备用功率放大器上,同时广播区切换控制器会将备用功率放大器的输出音频切换到相应的广播区。可编程电源控制器会将出现故障的功率放大器的电源切断,以保证系统安全广播。

3. 具有优先级设置

设置四个级别、六种信源输入和独立的通话柱对讲扩声等进行前级增音及控制调节。

①最高级:值班员共分机扩音。

②一般级:通话柱扩音、半无线接收机输出扩音、外线电话扩音、线路输入扩音。

③低级:维修人员送话器(话盒)输入扩音。

④同时设有外线测试信号,级别最低,可用于外线扬声器检修。

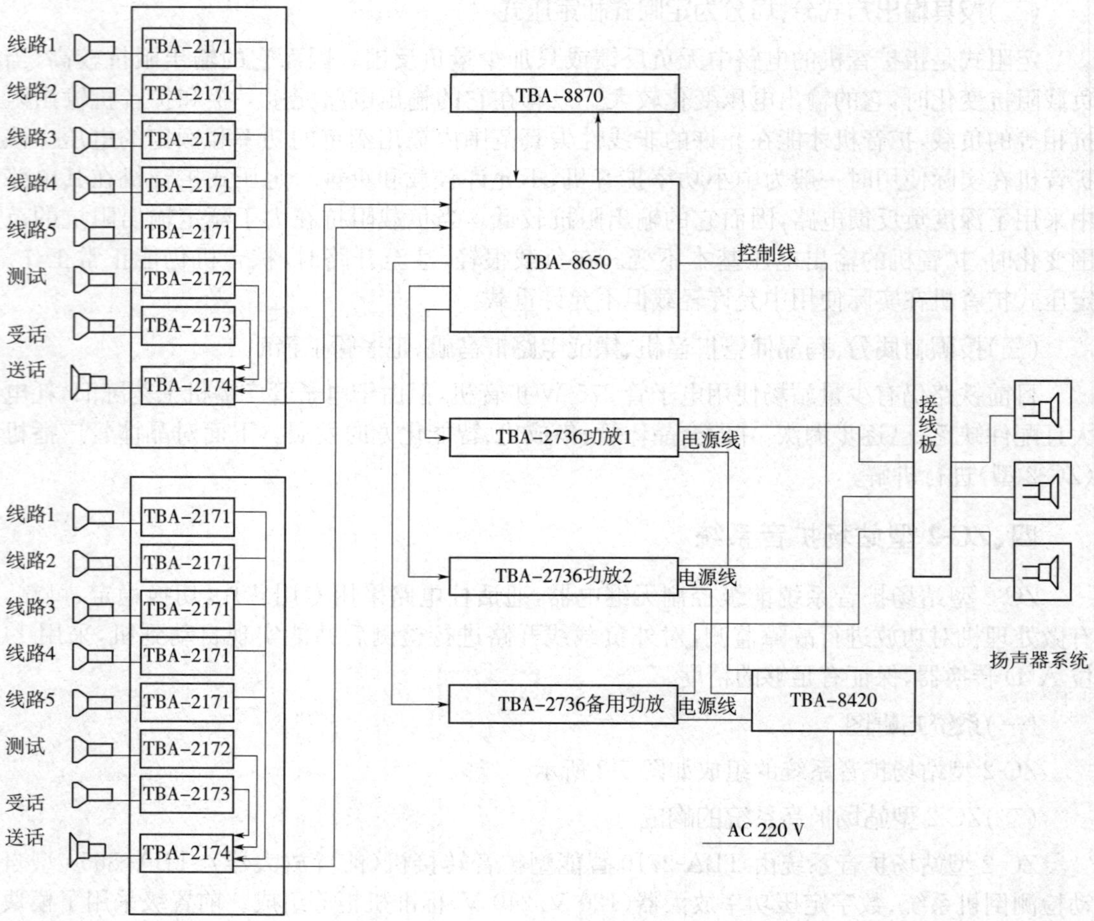

图 5-2　ZC-2 型站场扩音系统的组成方框图

4. 功率放大器

2700 系列功率放大器设备具有自保护功能，当出现短路、开路、过载、过热、故障等异常现象时，放大器应能自动停止输出，并有指示灯显示。在故障排除后能自动恢复正常工作。该功率放大器还具有良好的频率特性、高保真性能和高输出信噪比。

(三)系统基本配置

系统基本配置见表 5-1。

表 5-1　系统基本配置表

序号	设备名称	产品型号	数量	备　注
1	站场前级	TBA-2170	1 台	
2	功放检测	TBA-8650	1 台	
3	数字功放	TBA-2750EC	3 台	含备机
4	标准机柜		1 架	

第二节　客运广播系统

一、客运广播系统组成

随着技术的发展，车站客运广播已逐步发展成基于计算机网络、IP网络的数字广播系统。车站客运广播系统采用计算机控制，是一个多语言实时的公共广播系统，它由客运广播、消防广播、网管系统三部分组成。各部分主要功能介绍如下：

(一)客运广播

主要是播送列车到发动态、车站指南等信息，同时可为旅客提供呼唤、寻人、失物招领等广播服务，在广播间隙可播放背景音乐。

(二)消防广播

在发生火灾或其他紧急事件情况下，进行紧急广播，指挥旅客疏散，调度工作人员抢险救灾。

(三)网管系统

广播系统从广播控制台或客运服务平台提取行车动态数据，进行实时的全自动广播。客运广播系统同时向客运服务平台发送各个广播区的播音内容、状态及故障等信息。

二、系统组成方框图

车站客运广播系统主要由信号源、前置放大器、广播控制接口取样设备、应急广播控制器、数字功率放大器、输出转换控制器、扬声器等设备组成，如图5-3所示，其核心设备为前置放大器和数字功率放大器。

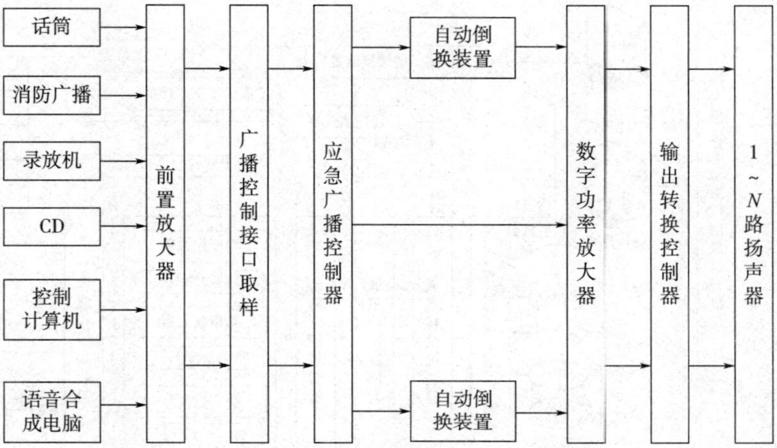

图5-3　车站客运广播系统组成方框图

信号源主要有：应急广播、综合广播室话筒广播、自动语音合成广播、数字调谐收音机、CD播放机、双卡录放机、预留线路级广播、候车厅现场作业寻呼广播(可以插到任意回路)。

三、基本原理

车站客运广播系统采用了先进的数字环境噪声自动控制技术、数字广播音频处理技术、大量远程无线呼叫系统、IP 传输技术等。

其基本原理是：音频工作站（广播室）将数字语音合成器合成的数字音频，以及话筒、CD 播放器等进行 A/D 转换后的数字音频进行统一封包，然后通过以太网传输到远端的（广播机械室）数字功率放大器，进行 D/A 转换，并通过功率放大，驱动相应的扬声器发出声音。

一根以太网双绞线可以同时传输多路音频信号到多个功率放大器，实现复杂的多点、多路平行广播。音频矩阵切换通过以太网用软件实现，同时完成客运系统的所有监听、自动查询、自动检测、音量自动调整等功能。

四、PA-8000 数字客运广播系统

下面以 PA-8000 车站广播系统举例说明。

（一）系统构成

广播系统主要包括：语音合成服务器、网管服务器、音源设备、应急广播系统、功率放大器、扬声器、消防接口等。

整个系统分为七大部分，分别是：前端信源设备；数字信号处理前级设备；功率放大器；系统控制和网管检测设备；负载声场检测器；小区广播设备；噪声检测控制器，实现了由智能数字控制的全自动广播系统。

本系统信源及主控设备设置于控制室，功放等执行设备和附属设备置于机房，音频及控制信号均采用数字方式通过传输系统传送至各节点。

广播系统整体构成及各节点原理如图 5-4 所示。

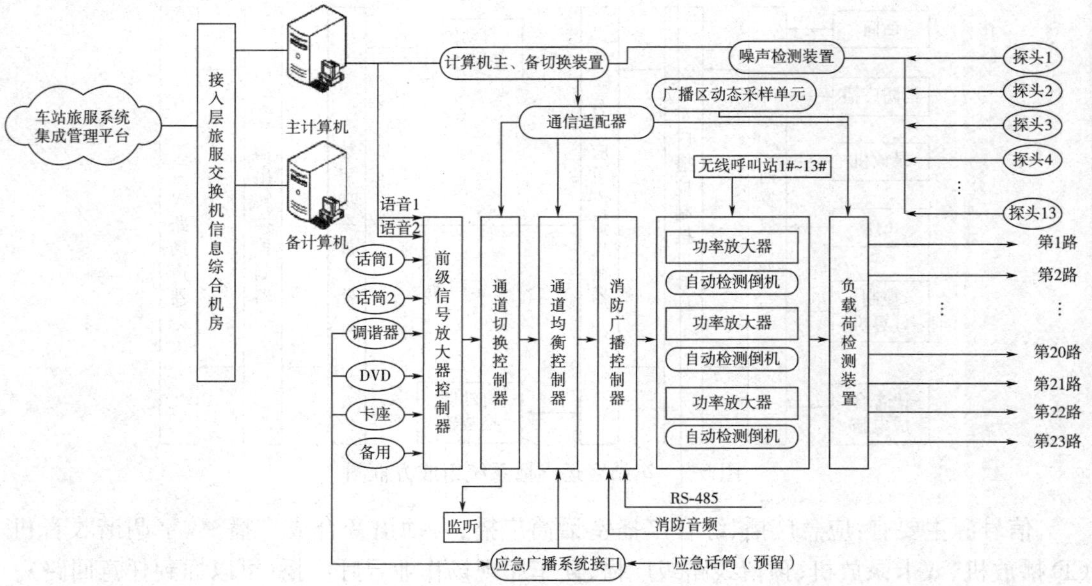

图 5-4　广播系统信号示意图

(二)系统功能

1. 多信源广播功能

本系统设置有多种广播信源,可以通过相应的广播信源播放不同的内容,并同时向不同的广播区域广播。广播信源主要有:

(1)DVD唱机。播放背景音乐。

(2)MP3。播放预先录制好的数字音频节目。

(3)收音机。播放电台节目。

(4)应急广播话筒。可以进行紧急广播。

(5)多路自动语音合成广播。可支持中文、英文等多种语言。

(6)消防自动广播。播放火灾信息。

(7)人工话筒广播。

(8)预留信源。用于扩展。

2. 应急广播功能

在广播室设有一套应急广播功能,在发生突发或紧急情况时,作为事故抢险,组织指挥的防灾广播,对乘客进行及时有效的疏导;此外,广播系统还可以对运营人员进行广播,发布有关通知信息,便于协同配合工作,提高服务质量。

应急广播应当使用独立的传输线路,可直接输入设备间功放,从而保证了系统在出现各种异常时仍能断续工作。

3. 广播信源监听功能

当广播员需要监听某个广播信源时,值班员只要在广播系统界面上选择需要监听的按键,即可听到相应的广播内容,可选择手动监听或信源自动跟踪监听。

4. 消防广播功能

本系统可实现与消防系统的广播联动。当有火灾或紧急情况,广播系统接收到消防广播的联动信号时,会自动中断广播区正在广播的内容,同时切入消防广播。在所有的广播项目中,消防广播优先级最高,可以打断所有的广播内容。

5. 播放背景音乐功能

本系统配备有DVD唱机(带USB接口)及数字调谐器,可以根据需要对各个广播区域播放不同的背景音乐。

6. 延时开机功能

由于功率放大器是大功率的设备,如果十几台功率放大器同时开机,则瞬间电流过大会对电源系统造成冲击导致其瘫痪。为避免这种影响,基于安全性考虑,广播系统中配有可编程电源控制器,可按照设定的时间使功率放大器逐次上电,大大降低了故障隐患。每个可编程电源控制器可以同时给六路功率放大器供电,延时功放的开机时间且时间可设置。

7. 功放倒机功能

系统中设有功放检测控制器,它实时检测功率放大器的输入与输出信号,当功率放大器出现故障时,它会将出现其对应的输入音频切换到备用功率放大器上,同时广播区切换控制器会将备用功率放大器的输出音频切换到相应的广播区。可编程电源控制器会将出现故障的功率放大器的电源切断，以保证系统安全广播。

8. 广播信源的优先级设置功能

广播信源有优先级之分，系统初始设定消防广播具有最高优先权。但为了保证系统的可配置性，可在控制计算机上对系统优先级进行设置。

9. 功放音量远程调节功能

本系统可通过广播控制计算机的操作界面，远程调节功放的音量，实现操作人员在广播室调节各个广播区音量的功能。

(三)系统冗余备份

1. 独立应急系统

在广播室设有一套应急广播系统，它由应急广播控制器、应急广播通信分配器、应急信源转换器及功放和扬声器网络等组成，可以输入话筒音频、数字调谐器、DVD 等信号，具有部分编组功能，有六个常用编组。使用应急广播时，值班员可以通过应急话筒对几个常用编组进行应急广播。

应急广播使用独立的音频传输线路，可直接输入设备间功放，从而保证了系统在出现各种异常时仍能继续工作。

2. 功率放大器热备

为了保证广播系统的正常工作，系统必须考虑备份功放的自动热切换功能。本系统中配备了备用功放，根据广播区的功率按照 N 备 1 配置。为了实现功放的自动热切换功能，同时系统配备了功放检测控制器。

功放检测控制器对工作中的功率放大单元进行检测，当功率放大器出现故障时，及时切换到备用功率放大器上。功放检测控制器还可以对系统中前级输出的信号和功率放大器输出的信号进行实时检测、判断和处理。

功放检测控制器对外线路的开路、短路进行检测及报警，实现不中断广播状态下的自动检测。出现故障时，能自动切入备用功率放大器，保证系统的正常广播，显示故障状态，并输出报警信号。同时可编程电源控制器会把出现故障的功率放大器的电源切断，保证系统安全广播。待功放故障排除后，立即自动返回。

第三节　列车广播系统

列车广播机适用于列车上，对乘客发布相关广播信息。列车广播机分为模拟列车广播机和数字列车广播机。由于模拟列车广播机故障率高、杂音大，正在逐步淘汰。下面介绍数字广播机。

一、列车广播机的构成和主要功能

(一)设备构成

数字列车广播机由电源、存储控制处理、信源、功率放大器等基本部分构成。

(1)电源部分由电源滤波和开关隔离电源组成,完成电源干扰波动抑制,为数字列车广播机的其他部分提供工作电源。

(2)存储控制处理部分由控制计算机及接口控制处理电路组成,完成数字量控制、数字音频的存储处理等功能。

(3) 信源部分由收音、数字录音、话筒放大电路,以及外部音频和 USB 接口组成。可加入 CD 或 U 盘及 MP3 播放器等作为信号源。

(4)功率放大器部分由电平调整电路和数字功率放大器组成,可安装两个完全相同的功率放大器,互为倒备。

(二)设备主要功能

(1)具有话筒广播的功能。

(2)具有收音广播功能。

(3)具有数字语音节目的自动播放或手动播放功能,并给自动识别 MP3 和 WAV 的格式声音数据。

(4)具有数字录音和播放功能。

(5)具有应急广播功能,即在主系统出现故障,仅功率放大器能够正常工作的情况下,也可进行话筒广播。

(6)具有语言编辑合成功能。

(7)具有信源输出选择、录音选择、监听选择功能。

(8)支持通过 RGB 和 USB 接口播放外接存储介质中内容的功能。

(9)具有对功率放大器进行故障和温度检测的功能,并能够指示出开路、过载、短路及超温状态。

(10)具有主、备用功率放大器自动和手动倒换的功能。

(11)具有显示各项操作、播放内容、曲目编辑和各种工作状态的功能。下面举例对 FCL-300E 系列智能化全数字列车广播机进行说明。

二、FCL-300E 系列智能化全数字列车广播机

为了适应铁路提速,列车广播设备的室内空间相对减小,这对广播设备的要求也越来越高,即使用 MP3/PCM 格式存储广播用语、相声、音乐等,将固态存储技术应用于新型列车广播机,因此广播一切用语,用同一标准语言,播放各种音乐,实现了列车广播机的智能化、数字化,提高了为旅客的服务质量,大大缓解广播员的工作压力。

(一)FCL-300E 系列智能化列车广播机前、后面板(图 5-5 和图 5-6)

(二)主要功能

(1)功率:200～300 W。

(2)磁带十二波段收音频率合成。

(3)PCM/MP3 固态录/放音系统,自动程序播放。

(4)有各种信源监听和外部监听。

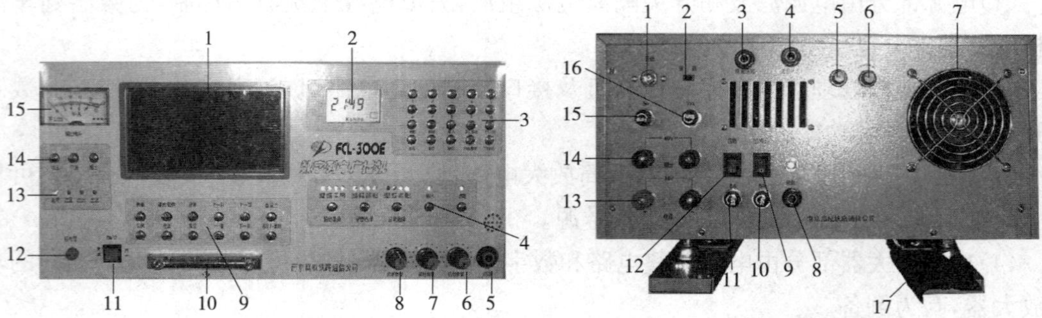

(a) 前面板

1—MP3液晶显示屏；2—收音机液晶显示屏；3—收音机控制按键；4—输出选择、录音选择、监听选择、话筒播音按键及指示灯；5—话筒插座；6—话筒音量控；7—输出音量；8—监听单量；9—MP3控制按键；10—CF卡仓储室；11—MP3电源开关；12—总电源开关；13—保护显示；14—电流、电压、输出切换按键；15—复用电表

(b) 后面板

1—天线；2—近/远程选择；3—应急话筒插座；4—应急线路插座；5—应急话筒音量；6—应急线路音量；7—风扇；8—负载试验开关；9—主/备机手动控制；10—备机保险；11—主机保险；12—应急开关；13—电源直流48 V；14—输出60 V；15—电源保险；16—输出保险；17—减震器

图 5-5　FCL-300E1 型列车广播机

图 5-6　FCL-300E2 型列车广播机前面板

(5)输出音量指示：

①有输出功率调节。

②有话筒与音量调节。

③有监听喇叭和监听信源选择、监听音量调节。

④有各种信源录音选择。

(6)48 V 直流输入电源(有保险丝盒)。

(7)输出 60 V(有保险丝盒)。

(8)有输出电平指示及过压、过流、过温保护电路。当外线短路时，电流小于 0.5 A。

(9)有正常、过压、过流、过温指示灯显示工作状态。

复习思考题

1. 铁路广播与站场通信系统的主要作用是什么？

2. 根据使用的区域和用途不同，铁路广播系统分为哪几类？

3. 车站客运广播系统由哪几个部分组成？

4. 车站客运广播系统的基本原理是什么？

第六章　电视会议系统

电视会议系统是国铁集团与路局集团公司、路局集团公司与基层站段等进行工作部署以及突发事件处置、信息沟通等的重要通信设施。铁路电视会议系统必须提供安全、稳定、可靠、高质量的图像和语音信号。

电视会议是指利用视讯技术和设备，通过现代通信网络把不同地点的会议室连接起来，在两地或多地召开实时、双向、交互式的可视会议的一种多媒体通信手段。

电视会议主要能实时传送与会者的形象、声音以及会议资料图表和相关实物的图像等，使身居不同地点的与会者可以互相闻声见影，如同坐在同一间会议室中开会一样。利用摄像机、话筒和通信信道将一个地方会场的开会人形象、发表意见或报告内容传送到其他地点会场；并能出示实物、图纸文件和实拍电视图像以增加临场感；若辅以电子白板、书写电话、传真机等信息通信，可实现与各方会场的与会人员进行研讨与磋商。这种利用一条信道同时传送图像、语音、数据等信息的方式、“面对面”可视化的效果完全可以代替现场会议。

电视会议系统的国际标准：为了规范多媒体通信产业的发展，国际电联（ITU-T）为电视会议系统制订了一系列的标准框架，如 H. 310、H. 320、H. 321、H. 322、H. 323、H. 324 等，这些标准框架通过各自的子协议和子标准对电视会议系统的性能指标、视音频压缩算法、信息结构、控制命令、信令规程和组建电视会议网的原则等各方面都做了完整的规定。

H. 320 标准：H. 320 协议第 1 版于 1990 年推出，主要都是建立在 E1、DDN、ISDN 等网络上。经过多年来的发展与实践，无论是功能和性能，还是在工程实施与系统可靠稳定运行方面，H. 320 系统都已十分成熟，在大型专业电视会议系统领域占据着统治地位。

H. 323 标准：H. 323 是支持在分组交换网络进行多媒体通信的协议。H. 323 标准涵盖了音频、视频及数据在以 IP 包为基础的网络（LAN、Intranet 和 Internet）上的通信。

由于其承载网络是没有 QoS 保证的 IP 网络，因此，H. 323 的电视会议系统在视音频质量和稳定性上要劣于 H. 320 系统。

对于范围广泛的基于 IP 网络的多媒体通信应用来说，由于 H. 323 协议的推出符合 IP 统一一切、在开放式网络平台和应用平台上进行互连互通的国际发展趋势，成为目前应用最广最通用的协议标准。

第一节　电视会议系统组成与类型

一、基本结构

电视会议系统主要由会议终端、多点控制器、信道（网络）及控制管理软件组成，如图 6-1

所示。会议系统中的信息流包括音频、视频、数据和控制信息。音频信号是数字化并编码的语音，还伴有音频控制信息；视频信号是数字化并编码的运动图像，还伴有视频控制信息；数据信号中包含静止图像、传真、文档、计算机文件和其他数据流。

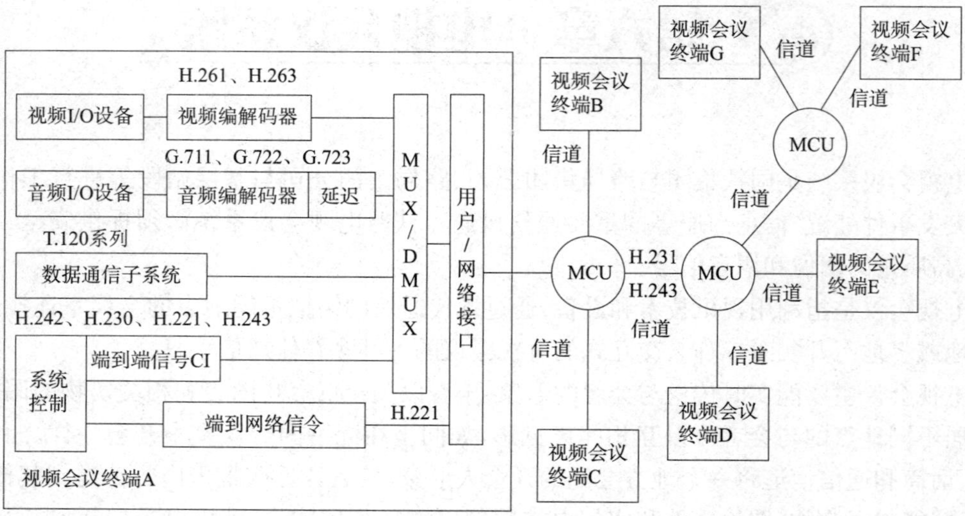

图 6-1　电视会议系统结构框图

图 6-1 中，H. 242 是 2 Mbit/s 以内数字信道，在终端之间建立通信的协议；H. 243 是 2 Mbit/s 以内数字信道，在三个或多个终端之间建立通信的协议；H. 230 是关于帧同步控制和指示(C&I)信号的系统控制协议；H. 231 是 1 920 kbit/s 以内信道的多点控制单元的系统控制协议；H. 221 是 64～1 920 kbit/s 信道的帧结构成帧、多路复用协议；可以看出，信道将终端联系起来，整个系统由 MCU 来控制。

(一)终端

终端是配置了摄像头、麦克风、耳机的计算机，或集语音、数据和图像于一体的多媒体业务终端。计算机需要配置相应的软硬件，如用户电视会议通信的软件、视频(H. 263、H. 263 +)、音频(G. 711、G. 723、G. 729) 编码/解码硬件，等等。

终端的主要功能是完成音/视频信号的采集、压缩编码和解码处理及显示输出，最后将符合国际标准的压缩码流经线路接口送到信道，或从信道上将码流送到终端处理。此外，终端还要形成通信的各种控制信息，例如同步控制和指示信号、远端摄像机的控制信号、终端的呼叫信令，还要组帧、加密等等。

IP 音/视频信息以分组数据的形式在互联网中传输。它的一般封装形式是在音/视频数据前加上 RTP 包头、UDP 包头和 IP 包头，通过这些冗余字节寻址、提高传输可靠性。封装的效率取决于一个 RTP 包中音/视频包的多少。RTP 包中的音/视频包越多，封装效率越高，电路利用率越高，但由于 RTP 包携带的音/视频包个数增加，单个 IP 数据包的时延(包括编码、打包、处理、网络传输、缓冲排队等造成的时延)在一个来回的历时加长，全网时延就加大，给用户的感觉就是“对方迟钝”。这是需要综合考虑的。

（二）多点控制单元

真正的电视会议不可能只是点对点的，而是多点的。如果不加控制的话，N 个电视会议终端参加会议，必须同时向"$N-1$"个终端发送自己的音/视频数据，还要接收那"$N-1$"个终端发送给自己的所有数据，当 N 很大时这是很难实现的。但相同的问题早已在电话交换技术中得到解决。MCU 作用就相当于电话网中的交换机，有所区别的是，它同时对图像、语音、数据信号进行切换或处理，而不像交换机那样仅对语音进行切换。

多点控制单元（Multipoint Control Unit，MCU）是电视会议系统的关键设备，是一个数字处理单元。3 个以上的终端进行通信时，就需要 MCU 做信号汇接处理，使多个终端能通过该设备在一个会议中互相通信。它的主要作用是对输入的多路电视会议信号进行切换，在通信网络上控制各个点的视频、音频、通用数据以及系统控制信号的流向。例如，可以让所有电视会议的参加者与 MCU 建立呼叫连接，而且都把自己的音/视频数据传输给它。MCU 处理后形成一路综合的音/视频数据分送各个与会者。

MCU 对各种信号的处理方式是不同的，对数据信号采用广播方式，对语音信号采取多路混合的方式，对视频信号采取切换选择的方式，最后，将各路音频、视频信号组成一个复合的输出信号。对语音进行混合是因为多路音频信号混合相加后人耳仍能分辨出各路音频信号。语音的多路混合又分为两种：如只有一个会场发言，MCU 就将它的音频信号切换到其会场；若同时有几个会场发言，MCU 将它们的音频信号进行混合处理，挑出电平最高的音频信号，然后切换到该电平以外的其他会场。而视频信号却不能直接多路混合相加，因为哪怕只有两路视频信号直接叠加也会成为不可分辨的图像，只能根据需要从接收到的各路视频信号中选出某一路信号切换到所有会场，或者选出若干路视频在显示器上做多画面显示，所以视频信号只能切换选择。

MCU 还可作为不同网络会议系统终端的网桥。根据应用的通信网络不同，多点交互式电视会议系统的 MCU 也不尽相同。

MCU 主要由网络接口单元、呼叫控制单元、呼叫控制处理器、多路复用和解复用单元、音频处理器、视频处理器、数据处理器、控制处理器、密钥处理分发器组成。其中，音频处理器进行语音信号的分离、译码、混合和编码等语音处理；视频处理器对视频信号进行切换选择；控制处理器决定正确的路由，混合或切换音频、视频、数据信号。在 N 个端口情况下信道切换可采用（$N \times N$）矩阵。

（三）信道

通信网络可以采取公用电话网（PSTN）、数字数据网（DDN）、综合业务数字网（ISDN）、分组网（如局域网、因特网等）、无线网等。电视会议系统的工作速率为 64 kbit/s～2 Mbit/s。一般在同一次会议中，所有终端都会选用同一速率。

IP 网中可接受的图像质量要求 384 kbit/s 的速率，利用 H.263 编码方式，需 128～256 kbit/s。由于是交互式通信，加上网络传送的开销，如数据的纠错、加密等附加信息的加入，一个实际的点对点的可视通话，可能要占据此带宽的 2.5 倍（800～900 kbit/s）。

（四）会议系统管理软件

会议的管理和控制功能主要包括用户管理、会议管理、会议配置管理，等等。

用户管理,例如会议权限验证,可以保障了会议的安全可靠。

会议控制,例如会议主席(使用主席密码进入会议或进入会议后申请成为主席)可以将会议的模式设置为自由会议模式或主席控制模式。在自由会议模式中,各种发言、控制的权限均按照排队机制进行处理。而在主席控制模式中,主席拥有集中控制的权限,可对整个会议的进程安排进行控制管理。

会议配置管理,例如在会议预约时,进行相应的资源配置,包括会议时间、参加人数、会议带宽、视频数目等。这种对会议资源统一管理的方式可使电视会议所占用的网络带宽资源等成为可控的、变化在预期范围内的,避免了因使用电视会议消耗带宽而给网络资源应用所带来的影响。

配置管理中,系统要把用户的服务请求映射成预先规定的 QoS 参数,从而与系统和网络资源对应起来,通过资源的分配和调度满足用户的应用需要。资源的分配和调度有静态管理和动态管理两种,静态管理包括 QoS 的协商和解释、资源许可、资源的保留和分配及资源的释放;动态管理包括进程管理、缓冲区管理、传输速率和流量控制及差错控制。

二、电视会议系统的分类

电视会议系统按信号处理方式分为模拟和数字两种。前者利用闭路有线电视系统实现单向电视会议,而后者通过计算机软硬件和数字通信技术实现。数字电视会议系统又分为基于硬件的和基于软件的系统。基于硬件的系统使用专用的设备来实现,使用简单,维护方便,视频的质量非常好,但造价较高,对网络要求也比较高,有时需要专线来保证。基于软件的系统完全用软件完成硬件的功能(例如编/解码),完全用互联网进行传输,能充分利用现有的计算机及网络资源,总体造价较低,对网络要求也低,但视频效果一般。

电视会议系统根据通信节点的数量,按用户组成分为点对点和多点电视会议系统。

点对点会议系统支持两个通信节点之间的电视会议通信功能,它的主要业务是:

(1)可视电话。可视电话是现有公用电话网上使用的具有双工视频传送功能的电话设备,由于电话网带宽的限制,可视电话只能使用较小的屏幕和较低的视频传输速率。

(2)桌面电视会议系统。这种电视会议系统利用用户现有的 PC 机以及网络通信设备与远端 PC 机通过网络进行通信。会议室作为一个收发中心,能与远端的另外一个会议室进行交互通信,完成两点间的电视会议功能。

多点电视会议系统允许三个或三个以上不同地点的人员同时参与会议。多点电视会议系统的一个关键技术是多点控制问题。

如果按多点控制方式分类,多点电视会议系统分为集中式、分布式、混合式三种模式。

第二节　电视会议系统工作原理

一、会议形式分类

几种多点会议的示意如图 6-2 所示,H. 323 标准可支持的会议形式包括:(1)由 D、E 和 F 终端参加的集中式电视会议;(2)由 A、B 和 C 终端参加的分布式电视会议;(3)混合式多点电视会议。图 6-2 中的多点控制单元(MCU)在这些会议中起桥梁作用。

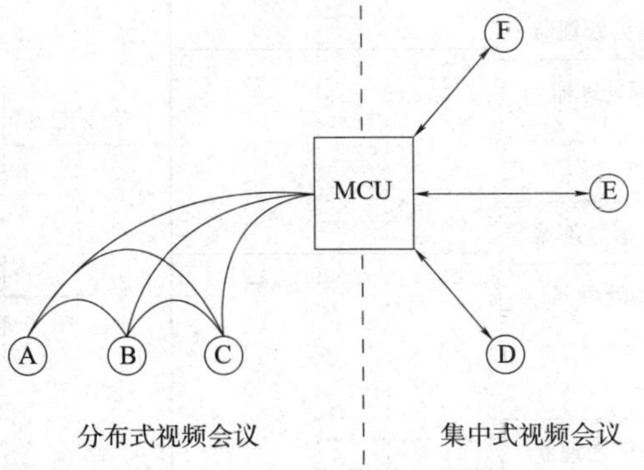

图 6-2　几种多点会议的示意图

(一)集中式多点会议

集中式多点会议必须配备 MCU。所有终端以点对点的方式向 MCU 发送音频(声音)、视频(电视图像)、数据和控制流。MCU 中的多点控制器 MC 管理用 H. 245 信令控制的电视会议,而多点处理器 MP 处理声音混合、数据分发、视频图像切换/混合,并且把处理的结果返回给每个与会终端。MCU 由管理工作站进行管理,管理员可通过工作站对 MCU 进行配置和测试,安排会议日程,统计和记录计费信息。召开单个会议时,各点应采用相同的音/视频编码算法,还应工作在相同的通信速率上,网络采用星形结构;多个不同会议同时召开时,可以由一个 MCU 控制多个会议的各编/解码器。这时,不要求各会议的音/视频编码算法相同,也不需相同的码流传输速率。由 MP 提供不同编译码器和不同速率之间转换功能,可使用多播方式发送经过处理的视频图像。

控制视频切换的方式有语音控制、主席控制、演讲者控制三种。MCU 通过监测与会者的相对语音电平高低来判断发言者,从而送出发言者图像信号的是语音控制;由会议主持者人工切换所送出的图像信号的是主席控制;视频信号的控制切换由演讲者人工选择的是演讲者控制。

某种集中式 MCU 结构如图 6-3 所示,包括通信处理器、音频处理器、线路接口、音频桥、码流开关、系统控制器 6 个模块。

(1)通信处理器(CP)

通信处理器用于处理多点会议中的 MCU 与编解码器之间来往的通信帧,MCU 中的每一个端口都对应一个会场,需要一块 CP 模块,主要作用是信号的复用/解复用。接收时,从线路接口电路中接收音/视频/数据组成的复用信号。首先检出同步信号,然后解复用,将各信号分送到音频处理器和码流切换开关;发送时,它接收音频处理器和码流切换开关的数据,并与同步信号和控制信号复用在一起送到线路接口电路。必要时还要加密/解密。

(2)音频处理器(AF)

音频处理器按照各种音频模式编码和解码。MCU 中,每端口都需要一个音频处理器,配 V. 35 (同步的串行数据接口)、G. 732 等选用接口。音频处理器接收的是通信处理器(CP)解复用后的音频比特流,解码后送到音频桥;发送时则是对音频桥提供的音频信号编码,并送到通信处理器(CP)以便汇总到通信帧中。

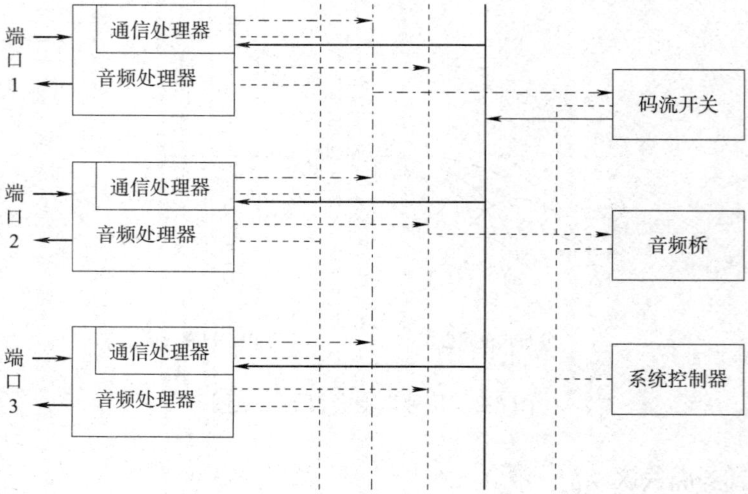

图 6-3　集中式 MCU 结构框图

(3)线路接口

线路接口是线路驱动器和接收器,提供各种网络接口。它接收从通信网来的数据,并使该比特流同步于系统时钟,然后直接送到通信处理器(CP)解复用。

(4)音频桥

音频桥的功能是从各个会议源中取出各自的音频信号,合成一个混合信号,使各地会场能互相听到声音。每一个 MCU 只需一个音频桥。

(5)码流切换开关

码流切换开关用于切换视频信号。作为一个缓冲器,它管理被选择出来的输入和输出端口之间的数据流。用户数据(例如 RS-449 用户数据、RS-232 用户数据)和已编码的视频数据,通过 FIFO 存储器被缓存下来,发送给通信处理器形成通信帧,发送时间由 CP 控制。一个码流切换开关可以缓冲数路独立选出的数据源;当端口数据超出可缓冲路数时可设第 2 个码流切换开关。

(6)系统控制器

系统控制器提供对 MCU 的用户接口,进行总操作。确定显示模式、音视频编码算法、会议速率等。系统控制器要对音频桥提供系统结构信息,包括会议信道、音频模式、给定信道是级联还是直接连到编解码器等,它还提供呼叫连接的振铃比特。

(二)分布式多点会议

电视会议主要是一点对多点、多点对多点的实时同步通信。电视会议系统要求不同媒体、不同位置的终端的收发同步协调,使终端能够共享工作对象、工作结果、数据资料。在集中式多点会议系统中,所有音频、视频、数据、控制信令都会聚到 MCU,由它进行有效地统一控制,而在分布式多点会议系统中,一个 MCU 的任务被分散到多个 MCU 去完成,多个 MCU 之间的通信、合作、协调就形成了分布式多点会议系统。

图 6-4 为一个分布式多点会议系统的例子。这种分布式多点会议系统每个站都有一台 MCU。某个终端以多播的方式向其他与会终端广播自己的音频信号和视频图像,其他终端

响应，将接收到的音频信号和图像分别播放/显示出来。多点数据的控制仍然由 MCU 集中处理，H. 245 控制信息仍然以点对点的方式传送到 MCU。

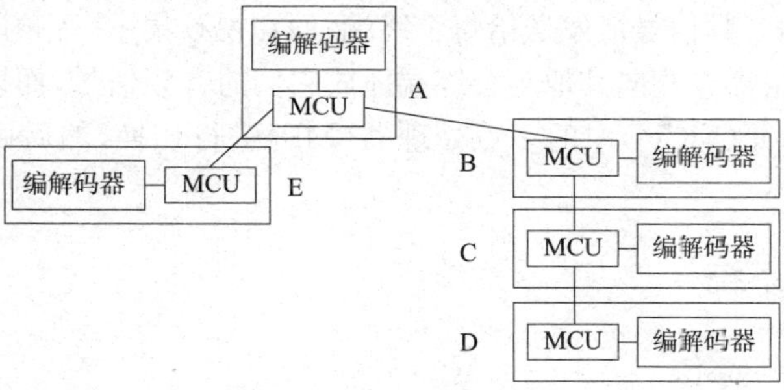

图 6-4　分布式多点会议示意图

在图 6-5 中，设 A 为发言的主会场，D 为 A 要看的分会场。首先由 A 会场发出控制码，各站 MCU 收到控制码后切换相应的开关，保证正确的信号流向。A 站的切换设备一方面将本站信号分送到所有分会场，另一方面又从 B 站接收 D 站发出的信号。B、C 两站的切换设备不仅要为 A、D 之间建立正确的路由，还得向其他有关各站转发 A 站的信号。

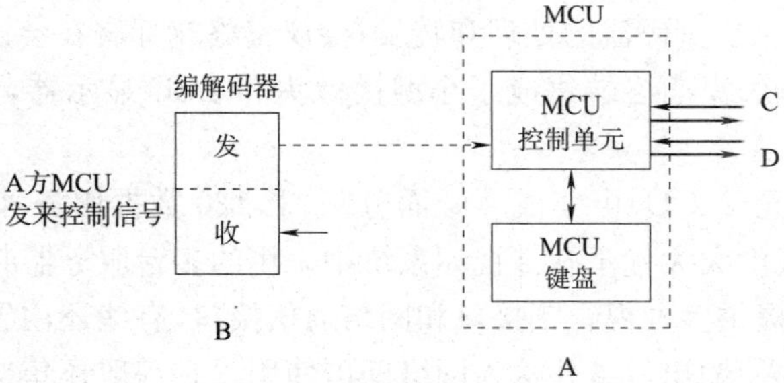

图 6-5　分布式 MCU 组成示意图

本例中各站 MCU 由控制键盘（单板机）和控制单元组成。主席通过控制键盘发出与会议有关的命令，通过编码器的发送部分送出控制码。各站 MCU 控制单元收到控制码后切换相应的电子开关，保证正确的信号流向。各站的编解码器是处理控制信号的。

分布式多点会议系统使用了多播技术。在组播组创立后，参加会议的 H. 323 终端将音频、视频流广播给本组其他参与会议的终端，控制信息则以点对点方式发送给 MC。接收终端负责处理接收的音频、视频流。

分布式的优点是对网络资源的占用少，并能大幅度地降低成本，可靠性高，但它要求网络的配置支持网络广播。

（三）混合式多点会议

混合式多点会议是将集中式和分布式多点会议加以组合的一种会议形式，综合了集中式和分布式多点会议的特点。参加会议的 H. 323 终端将本地的音频（或视频）以点对点方式发送给 MC，同时将本地的视频（或音频）以广播方式发送给所有的 H. 323 终端，所以混合式有两种形式：音频集中/视频广播和视频集中/音频广播。

在音频集中/视频广播混合式多点电视会议形式中，终端以组播方式向其他与会终端播放它们的电视，而以单播方式把音频信号传送给多点控制单元（MCU）中的多点处理器（MP），然后由MP把音频信号流发送给每个终端；而在视频集中/音频广播混合式多点电视会议形式中，终端以组播方式向其他与会终端播放它们的音频信号，而以单播方式把视频图像传送给多点控制单元（MCU）中的多点处理器（MP）进行切换，然后由MP把视频图像流发送给每个终端。

二、电视会议系统

（一）硬件电视会议系统

硬件电视会议系统基于嵌入式架构，依靠DSP＋嵌入式软件实现视/音频处理、网络通信和各项会议功能，其最大的特点是集成度高、具有很高的安全性和稳定性、音/视频效果好、具有良好的QoS保障机制、支持广泛的通信网络等，但成本相对较高。大部分中高端电视会议系统都采用了硬件视频方式。硬件实现的会议系统适合专业电视会议领域，可达到每秒30帧的画面传输质量，是电信级的。

硬件电视会议系统主要包括嵌入式MCU、会议室终端、桌面终端等硬件设备。其中，MCU部署在网络中心，负责码流的处理和转发；会议室终端部署在会议室，与摄像头、话筒、电视机等外围设备互联；桌面终端集成了小型摄像头和LCD显示器，可安放在办公桌上作为专用视频通信工具。

硬件多点控制单元（MCU）可集成多画面分割、T. 120数据服务、网守GK、数字混音等各类硬件模块，其集成度大大优于软件视频系统中采用的多台服务器共同运行的方式。

硬件视频终端可提供多种视音频接口和网络通信接口，有些还内置了视频矩阵功能，只需连接外围视音频输入/输出设备并接入网络即可使用。它一般还集成了遥控功能，对电脑不熟悉的人员可通过遥控器和菜单进行电视会议的各项设置和操作。

当然，硬件电视会议系统也可以通过PC进行设置和操作，方便大型会议的控制和管理。

纯硬件视频系统技术难度较大，全部硬件和软件都由厂商自己来设计，采用专用通信处理器实现系统控制，采用专用的DSP芯片（即视频专用数字信号处理器，而不是通用CPU芯片）处理视/音频；采用厂商自己开发的嵌入式实时操作系统；所有运行环境都固化于芯片中。

（二）软件电视会议系统

软件电视会议系统基于PC架构，依靠专用的软件在CPU中运行，以处理视、音频编解码工作，其最大的特点是廉价、开放性好、软件集成方便。但软件视频在稳定性、可靠性方面还有待提高，视频质量普遍低于硬件视频系统。

软件电视会议系统主要采用服务器＋PC的架构。在中心点部署MCU服务器、多画面处理服务器和流媒体服务器；在普通桌面PC上配置USB摄像头、耳机和麦克风和会议终端软件；在会议室配置高性能PC、视频采集卡、会议摄像头和会议终端软件。在召开电视会议时，采用基于Windows的操作界面进行会议的各项设置和管理。

软件MCU一般采用服务器或是工控机＋MCU软件来实现，最低端可采用普通的PC。

这是利用高性能的CPU来实现视/音频码流的转发、信令的处理等。这类MCU可靠性不高、容量小、码流处理能力低、接口类型单一，难以扩展，但结构简单，通用性比较强，虽不适合专业会议场所，却适合低码率和低端电视会议应用场合，如视频聊天服务器等。通过提高CPU的频率或数量可以提高系统的处理能力。

与硬件电视会议系统相比，软件电视会议系统的优势是成本低，不需租用线路，利用普通的PC机、PC机上通用的视频音频采集设备和普通IP网络，就能够实现电视会议；系统灵活性强，功能扩展性好，能提供更为丰富的数据协作、会议管理和控制功能，方便升级，使用也更加灵活。

软件电视会议系统一般由视频控制服务器、会议客户端软件、IP传输网络系统组成。软件电视会议系统和电视会议服务器分别如图6-6和图6-7所示。

图6-6　软件电视会议系统示意图

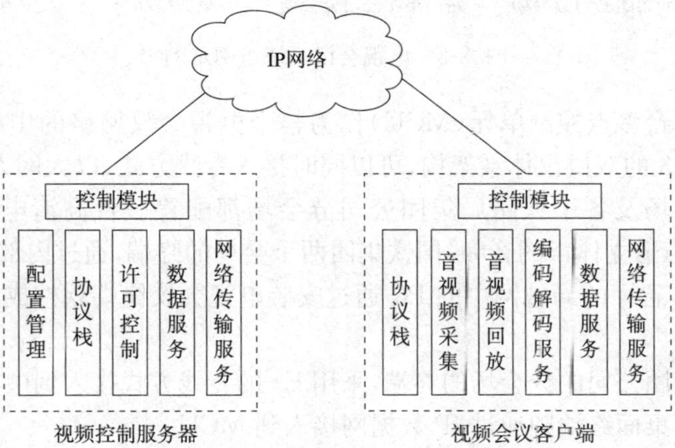

图6-7　电视会议服务器/客户端框图

(三)电视会议组网方式

目前，电视会议组网主要包括基于专线的、基于ISDN网络的、基于因特网等几种组网方式。

基于ISDN广域网的电视会议必须使用H. 320标准的MCU，其网络结构主要是H. 243标准下的主从星形汇接结构，每个终端必须与MCU建立电路链接。因此支持H. 320方式的MCU一般带有大量的电路接口，可保证确定带宽电视会议的召开。带宽128 kbit/s(一个BRI)以上可达到每秒15帧；384 kbit/s(三个BRI)以上可达到每秒30帧。

在基于因特网的 H. 323 电视会议系统中，集团公司在多个会议场点进行多点会议时，必须设置一台或多台 MCU。在会议场点数目不多且地域分布比较集中时，可采用单 MCU 方式。多 MCU 连接的星形组网结构对会议终端系统要求较低，增加新会议场点时易扩展。集团公司多 MCU 连接的树形组网结构最适宜于部署在各会议场点地域上很分散的情况，可利用 ISDN、B-ISDN 或长途数字传输网(DDN)等通信网络。

例如，某系统组网如图 6-8 所示，是一个二级网组网方案。

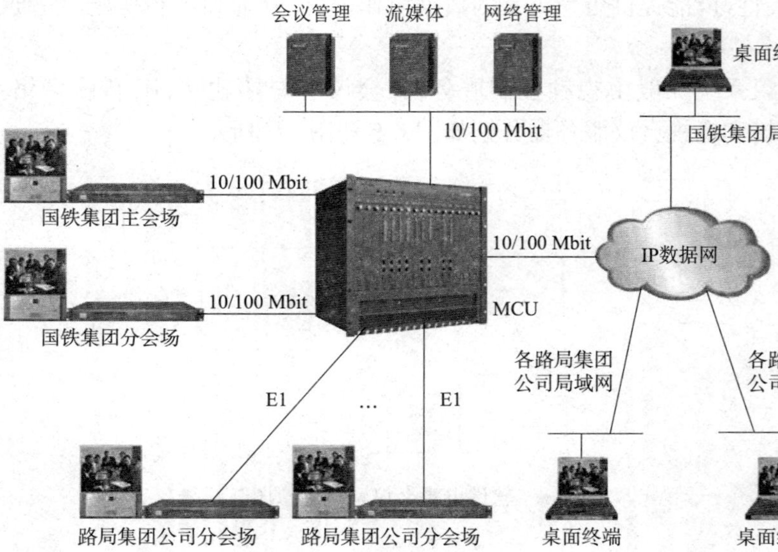

图 6-8　电视会议系统组网示例

在国铁集团一台多点控制单元(MCU)作为整个电视会议网络的中心交换设备。它具有 H. 320 和 H. 323 的双协议体系架构，可以同时接入专线方式、以太网方式的终端。

国铁集团主会场及各个铁路局集团公司分会场都配置一台高清电视会议终端，提供 4CIF 的视频和双声道立体声的音频，国铁集团两个会场的终端，通过内部的 10/100 Mbit 以太网接入到 MCU，省厅的局域网中的 PC 通过安装电视会议终端软件成为桌面终端加入到电视会议系统中。

各个铁路局集团公司的分会场的终端，采用 E1 的专线方式接入到中心点 MCU，而各个铁路局局域网中的桌面终端则通过 IP 数据网接入到 MCU。

中心点还配置一台普通 PC 加会议管理软件实现的会议管理平台、一台负责数字录像及点播服务的流媒体服务器和一台采用标准的 SNMP 网管协议与 MCU、电视会议终端、录像服务器等设备进行通信的网管服务器。会议管理平台可以实现大型会议的各项设置和控制；流媒体服务器可以对会议进行实时录像并接受局域网桌面终端的点播；网管服务器可以对网络中的所有设备进行实时的监测和管理。

整个系统可以实现以下的功能：

(1)MCU 功能

①支持 H. 320 和 H. 323 标准的终端接入，支持 IP 和专线接入方式(E1 和 V. 35)适应 64 kbit/s～8 Mbit/s 速率接入。

②支持级联组网和控制，在级联组网时，网络中的主、从 MCU 及电视会议终端能够互通互控，通过网管系统对各 MCU 进行统一管理，实现对各 MCU 的配置和维护。可内置网守。

③在 H. 323 方式下，MCU 最多可支持 448 个 2 M 带宽速率的会议终端接入，在 H. 320 方式下，MCU 最多可支持 128 个 2 M 带宽速率的会议终端接入。

④支持终端对级联会议的主席控制，包括添加会场、删除会场、会场静音闭音、会场广播、点名发言、多画面组合调整、呼叫会场、挂断会场、主席选看、申请主席、释放主席、结束会议等功能。

⑤网管中心基于 SNMP 协议设计，具有配置管理、系统诊断、日志管理等功能。网管中心对已定义的 MCU 具有本地管理台一样的控制权。

⑥在 MCU 多级级联组网的情况下，支持交互式讨论和 T. 120 数据会议，实现电子白板、应用共享、文件传输、多方交谈等功能。

⑦音频处理能进行语音混合和不同编码方式的转换，支持 G. 711、G. 722、G. 728、G. 729 和 MP3 等音频协议，通过控制终端可以选择确定音频编解码格式。

⑧在 H. 323 协议下提供 10/100 Mit 自适应 RJ45 以太网口，在 H. 320 协议下提供 E1 和 V. 35 接口。支持不同速率接口同网运行，支持 $N\times2$ M 链路在部分 2 M 通道中断时自动速率适配，不影响会议功能，并且提供单独的 MCU 维护管理端口。

⑨支持 T. 120 数据会议功能，可实现电子白板、文件传输、应用共享等功能。

⑩内置 Web 服务器，具有流媒体发送功能，支持流媒体组播，可向桌面终端组播会议；提供电话接入功能，实现音频会议与电视会议的互通。

(2)会议室型终端功能

①视频特性

符合 ITU-T H. 261、H. 263、H. 263＋以及 MPEG-4 标准；支持 PAL/NTSC 双制式视频信号，自动识别输入视频信号制式；支持图像格式 QCIF、CIF、4CIF；支持内置画中画功能，画中画位置可调；内置视频矩阵(8×8)，支持 6 路复合视频输入/输出和 1 路 S 端子视频输入/输出、1 路 VGA 视频输入/输出；能通过图文摄像机摄取静止实物图像进行传送。

②音频特性

支持 MP3、G. 711、G. 722、G. 728、G. 729 音频标准；提供自适应双工回声抵消和噪声抑制功能；自动调节唇音同步，误差不可察觉；提供 2 路的音频输入和 2 路音频输出；信道中断时能自动静噪，信道同步时能自动恢复。

③传输接口

具有 10/100 Mbit 以太网口和 E1、V. 35 模块插槽，提供终端管理维护端口。

④提供中文用户图形操作界面，配置时遥控器和管理终端都可进行操作。

⑤支持对摄像机的上下左右转动、光圈大小、变焦、调焦、镜头位置预存及选取等操作。

⑥终端传输信道中断时，具有自动观看本地图像或蓝屏或能冻结显示前一幅画面或显示任意其他会场画面功能，信道恢复时能自动恢复。

⑦传输速率支持 64 kbit/s～8 Mbit/s 并连续可调。

⑧具有组播功能，将 MCU 发来的视音频流组播到局域网，供桌面终端收看。

⑨终端控制功能。终端支持多点会议控制功能和主席控制功能。其主席控制功能应包括观看会场、自动浏览、申请/释放主席、断开/添加会场、结束会议、会场静音/取消静音、会场闭音/取消闭音、广播现场、导播发言、自由讨论、声控切换设置和多画面设置。

(3)T. 120 数据会议功能

①遵循 T. 120 系列国际标准，提供标准的数据会议管理，为终端会场提供多方交谈、文件传输、应用共享、协同操作和电子白板功能。

②可以限定数据会议带宽(以 64 kbit/s 为单位)，支持数据会议召开过程中的动态带宽控制，保障数据带宽不超过会议限定数据带宽。

③支持数据会议服务器之间的多级级联，以便提供更大的终端接入能力。

④具有群呼、主席控制、带宽管理、安全管理等功能。

⑤具有在线用户的检测、支持断线自动重邀功能。

(4)会议控制台功能

①网络综合配置：包括会议传输速率的设定、音频标准的选择等。

②选择与会终端。

③会议综合管理控制：包括控制方式转换、开始会议、会议时间设定、会议内容纪录、对各个终端静音、强制显像、多画面显示、强制主席令牌分配和释放、强制终端及从 MCU 退出、会议预设置，等等。

④各终端视频音频状态监视。会议控制台管理员可选择观看任何一个会场的图像，可以同时观看数个会场的图像。

⑤创建会议：可以创建的会议类型包括即时会议和预约会议，即时会议创建后会议马上开始；预约会议指定会议在规定时间开始。在会议创建过程中可以设置会议持续时间、会议的发言终端和主席终端。

⑥修改/查看会议参数：对于预约会议，可以修改会议的名称、会议模式、持续时间。参加会议的会场、会议的主席、发言人等。

⑦删除会议：终止会议的进行，将会议从 MCU 中删除。

⑧终端查看：选择特定的会议，查看其参加会议的终端的状态，如是否在线、是否是发言人等。

⑨退出/邀请终端：会议过程中，可以临时让某个终端退出，也可以邀请某个终端参加会议。

⑩指定/取消发言人。

⑪指定/取消主席。

⑫终端选看/取消选看：会议过程中，指定终端选择收看其他某个终端的图像；在不需要选看，可以取消终端选看功能。

⑬发言人轮询会场：在发言终端进行发言的过程中，可以指定其定时查看其他会场的收看情况。

⑭选择当前视频源：对于配置多个视频输入设备的终端，可以选择某个视频输入源的图像。

⑮终端遥控禁止/使能：可以暂时禁止/使能终端遥控功能。

⑯终端摄像机遥控器控制：对终端的摄像机进行远程遥控，可以移动摄像机的位置，调整摄像机的背景亮度，调整摄像机的焦距，摄像机对焦调整，摄像机预置位保存/加载等。

⑰广播短消息：会议进行中，可以向会议中的终端发送短消息。

⑱解码器自检：会议进行中，对指定终端的解码器自检和重启等操作。

⑲终端组管理：可以对终端进行分组管理，方便创建会议的时候选择终端，报刊组的创建、删除和修改等操作。

⑳会场画面监视功能：会议控制台支持对会场画面进行监视。用户可以选择指定的终端的图像和声音进行监视，同时可以对某个画面进行静音和停止监视图像等操作，通过查看视/音频图像的参数，了解当前图像和声音在各个会场的情况。

㉑混音器控制：支持对会议混音功能，选择指定的终端参加混音，其他终端作为观众讨论的声音混音器传递给其他终端收听。

㉒多画面显示控制：支持选择指定的终端图像在指定的多画面窗口位置进行显示。

㉓数码放像机控制：支持选择会议录像文件，由数码录像机播放文件，并通过网络传输到需要接收的网络设备上。

㉔数码录像机控制：支持会议录像功能，将会议所有发言人的图像和声音录到文件中保存在数码录像机上。

㉕网络拓扑结构查询功能：会议控制台支持对全网拓扑结构的查询功能。

㉖会议消息显示：对会议中发生的消息进行即时显示并且保存，如会场终端的断线、加入等。

(5)网络管理功能

电视会议网管系统不是电视会议系统的必备部分，ITU-T 并未对它制订相关标准。但是在实际应用中，电视会议网管的作用是很明显的。与其他通信网络的网管系统类似，电视会议网管的目的就在于控制 MCU 以及各个终端，完成在它们之间的通信及各种控制命令的处理，统一网络中各种资源的调度管理、远程故障诊断等功能，并提供友好的人机界面，达到方便、直观地对电视会议网络进行综合管理的目标。

网管软件控制网管客户端的登录，处理从网管客户端下行来的命令和 MCU 及会议室型终端上行的通知等消息，起到管理和总控角色，其具有以下功能：

①支持多客户端同时登录管理。

②具有严格的用户安全检查和权限检查机制，保证系统的安全可靠。

③以图形方式同时实时显示网络中各 MCU 和会议终端设备的工作状态，对各类告警进行声、光显示。

④对于各类告警具有自动记录功能，可按照告警类别、发生时间、发生地点进行查询和统计。

⑤具有日志管理功能，对系统管理员的各类操作命令进行记录，并可供查询，便于进行分析。

⑥以图形方式显示各设备的配置情况、电路工作状态、交叉连接情况，并可由系统管理员进行在线配置。

⑦提供系统自诊断功能，通过加电时系统诊断、单板诊断、自环诊断等多种途径，能够快速定位故障位置。

⑧具有版本远程升级功能，在网管中心可对全网电视会议 MCU 和会议终端设备的软件版本进行远程升级。

(6)双流功能

除了要传送演讲者的视频图像和声音外，会议还要能传送数据，通过电脑及其他外接设备，提供电子白板、文档共享、文件传输等应用，进行培训时，系统在传输一路图像的同时，可传输另外一路高清的 PC 界面的视频内容和声音，分辨率最高可以达到 1 024×768，并能实现交互式操作。

(7)多画面分割

可通过配置 VPU 板来实现多画面处理功能(最大支持 16 画面分割)。通过会议控制台的操作，将会场的图像送到 VPU 板处理，可以设定哪几个会场的画面出现在多画面中，并可以将多画面合成一个画面后传送到各个分会场。

(8)流媒体广播

电视会议 MCU 和终端支持流媒体广播和组播，中心点局域网内的用户可接收 MCU 广播/组播，分会场局域网内的用户可接收自己会场视频终端的组播，这样的优势是在分会场内的用户不是接收 MCU 的组播，从而不需要占用广域网的带宽。配置录像与点播服务器后可实现对会议的录像、回放、会后点播等功能。

(四)多点会议系统的相关技术

1. 数据连接方式

从前述三种多点会议的实现方法可以看出，多点会议系统中数据连接的方式主要有多个点对点方式和 IP 组播方式两种。

(1)多个点对点方式

多个点对点方式是指各会议终端都以点对点方式与 MCU 进行通信，所有与会终端的音/视频流和控制流都要经过 MCU，势必造成 MCU 所在网段的负载过重，网络带宽的利用率不高，从而使能够参加会议的视频终端的数量受到限制。

(2)IP 组播方式

IP 组播是一个发送者一次发送数据给多个接受者的技术。与之对应的两个概念是单播(一对一的传输)和广播(一对所有人的传输)。因特网设计了组播方案，并预留了一些 IP 地址作为组播地址，好处是减少数据传输量。但由于当前网络底层不能很好地支持 IP 组播技术，而且并不是所有的网络交换机和路由器都支持组播，所以 IP 网络层组播无法在广域网范围实现。目前比较看好的应用层组播，本质上是通过多个单播实现“组播”的效果，因同时引入了诸如动态负载均衡等技术，效果优于简单的多个单播。

众所周知，视频信息占用较大带宽，即使经过压缩编码，同一内容需要多路接收时仍需相当大的带宽。组播技术能比较有效地解决这一对多点传送时的网络带宽问题。组播的类型有单个发送、一组接收；一组发送，一组接收等。在通信过程中，每一组的成员是可以改变的。每一组成员及其地址信息在本地路由器保存和更新。目前组播的组地址分配方式是，终端向本地的地址分配服务器动态申请地址，它具有登记和拓扑特性。在同一网段、同一内容传送一个码流；在网络节点，则根据需要进行复制，发送给不同的用户。当然，根据发送各方和接收各方的网络拓扑分布，某一码流有必要对路由进行选择，以减少网络传输的时延。这就是说，在输入节点应设置组播路由器。

2. MCU与终端实时通信的实现

在Windwos操作系统平台上，应用程序可采用套接字来实现会议终端和MCU之间的通信。套接字是网络通信的基本构件，是可以被命名和寻址的通信端口，使用中的每一个套接字都有一个与之相连的进程。有TCP和UDP两种类型的套接字。流套接字提供了一个面向连接、可靠的数据无差错、无重复地发送，且按发送顺序接收的服务。数据报套接字提供一个无连接服务，不提供无差错保证，但数据报套接字可以提高信道利用率。

依据H. 323标准，传输音/视频数据采用支持UDP协议的数据报套接字，传输控制信令和RAS信令使用支持TCP协议的流套接字。在TCP/IP网络中，无论利用何种套接字，通信进程间相互作用的主要模式是客户/服务器，即客户向服务器发出请求后，服务器提供相应的服务，因此，在终端应用程序和MCU应用程序中都有客户端和服务器端代码。

每个会议终端与MCU之间分别存在音频信道和视频信道，并在MCU中有与之对应的发送线程和接收线程。接收线程传递音/视频数据缓冲区的地址给其他终端在MCU上对应的发送线程，然后把数据发送给其他会议终端。

在电视会议系统中，只简单地使用数据报套接字传输音视频数据不能保证质量，还必须在UDP层上采用RTP（实时传输协议）和RTCP（实时传输控制协议）来改善服务质量。

第三节　电视会议系统的维护及故障处理

一、系统维护中应注意的问题

系统维护中应注意如下几个问题：

（1）室内应保持一定的温度、湿度，避免骤冷骤热，有防尘措施。

（2）应保持有稳定的供电电源，以保护设备的安全运行。

（3）操作调切应缓慢、轻柔，特别是图像调整后不应随便更改，以求得一个稳定的结果。非维护人员不得擅动设备。

（4）适当调整电视机音量，话筒，不要对正音箱，以免回授。

（5）会议进行时，终端应“静音”，在发言时才取消。

（6）保护好摄像机镜头，不开会时将镜头盖盖上。

二、故障处理

电视会议系统发生故障原因大致有以下几种：

（1）电缆接插错位或电路板故障。

（2）线路传输不正常。

（3）电源安装不当，引起干扰。

（4）摄像头视频输出故障，接头松动，云台控制器故障。

(5)驱动程序故障或程序应用错误,设置错误。

(6)数据通通道没有打开。

维护人员要熟知系统设备的构成、软件的操作使用的条件,需要详细了解产品说明书,了解故障现像,分析故障原因,准确判断故障部位,迅速做出处理,以使设备能快速排除故障,正常运行。

三、故障分析处理实例

【故障一】会议终端在自环时,编解码图像不正常

分析:如短接 2 M 口电缆线后正常,程序运行正常,则故障在 CPE1 板与 VPB 板的电缆连接或 CPE1 板本身问题。

处理:检查电缆连接是否错位或接触不良,否则应换 CPEl 板。

【故障二】会议终端自环能连接成功,但图像冻结不能复位

分析:此故障可能是两种原因:(1)和 VPB 板连接的 X. 21 插座电缆连接不良或 VPB 板在工控机中所插的槽位接触不良;(2)VPB 板故障。

处理:先检查连接电缆及插槽连接是否良好,在工控机上换插槽位。若不能排除故障,则可将 VPB 板的 X. 21 插座板后的电缆线拔下,将 VPB 板作四级自环测,试以判断该板是否良好

【故障三】会议终端自环测试正常,但连上 MCU 工作不正常

分析:此故障主要为传输线路误码率过高造成,传输线质量将影响图像质量。

处理:在会议终端上对 MCU 自环,然后由 MCU 检测,判断从 MCU 至终端之间的线路间传输是否正常,再进行处理。

【故障四】会议终端连接成功,但图像有波纹

分析:故障为电源干扰引起。当终端供电与照明及空调设备共用一路电源时,往往会产生此现象。

【故障五】图像发暗

分析:故障原因主要是电视机视频输入电缆及机柜转接板上视频电缆连接不良或图像“对比度”、“亮度”调节不当引起。

处理:检查摄像头供电情况是否良好,视频输出接头是否松动,或重新调整“对比度”“亮度”电位器。

【故障六】摄像头功能失效(转动及镜头光圈、聚焦、变焦调整失灵)

分析:在电缆连接正确的条件下,一般为云台控制器故障。

处理:检查云台控制器与摄像机连接电缆,如正常,则更换云台控制器。

【故障七】会议终端连接正常,触摸屏功能正常,但终端控制无效。

分析:此故障为工控机与控制台串口通信障碍所致。

处理:先检查串口电缆连接接触是否不良,再确定串口设置是否错误。

如以上原因可以排除,则故障为串口损坏,应更换。

【故障八】会议终端与 MCU 连接,图像正常但无声

分析:此故障有此下几种可能原因:(1)音频输出线接触不良;(2)功放电路故障;(3)会议终端中的回声消除器未加电或为“无声”状态。

处理:先检查音频输出电缆是否接触不良。若正常,则可将功放音频输入信号加至电视机音

频输入，如有输出则为功放或音箱故障。如不是该原因，则应检查回声消除状态，并使其正常。

【故障九】会议终端连接后图像正常但对方听不到声音

分析：此故障发生的原因可能为：(1)本端或 MCU 控制台为“静音”状态；(2)音频输入电路接触不良或混响器故障；(3)MCU 内电池无电使混响器无法工作；(4)回声抵消器为“无声”状态或未加上电源；(5)回声抵消器与语音接口板间连线接触不良。

处理：先检查本端及 MCU 是否为静音状态，若无则检查音频输入电缆接触情况是否良好，再检查混响器是否已接上电源，回声消除器加电与否或为无声状态。最后检查 MCU 控制台是否“混音”或已指定本端为发言端。根据确定的原因进行处理。

【故障十】触模屏功能不正常，不能完成触模功能

分析：此故障为触模屏驱动程序不能正常运行所致。

处理：应重新安装触摸屏驱动程序后，再试验其功能是否正常。

【故障十一】会议主席点名要某会场发言不能完成

分析：此故障原因有可能为：(1)会议系统主 MCU 拒绝响应；(2)会场已退出会议。

处理：在保证会议系统中该会场未退出会议的条件下，可再点名一次，则故障一般会消除。

【故障十二】会议系统在正常运行，但图像上有小量彩色块

分析：此故障为终端有少量误码，表现为图像上的彩色块出现。

处理：用鼠标单击终端界面“视频复位”，由于 VPB 板对画面进行刷新，故可除去色块。

【故障十三】外置回声消除器在训练(即调整)过程中死机

分析：死机现像为回声消除器的工作过程中的偶然情况(如程序运行不畅)造成。

处理：应关去回声消除器电源后重新打开回声消除器进行声音训练(再调整)。

【故障十四】主席端选看会场但不能选看主 MCU(或上级 MCU)下的终端会场

分析：此现像为正常现像。因为 H. 243 协议规定电视系统主席选看终端会场不能越过 MCU，故不用进行处理。

【故障十五】终端与 MCU 正常连接，但 MCU 控制台的“摄像机”与“喇叭”图标提示无效(灰色)

分析：此故障可能有如下原因：(1)终端未开机；(2)帧同步丢失；(3)MCU 与终端失去配合。

处理：切断配线架上转接插头一段时间，使终端与 MCU 进入初始化状态，一般即可恢复。

当 MCU 与终端失去配合时，检查终端确认开机后切断配线架上转接插头一段时间，使终端与 MCU 重新进入初始化状态数秒种后，即可能恢复。

【故障十六】主 MCU 上接从 MCU 的端口间断亮、暗且显示器显示{PortXis incomp}。

分析：此故障原因为该端口所接的 MCU 开会时没有打开 LSD6・4 kbit/s 数据通道。

处理：重新设置开会，控制打开此数据通道，故障排除。

电视会议系统常见故障按不同系统还有其他现象，维护时应详细了解产品资料及维护手册，才能做到判断准确，处理迅速，以保证系统的正常运行。

复习思考题

1. 会议电视系统由哪几部分组成？各部分的功能是什么？

2. 会议电视系统是如何分类的？

3. 会议电视系统的组网方式有哪些？

第七章 综合视频监控系统

铁路综合视频监控系统直接服务于铁路客货运输生产，根据需要可选择实时调用或回放各采集点视频图像，是运输安全的重要监控手段。

第一节 概 述

一、综合视频监控系统的概念

在短短的二十几年的发展历程中，视频监控系统已经历了从第一代百分之百的模拟系统(VCR)，到第二代部分数字化的系统(DVR)，再到第三代完全数字化的系统(网络摄像机和视频服务器)三个阶段的发展演变。

(一)模拟视频监控技术

在20世纪90年代初以前，主要是以模拟设备为主的闭路电视监控系统(CCTV)，称为第一代模拟监控系统，以模拟视频矩阵和磁带式录像设备(VCR)为核心。图像信息采用视频电缆，以模拟方式传输，一般传输距离不能太远，主要应用于小范围内的监控。

(二)数字监控技术

20世纪90年代中期，基于PC的多媒体监控系统由此产生，数字硬盘录像机(DVR)的成功开发标志着第二阶段的重大变革。在这一时期，视频采集和视频传输仍以模拟方式为主，模拟摄像机的图像信号到达多媒体监控终端后进行数字处理与存储，原来的磁带存储模式转变成数字存储录像，将模拟视频转为数字录像，随后通过通信网络，将这些信息传到一个或多个监控中心。利用DVR，图像可以保存在计算机硬盘或磁带上，实现了对视频文件的动态快速检索和查找。由于DVR产品五花八门，没有标准，所以仍是非标准封闭系统。

(三)网络视频监控技术

近年来，随着网络技术的发展，基于网络的IP监控在2001年被开发出来。网络的出现也使得视频监控从本地监控向远程监控发展，出现了以网络摄像机、网络视频服务器为代表的远程网络视频监控系统。网络视频服务器解决了视频流在网络上的传输问题，从图像采集开始进行数字化处理、传输，这样使得传输线路的选择更加多样性，只要有网络的地方，就提供了图像传输的可能。整个系统趋向平台化、智能化。网络用户可以直接用浏览器，通过IP网络来看摄像机拍摄下来的实时图像，授权用户还可以远程控制摄像机。

第三代视频监控系统是完全数字化的系统，它基于标准的TCP/IP协议，能够通过局域网/无线网/互联网传输，布控区域大大超过了前两代系统；它采用开放式架构，可与门禁、报警、巡更、语音、MIS等系统无缝集成；它基于嵌入式技术，性能稳定，无需专人管理；它灵活性大大提高，监控场景可以实现任意组合，任意调用。

二、铁路综合视频监控系统

随着铁路系统的数次提速及高速铁路的快速发展，如何采用信息技术手段保障铁路运输安全成为铁路各部门的首要任务，铁路综合视频监控系统的建设应运而生。

铁路综合视频监控系统是采用先进的视频监控技术和IP传输方式构建的网络化、数字化的视频监控系统，系统提供应用所需的视频图像，满足铁路各业务部门及铁路其他信息系统对视频信息的需求，从而实现视频网络资源和信息资源的共享。从视频监控的技术演进角度看，在早期建设的少数专用视频监控系统属于第一代模拟视频系统，在高速铁路建设中同步建成的铁路综合视频监控系统从第二代(数字监控技术)技术起步，并随着各种研究的深入在不到改进，目前介于第二代向第三代技术的演进过程中。

铁路综合视频监控系统旨在为铁路各业务部门，包括调度、车务、客运、机务、工务、电务、车辆、公安等，提供一套完整、统一的视频监控平台，主要实现通信/信号机房内外、区间GSM-R基站、车站咽喉区、牵引变电所、开闭所、分区所、电力配电所、公跨铁立交桥、桥梁救援疏散通道、隧道口、正线与联络线结合处及GSM-R铁塔巡视的实时监控、图像存储、历史图像查询等功能。

第二节 模拟/数字监控系统和网络监控系统

随着社会的进步，科学技术的不断发展，原来的模拟的电视监控系统已经不能满足实际需求，现在的闭路电视监控系统不断地向数字化、网络化的方向发展。下面简单地介绍一下这三个系统。

一、模拟视频监控系统

传统的模拟视频监控系统发展到今天，已经非常的成熟了，模拟监控系统一般由前端设备、传输电缆、切换控制设备及显示设备几个部分组成，主要有的特点是：(1)模拟闭路电视监控系统的视频图像是模拟信号输入，不经过压缩，直接存储到录像带上，占用大量的录像带且不易保存。(2)模拟闭路电视监控系统需要耗费很多时间，需在录像带上反复进退查找确定时刻的画面内容，对某一时刻进行检索难度大，偶然性强，不易查找录像资料。(3)需要外设设备多如：监视器、录像机、编码器解码器、视频转换器、图像分割器、矩阵等，可靠性低。(4)不能通过各种网络传输视频监控图像，设备落后。(5)可靠性/安全性低。任何人都可进入系统而不被记录，不能防范内部人员作案。(6)繁琐的维修及保养。对系统中的每一部分都必须专人定期保养维护，如：清洁录像机磁头、保存录像带等。

二、数字视频监控系统

数字视频监控系统将数字化视频图像记录与多画面图像显示功能和监视报警功能结合在一起，逐步取代传统模拟多画面分割器和长时间录像机，具有灵活方便的特点。它是以PC机为基础的硬件数字压缩监控系统，可随计算机的不断升级而升级，再发展潜力巨大。主要有如下特点：

(1)全自动或通过报警触发器启动并以数字化方式录入所有摄像机所捕获的图像内容。可以循环扫描每部摄像机(黑白或彩色),扫描各摄像机的间隔时间软件可调;像素分辨率软件可调;报警后可切换为单路或某几路高速录像,并在软件预设置的时间后,切换回平时的循环扫描方式;捕获存储最高速度可达到>18 幅/秒(单路)。

(2)数字闭路电视监控系统通过电脑监视器来详查事情发生过程,能够立刻再现所有存储的图像,并通过系统图像处理功能对画面进行处理以便识别。也可通过普通打印机打印出来,或通过网络将图像传送到世界任何地方。

(3)数字闭路电视监控系统将视频图像存储在计算机硬盘上,无终止缓冲技术使计算机硬盘自动循环,月复一月,年复一年的无休止使用。

(4)数字闭路电视监控系统具有视频移动报警功能,当有人进入监视区域时,系统自动开启,进行报警、录像。

(5)数字闭路电视监控系统可方便地查看任何时间地点的存储图像,根据时间、日期、摄像机编号的不同分别回放检索。

(6)数字闭路电视监控系统具有软硬件加密及密码保护功能,只有输入正确的用户名和密码才能进入系统,安全性可靠性高。

三、网络视频监控系统

"IP"是"Internet Protocol"的缩写,是目前用于计算机网络及 Internet 上最广泛的一种通信协议。IP Camera 为一种可产生数字视频流,并将视频流通过有线或无线网络进行传输的摄像机,已经超越了地域的限制,只要有网络都可以进行远程监控及录像。对系统集成商或工程商而言,若大部分的设备均已布有网线时,使用 IP Camera 将节省大量安装布线的费用。同时,IP Camera 还让用户从远端观看现场的实时画面,真正做到远程监控无界限,是监控系统发展的一种趋势。

第三节　综合视频监控系统的设备组成及工作原理

一、综合视频监控系统的构成及工作原理

综合视频监控系统由前端部分、传输部分、后端的存储、显示及监控部分组成,如图 7-1 所示。

(一)前端部分

前端部分包括摄像机及与之配套的附属设备(如云台、防护罩、室外设备箱、照明装置等)和视频编码器等设备,主要完成对被监视区域图像信息的连续采集,以及对采集到的视频和音频信息进行压缩编码、存储等数字化处理。

(二)传输部分

传输部分主要完成视频及控制信息的传输。一方面,将前端采集到的视频信息传送到控制中心;另一方面,将控制信号从控制中心传向前端摄像机及镜头、云台等受控对象。

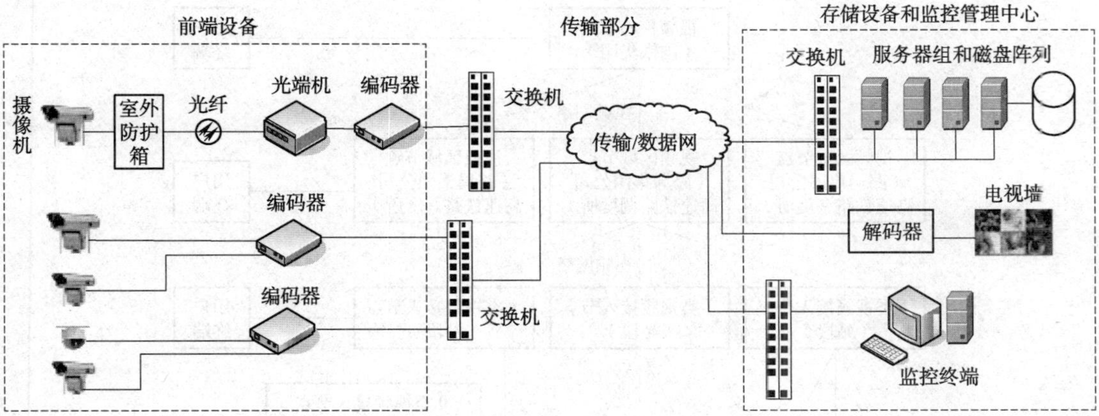

图 7-1　综合视频监控系统的基本组成

在综合视频监控系统中，视频信号的传输方式主要根据传输距离的远近、摄像机的多少决定。传输距离较近时，视频信息采用同轴电缆的基带传输方式，即视频信号直接从摄像机传输至视频编码器；传输距离较远时，采用光纤作为介质的频带传输方式；如果是大规模的分布式系统时，采用 IP 网络与光纤组合的传输方式。

（三）存储部分

存储部分主要完成视频信息的存储、存储容量和性能扩充以及数据管理等功能。存储设备有硬盘录像机、存储服务器、磁盘阵列等。

（四）显示及控制部分

显示及控制部分可实现全网视频统一调用、控制及显示，实现对视频的远程访问、视频流接收、数字视频的解码显示和大屏幕视频显示控制等功能。

二、综合视频监控系统总体结构

铁路综合视频监控系统总体结构采用多级联网、分布式管理，有效降低了视频流对网络的承载压力。如图 7-2 所示，它由视频核心节点、视频区域节点和视频接入节点、视频采集点、承载网络和用户终端组成。

（一）视频采集点

视频采集点是前端设备安装的场所。视频采集点可根据各专业图像采集的需要在相应处所设置包括摄像机及与之配套的附属设备等前端采集设备，用于对视频图像信息进行采集。

考虑系统供电设备维护等因素，故采用“视频光端机＋光缆”方式就近接入各接入节点。

（二）视频接入节点

视频接入节点分两类，即Ⅰ类视频接入节点和Ⅱ类视频接入节点。

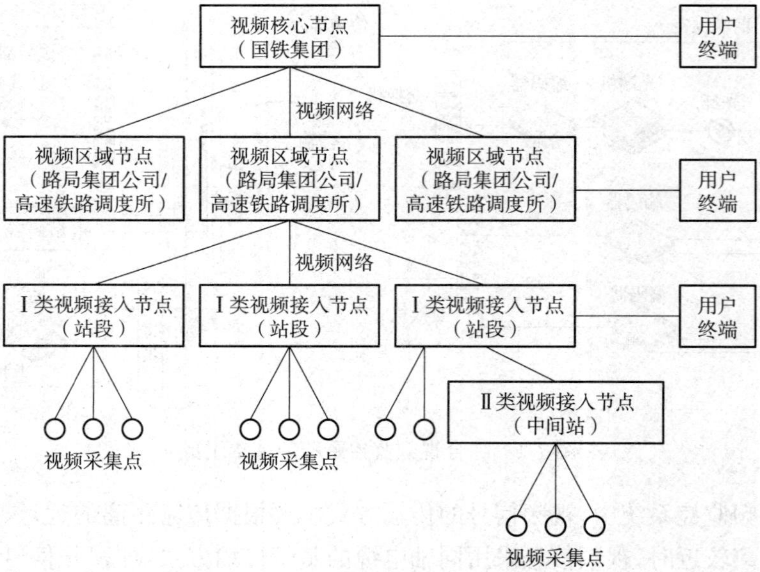

图 7-2　综合视频监控系统的总体结构

1. Ⅰ类视频接入节点

Ⅰ类视频接入节点一般设置在站/段（所）所在地，用于周边采集点视频信息的就近接入、存储、管理、分发及上传。

Ⅰ类视频接入节点设备由管理服务器、视频编码器、存储设备、行为分析仪、网络设备以及配套软件等组成。

2. Ⅱ类视频接入节点

Ⅱ类视频接入节点一般设置在采集点较集中的位置和区间站，用于周边采集点视频信息的接入、汇聚上传或存储。

Ⅱ类视频接入节点由视频编码器、行为分析仪、网络设备以及配套软件等组成。

（三）视频区域节点

视频区域节点设置在路局集团公司所在地或高速铁路调度所。视频区域节点是路局集团公司综合视频监控系统的管理中心，负责全线视频监控设备及网络的统一管理和调度，具有管理、监视、控制及报警等功能；同时具有和其他相关应用系统进行数据交互功能。

视频区域节点由管理服务器、数据库服务器、存储设备、视频分发服务器、接口服务器及配套的网络设备、电源以及配套软件等组成。

（四）视频核心节点

视频核心节点设置在国铁集团，用于实现视频的系统管理、用户管理和与其他系统的互联等，并可根据用户需要对重要视频图像或告警图像进行存储。

视频核心节点是全路铁路综合视频监控系统的重要节点，由服务器设备、存储设备、大屏显示设备、配套的网络设备、电源设备以及配套软件组成。

（五）用户终端

用户终端是经过系统注册并授权使用视频信息、数据信息的终端设备，包括视频管理终端、用户监视终端和显示设备，包括视频管理终端、监视终端和显示设备。

（六）承载网络

铁路综合视频监控系统的视频业务通过数据网承载，视频采集点的视频信息可通过光缆、电缆或无线传输等方式接入到所属的视频接入节点。

在采集点相对分散的情况下，部分采集点的视频信息通过各种方式（包括电缆接入、光缆接入及无线接入）汇聚到Ⅱ类视频接入节点，再通过 SDH、MSTP 或数据网等传输方式接入到所属Ⅰ类视频接入节点。具体结构如图 7-3 所示。

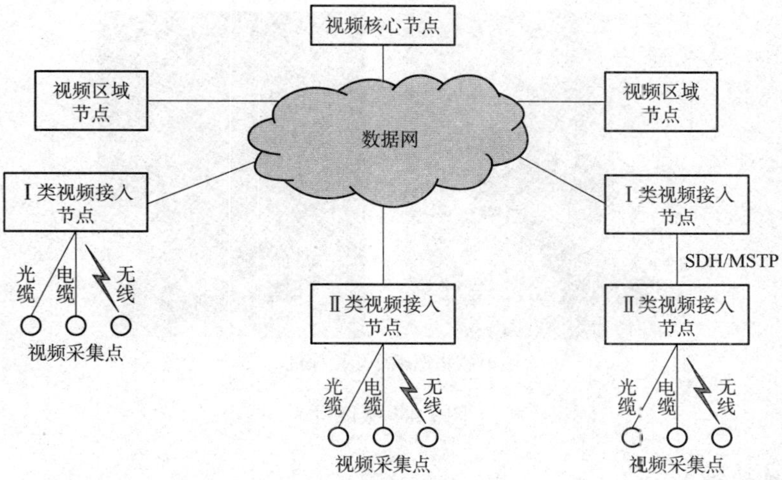

图 7-3　视频网络结构示意图

三、综合视频监控系统硬件设备

（一）摄像机

摄像机是获取监视现场图像的前端设备，是整个系统的"眼睛"。摄像机是把景物光像转变为电信号的装置。摄像机种类繁多，其工作的基本原理都是一样的：把光学图像信号转变为电信号，以便于存储或传输。当我们拍摄一个物体时，此物体上反射的光被摄像机镜头收集，使其聚焦在摄像机器件的受光面（如摄像管的靶面）上，再经过摄像器件把光信号转变为电信号，即得到了视频信号。光信号很微弱，须经过预放电路进行放大，再经过各种电路进行处理和调整，最后得到的标准信号可以送到录像机等记录媒介上记录下来，或通过传播系统传播或送到监视器上显示出来。

1. 摄像机的分类

（1）按输出接口主要分为模拟摄像机、数字摄像机、模拟数字一体摄像机。

（2）按颜色主要分为彩色摄像机、黑白摄像机、彩色/黑白转换摄像机。

（3）按组成主要分为固定式摄像机和云台式摄像机。固定摄像机主要有枪式摄像机、半球摄像机两种；云台摄像机主要有一体化摄像机和快球摄像机两种。

(4)按应用场合的不同,分为室内摄像机和室外摄像机。室内型摄像机一般可以选用球型/半球型摄像机。室外摄像机可选用定焦摄像机、变焦摄像机和长变焦摄像机。其中,室外定焦摄像机主要用于全天候采集室外固定短距离场景图像;变焦摄像机主要用于全天候采集室外一定范围内(一般为 100 m 距离内)的场景图像;而变焦摄像机用于采集室外较大范围内(1 500 m 距离内)的场景图像。图 7-4 给出了几种常用的摄像机。

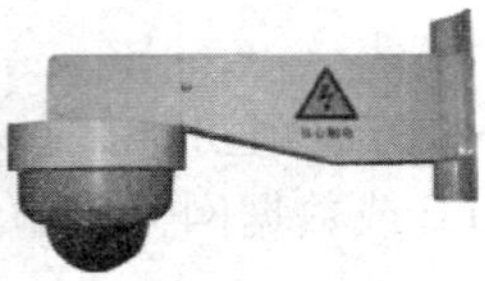

(a) 室内半球摄像机

(b) 室内快球摄像机

(c) 一体化摄像机

(d) 铁塔巡视变焦摄像机

图 7-4　摄像机

2. 摄像机的辅助设备

摄像机的附属设备包括云台、防护罩、室外控制箱、照明装置等。

(1)防护罩

为使摄像机能适应各种特殊的使用场合,必须加装多种防护设备,以扩大摄像机的使用范围。一般监控摄像机均装有防护罩,是防止摄像机和镜头遭到人为破坏。

(2)支架

支架是用于固定摄像机、防护罩、云台的部件,根据应用环境的不同,支架的形状、尺寸大小也各异。一般利用支架将摄像机、防护罩和云台固定到墙壁、天花板、柱子和建筑物上,以实现对场景的监控。

(3)云台

云台是安装、固定摄像机的支撑设备,是承载摄像机进行水平和垂直两个方向转动的装置。利用云台带动摄像机做水平转动和俯仰运动,以使其指向所需的特定目标。

(4)室外控制箱

室外控制箱的主要作用是对箱内的设备进行防护。箱内设备运行状况的好坏直接影响到室外视频图像的质量,因此室外控制箱的维护工作也是至关重要的。控制箱主要包括视频光端机、光缆终端盒、空开、防雷设备、变压器等。

(5)红外灯

红外灯在视频摄像机光线不足时提供光源补偿,使摄像机成像清晰。红外灯按其红外光辐射机理分为半导体固体发光(红外发射二极管)红外灯和热辐射红外灯两种。

3. 摄像机技术指标

摄像机的主要性能指标有:CCD尺寸、图像分辨率、灵敏度和信噪比等。

(1)CCD尺寸

CCD尺寸指CCD图像传感器感光面的对角线尺寸。对于一定尺寸的CCD芯片,像素数越多,则意味着每一像素单元的面积越小,因而由该芯片构成的摄像机的分辨率也越高。

(2)图像分辨率

图像分辨率是指组成一幅图像的像素密度的度量方法。对同样大小的一幅图,如果组成该图的图像像素数目越多,则说明图像的分辨率越高,看起来就越逼真。相反,图像显得越粗糙。摄像机的分辨率可以用电视机TVL为单位。图像越清晰,TVL的数值就越大。

(3)灵敏度

灵敏度是指当被摄物的光亮度低到一定程度而使摄像机输出的视频信号电平低到某一规定值时的景物光亮度值。通常可在暗房内,用摄像机对着被测物,慢慢调整灯光,直到显示器上图像达到最低的容忍值,此时测量得到的光照度就可定义为最低照度。摄像机要求的最低照度的数值越小,摄像机的灵敏度就越高。按其灵敏度来分,摄像机可分为普通摄像机、低照度摄像机和微光摄像机等。

(4)信噪比

信噪比指信号对于噪声的电压比值的对数乘以20。一般摄像机给出的信噪比值均是在自动增益控制(AGC)关闭时的值。比值越大,图像上呈现的噪声干扰越小,图像质量越高。CCD摄像机的信噪比的典型值一般为45～55 dB,常见标为"＞48 dB"。

(二)编码器

编码器是整个综合视频监控系统中一个重要的设备,编码器是将模拟视音频信号、各种告警信号、摄像机的PTZ控制信号及低速串行数据进行MPEG-4或H. 264数字化编码,图像分辨率有4CIF/2CIF/HALF D1/CIF/QCIF,然后通过IP网络以25帧/s速率传送动态图像的设备。编码器负责把多路模拟的视频、音频信号(如摄像机、麦克风、音箱等视音频源信号)进行数字化和压缩编码,形成IP数据包,利用网络传送到指定的目的地址。

1. 视频编码方式

实际中,编码器硬件需安装在机房机架上,由螺丝固定,避免碰撞或跌落。

视频压缩的目的,是因为图像数字化之后的数据量非常大,在通信网上传输时很费时间,在盘上存储时很占"地盘",因此就必须要对图像数据进行压缩编码。压缩编码的目的就是要满足存储容量和传输带宽的要求,而付出的代价是大量的计算及一定的质量损失。

2. 视频压缩的分类

视频图像数据具有极强的相关性,也就是说有大量的冗余信息。其中冗余信息可分为空间冗余信息和时间冗余信息。压缩技术就是将数据中的冗余信息去掉(去除数据之间的相关性)。压缩技术包括帧无损压缩和有损压缩、帧内压缩和帧间压缩等。

(1)无损压缩和有损压缩

无损压缩也即压缩前和解压缩后的数据完全一致;有损压缩意味着解压缩后的数据与压缩前的数据不一致。在压缩的过程中要丢失一些人眼和人耳所不敏感的图像或音频信息,而且丢失的信息不可恢复。目前,几乎所有高压缩的算法都采用有损压缩,一般的压缩算法则是这两种方法的组合。

(2)帧内压缩和帧间压缩

帧内压缩也称为空间压缩。当压缩一帧图像时,仅考虑本帧的数据而不考虑相邻帧之间的冗余信息的一种压缩,这实际上与静态图像压缩类似。帧内压缩一般达不到很高的压缩比。

帧间压缩是基于许多视频或动画的连续前后两帧具有很大的相关性,压缩相邻帧之间的冗余量就可以进一步提高压缩量。帧间压缩效率较高。

3. 视频编码标准

铁路综合视频监控系统规范要求音视频编码器支持 MPEG-4、H. 264 视频编解码标准,以下对这两种标准做简单介绍。

(1)MPEG-4

在 MPEG(运动图像专家组)系列压缩方式中,MPEG-4 技术属于是码流与画质比中较好的一种,所以很多公司都推出了该编码的产品。MPEG-4 采用帧间压缩方式,利用帧之间的冗余信息大大减少压缩数据量,达到同样的视频质量,MPEG-4 所需的码率只有 M-JPEG 的 1/30,甚至更少。MPEG-4 标准的占用带宽可调,占用带宽与图像的清晰度成正比。以目前的技术,占用带宽在几百 KB 左右。

(2)H. 264

H. 264 标准是 ITU-T 的 VCEG(视频编码专家组)和 ISO/IEC 的 MPEG(活动图像专家组)的联合视频组(Joint Video Team,JVT)开发的标准,也称为 MPEG-4 AVC,它作为 MPEG-4 Part10,是"高级视频编码"。H. 264 具有很强的抗误码特性,可适应丢包率高、干扰严重的信道中的视频传输。在不影响图像质量的情况下,与采用 M-JPEG 和传统的 MPEG-4Part2 标准相比,H. 264 编码器可使数字视频文件的大小分别减少 80%和 50%以上。由于能够提供如此强大的压缩能力,H. 264 成为极其适用于视频监控应用的压缩标准。

H. 264 的出现为低码流网络传输的实现提供了解决方式,也使得现有带宽的情况下多路数网络视频服务器的应用成为可能。

4. 编码器的视频分辨率

目前,视频监控系统最主要的分辨率有 QCIF(176×144)、CIF(352×288)、2CIF(704×288)、4CIF(704×576)、HALF D1(704×288)、D1(720×576)等。

CIF 分辨率是主流分辨率,目前大部分产品采用 CIF 分辨率,其优点是存储量较低,能在普通宽带网络中传输,图像质量较好,缺点是图像质量不能满足高清晰的要求。4CIF 和 D1 分辨率相差不多,技术原理不同。4CIF 将画面切割成 4 个 CIF 大小的画面分别处理然后进行大画面合成,D1 指单个大画面,也可分割成多个 CIF 画面。4CIF 和 D1 分辨率是目前和将来的主流分辨率,图像清晰但存储量高,网络传输带宽要求很高。但随着计算机处理能力的提高、存储设备的发展和网络带宽的扩大,高清晰度分辨率将成为主流选择。铁路综合视频监控系统使用的编码器支持 CIF 和 D1 两种分辨率格式。图像分辨率为 CIF 时，一路视频流的平均流量不大于 512 kbit/s。图像分辨率为 D1 时，一路视频流的平均流量不大于 2 Mbit/s。

（三）解码器

视频解码器又叫数字矩阵，是把数字音视频信号变为模拟音视频信号的设备，接收 IP 网络中的音视频数据流，将数字信号转换为模拟信号，输出到电视墙、多媒体大屏幕和功放等模拟音视频设备，通常部署在用户的监控中心。

（四）行为分析模块

1. 行为分析的概念和目的

在视频监控系统中，往往需要检测特定区域内的违法活动，即进行视频的行为分析。

行为分析技术是指利用现代计算机视觉的方法，在不需要人为干预的情况下，通过对摄像机拍摄的视频序列进行实时自动分析，实现对视频场景中所关注目标的定位、识别和跟踪，并在此基础上分析和判断目标的行为，以侦测和应对异常情况的一种智能视频分析技术。

2. 行为分析模块的主要功能

根据铁路视频综合监控系统要求，对区间通信信号机房口、联络线与正线连接处、桥梁救援疏散通道等地进行视频行为分析。行为分析模块的主要功能有：

（1）入侵检测功能。在摄像机监视的场景范围内，可根据监控需要和目的设置警戒区域，系统可以自动检测入侵到警戒区域内的运动目标及其行为，一旦发现有满足预设警戒信息，用告警框标示出进入警戒区的目标，同时标识出其运动轨迹。

（2）遗留物检测功能。为了防止不法人员对一些重要设施进行破坏，如在重要设施旁丢弃易燃、易爆等危险物品，采用不明遗留物检测，可防止重大事故的发生。

（3）人群异常行为检测功能。在摄像机监视的场景范围内，根据监控需要和目的设置警戒区域，系统可以自动检测入侵到警戒区域内的运动目标及其行为，一旦发现有目标在警戒区域徘徊，时间超过设定好的时间，则自动产生报警信息。

（4）人口密度估计功能。通过摄像机采集视频信息，并运用智能视频分析技术分析画面中的活体移动目标，并统计计算设定区域内的目标数量和密度，当数量值超过预设的阈值时自动产生报警信息，提示监控人员采取针对性的措施。该功能可应用于铁路候车或车站站前广场人群突发性增长、车站站台候车人员大量聚集的地方监测。

铁路综合视频监控系统通过行为分析技术的运用，自动对重点部位的异常情况进行报警，辅助监控人员及时响应。具体来讲，行为分析主要应用在重要区段及咽喉区入侵检测、公跨铁区域高空落物分析、客运丢包探测、逆行探测及摄像机的自身维护当中。

3. 行为分析模块在系统中的位置

行为分析模块是前端连接摄像机的一种设备，其在系统中的位置如图 7-5 所示。图中，行为分析模块从摄像机获取模拟视频信号，经过视频行为分析处理之后将带有分析结果的模拟视频流传输给编码器。编码器把编码之后的视频流传输给视频分发服务器，再由视频分发服务器通过网络把视频发送给监控终端显示。

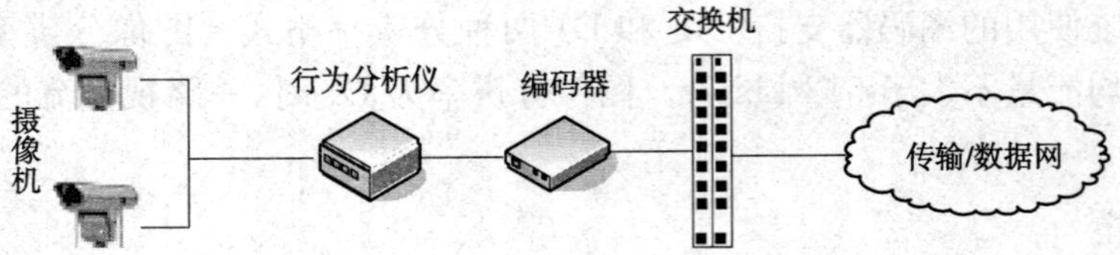

图 7-5　行为分析在系统中的位置

(五)视频服务器

视频服务器是指用于后台实现分发、网管、接口、数据库、告警、防病毒等功能的各类服务器的统称。视频服务器根据功能的不同,分为管理服务器、存储服务器、告警服务器等。

1. 管理服务器

管理服务器的简称是"AMS",该服务器上安装应用服务功能。管理服务器作为监控系统的控制核心,管理存储服务器、分发服务器和告警服务器,实现视频信息的不同应用。例如视频网管终端要点某一个点的图像并进行 PTZ 控制时,是将信息先送给 AMS 服务器,AMS 服务器通过网络实现对视频点的相关控制。

2. 存储服务器

存储服务器既具有存储功能,又具有对存储数据的管理功能。

3. 数据库服务器

数据库服务器存储系统数据,并为监控终端的各种操作提供数据接口。

4. 告警服务器

告警服务器负责提供并存储告警录像。

5. 分发服务器

分发服务器向其他中心提供复制的视频信息。

6. 存储分发服务器

存储分发服务器复制编码器的图像信息,向磁盘阵列存储视频并为各监控终端提供实时和历史图像源。

7. 网管服务器

网管服务器存储设备告警信息,为视频网管和其他系统提供设备信息。

8. 行为分析服务器

行为分析服务器是指后端处理计算分析行为场景的服务器。

(六)存储设备

存储设备是视频信息存放的地方。视频信息应采用合适、安全、有效的技术方案存放在具有冗余、保护等功能的物理媒介中。

1. 存储设备的类型

视频数据量非常大,对存储设备要求很高。视频存储设备包括硬盘录像机、存储服务器、磁盘阵列等。

(1)硬盘录像机:较多的是应用在前端存储的工程中,这类工程的采集点一般设置的较为分散,存储视频的数据量较小。

(2)存储服务器：较多的是应用在接入节点或区域节点进行集中存储的工程中，这类工程的存储点中处理的视频数据量较大，系统对存储设备的管理较为集中。

(3)磁盘阵列：视频监控系统中，磁盘阵列 RAID(Redundant Arrays of Inexpensive Disks)主要用于视频的存储及视频回放检索。RAID 的中文意思是独立冗余磁盘阵列，它是一种把多块独立的硬盘(物理硬盘)按不同的方式组合起来形成一个硬盘组(逻辑硬盘)，从而提供比单个硬盘更高的存储性能与数据备份能力的技术。RAID 技术主要包含 RAID0～RAID7 等数个规范，各个规范在存储性能、数据安全性和存储成本方面各不相同，铁路规范要求磁盘阵列支持 RAID5、RAID6 和 RAIDTP 等硬盘管理技术。

2. 存储设备的功能

(1)能实时自动连续存储视频信息，或根据设定的事件、时间、地点等条件进行存储。

(2)支持对重要视频信息的备份存储。

(3)能根据需要进行减帧存储。

(4)能按照不同安全性等级，采用不同图像分辨率进行存储。

(5)能对不同视频流分别设定存储空间，并支持循环存储。

3. 存储设备的存储方式

视频监控系统中，视频存储设备分为内置存储和外置存储两大类，外置存储又分为直连式存储和网络存储两类。直连式存储有 DAS 存储，存储网络可分为 NAS(网络接入存储)和 SAN(存储区域网络)。

(1)直接附加存储 DAS(Direct Attached Storage)

DAS 存储架构是比较传统的存储形式，服务器直接连接存储设备，如磁盘阵列。连接方式有两种，即 SCSI 线缆和光纤通道，如图 7-6 所示。网络对 DAS 的管理是分散的，资源利用率较低；当存储容量增加时，很难扩展。分散存储一般设置在前端设备处，主要适用于传输通道带宽受限的情况下。

(2)存储区域网络 SAN(Storage Aera Network)

SAN 方式是在网络服务器的后端，采用光纤通道连接成高速专用网络，使网络服务器与多存储设备直接连接，如图 7-7 所示。SAN 通常由存储设备(如磁盘阵列等)和光纤交换机组成。SAN 具有高性能、高扩展性、高可靠性、简单、集中管理等特点，但成本较高。

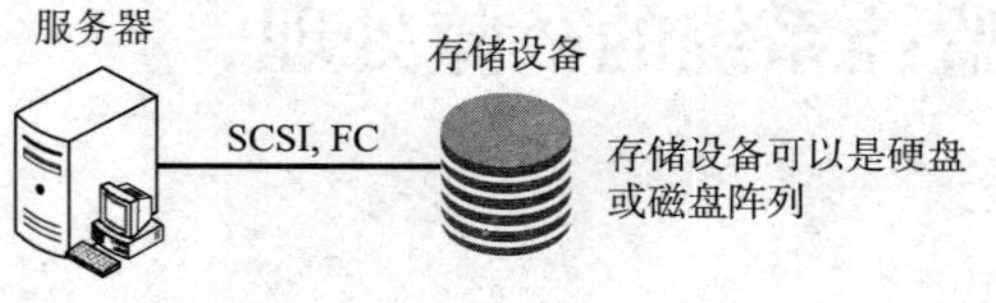

图 7-6　DAS 存储方式

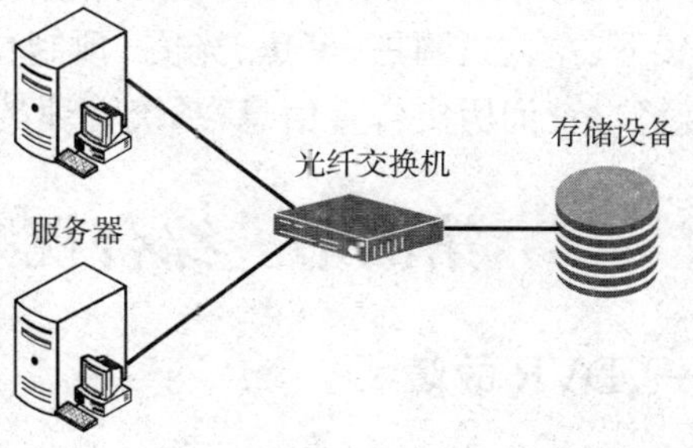

图 7-7　SAN 存储方式

(3)网络附加存储 NAS(Network Attached storage)

NAS 是将存储设备连接到现有的网络上，提供数据和文件服务，如图 7-8 所示。这种方式具有高容量、高效能、高可靠的特征。但也存在访问效率低、后期扩展费用高等问题。

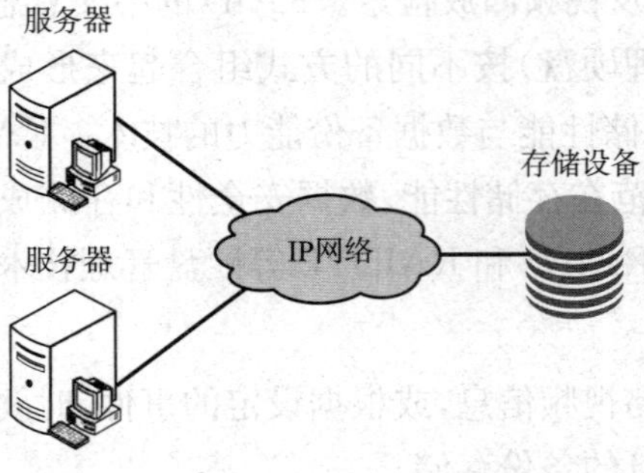

图 7-8　NAS 存储方式

DAS 和 SAN 技术主要是进行"块"存储，而 NAS 技术主要是进行"文件"存储。比较之下，DAS 是分散存储方式，而 NAS 和 SAN 都是集中存储方式。集中存储方式下，需考虑网络线路中断时，可能引起监控视频丢失，所以监控系统设计时要考虑集中存储和前端保存备份存储相配合，即在网络线路故障时，前端可以根据策略保存一定时间的数据存储，网络恢复后数据再备份至中心存储。

铁路综合视频监控系统存储方案采用集中和分散相结合的方式，即调度所和车站存储相结合。调度所存储全线的报警信息以及用户设定的其他重要信息。车站存储本站和就近的区间节点视频信息。

4. 视频图像的存储时间

(1)普通视频图像宜按 3 天进行存储，分辨率不低于 CIF，帧率支持 1～25 帧/s 可调。

(2)重点目标及重点防范区域的视频图像宜按 15 天进行存储，图像分辨率不低于 4CIF，图像帧率支持 1～25 帧/s 可调。

(3)告警图像及告警信息宜按 30 天进行存储，分辨率不低于 4CIF，帧率为 25 帧/s。

(七)视频监控终端

视频监控终端是综合视频监控系统中的后端设备，它由 PC 机、打印机、UPS 电源和相应的软件组成。各监视终端实现对管辖区内各类视频采集点的分专业、分区域远程监控以及实时图像调用。视频监控终端可点播或轮巡播放实时音视频；显示实时告警信息；云台控制(上、下、左、右、调焦、聚焦、光圈、预制位、雨刷等)；手动录像、抓拍；回放图片及录像(手动、告警)；查询历史告警信息；系统管理员可远程管理管理服务器等。

第四节　综合视频监控系统的故障处理

一、DVR 故障

(一)机器无法启动

(1)电源导致 & 硬盘导致 & 程序 & 硬件问题。

(2)外部供电故障。

(3)机器电源故障(可以更换一个试一试)。

(4)硬盘损坏或硬盘线问题。

(5)程序运行丢失(重新升级程序)。

(6)前面板问题(将黑线和并排相邻的空端子短路排除)。

(7)主板问题。

(二)机器会自动重启或经常死机

(1)输入电压不稳或者过低。

(2)硬盘跳线不正确或硬盘线有问题。

(3)硬盘有坏道或硬盘坏。

(4)电源功率不够。

(5)前端视频出错重启。

(6)散热不良。

(7)电磁干扰。

注:静电干扰,导致机器重启或死机,接地处理。

(三)单路、多路、全部视频无输出

(1)图像亮度都变成0(恢复默认设置解决)。

(2)前端视频故障(可以采用直接接监视器或插入其他正常的通道测试)。

(3)硬件故障(其他通道有图像的视频输入此无视频通道,如果仍无图像正常,则为设备硬件问题)。

(四)视频输出不正常

(1)视频输出模式不对(可长按数字键旁的"↑"键来切换视频输出模式)。

(2)视频显示位置不对称(调节显示器或调节高级选项中的TV输出)。

(3)视频图像色彩效果不好(可右键调节图像颜色,另可能是前端视频不正常)。

(五)遥控器不能控制

(1)基本上是因为遥控地址不对。查看系统设置遥控地址,即本机号。

(2)遥控距离过远或角度比较偏。

(3)遥控器电池用完。

(4)遥控器损坏或录像机前面板损坏(几乎没有碰到过)。

(六)修改设置后保存不了

(1)修改配置后断电会导致配置丢失,建议修改完后软重启。

(2)升级过程序,程序跨度比较大配置不一样,可以清除配置和恢复默认,并重新设置保存。

(七)系统时间无法修改

(1)系统时间与硬盘时间冲突。

(2)系统时间的电池没有电,修改后重启又恢复时间。

(八)通道名称修改无法输入中文

缺少中文字库,但可通过客户端修改或升级程序。

(九)云台无法控制

(1)前端云台故障。

(2)云台解码器设置、连线、安装不正确。需检查安装的解码器类型、地址、COM 口是否正确,信号线是否和附近的电器有干扰,接地是否良好,对于 RS-485 信号线,建议使用屏蔽线。检查 RS-485 信号线正负极有无接反,并且测量 A、B 线电压是否有变化(如果联线正确,电压无变化可能为 RS-485 控制芯片有问题;无负载情况下 RS-485 芯片输出电压为 0.37～0.45 V)。

(3)接口不正确。硬盘录像机云台控制提供 RS-485 接口。如果客户使用的设备采用 RS-232 接口或 RS-422 接口,则无法与硬盘录像机 RS-485 控制信号通信。加装转换设备(不能保证转换后云台控制正常)。

(4)硬盘录像机中云台设置是否正确。查看硬盘录像机的云台控制菜单中的设置是否正确,协议是否选对,波特率是否与解码器波特率一致(波特率高于 9 600 Baud 可能会有误码,控制有时会不灵敏),地址是否对应。

(5)接多个云台解码器时,A、B 线最远端需要加 120 Ω 电阻来消除反射和阻抗匹配,否则会造成云台控制不稳定。

(6)距离过远,控制信号衰减太大时,解码器接收到的控制信号太弱会造成云台控制不稳定。在一定的距离上加装中继盒以放大整形控制信号。

(十)普通录像不录像

(1)由录像指示灯判断是否在录像,然后检查配置。

(2)查询不到录像的情况。绝大部分为硬盘问题(硬盘数据线和硬盘跳线)。有时回放时会引起机器死机,一般也是硬盘故障。需要硬盘检测。

(3)硬盘设置是否正确。

(4)因为硬盘出现问题后,文件资料比较乱,查询时不能找到文件。可以按下一段找或者用硬盘下载器找。

(5)硬盘录像机硬盘采用"停止""覆盖"两种处理方式,需注意查询的文件是不是已经被覆盖或者硬盘已满,停止录像。

(6)升级程序后没有读取默认值。版本相差较多的程序升级后,没有读取默认值,也会出现不录像等问题。

(7)机器硬件故障,把设备返回公司维修。

(十一)动态录像不录像

(1)动态检测时间段设置是否正常。

(2)根据现场情况设置相应的灵敏度(6 挡最灵敏)。

(3)进入动态检测区域设置查看区域设置是否正常。

(4)动态检测预录打开。菜单中没有动态检测预录选项的设备,默认已经把预录打开。

(5)动态检测通道对应的录像通道是否设置正常。

(十二)录像无法备份

(1)U 盘或移动硬盘无法备份:可先格式化(fat32)后重试,另使用推荐品牌。

(2)刻录机无法刻录:需使用推荐刻录机,刻录不成功很可能是盘片问题。

(3)备份不成功的情况下推荐网络下载备份

(4)使用硬盘下载器下载。硬盘挂到 PC 上使用硬盘下载器查看并备份。

复习思考题

1. 铁路综合视频监控系统概念是什么?其主要功能是什么?

2. 铁路综合视频监控系统的总体结构是什么?

第八章　应急通信系统

第一节　应急通信系统体系结构

铁路应急通信系统可迅速建立多个事发现场、各级应急指挥中心、相关信息系统之间的视频图像、语音、数据信息通信，将应急现场的视频、图像实时接入和转发至各级应急指挥中心，为各级领导提供实时且直观的决策依据，以及方便、快捷、可靠的应急指挥平台。

铁路应急通信系统主要由铁路应急中心通信设备、铁路应急通信传输网络、铁路应急现场通信系统组成。

铁路现场设备由主设备(或称为综合接入平台)、终端设备、接入设备(接入点)及附属配件等组成。

铁路应急传输网络充分利用既有传输网络(数据网、2 M 电路)、通话柱、区间光电缆，结合公众电信等手段作为紧急备用方案构建。

铁路应急中心通信设备由中心主设备、网管终端、应急指挥台、应急操作台、应急值班台(可选)、音视频终端、若干部应急电话等组成。

应急根据事件突发地点的地理环境、事件性质和具体传输条件，选用相应的传输通道设备组建应急通信系统，在电缆区段，发生非特大事件，应优先选用基于电缆回线传输应急通信系统。

一、基于电缆回线的应急通信系统

基于音频通道的应急通信系统是根据事件抢险救灾的需要而提出的三类电话业务，各有不同的作用。

(一)人工电话业务

在事件现场配置一台人工电话(磁石或共电电话机)，直达铁路局集团公司所在地电话所的 117 立接台，一旦启用 117 立接台，由电话领班亲自值台，为应急指挥员及领导立即将电话接通到事件现场。这是必不可少的应急通信手段，在现场安装电话时必须首先接通。

(二)调度电话业务

在事件现场配置一台调度分机，直接指向列调台或应急指挥台，作为救援中心与事件现场的直达专用电话。这可为事件发生后，列车调度员随时了解事件现场状态，指挥列车运行提供方便，同时还可为应急抢险指挥员提供直达电话，指挥现场抢险行动，因此事件现场的列调分机不可少，应予优先接通。

基于电缆回线的应急通信系统如图 8-1 所示。

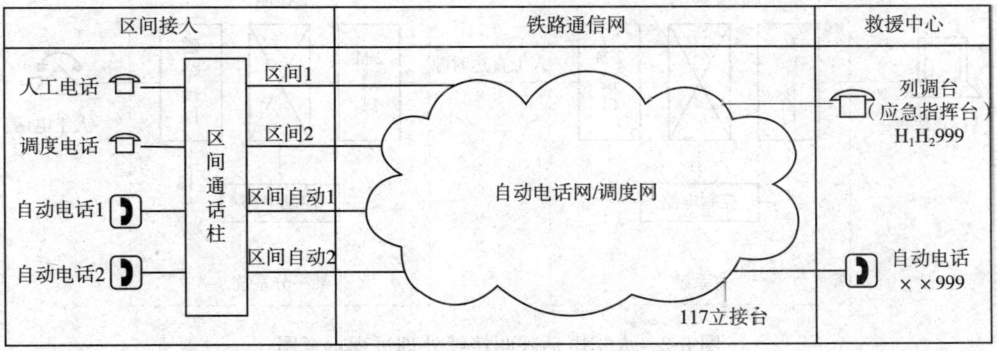

图 8-1　基于电缆回线的应急通信系统

(三)自动电话业务

由于受区间回线和车站自动电话数量的限制,提出在事件现场安装台自动电话的要求,该电话临时开放长途权,拨"117"直接指向 117 立接台。两台电话的使用,一台供传输静止图像用,另一台供通信联络用。

二、在数调内开放常用应急通信系统

目前,数调系统已覆盖全路各主要干线,所有数调主系统布设在铁路局集团公司调度通信机械室,与 117 立接台及静图服务器在同一地点。这为数调统内开放应急通信提供了方便,只要在数调 2 M 自愈环中提供三条应急共线时隙,事件现场用户终端便可直达铁路局集团公司救援中心、117 立接台、静图服务器,减少了中间转接,另外,数字信道不仅音质音量好,并且实时处于监控状态,稳定可靠。

如何开放人工、专用、静图传输业务,分别叙述如下。

(一)人工电话

1. 需注意的问题

在数调系统中开放应急抢险人工电话业务,需要注意以下问题:

(1)在现场采用磁石电话机,由于磁石电话机没有摘挂信号,主系统与 117 立接台之间必须以环路中继方式连接,否则现场磁石电话机一拆除,该分系统的磁石端 IE1 仍然挂在人工直达共线时隙上,特别是当外线呈开路状态时,该时隙会产生振鸣。

(2)在现场采用共电电话机,主系统与 117 立接台之间用磁石或环路中继方式连接都可以。共电分机一挂机,该分系统的共电接 E1 便自动脱离人工直达共线时隙。使用共电分机不需要外接话机电池,避免因电池电压太低而送话声音小。共电分机的话音输出电平一般在−5 dB 以上,因此在数调系统中开放人工电话业务宜采用共电电话机。

2. 呼叫接续处理过程

人工电话呼叫接续处理过程如图 8-2 所示。

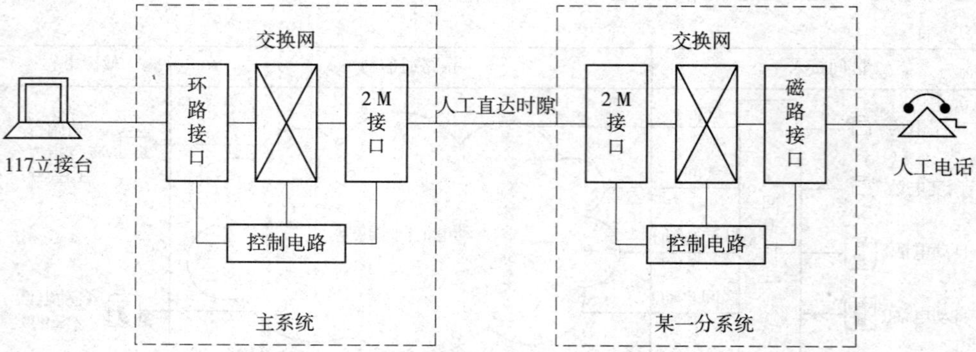

图 8-2　人工电话呼叫接续处理过程示意图

117 立接台呼叫现场

主系统检测到 117 台的呼叫信号→将环路接口与人工直达时隙端口连通；→向所有分系统发出呼叫信号

分系统收到呼叫信号→将人工直达时隙端口与磁石接口连通；→向磁石接口启动铃流输出

现场用户摘机，停发铃流双方通话。通话完毕由主叫方控制复原(如果使用共电电话机，为互不控制复原方式)。

现场磁石用户发送铃流
↓
分系统检测到呼叫信号→将磁石接口与人工直达时隙端口连通；→向主系统发送人工电话的呼叫信号

主系统检测到呼叫信号→将人工直达时隙端口与环路接口连通；→向环路接口启动铃流输出(发送呼叫信号)

(二)调度专用电话

在事件现场设一台列调分机(或专用分机)归属相应列调台(或直达救援中心应急指挥台)，其有两种构成方式。

1. 模拟调度通信区段

目前，模拟调度电话总机均已取消，利用数字调度通信系统具有数模兼容的功能，总机侧用数字调度台和主系统取代原有的模拟调度电话总机和模拟调度台，分机侧仍利用原有模拟调度分机及附属设备，调度电路仍按原有径路。在车站配线架有列调回线塞孔，只要用连接塞绳连接到区间回线塞孔，再在事件现场的邻近通话柱挂一台应急列调分机，便完成了列调分机的接入。模拟调度通信区段应急列调分机构成方式如图 8-3 所示。

在事件现场的应急列调分机号码，建议全局统一，例如统一用 6 号分机，其选叫频率为 1 995 Hz、910 Hz，列调台按“区间”键，主系统便发送双变频，应急列调分机响铃，摘机双方通话。现场分机呼叫列调台可维持现有呼叫方式，如果列调分机采用具有“呼叫”按钮的各种分机，按下“呼叫”按钮，便发送 2 150 Hz 呼叫频率，主系统配置数据使列调台上相应键位灯亮并响铃，以区别其他列调分机的呼入。

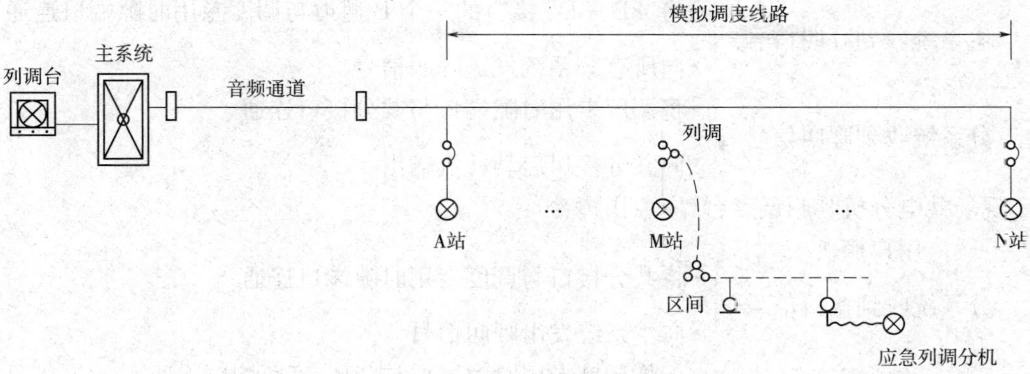

图 8-3　模拟调度通信区段应急列调分机构成方式示意图

2. 数字调度通信区段

在数字调度通信区段，沿线各车站设数调分系统，列调业务占用 2 M 数字自愈环中的某一时隙，在车站无法在该时隙上临时加挂列调分机，如何接入的问题，有的路局集团公司限于区间回线数量，便利用数调系统的区间通信业务功能，在区转回线(接数调上、下行区间接口板)上挂一台自动电话机。在数调区转回线上接入列调台如图 8-4 所示。

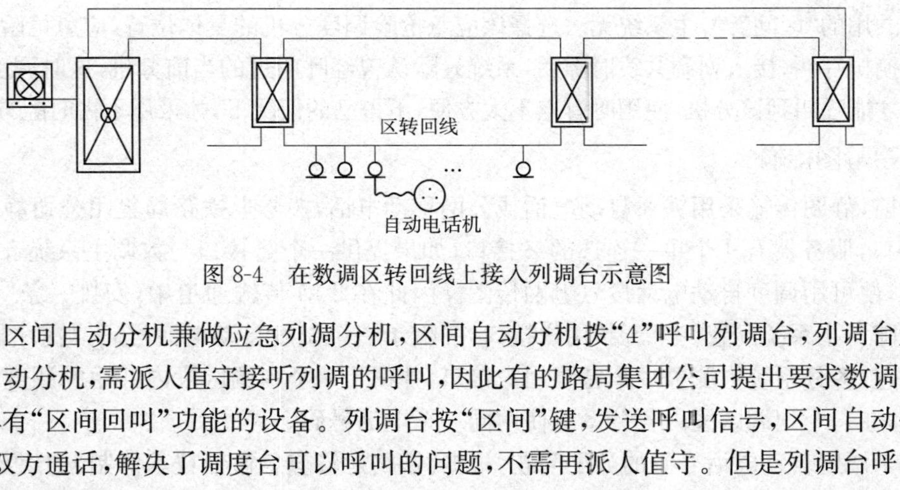

图 8-4　在数调区转回线上接入列调台示意图

利用区间自动分机兼做应急列凋分机，区间自动分机拨“4”呼叫列调台，列调台无法呼叫区间自动分机，需派人值守接听列调的呼叫，因此有的路局集团公司提出要求数调生产厂家开发具有“区间回叫”功能的设备。列调台按“区间”键，发送呼叫信号，区间自动分机响铃，摘机双方通话，解决了调度台可以呼叫的问题，不需再派人值守。但是列调台呼叫时向所有分系统都发送呼叫，这时，不在事件现场的其他任一区间只要挂有自动电话机也会响铃。一个列调区段长达几十到上百公里，中间难免有区间作业挂有自动电话机，从而产生误接误听的情况，这并不是真正意义上的应急列调分机，那么如何在数调区段设置应急列调分机？有以下两种接入方式供参考：

(1)占时隙方式

在 2 M 通道中，某一时隙作为应急抢险调度专用时隙，设置为数字共线，列调台(或应急指挥台)的呼叫键区配置一个“区间”键，各分系统配置一个共电接口。启用应急通信时，该接口通过区间电缆实回线延伸至事件现场，在事件现场设一台共电电话机(或自动电话机)，由软件编程完成呼叫接续。

按“区间”键

↓

主系统收到呼叫信号

→将“2B＋D”接口的一个B通道与调度专用时隙端口连通

→向所有分系统发送呼叫信号

分系统收到呼叫信号

→将调度专用时隙端口与共分接口连通

→向共分接口启动铃流输出

现场共电分机呼叫调度台(应急指挥台)：

用户摘机

↓

分系统收到摘机信号

→将共分接口与调度专用时隙端口连通

→向主系统发出呼叫信号

主系统检测到呼叫信号

→将调度专用时隙端口与“2B＋D”接口连通

→向调度台发出呼叫信号

调度台上的“区间”键位灯亮，屏幕显示“区间抢险呼入”，应答通话，话毕挂机拆线复原。

(2)不占时隙方式

如果在2 M传输通道中，时隙已经没有富裕的情况下，采用与列调共时隙的方式。

在列调共线时隙上的调度分机，除了车站值班台之外，还有很多共电调度分机，每个车站(分系统)的共电调度分机要赋予系统内的一个号码，才能正确接受呼叫。可是应急抢险调度分机每个站都必须配置，而使用时又是随机的，调度台上不可能为每一个站配一个区间键，只有一个共用的“区间”键，主系统无法选择该应急抢险调度分机的具体位置，应急抢险调度分机必须先摘机呼叫，接入列调共线时隙后，系统只默认曾经呼叫过的当前分机，这时调度台按“区间”键，才能呼叫到该分机，使用时有点不太方便，不得已的情况下，才采用不占时隙方式。

(三)静图传输

目前，静图传输采用铁通自动电话或公网移动电话，拨号上铁路局集团公司静图服务器的Z接口，服务器有4个单一连选的Z接口，如果提供一个Z接口与数调主系统音频用户接口相连，便可用调度自动电话拨号上网传图。因此在2 M传输通道中，安排一条“静图传输共线时隙”，主系统配置一个音频用户接口，并赋予一个调度自动电话号码，与静图服务器Z接口相连，各分系统也配置一个音频用户接口，并赋予一个列调区段内共用的调度自动电话号码，即在一个列调区段内各分系统使用同一个电话号码。

关于调度自动电话号码的分配问题，根据《铁路运输应急通信技术体制》的规定，采用干调网的五位(H1H2ABC)的编号原则，H1H2为调度区号，ABC为用户号，分配给应急通信用的为9××号段，应急救援中心指挥台的号码为H1H2999单一连选。

建议静图传输接收号用H1H2998，列调区段内现场静图传输发送号采用H1H29××，最后两位可以与列调台序号相同。

静图传输时拨号上网，相当于两个交换机(主系统与分系统)之间进行局间呼叫。

利用调度网内的自动电话传静图，只要直拨H1H2998，便直接指向静图服务器，传输质量稳定可靠，专线专用不会阻塞。应急指挥台还可拨号与静图拍摄人员进行联络。

日常演练时，静图传输电话还可作为现场与调度通信机械室之间进行拨号通话试验，避免演练时呼叫列调台而影响行车指挥。

一旦需要启用应急通信时，首先将人工、专用两台电话接通，使救援中心能在第一时间了解事件现场的情况，静图拍摄人员一到现场便可传图。

(四)应急指挥台

利用数调系统的操作台(调度台)作为应急指挥台。平时可作为调听台用，铁路局集团公司运输指挥中心领导可随时选择某一调度台某一时段，监听其通话情况。启用应急通信时，还可组织应急抢险联动呼叫，用组呼(会议呼)方式，同时向应急抢险各有关部门发出指令或召开会议。各列调区段的现场调度专用分机接入应急指挥台后，便可单键无阻塞直呼事件现场，还可与相关列调台组成三方会议。

总之，利用数调系统开放应急通信，具有迅速准确、可靠畅通、安装快捷、操作简单等特点，也符合相关的要求，即“应急通信应充分利用铁路既有的各种基础设施，优先选用数字通道。”

第二节　应急通信静态图像传输系统

(一)静态图像传输系统功能

完成现场静态图像的采集、传输及接入应急指挥中心的功能，完成静态图像存储、查询、归档和上传至国铁集团的功能。在应急指挥台、应急操作台、音视频终端等业务终端设备完成静态图像显示功能，完成静态图像输出到显示大屏功能。

(二)静态图像传输系统原理

应急现场通过数码照相机采集现场静态图像数据并存储在 SD 卡上，通过现场的笔记本设备采用 FTP 方式上传至应急通信中心设备。

应急通信中心设备的静态图像服务将现场上传的静态图像数据存储，应急中心通过应急操作台、应急指挥台、音视频终端等终端设备浏览现场静态图像数据，并可控制静态图像输出到显示大屏。

应急通信分中心可以通过 FTP 方式将存储的现场静态图像数据上传至应急通信中心。

(三)静态图像传输系统结构

静态图像传输采用的是 FTP 方式，现场通过应急传输网络上传并存储到应急通信中心的静态图像数据，经过静态图像服务软件的处理，使得应急通信中心的人员可以通过应急通信中心系统的各业务终端调看应急静态图像。静态图像传输系统结构如图 8-5 所示。

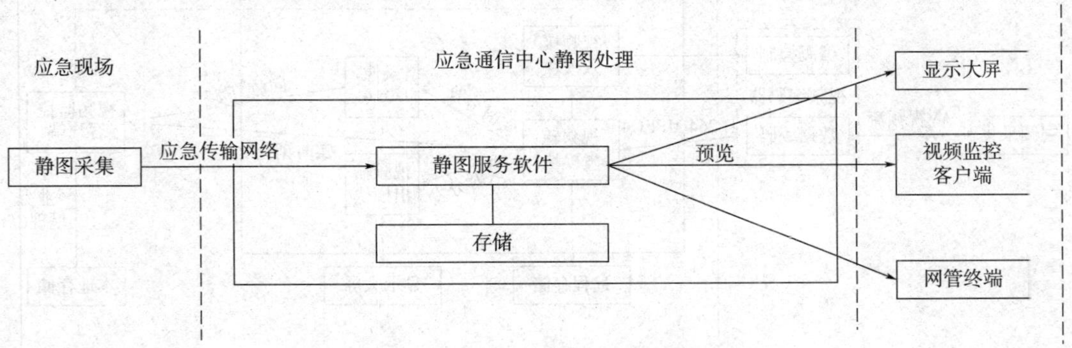

图 8-5　静态图像传输系统结构示意图

第三节　应急通信动态图像传输系统

(一)动态图像传输系统功能

应急现场使用移动影音采集应急动态图像,现场设备完成应急动态图像的编码、压缩等处理后,通过应急传输网络传输到应急通信中心,在应急通信中心的应急指挥台、应急操作台、音视频终端等业务终端设备实时浏览现场传送过来的动态图像,并完成应急动态图像的录像存储、归档、视频参数调整、大屏输出等功能,并支持动态图像实时转发到国铁集团应急通信中心。

(二)动态图像传输系统原理

应急现场通过数码摄像机采集现场动态图像,然后通过视频线接入到现场接入设备,现场接入设备将 AV 信号转换成编码格式为 H. 264 或 MPEG4 的数字信号,通过铁路应急传输网络传送给应急通信中心。应急通信中心接收到动态图像数据后,由视频服务单元进行分发、转发、输出处理。经过视频服务单元分发,应急通信中心可以通过应急操作台、应急指挥台、音视频终端等应急中心终端设备实时浏览现场采集的动态图像,并可以将该动态图像控制输出到显示大屏或转发到其他铁路局集团公司应急通信中心。

(三)动态图像传输系统结构

应急动态图像系统采用全 IP 的系统结构,应急现场与应急通信中心之间通过传输网络(数据网、2 M 电路)建立 IP 数据通道,完成动态图像的数据传输。在中心侧动态图像系统为 C/S 结构,应急通信中心的视频服务单元是其中的服务器端。根据实现的功能不同,视频服务单元主要分为视频转发模块、视频上墙模块、集中录像模块、视频接入模块共 4 个模块。视频转发模块负责响应客户端的信令,对编码器传过来的数据流进行分发和统一管理;视频上墙模块负责将不同的视频流数据解码输出到显示大屏;集中录像模块负责将视频流保存到文件;视频接入模块负责处理应急通信中心和现场视频设备的接入。动态图像传输系统结构如图 8-6 所示。

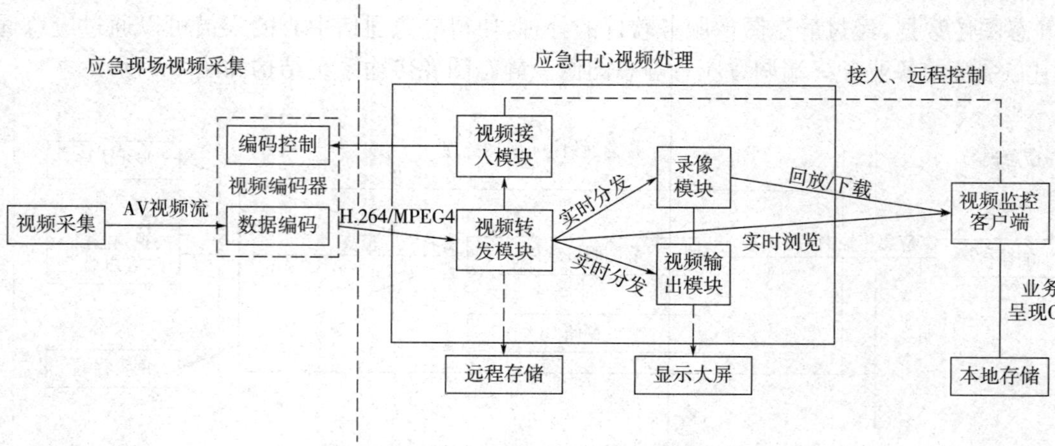

图 8-6　动态图像传输系统结构示意图

复习思考题

1. 简述静态图像传输系统的原理。
2. 简述动态图像传输系统的原理。
3. 简述铁路应急通信系统主要由什么组成？
4. 简述静态图像传输系统的功能。
5. 简述动态图像传输系统的功能。

第九章 数字集群移动通信系统

第一节 集群通信系统概述

一、集群通信系统的概念

集群通信系统，是一种高级移动调度系统，代表着通信体制之一的专用移动通信网的发展方向。CCIR 称之为中继系统（Trunking System），为了与无线中继的中继系统区别，自 1987 年以来，更多译者将其翻译成集群系统。

所谓集群通信系统，即系统所具有的可用信道可为系统的全体用户共用，具有自动选择信道的功能，它是共享资源、分担费用、共用信道设备及服务的多用途、高效能的无线调度通信系统。

二、集群通信系统的特点

集群通信系统的主要特点可归纳为以下几点：

(1)共用频率——将原指配给各部门专用的频率加以集中，供各家共用，从而提高频谱利用率。

(2)共用设施——由于频率共用，就有可能将各家分建的控制中心和基站等基础设施集中合建，从而降低网络建设投资。

(3)共享覆盖——可将各家邻近覆盖区的网络互联起来，从而获更大的覆盖范围。

(4)共享业务——可利用网络富余能力有组织地发送道路车流状况、气象预报等公共信息，为各家服务。

(5)分担费用——合建可大大降低设备、机房、电源等建网投资，节约运营维护人员，并可分摊费用。

(6)改善服务——由于多信道共用，可调剂余缺；集中建网，可加强管理、维修；因此易提高服务质量，增强系统功能。

(7)具有调度指挥功能——用户可灵活的多级分组，可进行动态重组，可进行紧急呼叫。

(8)兼容有线通信——与市话网用户通话。

(9)具有控制、交换、中继功能。

当前使用的数字集群通信系统更具有以下突出优点：

(1)在专用调度指挥通信中，非话业务（数据、图文等）不断增加，只有数字集群系统才能担负起这种不断增加的新业务。

(2)数字话音和数据传输技术能提供更好的通信质量。

(3)采用数字调制,话音编码,信道编码和数字信号处理技术的设备,其价格要低于模拟技术的设备。

(4)数字传输技术能够适应不同类型的数据业务。

(5)数字化系统能够提供更有效的频谱利用率,以目前推出的 TDMA 多址方式的

数字集群系统为例,当 RF 载波间隔为 25 kHz 时,与通常的模拟系统相比,其频谱利用率提高了 3～5 倍。

总之,集群通信系统是共享资源,分担费用,向用户提供优良服务的多用途、高效能而又廉价的先进无线调度通信系统。

三、集群通信系统的组网

集群通信系统是专用指挥调度通信系统,从其发展来看,最早是建立基本系统的单区网。因为它的用户数要比公用网少得多,通常采用大区制小容量网络。当覆盖范围达不到要求时,就将基本系统的单基站设计为多基站。而当覆盖区域再扩大,用户增加,就发展成以基本系统为基本模块,把基本模块叠加成为多区的区域网,甚至成为多区、多层次网络,这就构成了一个或几个大区域,以至在全国或跨国联网了。

集群通信的控制方式主要有两种,即集中式控制方式和分散式控制式方式。两种方式的结构基本上都由基地台(转发器)、系统管理终端、系统集群逻辑控制部分、调度台和用户台(车载台和手持机)组成。只不过集中式控制方式的系统,其集群逻辑控制是由系统控制器承担,而分散式控制方式的系统无系统控制器集中控制,而是由每个转发器上的逻辑单元分散处理。下面也按这两种不同的方式来对组网的方式作简要介绍。

(一) 集中式控制方式的单区单基站系统

单基站系统是一个基本集群通信系统,只设一个系统控制器和一个基站,该系统主要包括以下 5 个部分,如图 9-1 所示。

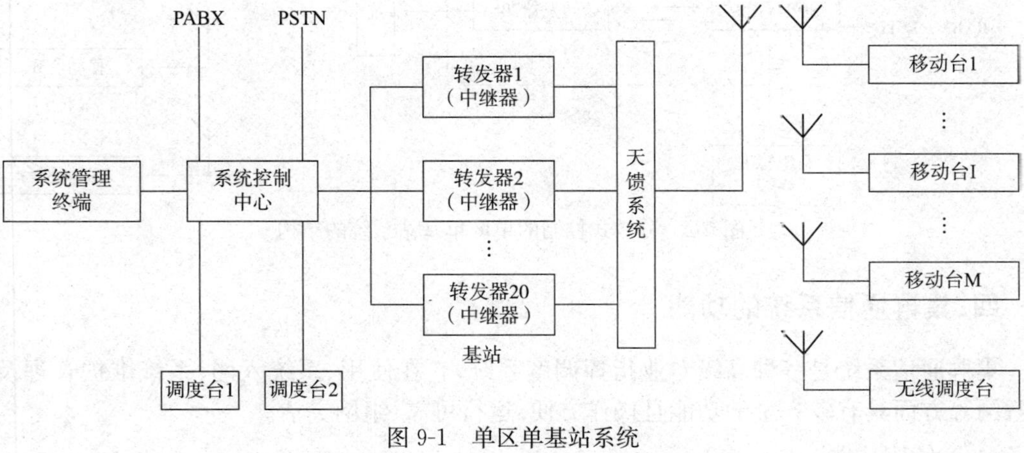

图 9-1　单区单基站系统

(1)基站——主要由若干个转发器和天馈系统组成。每个信道有一个转发器,通常单基站模拟集群通信系统有 5～20 个信道。每个信道的转发器是一部全双工的收发信机(含功放和电源),而天馈系统则有发信机合路器、收信机分路器、馈线、发信天线和收信天线等。

(2)系统控制器——主要由集群控制管理模块、转发器接口电路、电话互联器、交换单元及电源等组成。其功能主要是管理和控制整个系统的运行,包括选择和分配信道、监视话音信道状态、安排信令信道、监测系统运行和故障告警等。

(3)系统管理终端——主要由一台计算机(微机或小型机)及系统管理软件组成,并与系统控制器连接(一般通过 RS-232 接口)。值机员可通过此终端对系统进行管理控制,包括输入修改运行方式、无等级修改、信道状态报告、用户入网控制、设备状态控制、告警及信息打印输出等。

(4)调度台——分为有线调度台和无线调度台。有线调度台可接到控制器上的电话机,也可与操作台相连;无线调度台则由收发信机、控制单元、天线、电源和操作台组成。通常,一个群用户有一个调度台。

(5)移动台——主要是手持机和车载台。手持机现在有单工和双工两种;移动台也由收发信机、天线、电源(电池)和控制单元组成。

(二) 分散式控制方式的单区单基站系统

这种单基站系统也是一个基本系统,与集中式控制方式的单区单基站系统不同的是:控制器和基站合在一起,而基站的若干个转发器都带有相同数量的控制器。每个信道也是一个转发器(含有集群控制逻辑模块),其他的几个部分(如系统管理终端、调度台及移动台)的作用与集中式控制方式单区网相同,不在此赘述。分散式控制的单区单基站系统的结构如图 9-2 所示。

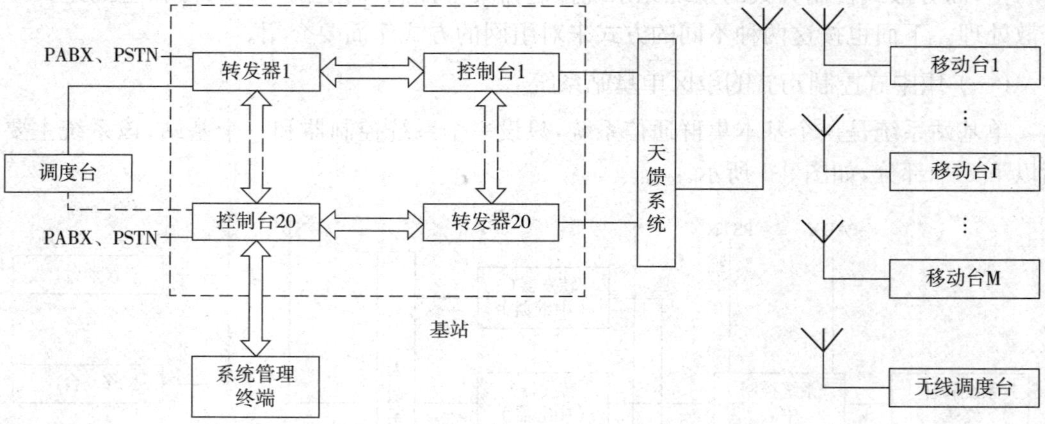

图 9-2　分散式控制的单区单基站系统的结构

四、集群通信系统的功能

集群通信系统是一种高级专业指挥调度系统,它在使用、系统入网、系统维护管理及多区联网等方面具有较齐全的功能且操作方便、运行可靠、组网灵活。

(一) 使用功能

1. 基本业务

集群通信系统的基本业务是进行普通话音通信,有些机密程度高的单位,还需有保密话音(包括模拟保密和数字保密)通信、传输数据信息、状态(信息含数据加密的要求)等的功能。

2. 呼叫接续方式

(1)调度台(有线或无线)到移动台(组、群)的接续。

(2)移动台到调度台(有线或无线)的接续。

(3)移动台到移动台(组、群)的接续。

(4) PABX 或 PSTN 的有线用户到移动台或相反,实现有线互联。

(5)呼叫类型(调度功能):个别呼叫(单呼)、组(群)呼、全呼(通播或全呼)、电话呼叫(有线、无线互联呼叫)。

集群通信系统都具有优先功能,一般有新近用户优先、多优先等级和紧急呼叫等。各移动用户根据需要可分配某一优先等级(多至 8 级)。当系统繁忙时,在“先到先服务”的原则下,根据不同的优先等级对信息请求进行处理,从而重要用户能够优先得到系统服务。紧急呼叫通常有最高优先权,当有权用户发起紧急呼叫后,系统会立即为其分配话音信道。如果此时没有空闲信道,一般有两种处理方法:一种是排队处理,排在行列之首,一有空闲信道即可占用;另一种是强拆处理,无须等待空闲信道,而把优先权最低的用户占用的信道拆掉,提供给紧急呼叫使用。还可根据系统需要,增设其他呼叫类型,如呼叫转移和会议呼叫等。

(二)系统入网功能

1. 基本功能(主要功能)

(1)入网时间短——任一用户按下“PTT”开关 0.5 s 后,即可接入话音信道。

(2)呼叫申请自动重发——主呼移动台用户按下“PTT”开关发送呼叫。由于某些原因,未被系统控制器确认,则当移动台释放“PTT”开关后,移动台继续发出数次信道请求。

(3)遇忙排队自动回叫——当所有话务信道都在使用时,请求入网的用户进入排队等候。

当有空闲信道时,中央控制器将自动依照“先来先服务”的原则向排在队首的用户发接通提示音,让其通话。

(4)紧急呼叫——遇有紧急情况,用户按“紧急呼叫”键,系统将保证开放一条信道用于紧急呼叫。同时,在监视终端显示紧急呼叫者的身份码,并发出声光提示。开放紧急通话信道有两种方式:强拆式和队首式。

①强拆式:紧急呼叫发出后无须等待空闲信道,而把优先权最低的用户所占信道拆掉,提供给紧急呼叫使用。

②队首式:紧急呼叫发出后无空闲信道时,这个紧急用户将被排在队首,一旦有空闲信道,就分配给紧急用户使用。

(5)限时通话——为了保证有效利用信道,缩短用户等待时间,要对用户的通信时间进行限制,限时菜单由系统控制中心设定。

2. 可任选功能

(1)新近用户优先——向那些刚刚脱离话音信道的用户提供信道,以便重返系统完成通话,保证话务量忙时的通话完整性。这些用户比其他有相同优先等级而未入网的用户优先得到信道。一般情况下,当用户释放信道 10 s 后不再使用,则此新近优先状态结束。另外,新近优先用户数应进行限制,以防止少数用户组(群)垄断系统。

(2)动态重组——组呼的设置是通过对用户台编程来实现的,因此用户台配发或卖出后,就很难再对其重新进行编程。若需对某些用户重新编组,就需要采用动态重组技术。动态重组就是能够随时对用户进行动态地重新编组,可以把某些单个用户重新编成一个大组。动态重组一般是操作员通过管理终端输入指令,由中央控制器通过控制信道或话音信道发布指令,移动用户台收到指令后自动改变设置。也有的系统是通过动态重组终端来完成的。

(3)位置登记及漫游——多区网或区域网等联网工作时,用户可在大网内进行位置登记和漫游。

(4)连续信道指配更新——一旦一个话音信道分配给一个通话组使用,只要该组仍在使用该信道,控制信道就一直发送信道分配信息。个别成员未能及时进入本组通话时(因正与别的用户通话,或因干扰未能接收到呼叫信令,或因刚刚开机),其可在控制信道收到连续分配信令,而进入本组的通信。这就保证了移动台正确地直接进入到正确的信道,以便加入本组其他的通话中。

(5)误导移动台保护——在分配的话音信道上,转发器发出一串包含使用该信道的用户的识别码,被意外误导到该话音信道的用户收不到正确的识别码,因而会自动退回到信令信道上去,从而保证了在该信道用户通话的私密性。

(6)遥毙——可消除由丢失或可能已落入他人之手的移动台所引起的潜在危险,并防止非法用户进入系统工作。系统一般通过中央控制器定时或不定时地发送控制信令来“遥毙”某移动台,也可以在用户发起呼叫时,系统通过核对用户档案来“遥毙”该移动台。“遥毙”方式一般分为两种:一种相当于禁用,只是对移动台的使用进行限制,并不破坏移动台的程序;另一种可称为真正的“毙掉”,是把移动台的程序清除。移动台一旦被“遥毙”,则无法在集群通信系统中运行,即不能发射和接收。只有系统管理员解除“遥毙”指令,才能继续运行。解除“遥毙”指令的方法根据“遥毙”方式的不同而不同。对于上述第一种方式,系统管理员通过系统管理终端发出“遥毙”解除命令,恢复用户原有的权力;对于第二种方式,解除“遥毙”时需要对移动台重新进行编程才能完成。

(7)系统容错——是为了保证系统高度可靠地运行而采用的技术。它包括中央控制器热备份、备用控制信道、分散控制和故障弱化等。

①中央控制器热备份:中央控制器一旦出现故障,系统将失去大部分集群功能。备份中央控制器可保证在主控制器出现故障时,系统仍能正常运行,仍能保持原有的功能。一定要采用热备份而不是冷备份,才能保证系统连续的运行。其一,热备份可保证主控制器出现故障时,能迅速地切换到备份控制器上;而冷备份则做不到这一点,需人工进行切换。其二,热备份的备份控制器与主控制器之间的数据实时交换,也就是说,备份控制器与主控制器保持同样的系统数据、用户数据,这样才能保证系统正确地运行。

控制器的热备份在技术上是比较复杂的,其费用也比较昂贵。目前只有极少数系统采用这种技术。主控制器和备份控制器可以定时轮流工作,也可在主控制器出现故障时,自动切换到备份控制器。

②备用控制信道:这是专用信令信道系统普遍采用的技术。一个话音信道的故障不会导致系统性能的降低,但如果控制信道出现故障,整个系统就会瘫痪。为了防止这种情况发

生，系统提供了供多个信道作为可能的控制信道，这多个信道通过定时切换轮流作为实际控制信道。若控制信道出故障，系统会自动指定某备用控制信道作为实际控制信道。更换控制信道时，移动台会自动识别新的控制信道，系统操作进程不会中断。备用控制信道未被用作信令信道时，仍当作正常话音信道使用。

③故障弱化：弱化是指系统中央控制器和分散控制器都出现故障时，系统保持常规通信的状态。当中央控制器出现故障不能正常工作时，移动台自动地回到其预先规定的故障弱化信道（系统话音信道）上，用户就可以在此信道上进行常规通信。系统一旦进入到故障弱化状态，就失去了集群功能，也失去了大多数多组和通话组呼叫的私密性。但是，一旦恢复成正常系统，这种私密性就会恢复。

故障弱化状态的信道分配是移动台编程时设置的。分配方法是把系统的所有用户平均地分配到整个系统的话音信道上。同一多组或通话组的成员，将分配到同一信道。

（8）系统寻找和锁定——本系统能和几个常规移动通信系统通过移动台的逻辑功能结合在一起，以扩大系统覆盖范围。当用户离开集群通信系统的覆盖区后，移动台会自动转入并自动寻找工作方式：首先试图寻找信令信道，其次试图寻找故障弱化信道，最后试图寻找最先的中转台信道，直至寻找到新的覆盖区，则移动台锁定于常规系统的信道上。此时移动台还每隔几分钟再寻找原集群通信系统的信令信道，这叫“回望”功能。若移动台需在新的系统内工作，则可手动操作工作，停止“回望”功能。

（9）脱网工作——两个以上移动台在越出覆盖范围或需直接对讲的情况下，可人工转换到脱网模式，在常规信道上单工对讲通话，但移动台必须备有常规通信信道。

3. 信号音

（1）接通音——主呼用户发出呼叫请求，系统分配给双方话音信道后，主呼、被呼双方都听到接通音即可通话。

（2）呼叫失败音（或显示）——主呼用户发出呼叫请求后，若得到未能入的提示音，表示呼叫失败。

（3）忙音——主呼用户发出呼叫请求后，由于系统内无空闲信道或被呼用户占线，则主呼用户可听到忙音。

（三）系统维护管理功能

1. 主要功能

（1）统计功能——主要统计每一信道的话务量、每条中继线话务量、系统内不同组（群）用户的话务量等。

（2）修改运行参数——可根据业务需要，修改运行参数，如用户分组、用户限时参数、优先级别和接续权限等。

（3）监视信道忙闲状态——可通过操作终端显示出系统内各信道的忙闲。

（4）基站无人值守。

（5）系统自我诊断——包括周期性地检验控制器的运行情况、基站收发信机及接口的运行情况、供电状况等。若有故障，则在系统管理上有声、光告警信号，同时还可把故障显示打印记录下来。

2. 可选功能

(1)通话记录和计费。

(2)发射机故障关闭——当发射机输出功率降低到某一电平时,系统将自动切断该信道,避免用户使用带有故障的发射机。

(3)接收机干扰关闭——当系统控制器检测到某信道接收的不是该系统成员发射的载频,并且超过一个特定时间后,该信道将被关闭,以免受干扰,直到干扰消失。

(4)多区联网功能:

①具有从单区网扩展成多区网的能力。

②具有自动搜索信令信道的能力。

③多区信令信道的管理,可采用多区同频信令信道,也可采用异频信令信道。

④多区动态使用信道,可根据不同业务状况,进行动态分配,调节后备信道的使用。

⑤多区业务管理,包括区间漫游话务量统计及计费等。

总之,集群通信系统的功能视不同公司生产的系统而定,有的系统功能齐全,而有的系统功能少一些。集中式控制方式的系统功能也比分散式控制方式的系统功能多一些。有些功能并非都要具备,但一些基本的功能是每个集群通信系统必须具备的。

五、集群方式

在一个多信道调度无线系统中,"集群"是指向正在申请服务的用户自动分配信道,调度无线信道的集群基本技术方法有以下几种。

(一)消息集群

使用消息集群(亦称信息集群),在整个调度通话期间,给它分配一条无线信道。从移动台按键开始,中继站(基站)要经过 6～10 s"脱离"时间才能完成信息集群。如果在这脱离时间内别的移动台或调度员起动另外的信息传输,则仍保持原先的信道分配。

这种技术效率低,因为在传输时间内若没有信息传输时仍然分配信道,并且在每个信息结束后的 6 s"超时"内信道仍然被分配。图 9-3 为其工作过程。

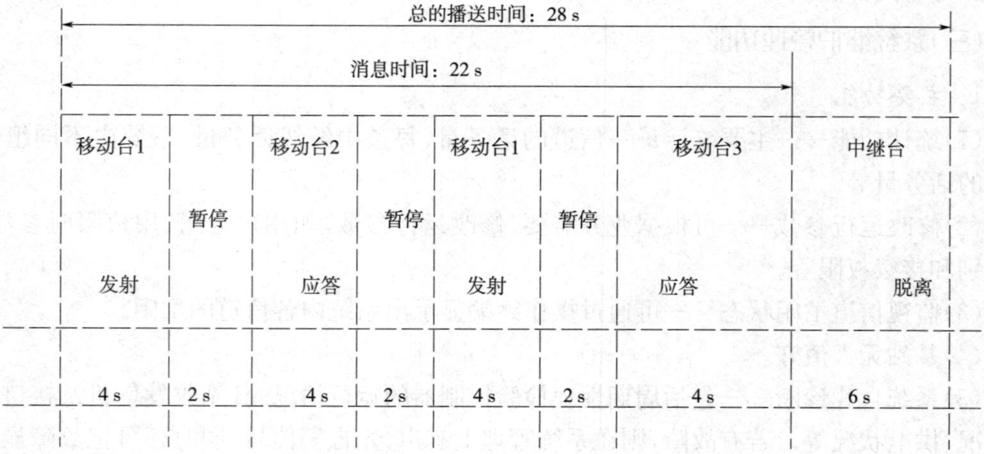

图 9-3　消息集群的工作过程

(二)传输集群

传输集群又称发射集群。在“纯正”传输集群中,仅对单一半双工无线传输期间分配信道。因为半双工操作一般需要在移动台的用户压下和释放“按讲开关”按钮;当用户按键时,可把检测到的一个确定而可靠的“传输结束”信令发送到基站控制器,这个信令可用来指示该信道可以再分配使用。基站接到该信令之后,收回信道并将该信道分配给其他用户使用。所以在传输集群方式中不会由于通话暂停而仍然占用信道,浪费信道的使用,从而提高信道利用率。图 9-4 为其工作过程。该通信方式,通话双方每次按下“PTT”键,所分配到的通话是随机的。所以,每一个完整的通话过程可能要分几次在几个不同的信道上完成,这就有利于通话保密。但这种方式一旦通话完成,“ PTT”键释放,分配的通话信道就丢失而给其他用户使用,如果用户消息内有延迟就可能导致通话不连续、完整性差的缺点。

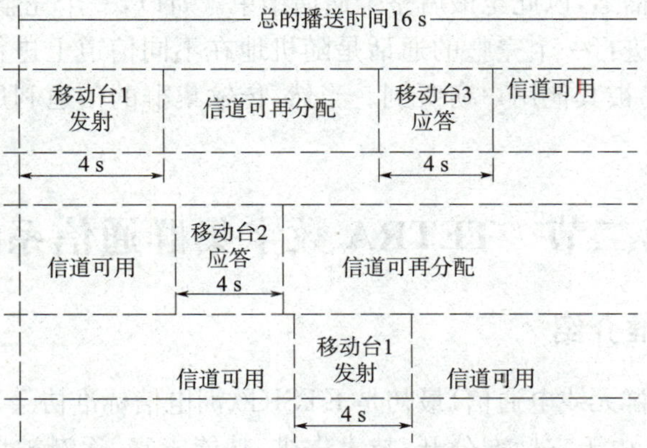

图 9-4　传输集群的工作过程

(三)准传输集群

在相当于系统“忙时”的非常高的信道负载上,纯粹的传输集群系统中存在着用户消息内会延迟的可能性。因为每单个信息传输必须获得一个新的话音信道分配,这些延迟是极不受欢迎的,并导致消息连续性被中断。因此就出现了上述“纯”传输集群的修改型,称之为“准传输集群”,图 9-5 为其工作过程。

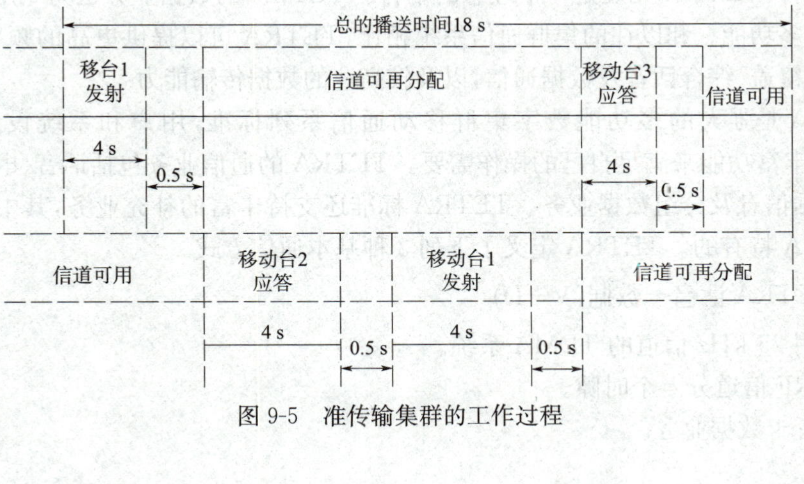

图 9-5　准传输集群的工作过程

准传输集群兼顾消息集群和传输集群的优点，它缩短了集群的“脱网”时间，该时间连同移动台发送传输结束信令在内为 0.5～1 s。在准传输系统中，一旦开始接入信道，两个电台可迅速建立通话而不会“脱离”话音信道，因而，具有小的信息延迟。

(四)集群方式性能比较

消息集群的效率在三种集群方式中相比是最低的，但它便于与有线电话网兼容。消息集群目前所采用的信令一般都是公开的。由英国制定的 MPT-1327 信令，它在技术上比较成熟，并已有专用的集成电路支持信令规约，因此实现起来比较容易。传输集群主要应用于专用调度系统中，所针对的用户是无线用户，以单工或半双工方式工作。它的通话过程与消息集群完整的通话在一个信道上完成的过程是不同的。它在用户按下“PTT”开关后才随机给用户分配一个信道使用，用户松开“PTT”开关后立即收回该信道；用户下一次按“PTT”开关又给用户分配另一信道，以此至最后整个通话结束。所以，一个完整的通话是在多个信道上进行的。由于双方进行一个完整的通话是随机地在不同信道上进行的，因而它也起到了一定的保密作用，不易被其他用户窃听到。当然，传输集群的信道利用率是最高的，准传输集群则介于两者之间。

第二节　TETRA 数字集群通信系统

一、TETRA 标准介绍

TETRA(陆地集群无线电通信)最初是 ETSI(欧洲电信标准协会)为欧洲国家制订的集群移动通信开放标准，由于它标准公开、技术先进、功能丰富，逐渐被世界许多国家所接受，该标准也像 GSM 数字蜂窝移动通信标准一样，从一个欧洲标准逐渐成为一个走向世界的国际性标准。TETRA 标准由欧洲电信标准研究所(ETSI)于 1995 年正式确定，1997 年后全面推广。到现在，TETRA 已经为专业移动通信创建了一个充满竞争力的开放的全球市场。

TETRA 是基于数字时分复用(TDMA)无线通信技术的系列标准，它包括一系列开放接口、呼叫服务和协议。它不仅为组织机构提供了一对一、一对多的优异调度功能，还可以提供全双工电话服务、短信息服务及数据服务。对于那些需要高度灵活的指挥调度通信手段的用户而言，TETRA 无疑是一个理想的平台。TETRA 的数据业务也为专用无线通信网络增加了许多功能。和以往的集群通信系统相比，TETRA 可以提供更高的频率利用率、更稳定的网络覆盖、综合话音及数据通信，以及较高速的数据传输能力。

TETRA 是强大的多功能数字集群移动通信系列标准，用户和系统设计者可利用 TETRA 的丰富功能来满足自己的操作需要。TETRA 的通信业务包括话音、电路方式数据传输、短数据信息及分组数据业务。TETRA 标准还支持丰富的补充业务，其中许多补充业务是 TETRA 特有的。TETRA 定义了下列 3 种基本通信方式。

(一)TETRA 话音＋数据(V＋D)

(1)使用 25 kHz 信道的 TDMA 系统。

(2)每 RF 信道分 4 个时隙。

(3)话音＋数据业务。

TETRA V+D 技术规范提供一个能同时支持话音、数据和图像通信的多媒体无线平台，它与单个移动台相结合，可减少阻塞及互调干扰的问题。

系统接续协议是基于每载波时分多址 4 个时隙来实现的，这个协议非常灵活，足以支持 4 个独立电路通信（话音或数据）或分组数据通信。数据传输速率最高可达 28.8 kbit/s。

（二）TETRA 分组数据优化（PDO）

（1）使用 25 kHz 信道的 TDMA 系统。

（2）每 RF 信道分 4 个时隙。

（3）只有数据业务。

TETRA PDO 主要应用在信息和电子信箱、快速管理和快速调度、媒介信息、远端数据基本接入、计算机文件传输、视频和多媒体等方面，它通过 X.25 协议的分组交换支持虚拟线路的整个信息的快速传输。需要指出的是 TETRA V+D 系统标准数话兼容，而 TETRA PDO 只支持数据业务。

（三）TETRA 直接模式通信（DMO）

不需基础设施的通信，即移动台直接与移动台通信。

TETRA DMO 是在移动台处于网络覆盖范围内，需要安全通信时用于提供移动直通的业务。通过网关终端就可以在 ISO 第三层上进入 TETRA DMO 工作模式，该标准保证在 ISO 的第一层通信信道兼容，这种既可接入集群系统又可直通的传输模式称为"双监视（Dual Watch）"特性。采用 V+D、PDO、DMO 的公共第三层协议可确保在 ISO 第三层上互操作。

TETRA 的主要优点在于它可以在同一技术平台上提供指挥调度、数据传输及电话服务，因此只需一套系统就可以满足一个组织的多种无线通信要求。此外，TETRA 作为一种数字通信标准，可以支持广区通信覆盖，话音清晰。TETRA 的主要市场在公共安全、无线政务网、交通运输、大型企业、公用事业、商业运营等行业。

二、TETRA 的技术体制

（一）主要技术特性

（1）多址方式：TDMA 方式，每个载频可载 4 个时隙。

（2）频率范围：806～821 MHz（移动台发）。

（3）851～866 MHz（基站发）。

（4）双工间隔：45 MHz。

（5）载频间隔：25 kHz。

（6）语音编码：4.567 kbit/s 的 ACELP 编码。

（7）调制类型：$\pi/4$-DQPSK。

（8）载波调制速率：36 kbit/s。

（9）每载频的最大数据比特率：28.8 kbit/s。

（10）接入协议：时隙 ALOHA。

（二）TETRA 的空中接口协议栈

为了可靠地传输信令和用户业务信息，TETRA 空中接口协议规定了分层结构。TETRA 空中接口协议栈与 OSI 七层模型中规定的各层结构是基本一致的，如图 9-6 所示。

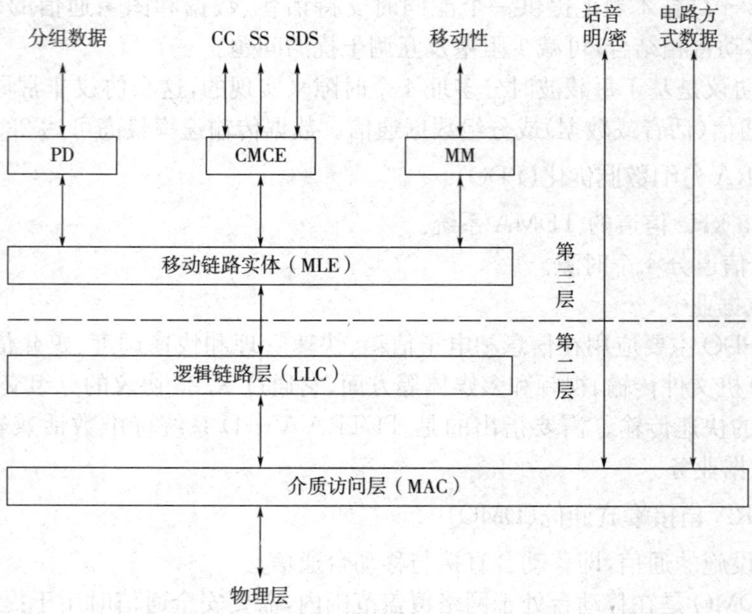

图 9-6 TETRA 的空中接口协议栈示意图

CC—呼叫控制；CMCE—电路方式控制实体；PD—分组数据实体；
MM—移动性管理；SDS—消息服务；SS—补充业务

TETRA 的空中接口协议只对应 OSI 七层模型中的下三层，较高层的功能应该在用户终端设备中实现。它们可辨别的边界与 OSI 模型中的下三层基本一致，但为适应无线电空中信号多址能力的需要，TETRA 空中接口协议还定义了比 OSI 层划分更细的子层。

按照信令和用户业务信息在 TETRA 网络中的传输进行划分，TETRA 空中接口协议栈可以垂直划分成一个控制面(Control Plane)和一个用户面(User Plane)。控制面处理控制信息和分组业务；用户面处理电路交换的话音和电路交换的用户数据。

1. TETRA 的空中接口协议的第一层

TETRA 空中接口协议的第一层是物理层，由定时结构、无线电射频等组成。它包括射频发送和接收、调制和解调、发送和接收的转换、定时、时分多址(TDMA)结构和移动台的功率控制等。

2. TETRA 的空中接口协议的第二层

TETRA 空中接口协议的第二层又分为两个主要子层，即介质访问控制层(MAC)和逻辑链路控制层(LLC)。

MAC 层主要解决如何将数据进行处理以适合于在无线电线路上传输。这些功能可进一步分解为将信息类型变换成 TDMA 结构、TDMA 同步、差错保护、加密、信号强度和误码率测量、随机接入过程和重新选择过程等。

LLC 处理诸如数据传输、转发、分段、重新装配和逻辑链路的管理和控制等工作。

3. TETRA 的空中接口协议的第三层

TETRA 空中接口协议的第三层也分成两个子层。较低子层称为移动链路实体(MLE)，较高的子层由 3 个单元组成，统称为子网络接入功能(SNAF)。

（1）移动链路实体（MLE）负责控制较低层与无线电相关的功能，包括无线电连接的管理、登记区之内的移动性管理、移动台身份管理和服务质量控制等。

（2）SNAF 有移动性管理（MM）、电路模式控制实体（CMCE）和分组数据实体（PD）。MM 处理漫游、移动和切换；CMCE 处理呼叫控制、短数据业务和补充业务；PD 处理面向无连接和面向连接用户的分组数据。

（三）系统设计规范

TETRA 系统采用大区制设计，参数如下：

（1）呼叫建立时间。＜300 ms。

（2）邻道功率。－60 dB。

（3）基站 RF 功率。0.6～40 W。

（4）移动台 RF 功率。1 W、3 W、10 W、30 W。

（5）移动台接收灵敏度（2%BER）：衰落－107 dBm；静噪－112 dBm。

（6）固定台接收灵敏度（2%BER）：衰落－109 dBm；静噪－115 dBm。

三、TETRA 的工作频率及帧结构

（一）TETRA 的工作频率

TETRA 适合工作在 VHF 150 MHz～UHF 900 MHz 频率范围，这一段频率的电波传播特性适于陆上移动通信使用。在国家无线电管理机构允许范围内，TETRA 系统可以使用其中任意的无线电频率。在更高的频率，电波绕射能力和建筑物穿透能力会大大减弱，不利于对高楼林立的市区和建筑物室内进行覆盖；在更低频率，要求天线的尺寸太大，并且频率资源有限、环境干扰较大，也不适于陆上移动通信使用。

CEPT 推荐欧洲不同的 TETRA 系统使用以下 4 段 UHF 频谱，如图 9-7 所示。

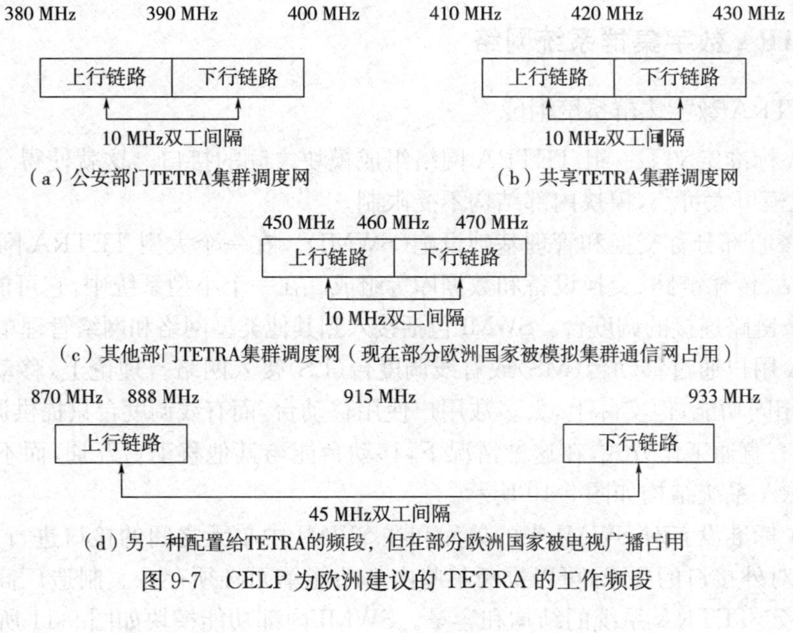

图 9-7　CELP 为欧洲建议的 TETRA 的工作频段

我国的信息产业部无线电管理局规定数字集群通信系统的工作频段(包括 TETRA 和 iDEN)为 806～821 MHz 和 851～866 MHz 频段如图 9-8 所示。

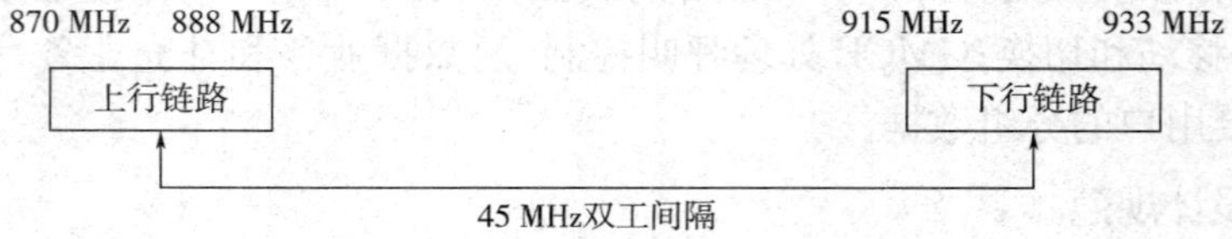

图 9-8　我国使用的数字集群频段

我国公安部 2004 年确定 TETRA 为我国公共安全行业标准,使用 351～356 MHz 和 361～366 MHz 频段。

(二)TETRA 的帧结构

在 TETRA 系统中,每个无线电载波,无论是上行链路还是下行链路都在时间上分为 4 个时隙。每一个时隙称为一个物理信道,可用于话音或数据业务,信令或二者混合传输。上行链路和下行链路的时隙数是相等的,上、下行成对时隙之间在时间上错开,相当于两个时隙的时间差。

在 TETRA 帧结构中,每个 TDMA 帧有 4 个时隙。18 个 TDMA 帧构成一个复帧。复帧中的第 18 帧用作控制信令,称之为控制帧,它承载慢随路控制信道(SACCH),是 TETRA 强大协议的特性之一。

以话音加数据电路方式工作时,把工作业务从 18 个帧的复帧时长压缩在 17 个 TDMA 帧中传送,从而允许将第 18 帧用作控制信令,而不致造成数据流的中断。这就使得总是存在控制信道信令,即使在最小工作模式中,当全部信道都分配给业务时,也有控制信道信令。

60 个复帧构成 1 个超帧。超帧用于长的重复帧,如加密同步。每个时隙有 510 个调制比特时宽。TETRA 的时隙结构如图 9-9 所示。

四、TETRA 数字集群系统网络

(一)TETRA 数字集群系统组成

TETRA 标准定义了一组 TETRA 网络组成模块之间的接口。这就使得 TETRA 网络结构简单,规模可大可小,模块内部结构不受限制。

网络的核心部分称交换和管理基础设施(SWMI)。在一个大型 TETRA 网络中,SWMI 是由多个基站、传输链路、交换设备和数据库等组成。在一个小型系统中,它可能只有一个基站和通过一条链路连接的调度台。SWMI 包括接入到其他类型网络和网络管理单元的接口。

TETRA 用户通过移动台(MS)或有线调度台(LS)接入网络。理论上,移动台和有线调度台可以有相同功能,但实际上,大多数用户使用移动台,而有线调度台只提供调度功能。此外,移动台可有直通工作方式,在这种情况下,移动台能与其他移动台互通,而不需要 SWMI 介入。TETRA 系统结构如图 9-10 所示。

TETRA 标准没有对 SWMI 中的单元和在 SWMI 中单元之间的接口进行规定。然而,根据 SWMI 对外接口的要求,可以推断某些内部功能单元必须存在。制造厂商可以根据系统的规模,决定 TETRA 系统的结构和容量。SWMI 内部功能模块如图 9-11 所示。

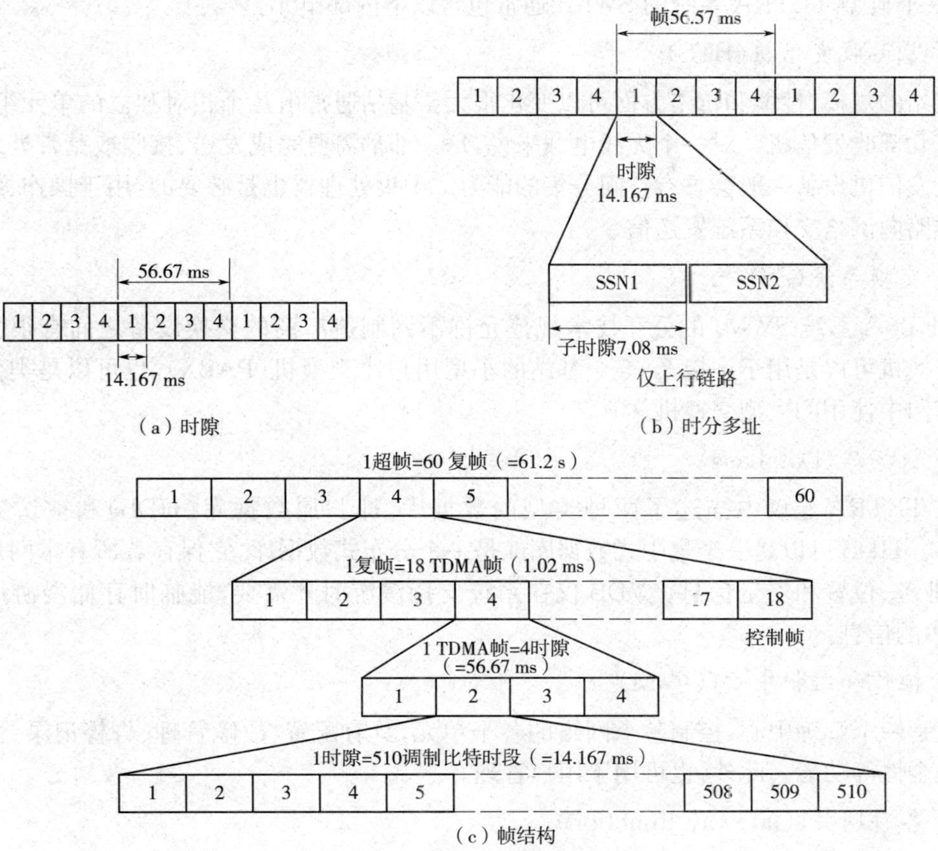

图 9-9　TETRA 的时隙结构

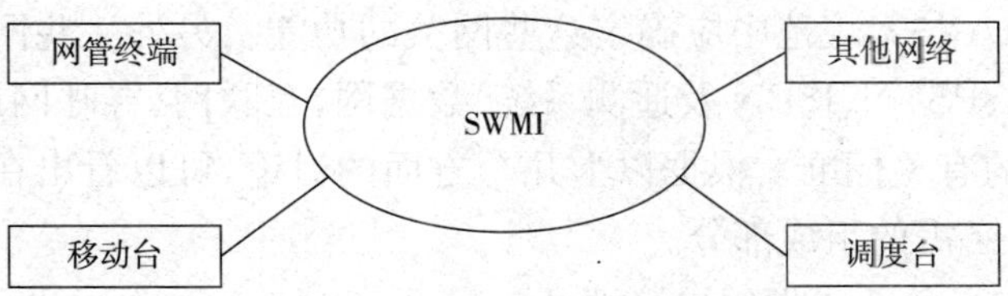

图 9-10　TETRA 系统结构示意图

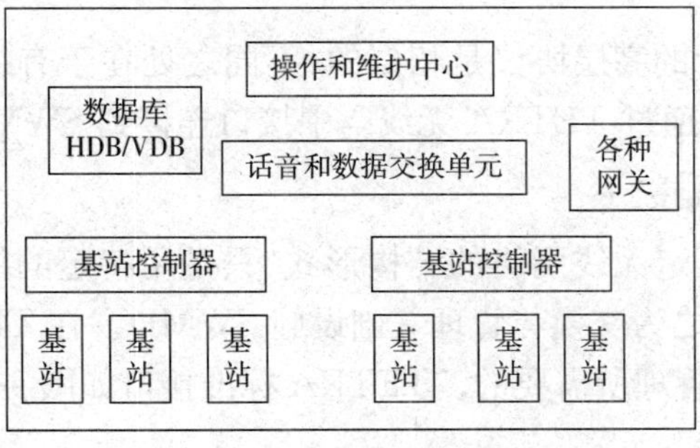

图 9-11　SWMI 内部功能模块

一个典型 TETRA 系统的 SWMI 通常包含以下内部单元。

1. 基站收发信机(BTS)

基站的规模、性能和价格方面可以变化很大。基站通常由几个相对独立的单元组成，它可以有几部收发信机。对一个无线电载来说，每一部都需要完成发送、接收或基带处理等任务。收发信机设备一般会具有空间分集的能力。中央处理器也是必要的，用于操作、维护及通过链路向网络交换系统发送信令。

2. 交换系统(SS)

TETRA 系统 SWMI 的公开技术规范允许不同制造厂商的交换设备之间有很大的不同。交换机可以是用于连接 2～3 个基站的小型用户小交换机(PABX)，也可以是类似于数字蜂窝网中使用的大型交换机。

3. 数据库(Database)

在 TETRA 建议中描述了两种类型的数据库，即归属数据库(HDB)和被访数据库(VDB)。HDB 可以是一个集中式数据库或是一个分布式数据库，它保存着所有本网用户的开通、业务、位置和安全信息。VDB 仅在系统支持漫游时才需要，能临时存储漫游用户的 HDB 中的信息。

4. 操作和维护中心(O&M)

这是一个管理中心，控制整个网络的各个单元，具有配置、故障管理、告警记录、性能分析和安全性等功能。此外，也可用于用户管理。

5. 各种网关(Gateway Function)

为了让一个 TETRA 系统能够与其他系统互联，系统中必须包含各种网关单元，其中一部分网关用于连接到另一个 TETRA 系统，也可与 TETRA 系统的远端操作和管理中心等连接，所以在 TETRA 技术规范中应确定这些网关的功能。另外一些网关是用于与有线电话交换网，如 PABX、PSTN、ISDN 及遥测系统、数据网、互联网、寻呼网或蜂窝网等连接的，网关功能执行现行的有关标准。根据以上几个方面的讨论，可以看出在一个 TETRA 系统中，哪些网关单元是必需的组成部分。

TETRA 有已定义的两大类用户终端。

(1)移动台(MS)，又可以细分为手持机和车载台。

(2)有线调度台(LS)。

移动台和有线调度台的高层协议是相似的，不同之处在于有线调度台是通过有线连接到 SWMI 上，而移动台是通过 TETRA 无线空中接口连接到 SWMI 上。

(二) TETRA 的标准接口

TETRA 规范没有限定无线网络的结构形式，只是用特定的接口来定义网络基础设施(在 TETRA 标准中常称之为交换与管理基础设施 SWMI)。在 TETRA 规范中定义的接口是保证互通、互联和网络管理所需要的。TETRA 标准接口如图 9-12 所示。

1. TETRA 空中接口

TETRA 空中接口是一条数字无线路径，它支持下列功能：

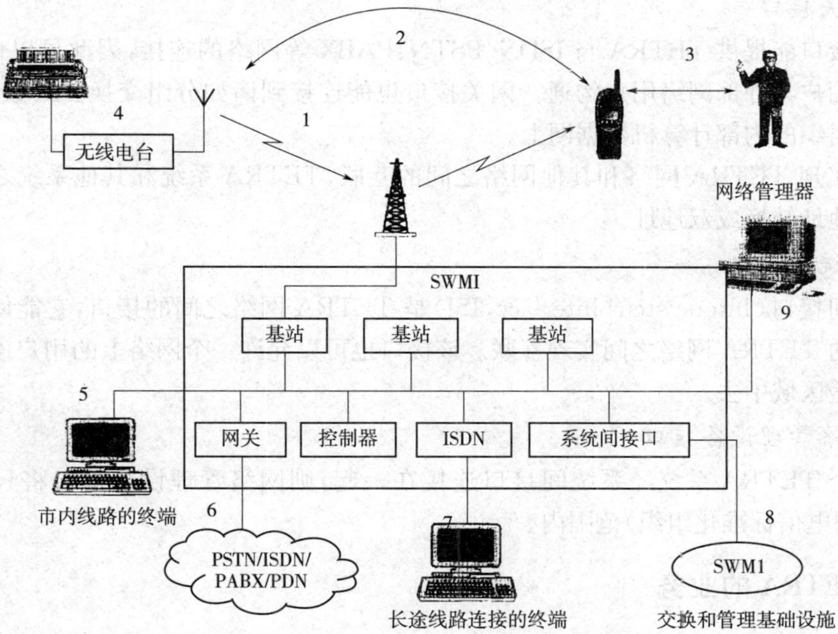

图 9-12 TETRA 标准接口

1—系统空中接口;2—直通模式接口;3—人—机接口;4—终端设备接口;5—市内线路连接的终端;
6—网关接口;7—长途线路连接的接口;8—系统间接口;9—网络管理单元接口

(1)组呼、单呼、电话呼叫。

(2)能传输高达 256 字节用户数据的短数据业务。

(3)具有电路交换和分组交换数据的业务,其范围包括从高保护度的 2.4~28.8 kbit/s 无保护度的数据传输速率或吞吐量。

(4)登记,以使 SWMI 能始终知道移动台在哪个区域。

(5)安全性和鉴权能力。

2. 直通模式的空中接口

直通模式的空中接口也是一条数字无线路径,它能使用户无须经过一个基础设施就能直接进行相互通信。在这种模式工作时,可应用的业务有组呼、单呼和短数据业务等。若利用一部无线电台作为一个移动网关(或转发器),还能扩大直通模式工作时的覆盖范围。

3. 人—机接口

为了更方便地使用不同制造厂商生产的移动台,人—机接口能提供一系列标准键盘的用户操作功能,以使得用户可以采购和使用符合本接口 E1 要求的不同厂商生产的终端。

4. 外围设备接口

外围设备接口(Peripheral Equipment Interface,PEI)是移动台和外围数据业务设备之间的接口,如打印机、计算机或摄像机等。

5. 本地有线连接终端接口和远程有线连接接口

本地有线连接终端接口和远端有线连接接口是 SWMI 与本地或远端有线台或调度台之间的接口。在连接远端调度台时,接口可以通过 ISDN 等来实现。

6. 网关接口

网关接口能提供 TETRA 与 ISDN、PSTN、PABX 等网络的连接，因此可以使 TETRA 网络中的用户与外部网络用户沟通。网关接口也能连接到诸如分组交换公共数据网、互联网和各类组织的内部计算机数据网上。

为了实现 TETRA 网络和其他网络之间的互联，TETRA 系统和其他系统之间的通信可能需要地址转换或双地址。

7. 系统间接口

系统间接口(Intersystem Interface，ISI)是 TETRA 网络之间的接口，它能使不同制造厂商生产的 TETRA 网络之间实现互联。该接口也可以允许一个网络上的用户漫游到其他网络的覆盖区域中去。

8. 网络管理设备接口

若多个 TETRA 系统经系统间接口连接在一起，则网络管理设备接口将只能确定在 ETSI(欧洲电信标准化组织)范围内。

五、TETRA 的业务

TETRA 标准定义了网络基础设施的各个接口。这些接口是保证互通、互联和网络管理所需要的。用户终端业务与承载业务如图 9-13 所示。

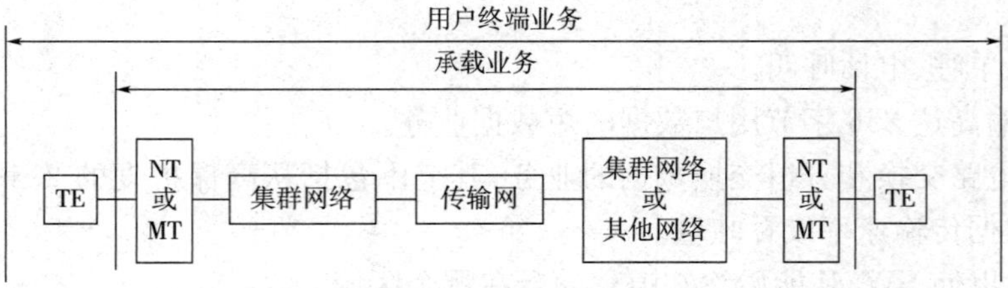

图 9-13　用户终端业务与承载业务

对于一个移动台来说，有下列 3 种基本类型连接：点到点、组呼、广播。

TETRA 支持的用户终端业务包括：单呼(点对点)、组呼(点对多点)、应答组呼、广播呼叫(单向点对多点)及上述各种呼叫的明话或密话。

(1)单呼：包括一个主呼方到一个被呼方的双向呼叫，其中一方可以不是 TETRA 用户。

(2)组呼：一种点到多点的呼叫。采用半双工方式，被叫方用一个公共组编号地址。

(3)广播：一种单向一点对多点呼叫。

(4)数据业务：TETRA 数据业务提供承载业务。系统提供端到端的数据传输信道，支持电路交换数据、有连接的分组交换数据和无连接的分组交换数据。

TETRA 支持的承载业务包括：分组数据、电路数据。承载业务提供下列的用户比特率：

(1)未保护的话音或数据为 7.2 kbit/s(最高可达 28.8 kbit/s)。

(2)低保护度的数据为 4.8 kbit/s(最高可达 19.2 kbit/s)。

(3)高保护度的数据为 2.4 kbit/s(最高可达 9.6 kbit/s)。

TETRA 支持的补充业务可以分为专业调度类型补充业务和电话型补充业务。专业调度型补充业务包括：接入优先、预占优先、优先呼叫；控制转移、迟后进入；调度台核查的呼叫、监听、侦听；区域选择；缩位寻址；讲话方识别；动态重组等。电话型补充业务包括：列表搜索呼叫、呼叫转移、呼叫限制、呼叫报告、呼叫等待、呼叫保持、主叫/被叫识别显示、主叫/被叫识别显示限制、至繁忙用户/至无应答时的呼叫完成；计费通知；呼叫保留等。

六、直通模式

(一)概述

直接操作模式(Direct Mode Operation，DMO)指两个或两个以上移动台之间的直接通信。在直通模式下，两个或多个移动台之间的通信不经过基站和网络转发。在 TETRA 网络运行中，可以为直通模式专用无线信道。直通模式也可看作基站出现故障后 TETRA 系统的故障弱化状态。

(二)直通模式的单呼和组呼

TETRA 系统直通操作模式支持单呼和组呼。呼叫发起方可以不检查被叫方是否存在而开始通信。这种情况下，呼叫发起方已经开始说话，但不知道是否有移动台在信道上收听。

呼叫发起方也可以先检查被叫方是否存在，只有收到了被叫方对呼叫信令的应答才开始通信。这种情况下，呼叫方在开始发射之前，就已经知道被叫方肯定在收听。这种方法只在单呼时才能实现。在组呼时，无法要求通话组的每一个成员都对呼叫信令做出应答。

1. 直通模式支持的业务

TETRA 系统的直通操作模式支持下列业务：

(1)用户终端业务(语音＋数据)

①组呼。

②单呼。

(2)承载业务

①电路方式数据，点对点(最大为 7.2 kbit/s)。

②短数据业务，点对点或多对点。

(3)少量的辅助业务

①紧急呼叫。

②迟后进入。

③讲话方识别。

2. 直通模式的单呼

在直通模式下，TETRA 终端使用的身份码和在集群模式下使用的身份码应该一致。在点对点的话音呼叫(单呼)情况下，主叫移动台可以利用被叫移动台的身份码找出指定的移动台。

一对一话音单呼工作只能以半双工方式工作，如图 9-14(a)所示。

3. 直通模式的组呼

组呼是指在一个或多个被叫方之间的一点对多点的话音呼叫，如图 9-14(b)所示。组呼只能对其他已经相同的直通信道的移动台发起呼叫。

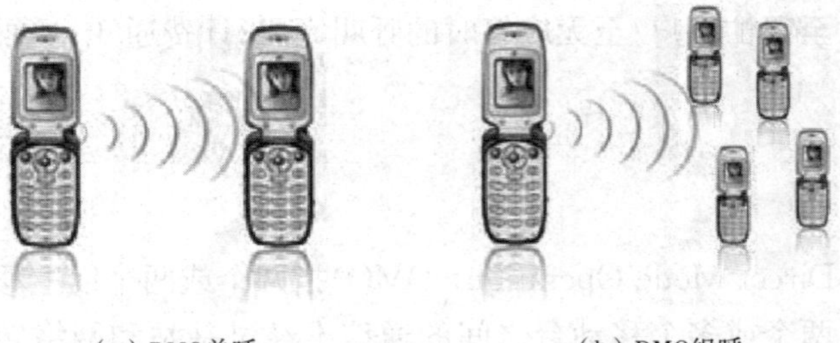

（a）DMO单呼　　（b）DMO组呼

图 9-14　DMO 的单呼和组呼示意图

在直通模式下移动台的组呼身份码应和集群模式下移动台的组呼身份码一致。还可以设一个公共的组呼身份码，从而使那些正在直通信道上监听的任何一个或多个移动台可以加入直通模式通信。

在 TETRA 系统中，直通模式组呼功能的目的是快速建立呼叫。所以，呼叫建立过程不需要被叫方对主叫方的呼叫信令进行应答。也就是说，不管被叫方是否存在，主叫方都可以开始说话。在主叫方说话期间，将连续发出同步信号，以便于其他被叫方接收到同步信号，从而使他们可以立即加入通话组中来。

另外，当主叫方松开“PTT”键后，应广播“信道空闲”信息，而收到该广播信息的其他移动台便可以“争抢”到信道使用权。这样可以避免“碰撞”。

如果两个直通模式通话组使用同一个频率，在同一个地点同时进行通信，将可能产生干扰，如图 9-15 所示。TETRA 标准规定了节省频率的直通模式，它允许一个直通操作频率支持两个组的通话。

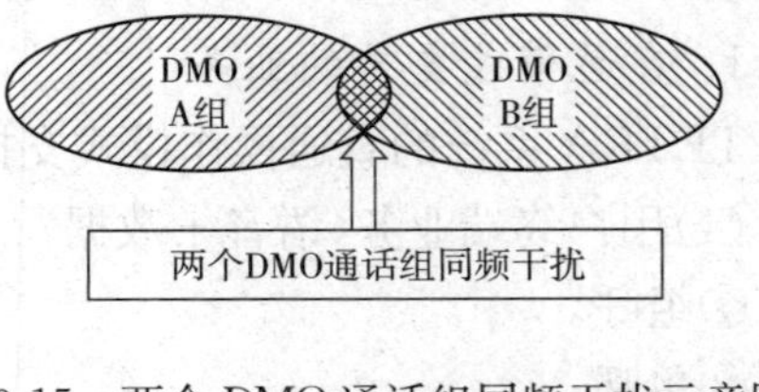

图 9-15　两个 DMO 通话组同频干扰示意图

(三)直通模式的数据业务

直通模式承载业务提供一个传送数据的信道，支持 7.2 kbit/s 数据传输。如果使用差错保护方式，则可以支持 4.8 kbit/s 或 2.4 kbit/s 速率。而在组呼方式的情况下，可以采用向前纠错(FEC)方式，但不支持发送一确认(ARQ)方式。

1. 短数据业务

直通操作方式支持点对点和一点对多点短数据业务。

点对点数据业务可以采用应答体制，发端移动台可以反复发送数据，直到接收到确认为止。

一点对多点数据业务不能采用应答体制，但是，发端移动台可以把同一批数据发送多次，以保证接收方可靠接收。

2. 辅助业务

由于没有交换机和上层网络的支持，直通模式所能支持的辅助业务只有几种。辅助业务可以使用户能更方便地使用承载业务和用户终端业务。在 TETRA 集群模式下，能支持更多的辅助业务。绝大多数辅助业务需要靠交换机来实现。TETRA 直通模式所能支持的标准辅助业务主要有如下几种：

(1)迟后进入。正在发射的移动台同时发出特定的信息，使后到直通模式信道的移动台可以接受到主叫方的讲话或数据(图 9-16)。

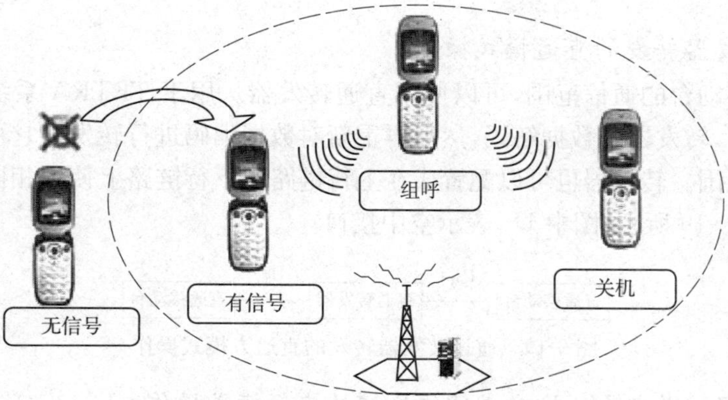

图 9-16　“迟后进入”示意图

(2)讲话方号码识别。接收移动台(被叫方)显示讲话方号码(处于发射状态的移动台的号码)(图 9-17)。

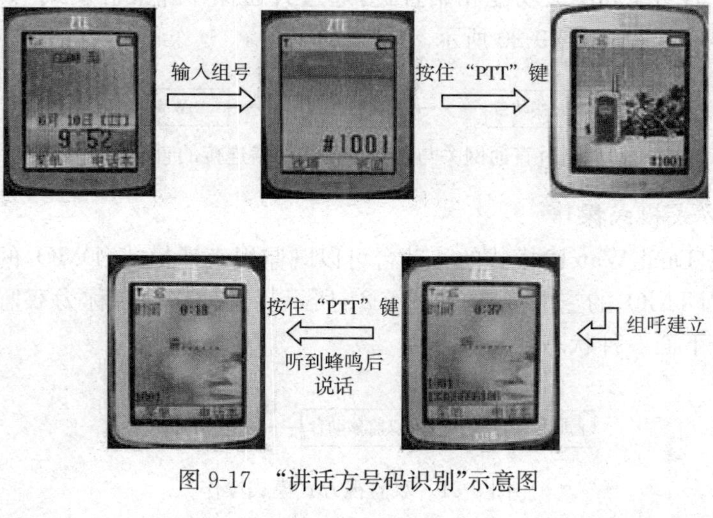

图 9-17　“讲话方号码识别”示意图

(3)紧急呼叫。移动台可以在直通模式信道上发起紧急呼叫。发起紧急呼叫的移动台可以强行占有该直通模式信道，并强拆正在进行的一般通话的移动台。

(四)常见的几种直通模式

TETRA 直通模式的空中接口仍然是 TDMA 数字通信，所以，直通模式的功能比较多，而且直通模式的工作方式比模拟集群通信系统的脱网直通模式要灵活多样。下面介绍几种常用的直通模式。

1. 基本的直通模式操作

在基站覆盖区之外或之内，移动台对移动台的直通工作方式是最简单和最常用的，如图 9-18所示，图中 U_{d_1} 表示空中接口。

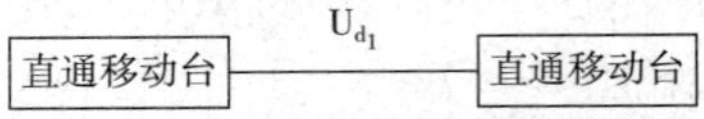

图 9-18　基本的直通模式操作

2. 通过转发器转发的直通模式操作

为了扩展移动台的通信范围，可以使用直通转发器。用于 TETRA 系统的直通转发器可以是再生式的，转发器把数据解码，然后再重新对数据编码进行转发。它可以扩大脱网直通模式的覆盖范围。转发器也可以配置成在上行链路和下行链路上使用相同或不同的直通操作频率，如图 9-19 所示，图中 U_{d_2} 表示空中接口。

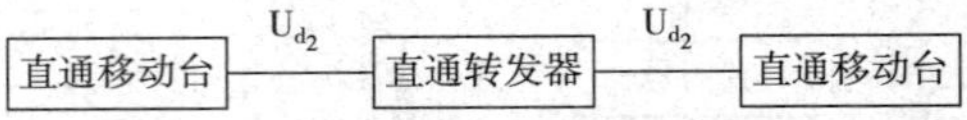

图 9-19　通过转发器转发的直通方模式操作

3. 通过直通网关与 V+D 方式网络连接的直通模式操作

由于移动台输出功率比较小，天线又短，致使 TETRA 基站接收到的移动台信号较差。通过直通操作网关可以扩大有效通信覆盖范围。这时移动台经过网关与基站通信，但是在拨号时需要先拨网关的号码。网关也可以设计为可对移动台鉴权。此外，直通操作转发器网关设备将转发器功能和网关功能相结合，对通过直通操作和集群模式空中接口协议接收的信息进行转换后转发，如图 9-20 所示。

图 9-20　通过直通网关与 V+D 方式网络连接的直通模式操作

4. 双监视方式模式操作

具有双监视(Dual Watch)模式的移动台可以既监视直通模式(DMO)的空中接口，又可以监视集群模式(TMO)的空中接口，如图 9-21 所示。这种移动台称为双监视移动台，其工作状态可能处于下面 3 种状态之一：

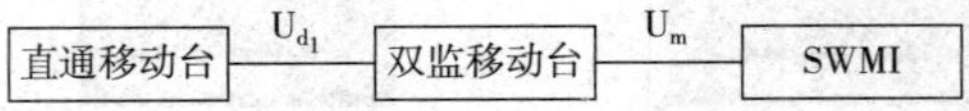

图 9-21　双监视方式模式操作

(1)移动台处于空闲状态，监视集群模式基站的控制信道和直通模式的信道。

(2)移动台通过直通模式的信道正在与另一个移动台通信，同时监视集群模式基站的控制信道。

(3)移动台在集群模式下通过基站与另一个移动台通信，同时监视直通模式的信道。

第三节　典型的 TETRA 数字集群通信系统在轨道交通中的应用

随着铁路无线通信的不断进步，越来越多的通信需求不断涌现，其中包括无线通信系统的数字化趋势及对无线数据通信需求的不断增加。基于这一理念，MOTOROLA 为高速铁路提供的无线集群通信系统为 MOTOROLA Dimetra (Digital Motorola European Trunked Radio)系统。

Dimetra 数字集群通信解决方案处于全球 TETRA 无线通信解决方案领域中的领先地位，面向专业用户最苛刻的需求，为复杂的组(群)通信提供话音、数据和信息等多种传送服务。MOTOROLA 解决方案有效提高了专业组织机构的工作实效。

一、Dimetra 数字集群通信系统概述

(一)Dimetra 数字集群通信系统的特点

1. 全 IP 技术平台

MOTOROLA 公司于 2002 年率先推出了基于全 IP 技术的 TETRA 系统平台。采用 IP 技术已经是现代通信技术发展的一个总体趋势。

随着通信技术高速发展，电路设备技术落后、造价高、更新换代慢等不利因素日益明显。新一代的通信技术平台均采用 IP 技术作为核心网络技术，包括 3G 和 4G 无线电通信技术、Wi-Fi 无线局域网技术、宽带视频技术等。一些传统的技术平台，如有线电话网(PSTN)正在积极进行技术的升级换代，即用 IP 的软交换技术替代传统的电路变换技术。

2. 分布式、模块化机构

软交换技术的特点是采用全 IP 的分布式、模块化结构设计，这使 Dimetra IP 的扩容、升级或增加新的应用非常容易，对客户的运营非常重要，甚至扩容或扩展到周边其他地区都将十分便捷。分布式处理的系统设计也大大提高了系统的处理能力，满足了在紧急情况下处理大话务量的需求，同时也很好地避免了单点故障的弊端。

3. 给二次开发商提供开发接口

Dimetra IP 系统提供了专网的通用调度功能，这些功能不可能完全适用于所有行业的具体应用。为此，Dimetra IP 系统提供了二次开发应用编程接口(API)，二次开发商可利用 Dimetra IP 系统所提供的 API 接口，针对某一行业客户的特殊需求，进行二次开发。对城市轨道交通应用而言，会有很多特殊需求，所以这是个非常重要的功能。

(二)MOTOROLA 公司的 Dimetra 系统技术优势

(1)单站集群。当基站与系统上层网设备之间的链路中断时，基站会进入单站集群状态并继续为其覆盖区内的用户提供集群模式服务。基站向移动台广播进入单站集群模式，移动台会试图登记到其他相邻未进入单站集群的基站，对于那些没有可选登记基站的移动台，单站集群仍然可以提供非常全面的服务。在单站集群(LST)模式下，每个基站允许 2 000 个移动台同时登记，除了原来已经登记的用户，同时允许新用户的登记。单站集群模式下继

续支持集群组呼模式，呼叫建立时间小于200 ms，话音延迟时间小于150 ms。单站集群模式的组呼支持呼叫排队、紧急呼叫、新近用户优先、迟后加入、呼叫方显示，因此，每个基站基本可以独立支持几乎全部Dimetra组呼功能。

单站集群是Dimetra系统的独特优势。MOTOROLA公司提供真正的单站集群功能而不是简单的回退模式（Fall Back）。因为有的TETRA系统当基站与主站之间的链路出现故障后，采用的简单回退模式丧失了集群的优势，用户组被事先指定到几个固定时隙，不能充分利用空闲的信道资源；不同的用户组在同一个时隙通信，彼此也不具备通话的私密性。

（2）备用控制信道。系统能在每个基站配置多达4个信道作为具有控制信道能力的备用控制信道。控制信道能力只能分配给每个载频的时隙1。另外这4个备用控制信道可以具有1～4级的优先级别。如果主控制信道失效，则将分配一个新的主控制信道。如果有不止一个能作为控制信道的信道正在服务，则根据优先权级别和信道的使用情况分配新的控制信道。如果没有具有控制信道能力的信道可用，则基站将不再支持集群操作。

（3）坚固耐用的用户机。

（4）高效的基站中继链路。Dimetra系统可以采用多种链路接口方式实现基站和交换中心的连接。采用E1链路传输时，根据载波数量采用1～4个64 kbit/s链路数据传输，有效降低基站租用链路的长期昂贵费用，提高链路的使用效率。Dimetra系统的链路带宽远低于其他TETRA系统的带宽，如4载频（16个时隙）的基站仅需192 kbit/s。

（5）先进的静态、动态时隙分组数传。Dimetra系统分组数据传输业务可以采用先进的固定、动态数据传输时隙相结合的信道指派方式。

每个基站可采用一个或多个时隙作为固定的分组数据信道（PDCH）或动态数据信道。每个固定的分组数据信道可同时支持60个以上分组数据用户。当需要交换数据时，移动台通过主控制信道（MCCH）导引到PDCH，一旦分配了PDCH后，移动台不需要在每次分组数据传输前申请再接入。所谓动态，就是系统将根据话音业务的繁忙情况，采用话音优先的原则，自动收回分配的数据信道，供话音通信使用。

Dimetra系统的分组数据信道处理方式，具有最高的数据传输的效率，非常适合于应急指挥的数据业务使用。通过对比就可以看到Dimetra系统的分组数据信道分配的优越性。

（6）快速入网。对于应急指挥通信网来说，快速入网的要求是至关重要的，无线终端的快速入网时间小于500 ms。MOTOROLA公司采用独特的分布式处理结构和IP网络结构，在数百套TETRA数字集群系统中已经得到证明。

（7）双TSC基站控制器。MOTOROLA公司的MTS4基站设备采用了独特的双控制器设计。两个TSC控制器互为冗余热备份，大大提高无线基站的可靠性。

二、Dimetra系统的架构

MOTOROLA公司开发的Dimetra 800 MHz频段的数字集群设备，符合TETRA开放标准的数字集群无线通信系统方案。Dimetra数字集群系统基于TDMA时分多址技术、ACELP话音编码技术和π/4-DQPSK调制技术，集调度指挥、双工互连电话、短信息、数据通信于一体，提供有效的无线调度通信平台。

在控制中心设置集群移动通信系统无线交换控制设备，无线交换控制设备与基站采用星形连接，完成不同基站覆盖区内用户的交换和接续。控制中心同时设置集群网络设备及综合网管设备，以完成系统参数和用户参数的设置管理及系统设备故障告警、事件存档记录的功能。在控制中心设置光纤直放站，采用宽频小天线实现控制中心调度大厅空间的无线信号覆盖。在地铁站厅及车辆段区域，采用天线方式实现信号覆盖；在地铁隧道区间，则采用泄漏电缆实现信号覆盖，从而实现了整个区间无线信号均匀、可靠的覆盖。

Dimetra 系统组成如图 9-22 所示。

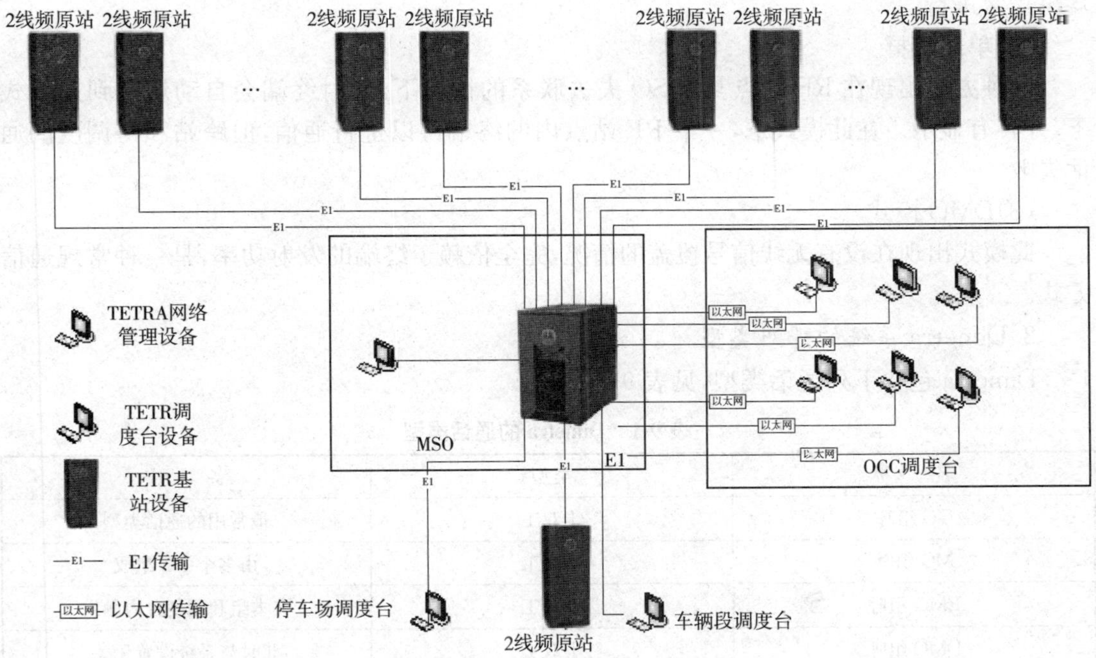

图 9-22　Dimetra 系统组成框图

Dimetra 系统主要由以下 3 部分组成：

(1)RF(射频)站点。在本系统中射频站点主要指基站，是 Dimetra IP 系统中与用户使用的移动台通过空中接口直接进行通信的设备，射频站点是无线信号在一个区域内形成覆盖，使移动台能够在其中进行通信。

(2)移动交换中心(MSO)。移动交换中心(MSO)是负责操作多站点系统的中央控制点，执行控制、呼叫处理和网络管理等功能。

(3)区域。一个区域包含一个移动交换中心、区域级服务器和最多 100 个射频站点。

在 Dimetra IP 系统中 7 个区域可以组成一个大区，若干个大区组成多区。16 个大区可以组成一个全容量的 Dimetra 系统(最多可以包含 52 个区域)，每个大区设置系统级服务器，包括用户配置服务器(UCS)、系统状态服务器(SSS)、以太网交换管理服务器(ESMS)、广域网交换管理服务器(WSMS)、用于故障管理的 FuliVision 服务器。如果需要鉴权，每个大区还可以有一个鉴权中心。

整个系统包含了行车调度、车辆调度、工务调度、电务调度、公安调度等无线电通信系统，在设备、频率和覆盖区域等资源共享的条件下，各子系统的通话组可以自由操作互不干碍。系统通过铁路或城市轨道交通内部的有线传输网络将所有基站组合起来，在车站及车辆段等区域采用天线方式实现无线信号覆盖，通过中央控制单元的区域控制器、网络交换器、路由器、基站连接器、网络管理系统及基站的控制器、分配器等装置，将机车台、车站台、便携台等无线用户与调度台调度员之间建立通信联络。

1. Dimetra 系统的工作方式

(1)全区集群

这是最常用的工作模式，在此模式下同基站内、跨基站间，以及各型终端与调度的通话均可正常进行。

(2)单站集群

此种方式出现在 RF 站点与 MSO 失去联系的情况下，此时终端会自动切换到此模式下，并且有显示。在此模式下，一个 RF 站点内的终端可以进行通信，但跨站和与调度的通话失败。

(3)DMO 模式

此模式出现在没有无线信号覆盖的情况，完全依赖于终端的发射功率，是一种常规通信方式。

2. Dimetra 系统的呼叫类型

Dimetra 包含下列通话类型，见表 9-1。

表 9-1　Dimetra 的通话类型

名　　称	类型	备　　注
TG 组呼	半双工	最常用的通话类型
MG 组呼	半双工	由多个 TG 组成
EMG 组呼	半双工	在本组和调度台内触发
DMO 组呼	半双工	此时与系统设置无关
私密呼叫	全双工	—
电话互联呼叫	全双工	—
调度间呼叫	半双工	—

3. Dimetra 的数据服务

Dimetra 包含下列数据服务，见表 9-2。

表 9-2　Dimetra 的数据服务

名　　称	信道类型	备　　注
状态消息	CC	默认
紧急报警	CC	默认
短数据	CC	默认
字母文本	CC	默认
分组业务	TC	TC 配置为 PDCH

4. Dimetra 的辅助业务

Dimetra 的辅助业务见表 9-3。

表 9-3　Dimetra 的辅助业务

名　称	说　明
强插	针对组呼，高优先级抢占
排队优先	高优先级排至队首
全部开通	所有组成员资源都具备后，方建立组呼
快速开通	系统有资源，则组呼建立
有效站点	终端只能在特定的站点内进行通话
迟后进入	针对快速开通的补充，组呼建立后，后续得到资源的终端进入该组
必配站点	针对快速开通的补充，必须某些站点下的终端有资源后，组呼方建立
动态站点	无资源的请求的站点不分配信道

三、Dimetra 系统配置

（一）交换设备

Dimetra IP 系统交换控制中心（MSO）设备主要包括：节点控制器（ZC）、网络交换设备、网络管理设备、数据网关设备和电话互联网关。

1. 节点控制器（ZC）

节点控制器（ZC）是整个系统的中心处理设备，它采用新型的控制器平台，安装在 19 英寸机架内。当节点控制器出现故障时，无线基站将自动进入单基站集群模式。一旦节点控制器恢复正常，无线基站将自动恢复到正常工作模式。

ZC 的主要功能包括：

（1）处理和产生于呼叫有关的信令。

（2）控制和分配空中接口资源。

（3）处理移动台注册和通话组注册。

（4）移动台的移动性管理。

（5）控制和分配电话互联网关资源。

（6）为短数据路由器和分组数据网关提供移动台位置信息。

2. 网络交换设备

网络交换设备包括以太网交换机和核心路由器等。以太网交换机用于集合所有控制器、网关和路由器的局域网接口；核心路由器用于将 IP 数据包路由到远端控制室和基站，并提供相应的物理接口。

3. 网络管理设备

Dimetra IP 系统网管终端可为各类网管操作员提供不同网管应用的图形用户界面（GUI），网管终端可以位于中心站。

4. 数据网关设备

数据网关用来支持短数据业务和分组数据业务。数据网关包括短数据路由器(Short Data Router,SDR)、分组数据网关(Packet Data Gateway,PDG)和GGSN(GPRS Gateway Support Node)。

5. 电话互联网关设备

电话互联网关(MTIG)支持Dimetra IP系统和有线电话交换机PBX的连接。信令采用Q-Sig信令。作为电话互联子系统的网关,电话互联网关同时在外部电路交换网络与Dimetra IP内部IP网络之间进行PCM编码与ACELP编码的变换。

与电话互联网关配合使用的设备还有回声消除器,由于从移动台(MS)到PBX,以及再从PBX到移动台的往返音频延迟显著,外部电话网络里生成的任何移动台用户的话音回声会被大大延迟,回声消除器可抑制任何来自电话网络的回声,以便其不影响无线用户的通话。

(二)基站设备

基站设备为系统提供无线覆盖,并使无线用户在系统覆盖范围内漫游时可以接入无线服务。MTS4基站提供了远端基站的功能,并在体积、重量、耗电量等方面均有重大改进,大大降低安装时间及站址租用、安装和维护等方面的运行成本。

MTS4基站可以扩展到8个载波。MTS4基站接收机的灵敏度可称得上是"业内最高"的,它的静态接收灵敏度为−120 dBm,动态接收灵敏度为−113.5 dBm。配合增强的发射功率,可以通过配备较少的基站而实现大范围的覆盖,而使服务质量不下降。MTS4基站提供多时隙分组数据功能,有效提高资源利用率;MTS4支持卫星传送,可实现基站快速部署。

MTS4基站作为无线网关,提供TETRA空中接口协议与节点控制器(ZC)和数据网关接口协议的转换。MTS4基站将来自移动台的话音、数据、呼叫处理、信令和网络管理信息集成到一条E1基站链路(只需要部分E1),传送到中心站。基站工作电压为直流−48 V。

MTS4基站由下列各模块组成:TETRA基站控制器(TSC);收发信机(BR);环境告警系统(EAS);射频分配系统(RFDS)。

1. TETRA基站控制器(TSC)

TSC提供到TETRA系统网络中心的E1远端链路接口,并通过以太网控制收发信机。TSC同时包括基站参考ISA(SRI)时间和频率基准模块,此模块包含高稳定度晶振和GPS接收机,其中高稳定度晶振提供频率参考。

TSC基本工作系统软件包括动态射频功率控制和单站集群(LST)功能。另外,TSC基本工作系统软件还可以支持系统网络的短数据传送服务(SDS)和分组数据服务(PDS)。基站可配置第二个TSC用于冗余热备份。

2. 收发信机(BR)

每个基站可支持最多8个收发信机(载频)。每个收发信机可采用2或3分集接收和25 kHz信道间隔的发信机,每个收发信机有4个时隙,第1个收发信机载频的第1个时隙为控制信道。当控制信道发生故障时,其他收发信机的第1个时隙将作为备份控制信道。

冗余备份是集群通信系统的内在特性。一旦其中一个收发信机出现故障,TSC将关闭有故障的收发信机，并将控制和话音通信容量转移到剩余的收发信机上。尽管系统容量会受到影响，但照旧运行。在系统繁忙时期，对无线用户是透明的。

3. 环境告警系统(EAS)

每个 MTS4 基站采用一个环境告警系统(EAS)，提供在 MTS4 基站的故障报告和远程控制，EAS 提供 15 个外部警报输入端口用于监测 MTS4 功能和基站环境条件，EAS 还提供 2 个外部警报输出端口用于远程控制。

4. 射频分配系统(RFDS)

射频分配系统(RFDS)将多路载波输出信号进行合路，以便将多个发射机信号馈送到一根天线上去。同时射频分配系统采用多个接收机多路耦合器(RMC)把多根分集接收天线接收的信号分配到接收机单元。另外，它还采用了双工器把射频收发信号进行混合，减少了天线数量。最多采用 3 根天线，提供 3 分集接收。

(三)调度系统设备

MOTORLA 调度控制台是一套面向关键任务的指挥控制解决方案，旨在保证最优质的话音和可靠的通信。控制台席位与 IP 网络直接相连，同时支持集群和常规无线电通信，以及其他调度活动。TETRA 话音信息通过 LAN 传送到有线调度台计算机，由调度台进行语音编/解码，从而实现端对端 IP 调度台。调度台与集群系统的集成为全面的紧急呼叫优先处理和“虚拟专网”创造了条件。每个调度台都通过网络管理器集中设置和管理，实现高效。

Dimetra IP 调度台子系统基于对专网用户使用需求的深刻理解，开发了具有强大功能的调度台，除具有话音呼叫、短数据传输等基本通信功能外，还可进行数据传输，可运行相关应用软件支持动态重组、遥毙/复活等功能。

调度台的权限是以账号方式管理的，账号不与调度台硬件捆绑，调度员可从任一调度台登录操作，调度台(账号)的权限由总调度员设置。

调度系统设备是基于摩托罗拉的 Centracom Elite 调度台系统，其结构如图 9-23 所示，由下列设备组成：

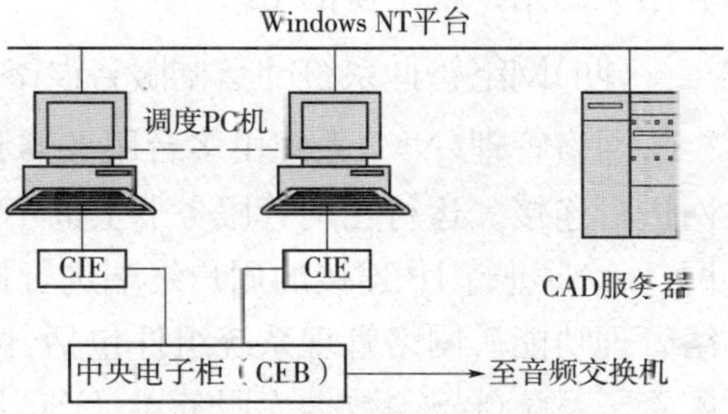

图 9-23　调度系统结构框图

(1)中央电子柜(CEB)。

(2)调度台接口电子设备(CIE)。

(3)调度台终端(DC)。

(4)Elite 服务器。

1. 中央电子柜(CEB)

中央电子柜(CEB)的主要功能是从调度台接口电子设备(CIE)接收模拟话音，将其转换到 PCM 话音，并将其同信令信息集成到一个 E1 TDM 格式，此 E1 信息与音频交换机(AEB)相接。相反，CEB 分路来自 AEB 的 PCM 话音，将其连同信令信息一起分配到 CIE，另外，CEB 也提供其他不同辅助功能设备，比如开关、缓冲器、电话接口和其他接口。

2. 调度台接口电子设备(CIE)

调度台接口电子设备(CIE)向调度员提供话音接口，调度员话音从与 CIE 连接的麦克获取，然后传送到 CEB。从 CEB 获取的话音通过安装在 CIE 上的两个扬声器传递给调度员，CIE 在调度台和 CEB 之间的数据流提供接口和格式转换。

3. 调度台终端

调度台终端的主要目的是使调度系统能"鸟瞰"全部无线应用。通过单击控制台屏幕上的一个按钮，允许调度系统向网络里的无线应用发出指令和进行控制。

调度台终端为标准 PC，采用直观、易用的图形用户界面（GUI），此用户界面运行在 Microsoft Windows NT 操作系统上。利用 GUI 屏幕，调度员能看到呼叫者、时间和呼叫类型/状态等信息。

调度台可支持传统的集群功能，如电话互连呼叫、私密呼叫、组呼等。

4. Elite 服务器

调度台系统的智能化程度主要在于服务器，Elite 服务器采用 Windows NT 操作系统。Elite 服务器保存有系统里所有调度台的资源配置信息及系统内使用的别名数据库。这两类数据库通过两个应用软件进行管理：

(1)调度台数据库管理器（CDM）。

(2)别名数据库管理器（ADM）。

调度台系统管理员可利用调度台数据库管理器（CDM）为每个调度台定制个性化配置，并将这些配置信息储存在 Elite 服务器上，以便于实现中心维护。针对不同调度台的个性化配置将保存各自调度台所能实现的功能，包括允许监控的通话组及调度台可以发起的呼叫类型等。

别名数据库管理器（ADM）允许将无线用户 ID 映射成别名，并从 Elite 服务器对这些别名进行管理。比如说，可将别名分配给手持台，此后呼叫无线用户时就可利用别名，而不必利用无线用户机本身的 ID。

（四）网络管理系统和数据服务设备

网络管理（NM）系统由多台服务器和用户终端组成，所有服务器和终端都通过以太局域网进行连接。运行在网管服务器上的不同网络管理应用能通过任何与网络管理（NM）局域网（LAN）进行 IP 连接的用户终端进行接入。网络管理系统能使系统管理员应用全面的网络管理功能。网络管理系统组件包括：区域管理数据库服务器；区域管理用户服务器；用户配置子系统（USC）数据库服务器；USC 用户服务器；Full Vision 服务器；用户终端。

数据服务设备可提供系统数据服务，包括短数据路由器和分组数据网关。

短数据路由器（SDR）以用户的短用户识别码（ISSI）为基础，对系统里的短数据信息进行路由选择，支持短数据传输服务。所有通过 TETRA 短数据服务（SDS）传输的短数据包将被发送到 SDR。对于传输到移动站（MS）的短数据信息而言，SDR 将与区域控制器（ZC）进行通信，以便找到 MS 目前登记的站点是哪个，然后将短数据信息发送给合适的 TETRA 基站。对于将传输到（外部）固定主机的短数据信息而言，SDR 将 TETRA 地址映射成 IP 地址，并利用 IP 将短数据信息传输到主机。

Dimetra IP 分组数据网关（PDG）利用主站以太网交换机，通过两条外部 10BaseT 连接与主站进行通信。一条以太网连接主要用于分组数据网关与远端基站之间的联系，另一条用于与外部 IP 主机的通信。

分组数据(PD)的用户可以在两点调用本项业务:即在移动台的外围设备接口(PEI)和在本局域网(LAN)的中央网络设备(CNE)上。PEI 接口是一个与移动台连接的标准 RS-232 接口,而局域网则提供一个与分组数据网关相连的 10BaseT 接口。

(五)移动台(MS)

移动台(MS)可使无线用户接入系统以提供无线通信服务。MS 利用 TETRA 空中接口协议与基站进行通信。除了提供接入系统无线通信服务之外,MS 可提供不同的功能,使用户能有效利用这些服务。移动台可分成手持台、车载台和固定台。

1. 手持台

MOTOROLA 公司的 MTP850 是 TETRA 坚固型便携式手持台,可满足各类实际应用需要,是目前重量最轻、体积最小、待机时间最长的专业型手机。该设备的重点主要是放在性能(如耐久性)、调度功能、环境规范、分组数传、DMO 和端到端加密等方面。它采用了独特的双扬声器设计,能在同一无线设备里实现单工操作和双工操作。在单工(或半双工)操作模式下,这种无线设备的使用方式与现有专业对讲机类似,而在双工操作模式下,这种无线设备的使用方式与移动电话的操作类似。

图 9-24　MTP850 手持台

MTP850 TETRA 手持台(图 9-24)有以下特点:

(1)真彩。MTP850 具有友好的用户界面及高分辨率彩色显示器,可确保通信轻松掌握。从数据库查询到图像共享,带 65 000色显示屏的 MTP850 可在各种光线下准确再现照片、地图或插图。

(2)安全定位。MTP850 手持机集成 GPS 卫星定位服务,提供定位功能,不仅能够响应求救信号,也可以对紧急呼叫进行定位。通过多种方式触发 GPS 定位服务,从而保证在危急关头能够更有效地利用资源并进行定位。

(3)友好设计。只有快捷、方便的通信才能提高工作效率。MTP850 提供高质量的语音呼叫及适用的尺寸,可充分确保用户的安全,12.5 cm 的高度使携带十分方便,而且设置了大尺寸通话按钮和应急按钮。

(4)安全通信。维护安全的通信对敏感信息的无线传输越发重要。MTP850 在设计时充分考虑到了这一需求,从空中接口加密、集成的端到端加密模块和密钥管理,均支持最高级别的安全保护。

(5)可靠耐用。MTP850 机型经过长达 5 年模拟实际使用情况的“加速老化试验”(ALT),严格的试验可确保 MTP850 手机能够满足部分最高级别的军用可靠性标准(MIL-STD-810)及 IP54 工业标准。

(6)面向未来。MTP850 能支持很多新奇应用,如 WAP 通信等。访问数据库、目录或文件夹就如同使用计算机进行及时、可靠的通信一样简单易行。

(7)精心设计的附件。附件包括耳机、麦克风、充电器、皮套等,是专业无线电用户不可或缺的组成部分,它们经过多次测试,可确保其实现“性能匹配”。所有附件也均依照严格的标准生产,并经过长达 5 年模拟实际使用情况的“加速老化试验”(ALT)。附件是扩展

MTP850 功能的有效方式，可以提供有效的协作、控制和响应，便于操作。将无线用户机打造成定制型通信解决方案，从而进一步实现生产率最大化。

2. 车载台

MOTOROLA 公司的 MIM-800 车载台(图 9-25)采用了最新的数字信号处理器(DSP)和线性射频功率放大器(PA)技术，具有足够的内存能力和宽带平台。不仅如此，它还支持内置 GPS 接收机和端到端加密，所以是一整套先进技术的集成。MIM-800 支持真正的 IP 多时隙分组数据，最高数据速率可达第一代 TETRA 终端的 4 倍，极大提高了数据库查询和文件传送的实效。

图 9-25　MTM-800 车载台

Dimetra IP 无线设备具有菜单驱动型用户界面、专用功能键和“PTT”键等方便的操作方式，而这些对用户来说还能轻轻地对现有无线系统进行升级，从旧系统过渡到新系统。

车载台利用 12 V 直流电源进行供电，可提供 RS-232 连接到数据外围设备，提供扩展的数据能力。

在最苛刻环境下的使用，通信和时间是至关重要的。通过一系列附件，可以把车载台终端安装在汽车仪表板上、摩托车上，也可以分体安装或针对数据库应用而作为纯粹的数据调制解调器。

3. 固定台

固定台安装在各专业指挥中心，通常为调度员提供简易、灵活的调度设备，使调度人员能轻松接入无线系统。无线设备天线可从控制室里伸出来，以便实现最大覆盖范围。

固定台采用固定安装方式的 MTM-800 移动无线设备，即 MTM-800 可同时满足移动和“固定”的操作要求。固定台设备采用交流 220 V 供电。

某地方铁路无线通信系统结构如图 9-26 所示。

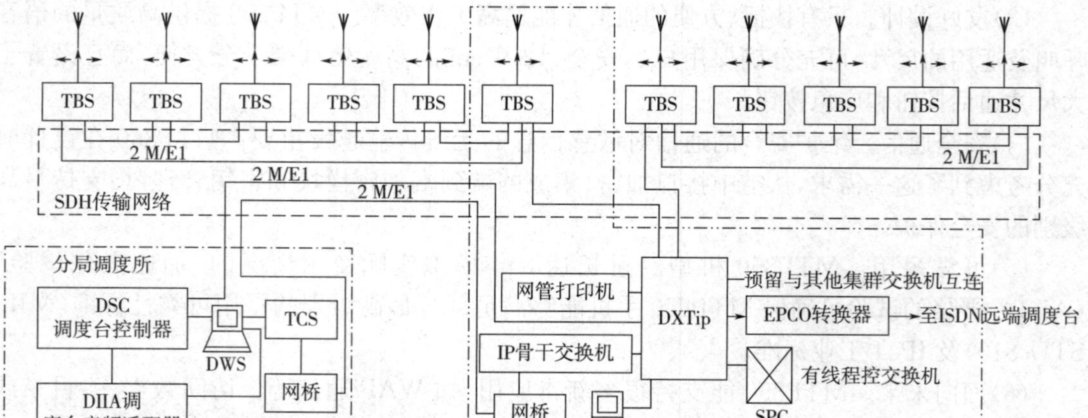

图 9-26　某地方铁路无线通信系统结构框图

TBS 为集群基站；DXTip 为数字集群交换机；DWS 为调度操作台；TCS 为二次开发服务器

四、系统功能

(一)服务功能

Dimetra 数字集群无线通信系统的服务功能包括语音服务、数据服务和辅助服务 3 大类。

语音服务是集群通信的主要服务功能,它为调度员、列车司机、车站值班员、调车员、养路工、信号工、公安人员等用户在得到网络管理员授权的前提下提供话音通信服务。这种话音服务可以是一个用户与一组用户(通话组)之间的组呼叫话音通信;可以是一个用户与多个通话组之间的通播呼叫话音通信;可以是具有最高排队优先权的紧急组呼话音通信;可以是调度台与移动台或移动台之间的私密呼叫话音通信;可以是移动台用户与有线固定电话用户之间的话音通信;也可以是移动台用户直通模式话音通信。

数据服务是数字集群技术的特色,它可以为用户和系统管理员提供所需的数据信息。例如,系统可以为管理人员及时提供各种设备状态的数据信息服务,以便管理人员了解系统运行情况及故障状况。当用户使用紧急呼叫时,在相应的调度台上或集中告警终端上能够显示紧急告警信息;系统还可以为用户提供短数据信息传送服务等。

辅助服务是数字集群通信系统灵活性和扩展性的主要体现。它可以为用户提供诸如遇忙排队回叫、优先呼叫、通话方识别、动态重组、迟后加入等特殊服务功能;系统也可以根据需要将信道分配设置为动态站分配和关键站分配两种方式。动态站分配方式是指在该站有被呼叫的用户组时其信道才能建立;关键站分配方式是指只有被设置为关键站用户有空闲信道时其信道才能建立,以便提高信道利用率和确保关键用户不会错过呼叫。系统也可以将组呼叫设置为全部启动和快速启动两种方式,全部启动方式是指用户组呼叫时如不是所有用户都能获得空闲信道,系统将等到所有用户均能接入时为止;快速启动方式是指用户组呼时不管是否所有用户都能接入,系统立即实施呼叫。

(二) Dimetra 系统的功能特性

作为符合 TETRA 标准的数字集群系统,Dimetra 系统能够提供大量的专业无线调度通信特性。

系统提供的功能被划分成以下几个子集:

(1)话音服务——系统提供的话音通信服务,所述服务适用于无线用户和调度用户。

(2)数据业务——系统提供的数据通信服务,所述服务适用于无线用户和调度用户。

(3)补充服务——系统提供的补充服务。这些服务不能独立使用,是对话音和数据服务的补充。

(4)调度台功能——描述调度员如何通过调度台使用系统提供的无线通信服务及调度台子系统提供的附加功能。

(5)调度台管理功能——描述调度台系统的管理功能,包括定义每个调度用户的参数。将调度台管理功能独立于网络管理功能进行描述,是因为大部分应用情况下,对调度台系统的管理由独立的用户群来实现(如调度主管)。

(6)移动台功能——描述一个无线用户如何接入系统提供的无线通信服务,以及由 MOTOROLA 车载台和手持台提供的附加功能。

针对行车调度人员,这里只对其中部分功能做简要介绍。

1. 话音业务

(1)组呼

组呼允许一个用户(如果得到网络管理员授权)与一组用户(通话组)建立一对多的通信。一个通话组包括两个或多个用户,既可以包括调度台,也可以不包括调度台。

组呼服务是一种半双工服务。半双工传输意味着在任何时间一个呼叫仅允许一个用户传送语音,最先发送的为呼叫发起者。

通话组呼叫的结束由系统完成。当在话音信道上的传输完成后,系统启动一个信道保留定时器,如果在信道保留时间过后,通话组没有成员启动发射,系统结束此次呼叫。信号保留定时器由网络管理员设置。

网络管理员可以为组呼设置最长通话时间,超过最大通话时间,呼叫会在当前呼叫完成后立即结束。

(2)通播组呼叫

通播组呼叫是一种一点对多点,同时与多个通话组进行通信的呼叫方式。

一个通播组是由多个通话组构成的组,网络管理员(NM)能设置一个通话组,隶属一个且仅隶属一个通话组。

交换管理设备(SWMI)在如下站点启动多组通播组呼叫:

①在有一个或多个通播组成员的站点。

②在具有一个或多个通播组下任一通话组成员的站点。

③通播组的关键站点。

④通播组的必要站点。

这样,用户能够和通播组下所有通话组进行通信。在对通播组发起呼叫的时候,SWMI必须首先终止通播下任何通话组的组呼(紧急呼叫除外)。通播组呼叫可按以下两种方式实现:

①等待模式——SWMI在终止每一组呼前,等到正在进行通话的通话组结束呼叫,在SWMI启动广播呼叫前,任何随后的通话组呼叫请求都被拒绝(紧急呼叫除外)。

②中断模式——SWMI立即终止所有通播组呼叫。

网络管理员(NM)能为每个通播组设置等待或中断模式。当发起者结束呼叫时,通播组呼叫又有两种操作模式:

a. 消息集群——任何响应通播组的用户,都可在信道保留时间内响应通播(即与通播组关联的所有组)。

b. 传输集群——一旦通播启动者完成呼叫,通播呼叫立即中止。因此,任何响应此次通播呼叫的用户将仅启动其所隶属的通话组。

NM能为通播组设置消息或传输集群。如果NM在一个通播组发起紧急呼叫,就可以起动紧急广播呼叫。

(3)紧急呼叫

系统支持紧急呼叫服务。网络管理员(NM)能按通话组设定这个服务。

紧急呼叫是一种具有最高排队优先级的组呼叫。当系统繁忙时，正常操作将紧急呼叫(优先级1)放在繁忙队列的顶部。紧急呼叫可被选择立即起动，毫不留情地抢占正在进行中的最低优先级呼叫。当最低优先级呼叫被放弃后，所需资源被立即授予给紧急呼叫。NM能给不同的通话组设置各自的强拆能力。

紧急呼叫的信道保留时间可以独立于正常组呼叫的信道保留时间。

2. 调度台功能

(1)可分配通话组

系统里的任何通话组都可分配给调度台。一般情况下，分配给一个调度台的最大通话组数量不超过60。通话组是被分配给代表调度台资源的显示屏窗口，资源窗口可以伸展或折叠显示，并可通过文件夹的形式进行分组。每个调度台配置可拥有6个文件夹。通话组可由调度台操作员临时分配或由调度台管理员进行永久分配。

(2)可分配喇叭和话音汇总

调度台(DC)至少装备有两台扬声器：扬声器Ⅰ和扬声器Ⅱ。这些扬声器可进行分配以对特定的通话进行监听，但通常情况下是这样分配的：

①扬声器Ⅰ监听当前选择的通话组的话音。

②扬声器Ⅱ监听所有(剩余的)未选择通话组的话音。

这可使调度员能监听所有通话组的通话活动。扬声器Ⅰ和扬声器Ⅱ的音量可单独设置。

(3)调度台优先级

组呼过程中，在系统为呼叫分配音频资源时，调度台(DC)拥有最高优先级。此功能可使DC用户能中断组呼里当前移动台(MS)的发送，在DC系统里同样有不同的优先级，表9-4显示了组呼里音频资源的优先级。

表9-4　组呼里音频资源的优先级

优先级	音频资源
调度台	主管理员调度台*立即发送
2	辅助管理员调度台*立即发送
3	调度台立即发送
4	一般发送
5	移动台发送

(4)多重选择

本功能可使调度台(DC)能同时向不止一个通话组发送话音，在这种情况下，区域控制器(ZC)可对相关的每个通话组建立通信，而且调度台话音信号可传输至每个通话组。当DC释放“PTT”按钮后，给每个通话组的话音即可终止。当某通话组的MS按下“PTT”键时，其话音仅能被DC和该通话组的其他无线用户听到。

(5)通话组派接

通话组派接功能可使调度台(DC)将两个或多个通话组派接在一起，这种功能一直有效，直到DC终止派接。每次当用户(MS或DC)向临时派接的通话组进行发话时，可对每个通话组建立通信，而且话音信号被传输至所有临时派接的通话组处。通话组派接可使派接组里所有用户与任何其他临时派接组内的用户进行谈话。

(6)智能电话接口

智能电话接口(SPI)可使调度员无须利用单独电话接口，就能直接利用DC GUI接入电话线。SPI可被用于应答或发送电话呼叫，并使通话组与电话呼叫派接在一起。增强型功能包括实时拨号、别名拨号、快速拨号、闪烁挂机和暂停。

(7)调度台录音接口

系统可提供数字录音接口：

①CIE上可进行调度话音(调度员麦克风音频信号和所选扬声器音频信号)的输出。CIE上的跳线可对记录输出进行选择：仅输出麦克风音频信号；仅输出所选的扬声器音频信号或输出麦克风所选音频信号。

②SPI电话接口拥有一个录音接口，可提供混合式的发送和接收音频信号输出。

3. 单站集群(LST)

所谓“单站集群”，其功能重点体现在“集群”上面，而非普通的“信道转发”方式，这两种方式的本质区别在于“基站控制器”是否具备本地智能，即便没有“交换控制中心(MSO)”的参与，同样可以依靠自身完成对本基站“所有信道资源”的动态分配，如图9-27所示。

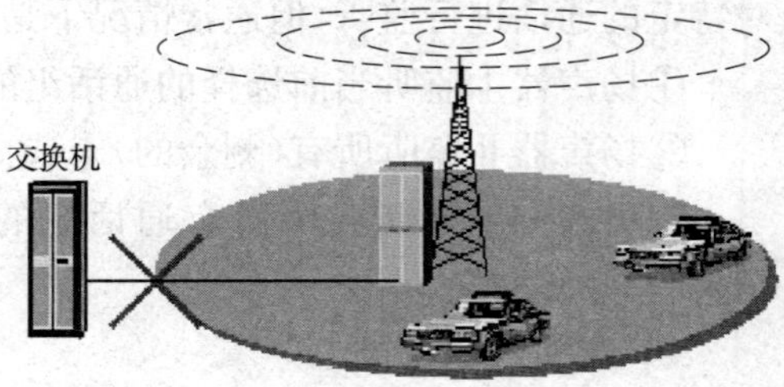

图9-27　单站集群示意图

“单站集群”的基本功能是：当基站与交换控制中心(MSO)的链路中断时，基站会进入单站集群状态并继续为其覆盖区内的用户提供集群模式服务。基站会向用户机广播其即将进入单站集群模式，用户机会试图注册到其他相邻未进入单站集群的基站，然而对于那些没有可选基站的用户机，单站集群仍然可以提供非常全面的服务。

单站集群的特征是：当与节点控制器(ZC)的通信出现故障时，基站仍能作为独立的TETRA集群模式而正常工作，而且编组没有任何变化。

当在单站集群模式时，基站仍支持下列服务：

(1)注册和组加入。

(2)组呼。

(3)紧急呼叫。

(4)呼叫排队。

(5)排队优先权。

(6)新近用户优先。

(7)迟后加入。

(8)通话方识别。

4. 直接通信模式(DMO)

直接模式(DMO)是TETRA移动台的一种工作模式。移动台在不需要系统的模式下仍能直接发生通信，这种模式需要移动台预先定义好直接模式信道。移动用户可脱离集群系统网络，形成移动用户之间的脱网直通功能。本系统中，脱网直通功能仅限于手持便携台。

直接模式信道是同频单工信道，DMO 支持组呼。DMO 在下述情况非常有用：

(1)超出覆盖范围。

(2)基站覆盖不到的阴影区域，如隧道。

(3)在覆盖范围之内，但是有意脱离系统。

(4)暂时得不到系统服务，如基站出现故障。

TETRA 终端的直通模式可支持以下功能：

(1)显示直通模式下所接收到的场强。

(2)在选定的直通模式信道上进行开放组呼。

(3)通话组扫描。

TETRA 终端在 DMO 直通模式下，也支持通话组扫描功能。这样，用户可以确保参与多个不同通话组的通信，并优先接听高优先级的通话组通信。

(4)预占优先。

TETRA 终端在 DMO 直通模式下，也支持预占优先功能。这可以确保重要用户优先获得通话权限。

直通模式需要事先定义信道，该信道与系统采用的集群模式的信道是不同的。因此，在系统覆盖范围内，仍可以使用直通模式通话。

由于直通模式主要是终端的功能，因此是否支持直通模式是由所选择的终端而定的。

(5)显示主叫用户身份。

(6)对 DMO 组的紧急呼叫。

(7)TETRA 网络覆盖内的 TMO 方式的紧急呼叫。

复习思考题

1. 什么是集群通信系统？
2. 集群通信系统有什么特点？
3. 集群通信系统有什么功能？
4. 集群基本技术方法有哪些？

第十章　铁路数字移动通信系统(GSM-R)

第一节　GSM-R 的网络结构

铁路数字移动通信系统(GSM-R)是在数字蜂窝移动通信系统(GSM)上增加了调度通信功能和适合高速环境下使用的要素，能满足国际铁路联盟提出的铁路专用调度通信的要求。在 GSM-R 网络上实现中国铁路无线列调需要增加一个车站台，而车站台既要具有调度业务，又要具有站内通信、站间通信、区间通信等各类通信业务。

本章简单介绍 GSM-R 的组成、组网方式、调度通信过程等方面的内容，从而阐述数字专用通信系统与 GSM-R 的关系。

GSM-R 是以移动业务交换中心(MSC)为平台的移动通信网络和以固定用户接入交换机(FAS)为平台的有线通信网络的互联互通，是移动通信网络和有线通信网络的结合体，是有线调度通信与无线调度通信的融合，实现站车通信一体化，从而形成现代化的调度通信、公务移动、信息传输、列车控制一体化的通信系统。

GSM-R 由三大部分组成：GSM-R 陆地移动网络、固定调度通信网络、移动终端和固定终端，如图 10-1 所示。

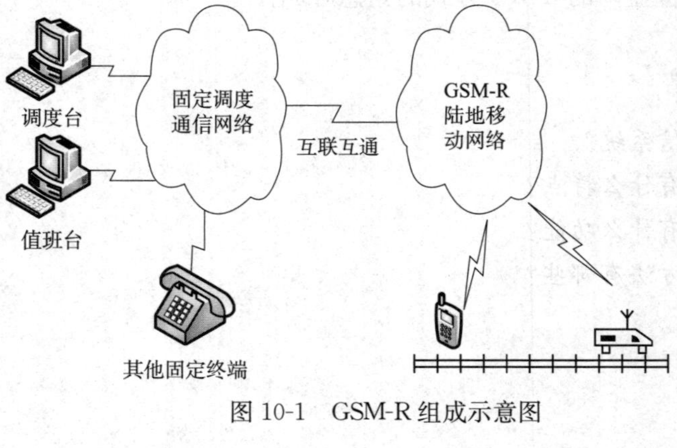

图 10-1　GSM-R 组成示意图

一、GSM-R 陆地移动网络的基本结构

(一)网络组成

当今的无线通信系统是有线网络和无线网络的结合体。基站与移动台之间是无线连接，基站与交换机之间、交换机之间都是有线连接。一个移动用户要想与另一个移动/固定

用户进行通信,必须经过无线和有线两种传输过程。移动网络与固定网络之间的互联实现了用户在任何时间、任何地点与任何人进行通信的目标。一个 GSM-R 陆地移动系统由若干个功能实体组成,这些功能实体所实现的功能集合就是网络能够提供给用户的所有基本业务和补充业务,以及对于用户数据和移动性的操作、管理。GSM-R 陆地移动网络由 3 个子系统组成,其基本结构如图 10-2 所示。

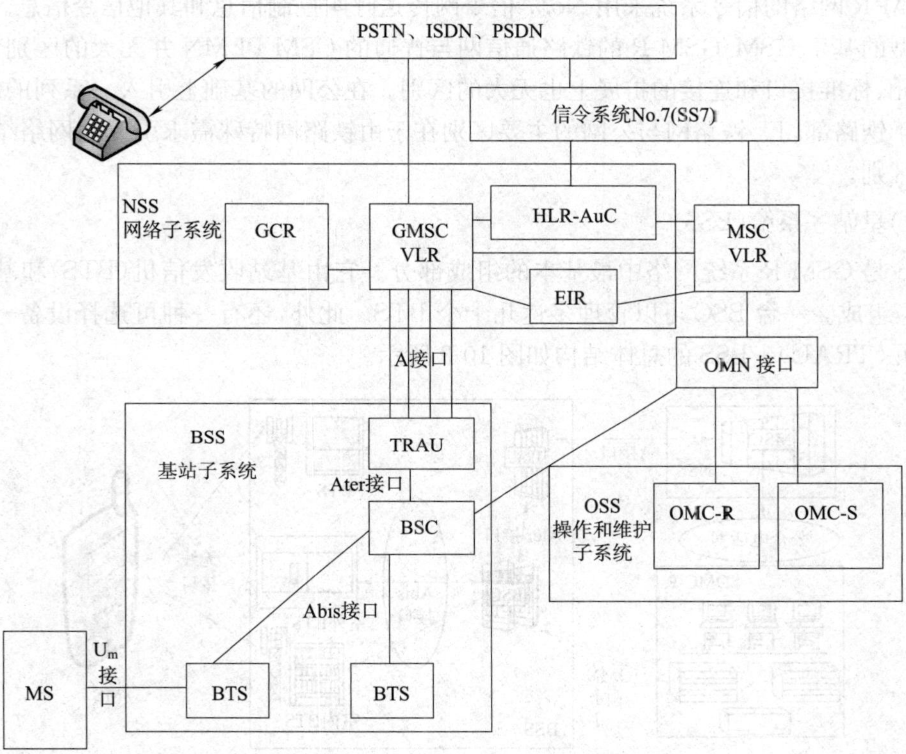

图 10-2 GSM-R 陆地移动网络的基本结构

移动台是接入 GSM-R 网络的用户设备,包括移动终端(ME)和终端设备(TE),或通过终端适配器与 ME 连接的 TE。移动台除了具有通过无线接口(U_m)接入到 GSM-R 系统的一般处理功能外,还为移动用户提供了人机接口。

基站子系统(BSS)由一个基站控制器(BSC)和若干个基站收发信机(BTS)组成。BTS 主要负责与一定覆盖区域内的移动台(MS)进行通信,并对空中接口进行管理。BSC 用来管理 BTS 与 MSC 之间的信息流。BTS 与 BSC 之间通过 Abis 接口通信。BSS 中还可能存在编码速率适配单元(TRAU),它实现了 GSM-R 编码速率向标准的 PSTN 或 ISDN 速率的转换。TRAU 与 BSC 通过 Ater 接口连接。

网络子系统(NSS)建立在移动交换中心(MSC)上,负责端到端的呼叫、用户数据管理、移动性管理和与固定网络的连接。NSS 通过 A 接口连接 BSS,与固定网络的接口决定于互联网络的类型。

操作和维护子系统(OSS)是相对独立的子系统,为 GSM-R 网络提供管理和维护功能。它的具体功能由操作维护中心(OMC)来完成,其中 0MC-R 负责管理 BSS,OMC-S 负责管理 NSS。OSS 主要提供移动用户管理、移动设备管理、网络操作和控制功能。

任何 GSM-R 陆地移动通信网络都必须与固定网络连接，一同完成移动用户与移动用户之间、移动用户与固定用户之间的通信。

组成 GSM-R 网络的各个子系统之间、BSS 与移动台之间、与固定网络之间的互联都提供了标准的接口。网络中的不同设备可以通过标准的接口来实现移动业务的本地和国际互联。GSM-R 网络的信令系统采用 No.7 信令网传送呼叫控制信息和其他信令信息。

典型的基于 GSM/GSM-R 的铁路通信网与普通的 GSM PLMN 并无大的区别，在其网络的网元、标准接口和连接的扩展上也无大的区别。在公网的基础上引入一系列的新技术，即可用于铁路部门。铁路网与公网的主要区别在于由铁路网特殊需求引起的网络结构和规划上的区别。

(二)基站子系统(BSS)

BSS 是 GSM-R 系统网络中最基本的组成部分。它由基站收发信机(BTS)和基站控制器(BSC)组成。一台 BSC 可以管理多达几十个 BTS。此外，还有一种可选择设备——速率适配单元(TRAU)。BSS 的总体结构如图 10-3 所示。

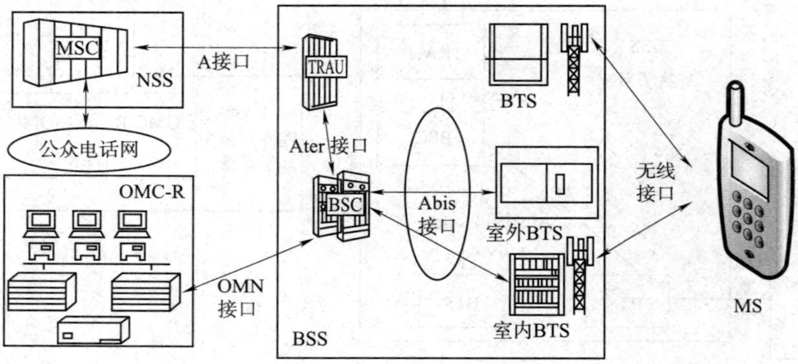

图 10-3　BSS 的总体结构

从功能上看，BSS 通过无线接口直接与移动台相连，负责无线发送接收和无线资源管理；通过 A 接口与 NSS 相连，实现移动用户之间或移动用户与固定网用户之间的通信连接，并且传送系统信令和用户信息等。

在 BSS 中，BTS 主要负责无线传输；BSC 主要负责控制和管理；如果加入了 TRAU，主要为了减少 PCM 链路的数量。

1. BTS 的结构和功能

BTS 是网络中固定部分与无线部分之间的中继，移动用户通过空中接口与 BTS 连接。BTS 由天线、耦合系统、收发信机(TRX)及基站公共功能(BCF)组成。可以把它看成一个复杂的无线调制解调器。

耦合系统是天线与每个小区的收发信机之间的接口。

TRX 是 BTS 中最主要的设备。一台 TRX 管理着一个 TDMA 帧，即管理 8 个物理信道。TRX 的功能有：进行编码、加密、调制，然后将射频信号馈送给天线；将信号解密、均衡，然后解调；移动呼叫检测；上行链路信道测量；定时提前量的测量；跳频。

BCF 通过 Abis 接口与 BSC 相连,它的功能是:将语音和用户数据信道合成以后发送给 BSC,将信令信道合成以后发送给 BSC。此外,BCF 还具有以下功能:Abis 接口管理,时隙分配,外部警报等。

2. BSC 的结构和功能

BSC 的结构主要包括:一个处理单元,一个交换矩阵单元和中继控制单元(PCM 和 X. 25)。BSC 一面与移动交换中心(MSC)连接,另一面与 BTS 连接。BSC 与 OMC-R 的连接有两种途径。一种是通过 X. 25 数据网络与 OMC-R 相连。另一种是 BSC 先与 TRAU 相连,然后通过 MSC 再与 0MC-R 连接。BSC 通过处理单元和 X. 25 控制器从运营管理与维护中心下载新的软件并释放。反过来,在周期性询问或传送时,BSC 将所有关于运营管理和维护的数据缓冲并转送到运营管理和维护中心。

BSC 的结构如图 10-4 所示。

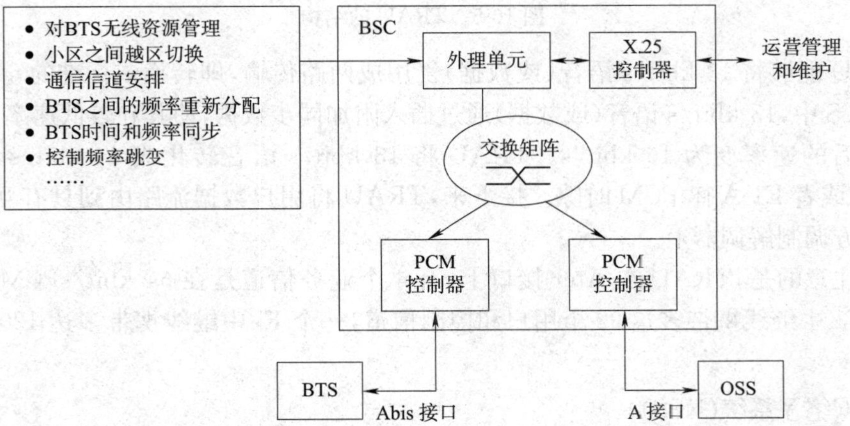

图 10-4　BSC 的结构

BSC 的基本功能包括:

(1)无线呼叫处理:建立与释放无线链路,进行 MSC 和 BTS 之间的信道交换。

(2)无线资源管理:无线接入处理,无线信道分配(业务和信令),无线信道监控。

(3)业务集中管理:可以减少传送费用。

(4)短消息业务(小区广播管理):向 OMC-R 所规定的目标小区广播短消息。

BSC 主要运营管理和维护功能包括:

(1)OSS 接口管理:与 OMC-R 的链路管理,提供 OMC-R 所需求的业务,存储 BSS 配置数据(软件存储和在 BSS 各种实体中的分配)。

(2)BTS 和 TCU 管理:初始化,分配与再分配,软件下载,监控和观测。

(3)BSC 自我防御:主要通过冗余和重起机制来实现。

3. TRAU 的结构及功能

TRAU 由编译码器、控制器和外部 PCM 接口组成。它通过 Ater 接口与 BSC 相连,通过 A 接口与 MSC 相连。TRAU 的结构如图 10-5 所示。

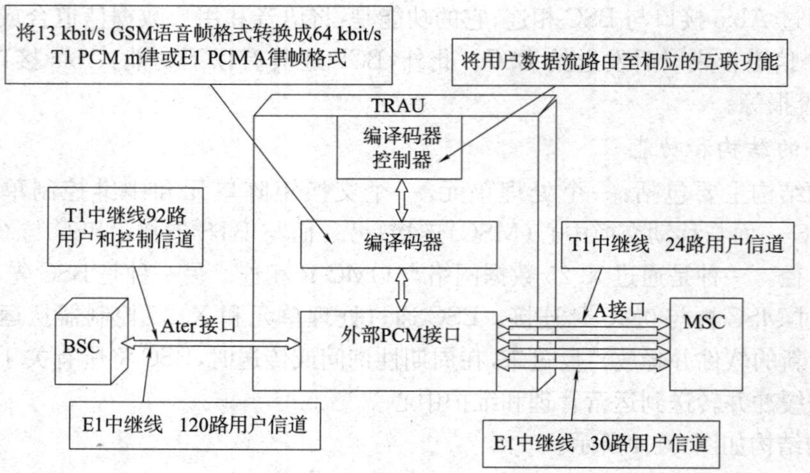

图 10-5 TRAU 的结构

TRAU 能够将 13 kbit/s 语音(或数据)复用成两路传输,即转换成标准的 64 kbit/s 数据。在 BTS 中,13 kbit/s 语音(或数据)通过插入附加同步数据,使其和较低速率数据不同,插入数据后的速率变为 16 kbit/s。TRAU 将 13 kbit/s 语音转化成 64 kbit/s 的 T1μ 律 PCM 时隙或者 E1 A 律 PCM 时隙。接下来,TRAU 将用户数据流路由到具有互联互通功能的接收方调制解调器上。

值得注意的是,TRAU 在 Ater 接口上,有 4 个业务信道是在 64 kbit/sPCM 电路上复用,一个 T1 中继线携带多达 92 个用户和控制信道,一个 El 中继线携带多达 120 个用户和控制信道。

(三)网络子系统(NSS)

GSM-R 系统的网络子系统(NSS)提供了处理建立、维持和清除呼叫的所有信令协议的功能,以及为移动环境下通信提供的特定功能。NSS 提供的主要功能如下:

(1)为用户移动特征提供的特定功能,如寻呼。

(2)呼叫过程中对无线资源的管理。

(3)管理与 BSS 之间的信令协议。

(4)位置登记,即 VLR 之间的互联。

(5)切换过程。

(6)查询 HLR 获得 MS 的漫游号码。

(7)与其他的移动功能实体交换信令信息。

(8)管理语音组呼、语音广播、增强多优先级与强拆的呼叫建立。

(9)用户的鉴权。

基本的 NSS 由 6 个功能实体组成,分别是:移动交换中心(MSC),归属位置寄存器(HLR),拜访位置寄存器(VLR),设备识别寄存器(EIR)和互联功能单元(IWF)。如图 10-6 所示。另外,NSS 中还可以有实现语音组呼和语音广播的实体(GCR),用于短消息业务的短消息服务中心(SMS-SC)及统计服务器,这些功能实体可以根据具体的需要进行选择。

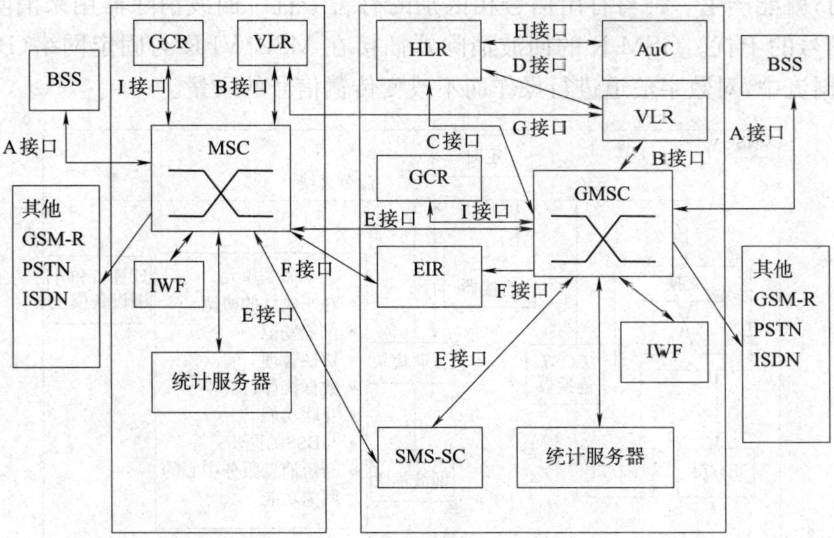

图 10-6　NSS结构和接口

1. 移动交换中心(MSC)

移动交换中心(MSC)是NSS的核心,它包含了MSC区的所有交换功能。MSC考虑了用户的移动性,管理一些特殊的过程,如位置登记和更新、越区切换,它还负责对无线资源进行管理,这些是它与固定网络交换机的主要差别。MSC用于建立业务信道和在MSC之间或与其他网络之间交换信令信息。MSC的主要功能归类如下:

(1)处理用户呼叫的交换功能。

(2)协调自己所辖区域的呼叫,特别是寻呼移动台的功能。

(3)与BSS协作动态分配接入资源。

(4)监督BSS与MS之间的无线连接。

(5)进行呼叫的统计。

(6)将来自VLR无线接口的加密信息传送给BSS。

(7)作为短消息网关,连接用户与短消息服务中心。

通常把移动用户进行初始注册的MSC称为归属MSC(HMSC),其他的MSC称为拜访MSC(VMSC)。如果GSM-R网络收到的一个呼叫不能查询HLR,这时将此呼叫路由到一个特定的MSC,由此MSC在相应的HLR中进行查询,找到被叫移动台所在的位置。这种具有路由功能的MSC就称网关MSC(GMSC)。它通常还作为固定网络和移动网络之间的一个接入单元,提供业务和功能的接入。网络可以在全部MSC中选出一些MSC作为GMSC。如果一个GMSC与短消息服务中心连接,负责向移动台传送短消息,那么这个MSC就成为短消息网关MSC。可见,MSC根据在网络中的不同位置实现不同性质的交换功能。

MSC的内部结构如图10-7所示,MSC的核心是交换功能。除此之外,MSC要提供与No.7信令网、其他固定网络、BSS和一些外部设备的连接。MSC与其他网络互联时可以采用El中继线,提供30路用户信道;或采用Tl中继线,提供24路用户信道。在MSC中为了克服回波干扰,采用回波消除器。回波干扰是指当有用信号的反射信号有一定的时延和足够的强度时，就能产生一种与有用信号相区别的有害干扰。回波消除器用来消除或减少回波对有用信号的干扰。GSM-R 的回波消除器插接在 MSC/VLR 与固定网络（PSTN）之间的 El 口数据流中，对数字信道进行操作而不改变传输信号的质量。

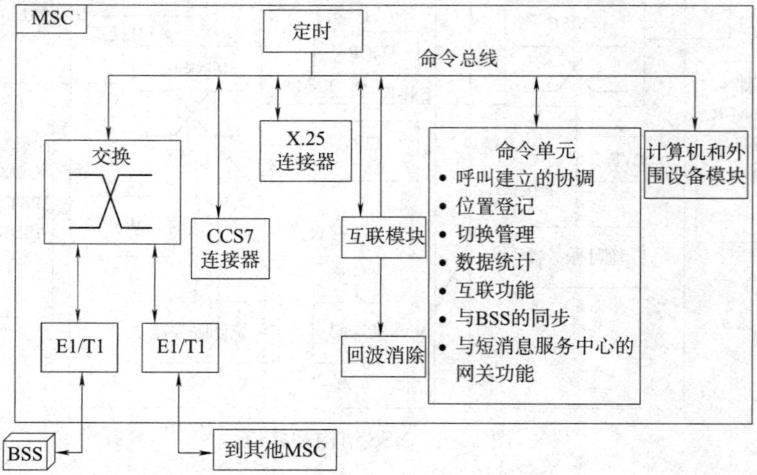

图 10-7　MSC 的内部结构

2. 归属位置寄存器（HLR）

归属位置寄存器（HLR）是 NSS 四个重要的数据库之一，实现对移动用户的管理。一个 GSM-R 网络中可以有不止一个 HLR，它的数量决定于用户的数量、设备的容量和网络的组织结构。HLR 中存储的是在网络中永久注册的移动用户的静态数据信息和一些临时动态数据信息。HLR 中存储的信息通常有以下几类：

（1）用户信息。

（2）位置信息：在移动台登记的区域内，这些位置信息可以提供统计数字和寻找 MSC 的路由（如 MS 的漫游号、VLR 号、MSC 号和 MS 位置识别号）。

（3）移动用户的 IMSI 号和 MSISDN 号：常作为移动用户接入数据库的信息。

（4）承载业务和终端业务的定制信息。

（5）业务限制信息：如漫游限制。

（6）语音组呼（VGCS）和语音广播（VBS）用户的组 ID。

（7）补充业务信息。

（8）与 AuC（鉴权中心）之间的信息交换。

3. 拜访位置寄存器（VLR）

拜访位置寄存器（VLR）管理在一个 MSC 区（非归属 MSC 区）内漫游移动用户的动态数据信息。当一个 MS 进入新的位置区时，首先要进行位置登记，这一区域的 MSC 注意到这一登记的信息后，就把 MS 所在位置区的识别信息传送给 VLR。如果 MS 没有进行登记，漫游区的 VLR 就会从 MS 的 HLR 获取信息以使呼叫能够处理。当用户离开当前 VLR 控制区后，用户的临时数据信息将从 VLR 中清除。一个 VLR 可以管理一个或多个 MSC。由于 VLR 与 MSC 之间有大量的数据需要存取，为了提高移动管理和呼叫建立的速度，VLR 总是与 MSC 实现功能综合，作为 NSS 的一个物理实体。

VLR 中包含的是关于处理登记后 MS 呼叫建立和接收的信息,它包含以下内容:

(1)移动用户的 IMSI 号和 MSISDN 号。

(2)移动用户的漫游号(MSRN)。

(3)移动用户的临时身份识别号(TMSI)。

(4)移动用户的位置识别号(LMSI)。

(5)移动台登记的位置区。

(6)MS 的前一时刻位置和初始位置。

(7)来自移动用户 HLR 的补充业务参数。

(8)从 HLR 向 BSS 传递 AuC 的加密密钥。

(9)支持寻呼功能。

(10)跟踪移动台在本区域的状态。

4. 鉴权中心(AuC)

鉴权中心(AuC)有两个功能:一是对用户的 IMSI 号进行鉴权;二是为移动台和网络之间在无线路径上的通信进行加密。一个 AuC 对应于一个 HLR,存储与 HLR 中数据有关的鉴权算法和加密信息,AuC 通过 HLR 将鉴权和加密的信息传递给 VLR。一旦用户在 HLR 中进行了登记,AuC 就开始产生安全参数。参数 3 个一组:RAND(随机数)、SRES 和 Kc(无线接口加密密钥),这 3 个参数称为"三参数组"。每次提供 6 个"三参数组",如果 VMSC 需要"三参数组"进行鉴权和加密,每次向 HLR/AuC 提供 5 个"三参数组"。鉴权和加密的信息还会存储在用户移动台的 SIM 卡里。

5. 设备识别寄存器(EIR)

设备识别寄存器(EIR)是 NSS 中的一个逻辑实体,它包含一个或几个数据库,用来存储移动设备识别号(IMEI)。这些 IMEI 号被分为 3 类:白名单、黑名单和灰名单。有效的 IMEI 号在"白名单"上,异常的 IMEI 号在"灰名单"上,被禁止使用的 IMEI 号在"黑名单"上(如被偷窃盗用的 IMEI 号)。一个 IMEI 号也有可能不在任何名单上。网络根据用户的 IMEI 号所在的名单来决定是否为用户提供服务。EIR 中的名单与服务见表 10-1。

表 10-1　EIR 中的名单与服务

名　单			进行服务
黑名单	灰名单	白名单	
×		×	否
	×		是
		×	是
			否

6. 互联功能(IWF)

互联功能(IWF)是与 MSC 有关的一个功能实体,提供 GSM-R 网络与其他固定网络的互联。IWF 的具体功能决定于互联的业务和网络类型,它能够提供不同网络与 GSM-R 网络之间的协议转换，如图 10-8 所示。针对移动用户所在的不同网络，IWF 又分为归属 IWF 和拜访 IWF。在互联时，IWF 还提供速率适配的功能。在 GSM-R 网络和固定网络的数据终端（DTE）之间，IWF 能够提供数据速率和协议的转换。对于 V 系列的终端，IWF 还可以提供调制解调器的选择功能。IWF 常与 MSC 在同一物理设备中实现。

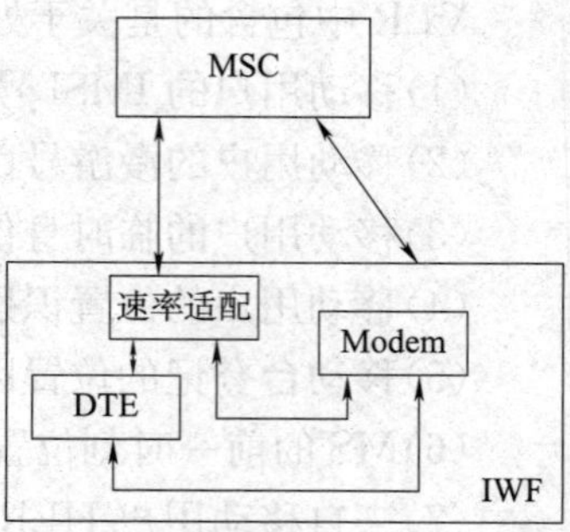

图 10-8　IWF 的功能

7. 短消息服务中心（SMS-SC）

短消息服务中心（SMS-SC）作为一个独立的实体存在于 NSS 中，它负责向 MSC 传送短消息信息。SMS-SC 不包含在 MSC 设备中。SMS-SC 与移动用户进行通信时，通过 SMS-GMSC 接入。

8. 组呼寄存器（GCR）

组呼寄存器（GCR）用于存储移动用户的组 ID，移动台利用语音组呼（VGCS）参考和语音广播（VBS）参考发起呼叫的小区信息，以及发起呼叫的 MSC 是否负责处理呼叫的指示。如果发起呼叫的 MSC 不负责处理呼叫，那么 GCR 将利用存储的路由信息寻找处理呼叫的 MSC。一个 GCR 管理一个或多个 MSC。当 MSC 处理语音组呼和语音广播时，要利用语音组呼和语音广播呼叫参考从 GCR 中获取相应的属性。MSC 从 GCR 获取的内容有：

（1）MSC 区所有小区的列表。

（2）呼叫会被发送到的所有 MSC 列表。

（3）建立专用链路的调度识别列表。

（4）语音组呼/语音广播初始化和中止的调度识别列表。

（5）语音组呼结束之前检测未激活的时间长度。

（6）使用 eMLPP 补充业务时语音组呼和语音广播的缺省优先级。

（四）操作和维护子系统（OSS）

OSS 可以分为两部分：对应 BSS 的操作与维护中心（OMC-R）和对应 NSS 的操作与维护中心（OMC-S）。OMC-R 与 BSC 的连接有两种途径：一种是直接通过 X. 25 数据网络与 BSC 相连；另一种是 BSC 先与 TRAU 相连，然后通过 MSC 再与 OMC-R 连接。OMC-S通过 OMN 接口与 MSC 相连。

OSS 是操作人员与系统设备之间的中介，它实现了系统的集中操作与维护，完成了包括移动用户管理、移动设备管理及网络操作维护等功能。它的一侧与设备相连（不包括 BTS，对 BTS 的操作维护是经过 BSC 进行管理），另一侧是作为人机接口的计算机工作站。这些专门用于操作维护的设备被称为操作维护中心（OMC）。系统的每个组成部分都可以通过特有的网络连接至 OMC，从而实现集中维护。

（五）接口协议

GSM-R 系统是由多个功能单元通过接口互连构成的。接口就是各组成单元之间物理上和逻辑上遵守一定协议的连接。在 GSM-R 系统中主要的接口有：无线（Um）接口、Abis 接口、Ater 接口、A 接口、PSTN/ISDN/PSDN 接口。

1. U_m接口协议

U_m接口位于 MS 和 BTS 之间，是二者的通信接口，用于移动台与系统固定部分之间的通信,其物理连接通过无线链路实现。它的特性是完全标准化,即来自不同厂商所生产的MS和BTS之间都可以通过标准化的U_m接口连接。U_m接口上的协议如图10-9所示。

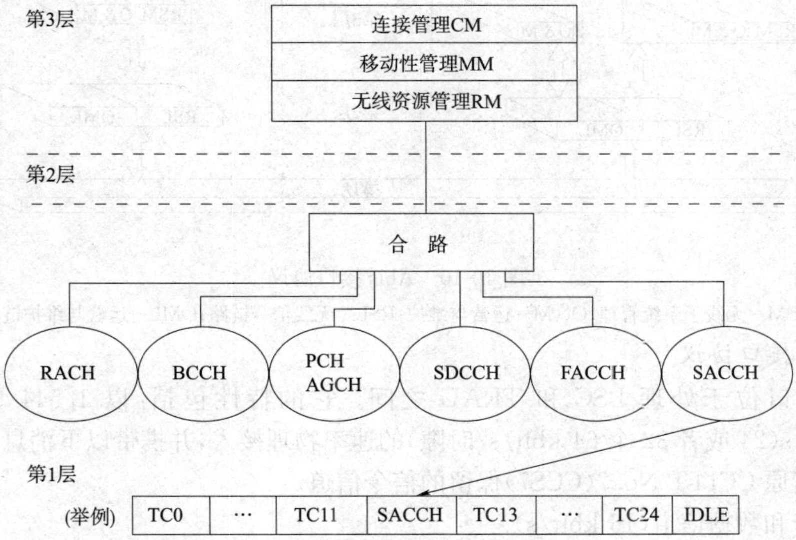

图10-9　U_m接口协议

U_m接口上的协议可以分为三层。第一层是物理层,支持TDMA帧、FDMA和逻辑信道复用;第二层是LAPDm协议(由LAPD定义),没有标志,由于实时的限制(窗口=1)没有错误重发机制;第三层是无线接El层(RIL3),其中又包括3个子层:无线资源管理(RR)子层用于寻呼、功率控制、加密、切换;移动性管理(MM)子层用于安全、定位、IMSI附加/分离;连接管理(CM)子层用于呼叫控制(CC)、补充业务(SS)、短消息业务(SMS)、双音多频(DTMF)设备。

2. Abis接口协议

Abis接口是BSS系统的两个功能实体BSC与BTS之间的通信接口,用于BTS和BSC之间的远端互连方式。Abis接口支持系统向移动台提供的所有服务,并支持对BTS无线设备的控制和无线频率的分配。它的特性是:部分标准化,即当前不存在专有的互操作性。

BTS和BSC之间交换的消息包括:业务交换;呼叫建立和BTS操作与维护的信令交换。BTS和BSC之间的物理接入有:2.048 Mbit/s(E1)或者1.544 Mbit/s(T1)的PCM数字链路,即由32路或24路64 kbit/s话路组成。

语音以每时隙4×16 kbit/s的速率传输(远端译码),数据以每时隙4×16 kbit/s的速率传输。如果是初始用户,速率也可能是将300 bit/s、1 200 bit/s、1 200/75 bit/s、2 400 bit/s、4 800 bit/s、9 600 bit/s或14 400 bit/s调整到16 kbit/s。

Abis接口上的协议如图10-10所示。

Abis接口上的协议可以分为三层:第一层是PCM传输层(E1或T1),对于语音,其编码速率是16 kbit/s,复用后在64 kbit/s的时隙上传输;对于数据,其速率是同步的并可以调节;第二层是LAPDm协议,标准的HDLC过程,包括无线信令链路(RSL)和操作与维护链路(OML);第三层是应用协议,包括无线子系统管理(RSM)和操作与维护过程。

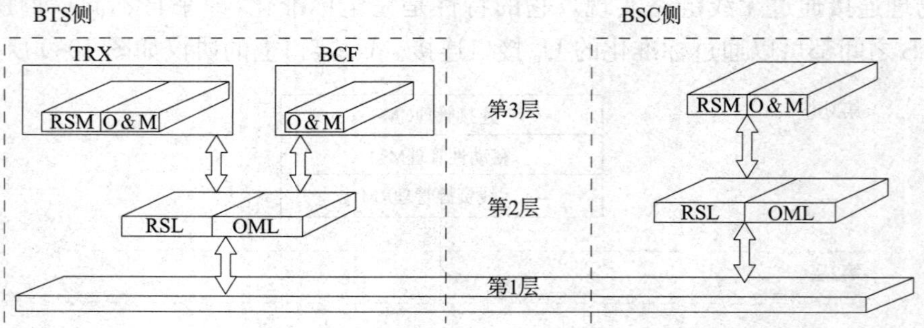

图 10-10　Abis 接口协议

RSM—无线子系统管理;O&M—运营与维护;RSL—无线信令链路;OML—运营与维护链路

3. Ater 接口协议

Ater 接口位于处理 BSC 和 TRAU 之间。它的特性包括:以 1.544 Mbit/s 或者 2.048 Mbit/s(24 或者 32 个 64 kbit/s/时隙)的速率物理接入,并携带以下消息:

(1)根据原 CCITT No.7(CCS7)保留的信令信道。

(2)语音和数据信道(16 kbit/s)。

(3)BSC 与 TRAU 之间的信令链路(LAPD)。

(4)通过 MSC(只通过网络)到 OMC-R(X.25)的 O&M 数据。

Ater 接口上的协议如图 10-11 所示。

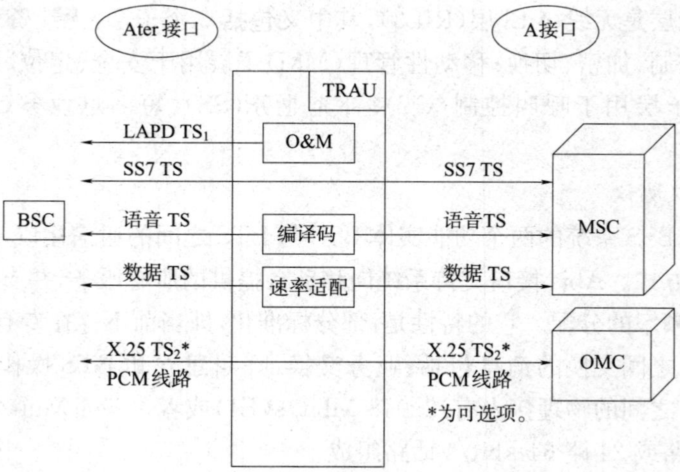

图 10-11　Ater 接口协议

具体时隙上所携带的信令消息:BSC 和 TRAU 之间的 LAPD 信令 TS_1;BSC 和 MSC 之间的 SS7 TS;为特殊配置保留的 X.25 TS_2。

保留的 TS_1 是用来携带 LAPD 协议和 BSC 与 TRAU 之间的管理消息,它被 BSC 用作:

(1)TRAU 监控(混音器,PCM 接口,译码和控制单元,LAPD 信令终端等等)。

(2)TRAU 配置(BSC—TRAU 信令链路,A 接口 PCM,标志通道,A 接口电路,同步与译码功能)。

(3)TRAU 初始化。

(4)TRAU 软件下载。

(5)A 和 Ater 接口管理。

(6)同步管理。

(7)译码管理。

SS7 TS 经常用于 BSC 与 MSC 链路,它也专门用于 BSS 应用部分(BSSAP)消息的传输。

如果 O&M 数据通过 PCM 链路 TS 传送到 OMC-R,且由 A 接口管理,则保留 TS_2。如果保留了 SS7 TS 和 TS_2,那么在 LAPD TS_1 上的信令消息只由 TRAU SS7 TS 和 TS_2 处理,这些消息由 TRAU 转换,但它们对 TRAU 保持透明。

4. A 接口协议

A 接口位于 MSC 与 BSS(TRAU)之间。它的特性是:完全标准化,即任何厂商的设备可以互连。

在 A 接口上面所交换的消息:用户业务(语音和数据)和信令。用户业务的传输,在无线接口上每个时隙映射成一个业务信道,64 kbit/s 的语音速率调整(A 律或 μ 律)和 64 kbit/s 的数据速率调整在 TRAU 中执行。信令的传输,遵循原 CCITT7 号信令系统(SS7),由消息转移部分(MTP)和信令连接控制部分(SCCP)组成。

A 接口上的协议如图 10-12 所示。

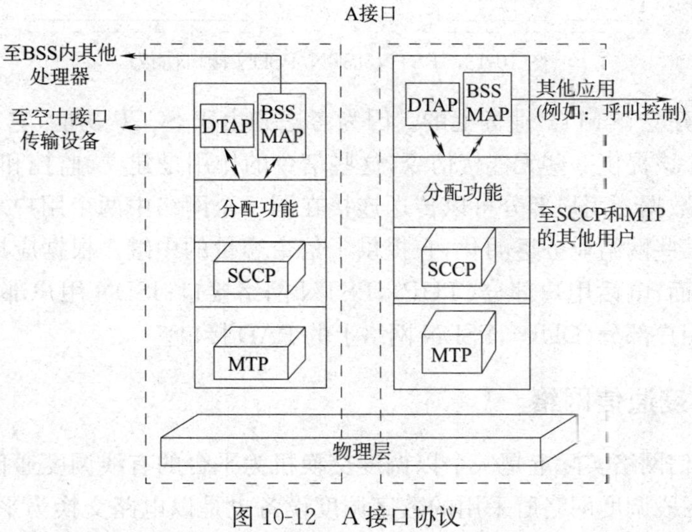

图 10-12　A 接口协议

DTAP—直接转换应用部分;SCCP—信令连接控制部分;BSSMAP—BSS 管理应用部分;MTP—消息转换部分

MTP 为所有的 CCS7 信令消息提供了基本的运输系统,并且负责信令网络管理和信令消息处理。它也可以分为 3 层,第一层:为 64 kbit/s 信令数据链路定义物理特性;第二层:通过提供差错检测和纠正,信令链路校正和差错监控来确保安全;第三层:确保信令消息通过网络以正确的序列且无丢失的传送,即使在连接失败的情况下,也能将信令消息复制出来并再次进行连接。

因此,MTP 发现目的信令点后,SCCP 将传送消息。SCCP 寻址允许路由到同一个网络的申请(通过地址),或者通过连接模式 Class 0 和连接定向模式 Class 2 路由到外部网络(通过全球转换)。为了区分 BSSMAP 与 DTAP,在 SCCP 的顶端增加了一种分配功能。

BSSAP 处理包括 MS、BSS 和 MSC 的信令。BSSAP 可分为 2 个部分:由 MSC 或 BSC 处理的消息组成的 BSSMAP(RR),由对于 BSS 透明传输的消息组成的 DTAP(MM,CM)。

5. PSTN/ISDN/PSDN 接口协议

PSTN/ISDN/PSDN 接口是 MSC、公共交换电话网络(PSTN)、综合业务数字网络(ISDN)和分组交换公共的数字网络(PSDN)之间的接口。接口的规范经过不断地使用和改进后,由国家制定出来,各国家之间的接口应具有一定的互联互通能力。PSTN/ISDN/PSDN 接口上的协议如图 10-13 所示。

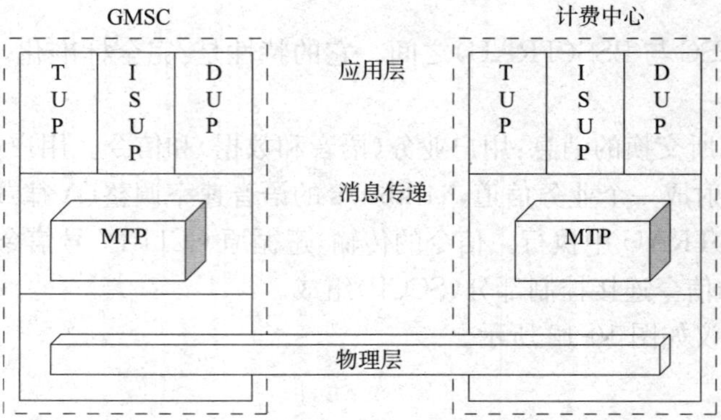

图 10-13 PSTN/ISDN/PSDN 接口协议

用户部分是建立在 MTP 业务上的。因为考虑到由于 SCCP 功能,它在 A 接口是定向连接的,那么它应该提供一些无连接信令,这些信令的作用是建立、监控和清除 PSTN 接口上的呼叫语音或数据。用户部分可以传送连接在同一个网络中两个用户之间的信令消息。为拓宽网络,使某些网络业务透明化,它提供了信令容量的中继。根据应用,用户部分的协议主要有 3 个方面:电话用户部分(TUP),PSTN 网络接口;ISDN 用户部分(ISUP),ISDN 网络接口;数据用户部分(DUP),PSDN 网络上的 PAD 接口。

二、固定调度通信网络

固定调度通信网络实际上是一个以调度交换机为平台的有线调度通信网络,前面各章介绍的干、局线区段调度网络所采用的数字调度设备也是以电路交换为平台,具有 PBX 的全部功能,而且干线调度网络和正在逐步改造中的区段数字调度网络已经比较完善,可以充分利用现有的有线资源。当然现有的数字调度设备需要增加联网的接口,软件要升级,功能要扩展,才能满足有线调度与无线调度的融合。

三、移动终端和固定终端

中国 GSM-R 应用的用户终端类型包括移动终端和固定终端,适应于铁路运输指挥通信、铁路运输管理通信及数据传输通信的不同用户终端类型,见表 10-2。

表 10-2　GSM-R 系统终端及用户类型

终端类型		用户类别及范围
移动终端	作业手持台(OPH)	用于列车上以及车站、编组场、沿线区间及其他铁路作业区的各工种地面工作人员语音和数据通信
	通用手持台(GPH)	用于铁路公务人员、与铁路业务相关的人员语音和数据通信
	调车手持台(OPS)	用于编组场调车作业语音和数据通信
	机车综合通信设备	用于运营机车、维修检测机车、编组场调车机车、轨道车等机车司机语音通信和通用数据传输
	列控机车台	用于运营机车、维修检测机车、编组场调车机车、轨道车等机车与地面控制中心之间的安全信息传输
	汽车车载台	用于各工种维护维修用车辆的语音和数据通信
	列尾通信设备	用于列车尾部风压、GPS 及控制信息传输
固定终端	调度终端	用于各种调度所调度员、值班室值班员的语音和数据通信
	车站终端	用于车站值班员、其他工种值班员的语音和数据通信
	固定无线台	用于区间、站场各类信息点、业务点通用数据传输
	有线电话	需要纳入 GSM-R 网络的固定电话用户

第二节　GSM-R 的组网方式

利用 GSM-R 进行无线列调组网，既可以完全利用无线方式，也可以同有线方式结合起来共同完成调度通信任务。事实上，在铁路上的有线通信已经比较完善，因此完全可以利用现有的有线资源，构成 GSM-R＋PBX，即 ISDN 专用自动交换机的无线/有线混合网络，进行有线用户(固定终端)和无线用户(移动终端)的统一调度指挥。

根据《GSM-R 调度通信系统主要技术条件(V2.0)》，系统构成及组网方式如图 10-14 所示。

(1)各 MSC 之间通过 E1 接口相连接，接口采用 No.7 信令。

(2)如果铁路局集团公司内有多台不同类型的调度交换机，相互之间通过“30B＋D”接口相连接，接口信令采用 DSS1，其中为主的一台调度交换机与 MSC 相连。

(3)铁路局集团公司调度交换机至沿线车站的调度交换机通过 E1 接口相连接。如果采用现有的区段数字调度设备，用 2 M 逐站串接组成自愈环的区段调度网络，其信令传输用的是 2 M 中 3～4 个数字共线时隙，其信令宜采用生产厂家的内部信令，如果用标准的 DSS1 信令，显然要增加设备的复杂性，且组网方式也要做相应的改变。

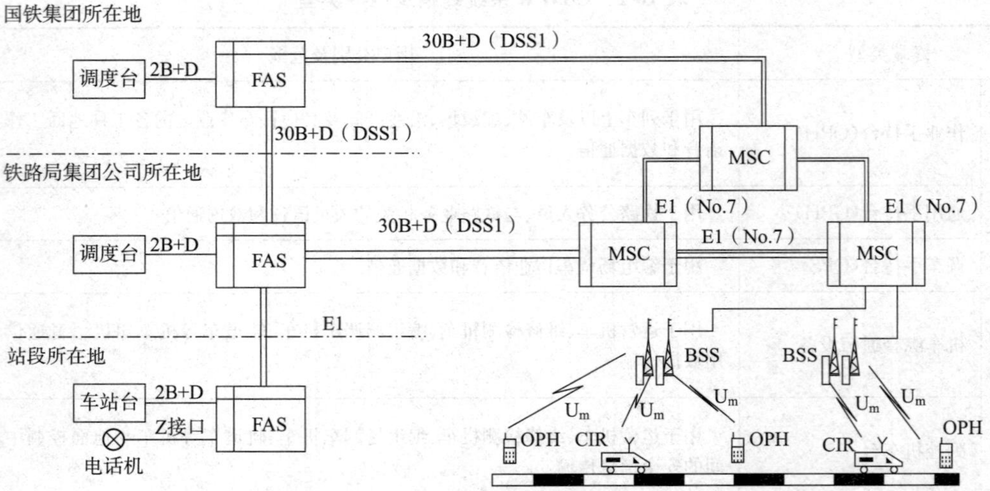

图 10-14　GSM-R 调度系统组构成及组网方式图

第三节　GSM-R 调度通信网络内的通信过程

有线调度网络内的调度通信业务和要求，如调度员对辖区范围内的调度分机进行单呼、组呼、全呼、会议呼(临时组呼)；调度分机呼叫调度员及组织辖区范围内的组呼；调度分机之间不允许呼叫；区段调度网络为一个相对独立的封闭网络，其他用户不能呼入网络，调度分机不能呼出网络，以确保行车调度指挥的安全畅通。

GSM-R 调度通信网络内的用户，除原有的有线用户之外，还包含了移动终端，具体的用户有机车台、手持台、车站助理值班员手持台等。而移动终端处于不断移动状态，除了车站助理值班员之外其他移动终端的位置随时变更，不仅地理位置变化，由一个调度区段到另一个调度区段，接受调度指挥的对象也发生变化。因此对移动终端的电话号码，除了用户的真实号码 MSISDN 号之外，还要赋予一个功能号。所谓功能号就是能表明用户身份特征的号码，有车次功能号、机车功能号、车号功能号之分，每个功能号都有统一规定的号码结构。例如车次功能号，除了表明某趟列车的车次之外，还要表明使用者的身份(职务)，车次功能号的号码结构为“CTCH××××××FC”，举例见表 10-3。

表 10-3　车次功能号号码结构举例

CT	CH	××××××	FC
呼叫类型	车次号字母	车次号中的数字位	功能码
呼叫车次 CT=2	如：Z=90 T=84 K=75 N=78 ⋮ 无字母为 00	不足 6 位时，高位填 0 补齐	如：本务机司机=01 列车长 1=10 列检人员=29 乘警长=31 ⋮

用户呼叫 Z19 次列车司机，可直接拨打车次功能码 2Z1901，由终端(或调度交换机)翻译成 11 位的车次功能号为 29000001901。

按调度通信业务流程，可归纳为四类通信过程，即点对点个别呼叫、组呼、会议呼(临时组呼)、广播呼叫。

一、点对点个别呼叫

(一)固定终端呼叫移动终端

方式一：按 MSISDN 号码呼叫，调度交换机收到 MSISDN 号码，进行号码分析后，判断是移动终端 MSISDN 号码，把呼叫路由到 GSM-R 网络，并把 MSISDN 号码发给 GSM-R 网络；GSM-R 网络根据 MSISDN 号码呼叫移动终端，双方建立通信；通话完毕，任意一方挂机，呼叫拆除。

方式二：基于功能寻址呼叫移动终端，用户直接拨打功能码(如 221901)，由终端(或调度交换机)翻译成 11 位的车次功能号 29000001901，调度交换机收到呼叫，进行号码分析(翻译)，判断是移动终端功能号，会把呼叫路由到 GSM-R 网络；GSM-R 网络将移动终端功能号转换成被叫移动终端的 MSISDN 号，并以 MSISDN 号呼叫移动终端，双方建立通信；通话完毕，任一方挂机，呼叫拆除。

按上述方式能完成呼叫接续，但有两个问题需要解决：

问题一：作为调度台或车站值班台呼叫机车台，要按 11 位号或者中间还有字母/数字的转换，用户是不容易接受的，只能是按 1～2 个键便完成呼叫，才能适应实际运用的需要。

问题二：调度台(或车站台)呼叫不在辖区的机车台，应该呼叫失败，并语音提示："您所要用户不在服务区"，由 MSC 还是由调度交换机来做呼叫限制，有待商定。

(二)移动终端呼叫固定终端

方式一：按 ISDN 号码呼叫，GSM-R 网络收到 ISDN 号码，进行号码分析后，把呼叫路由到相应的调度交换机，并向调度交换机发送被叫固定终端 ISDN 号码；调度交换机根据 ISDN 号码呼叫固定终端，双方建立通信；通话完毕，任意一方挂机，呼叫拆除。

方式二：基于位置寻址呼叫固定终端，移动终端使用标准短号码发起呼叫，短号码由 4 位数组成，并有统一的定义，例如 1 200 为连接到最适当的列车调度员、1 300 为连接到最适当的车站值班员等等。GSM-R 网络收到呼叫，对短号码进行分析，根据移动终端所在位置把短号码转换为被叫固定终端的 ISDN 号码，并将呼叫路由到相应的调度交换机；调度交换机根据 ISDN 号码呼叫固定终端，双方建立通信；通话完毕，任意一方挂机，呼叫拆除。

按上述方式能完成呼叫接续，但是对车站值班台都设定了一个 ISDN 号，不仅无线终端可以呼入，调度电路以外的固定终端也可以呼入，会造成该电路经常繁忙，虽然调度台有强插强拆功能来保障调度通信畅通，但是不符合调度电路相对封闭独立和无阻塞通信的要求。关于这个问题，如果采用现有数字调度通信系统共线组网方式就不难解决了，有线调度仍用固定的共线时隙，占用操作键盘上的一个键位，当有呼入呼出时，键位上部指示灯有显示，并且还有屏幕显示；对于 GSM-R 网络内统一编号的 ISDN 号占用操作键盘上另一个键位，电路使用调度共线时隙以外的其他时隙，相当于无线列调时隙和各站电话时隙。当然，对于时隙运用，不能一个站安排 1～2 个时隙按星形组网，仍然采用共线时隙动态分配占用。工程设计时，根据话务量测算，采用集线比压缩的办法来确定时隙的数量。

此外，车站台与调度交换机的接口为 2B+D，有两个 8 通道，可是车站值班员的通信业务有：接受调度员指令型的通信，接受站场内部用户请示汇报型的通信，接受 GSM-R 网络内无线用户（如机车台、手持台、铁路公务人员通用台等）的通信，以及接受其他固定用户的通信等等。当两个 8 通道都占用后，高优先级用户呼入可插入主用通道，同级别用户呼入时排队等候并有语音提示或遇忙转移等，低级别用户呼入时遇忙送忙音。对于这些补充业务，数字调度设备完全可以通过软件编程来解决。

目前，无线列调使用最频繁的还是“小三角”通信，列车接近车站，司机要向车站报告，机车台与车站台通信的通路完全基于无线。可是，采用 GSM-R 网络以后，机车台与车站通信的通路为：

$$\text{机车台}\xrightarrow[\text{（无线）}]{}\text{基站}\xrightarrow[\text{（有线）}]{}\text{BSC}\xrightarrow[\text{（有线）}]{}\text{MSC}\xrightarrow[\text{（有线）}]{}\text{调度交换机}\xrightarrow[\text{（有线）}]{}\text{车站}$$

从区间到铁路局集团公司再回到车站通过有线绕一个大圈，一个调度区段内有的多达 20 多个车站。按照现在的行车密度有时几乎每个区间都有列车，也就是说同一时间内，所有车站都会与机车司机通话，虽然通话时间很短，但必须畅通。因此，如何安排通路并保证可靠、畅通，有待进一步探讨。

二、组呼（VGCS）和广播呼叫（VBS）

有线调度通信的组呼是在工程开始时，根据调度台（车站台）组呼通信业务的要求，事先设定好组呼群，操作者只要按组呼键，便可完成组呼通信过程。如果需要临时组织组呼群，操作者先按会议键，再按组呼成员的呼叫键，最后按确认键，便可完成会议呼的通信过程。

在 GSM-R 调度通信网络内的组呼，由于移动用户的位置随时处于动态范围，在操作台上没有固定的键位，所以必须以组地址发起组呼，下面先介绍一下组地址的含义。

组地址包括了业务区号 SA 和功能代码 FC（或组 ID）。

业务区号 SA（5 位数字）用以确定组呼和广播的有效区域，各个服务区域按调度区号、车站位置号全路统一分配。

功能代码 FC（又称为组 ID），由三位数字组成，在编号方案中全路将统一规定，每个组 ID 代码都表示了呼叫优先级别、组呼区域、组呼发起方和组呼成员。

（一）移动终端发起组呼

移动终端根据组呼区域和组呼成员，选择组 ID 的代码，以组 ID 向 GSM-R 网络发起组呼；GSM-R 网络根据主叫移动终端所在小区选择相应的组呼区域，并按组 ID 定义好的组呼成员中移动终端发起 GSM-R 组呼，使处于组呼区域内的移动终端进入 GSM-R 组呼状态；对组呼成员中的固定用户，GSM-R 网络同时把呼叫路由到调度交换机，并把组呼参考号（虚拟组呼号）发送到调度交换机；调度交换机根据组呼参考号（虚拟组呼号）组织有线组呼，各固定终端进入有线组呼状态。移动终端越出 GSM-R 组呼区域，自动退出组呼；移动终端进入组呼区域，自动加入组呼。

通话完毕，组呼发起方挂机，组呼拆除。

(二)固定终端发起组呼

固定终端根据组呼区域和组呼成员，选择组地址，以组地址向调度交换机发起组呼；调度交换机收到组地址，进行号码分析后，组织组呼成员中的各固定终端进入有线组呼状态，对组呼成员中的移动终端，调度交换机将呼叫路由到 MSC，并以对应的虚拟组呼号码作为主叫号，以组地址作为被叫号码发送给 MSC；MSC 根据组地址预定义组呼成员中的移动终端发起 GSM-R 组呼，使处于区域内的移动终端进入组呼状态。

移动终端越出 GSM-R 组呼区域，自动退出 GSM-R 组呼。

通话完毕，发起组呼的固定终端挂机，组呼拆除，不允许其他组成员拆除组呼。

(三)GSM-R 广播呼叫(VBS)

GSM-R 广播呼叫(VBS)与 VGCS 类同，只是呼叫类型 CT 不同，GSM-R 组呼 CT＝50，GSM-R 广播 CT＝51，另外所不同的只是组呼成员中只能听，不能讲话。

三、会议呼(临时组呼)

会议呼是由一方发起多方参加的会议型的通信方式，在 GSM-R 网络内提供多方通信(MPTY)的补充业务，实现会议呼。

通过以上叙述可以说明铁路数字专用通信系统与 GSM-R 互联互通，使有线调度与无线调度融为一体，两者是相辅相成的，也可以说调度交换机系统是 GSM-R 网络的补充和一个不可缺少的组成部分。当然，目前的数字调度通信设备需要增加与 MSC 互联互通的接口条件，还要增加一些符合《GSM-R 调度通信系统主要技术条件》规定的补充业务，软件要升级，操作台键盘要重新考虑，显示屏要加大；对存在的一些问题有待于试验中不断完善；机车台、车站台、调度台的使用是否能让用户满意，也需要通过实践来改进。

第四节　GSM-R 的应用

一、调度通信

调度通信系统业务包括列车调度通信、货运调度通信、牵引变电调度通信、其他调度及专用通信、站场通信、应急通信、施工养护通信和道口通信等。

利用 GSM-R 进行调度通信系统组网，既可以完全利用无线方式，也可以同有线方式结合起来，共同完成调度通信任务。事实上，在铁路上的有线通信已经比较完善，因此完全可以利用现有的有线资源，构成 GSM-R＋FAS(固定用户接入交换机)的无线/有线混合网络。这种混合网络的系统主要由 NSS(包括 MSC、HLR、AuC、VLR、GCR 等)、BSS(包括 BSC、BTS)、OSS、固定用户接入交换机(FAS)、调度台、机车综合通信设备、作业手持台(OPH)及其他固定终端等构成，系统构成及组网方式如图 10-15 所示。

铁路沿线采用无线覆盖，机车上采用无线终端，即机车综合通信设备，而车站台和调度台都是有线终端。采用有线/无线组网方式。在国铁集团、铁路局集团公司设置 FAS，就近与 MSC 连接；沿线车站根据需要设置 FAS，接入局 FAS，既有线干调网、数字区段调度应改造升级后接入 GSM-R 网络，其中车站台和调度台通过 FAS 连接到 GSM-R MSC 上，从而实现有线和无线用户的通信。下面以列车调度功能为主，介绍其是如何采用 GSM-R 来实现的。

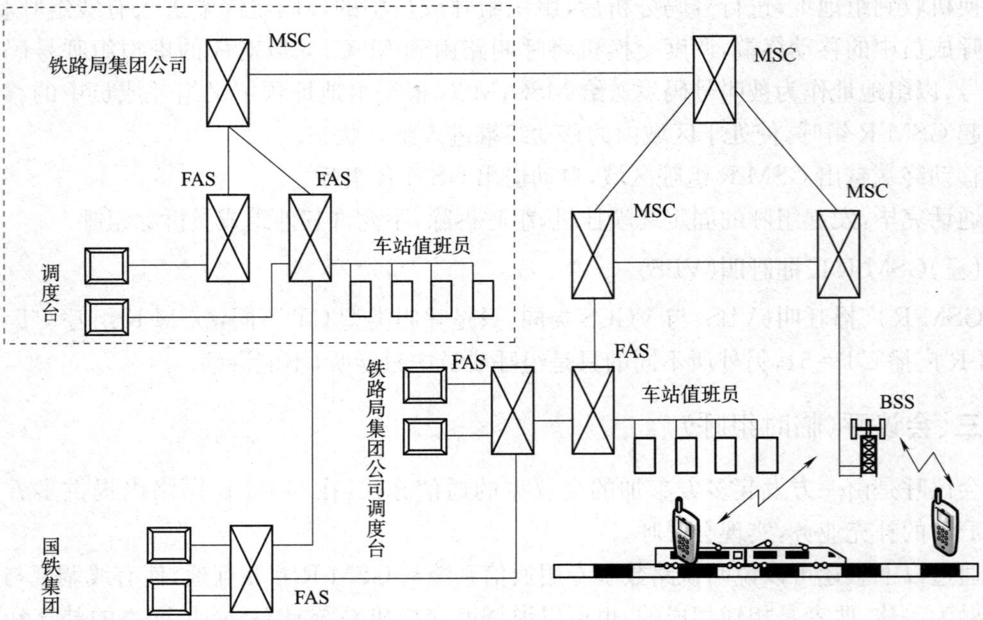

图 10-15　GSM-R 调度通信系统构成及组网方式图

(一)列车调度通信概述

列车调度通信是重要的铁路行车通信系统，负责列车的位置和运行方向，其主要用户包括列车调度员、车站(场)值班员、机车司机、助理值班员、机务段(折返段)调度员、列车段(车务段、客运段)值班员、机车调度员、电力牵引变电所值班员、救援列车主任以及其他相关人员。

列车调度通信系统的主要问题是解决"大三角"和"小三角"通信，"大三角"通信是指列车调度员、车站值班员和机车司机之间的通信；"小三角"通信是指车站值班员、机车司机和列车长之间的通信。

(二)采用 GSM-R 网络实现列车调度通信功能

GSM-R 除支持所有的 GSM 电信业务和承载业务外，为了满足铁路指挥调度的需求，增加了集群通信功能，在 GSM 标准中定义为高级语音呼叫项目，即 ASCI(Advanced Speech Call Item)功能。它包括三种业务：优先级业务 eMLPP(Enhanced Multi Level Precedence and Preeruption)、语音组呼业务(Voice Group Call Service)和语音广播业务(Voice Broadcast Service)。除了包含这三种业务外，为了实现铁路运营应用，GSM-R 还包含另外一些铁路所特有的功能，即功能寻址、基于位置的寻址等。

1. 优先级业务(eMLPP)

eMLPP 业务规定了在呼叫建立或越区切换时呼叫接续的不同优先级，以及资源不足时的资源抢占能力。这种业务提供了一种强制能力，符合列车调度通信的调度特点。

2. 语音组呼业务(VGCS)

语音组呼业务(VGCS)是指一种由多方参加(GSM-R 移动台或固网电话)的语音通信方式,其中一人讲话、多方聆听,工作于半双工模式下。发起 VGCS 呼叫时,可用一个组功能码(组 ID)来呼叫所有该组成员。一个特定的 VGCS 通信由组功能码(简称组 ID)和组呼区域唯一确定。组 ID 标识该组的功能,即由哪些身份的成员参加;组呼区域是指 VGCS 通信所覆盖的地理范围,以无线蜂窝小区为基本单位。组 ID 与组呼区域的结合称作组呼参考,即组呼参考唯一的确定一个 VGCS 通信。呼叫建立之后,讲话人可以改变,一旦 VGCS 发起人停止讲话,系统示意其释放上行信道,所有的组内成员都能接到通知,如果其他人想成为下一个讲话人,可使用 PTT 功能来申请上行信道。VGCS 业务突破了 GSM 网络点对点通信的局限性,能够以简捷的方式建立组呼叫,实现调度指挥、紧急通知等特定功能,尤其适用于铁路的行车指挥调度部门。

3. 语音广播业务(VBS)

语音广播呼叫允许一个业务用户,将语音或者其他用话音编码传输的信号发送到某一个预先定义的地理区域内的所有用户或者用户组。显然,它工作于单工模式下。VBS 中的讲话者没有像 VGCS 中的角色转换,就是说,讲话者(发起者)只能讲,听话者(接收者)只能听,因而可以看作是 VGCS 的最简单形式。它也是用组功能码(组 ID)来呼叫所有该组成员。同 VGCS 一样,语音广播呼叫也提供了点对多点呼叫的能力,适用于铁路的行车调度。

4. 功能寻址(FA)

功能寻址是指用户可以由它们当时所担当的功能角色,而不是它们所使用的终端设备的号码来寻址。在同一时刻,至少可以为一个用户分配若干功能地址,但只能将一个功能地址分配给一个用户。用户可以向网络注册和注销功能地址。例如,可以给每列正在运行的列车司机分配一个功能号,结构为车次号+司机功能代码(设为 01)。于是,T13 次列车司机的功能号为 T1301。当某位司机驾驶 T13 次列车从起点站出发时,他都必须向网络注册该功能号,网络负责将该功能号与他当时所使用的机车电台的真实号码对应起来。当调度员或是车站值班员要呼叫 T13 次列车的司机时,可以不必知道该司机姓名,也不必知道该司机使用的机车台的号码,只要向网络请求"我要呼叫 T1301",网络查询其数据库,将 T1301 对应到一个真实的电话号码,并建立该呼叫。这种功能简化了呼叫的操作,能够提高铁路工作人员的工作效率。

5. 基于位置的寻址(LDA)

基于位置的寻址是指网络将移动用户发起的用于特定功能的呼叫,路由到一个与该用户当前所处位置相关的目的地址,正确的调度员或车站值班员由主叫移动用户当时所处的位置来确定。如列车调度中的"大三角"通信,移动台要呼叫的调度员取决于移动用户当前所处的位置。以北京调度所为例,当列车运行到北京调度所管辖车站范围内的时候,司机需要呼叫北京站调度员时,他并不需要知道调度员的完整的电话号码,只需要呼叫代表调度员身份的短号码(如 1200)向网络发起呼叫请求。网络识别该短号码,并将其路由到北京调度所的调度员。这种功能用于移动用户呼叫特定的固定用户(调度员和车站值班员)。

列车调度的语音通信需求可以归结为:点对点通信、多方通信、语音组呼、语音广播呼叫。点对点通信,移动台呼叫固定台,即从移动台到固定台的寻址,由于固定台位置是不动的，故可以采用基于位置的寻址；固定台到移动台，移动台处于不断移动的状态，故不能采用基于位置的寻址，而采用功能寻址。表 10-4 是所有语音通信应用到的 GSM-R 业务和功能，具体细节需要结合我国铁路实际功能定义和编号方式。

对于数据通信，采用 ISDN 的电路数据交换。ISDN 和 GSM-R 网络都具有数据传输的能力，ISDN 终端可以提供低于 128 kbit/s 的传输能力，GSM-R 可以提供 2.4 kbit/s、4.8 kbit/s和 9.6 kbit/s 能力，可以在调度所、车站和机车三者之间传送数据；ISDN 的 UUS1 补充业务，也能够在呼叫建立之前提供一定能力的数据传输功能。另外也可以利用 GPRS 实现分组数据传输。

表 10-4　GSM-R 列车调度系统语音通信功能的实现

主　叫	通信范围	被　　叫	实现方法
行车调度员	调度范围	某一司机	车次功能号
		某一列车长	车次功能号
		司机和列车长	VGCS
		司机和列车长(广播形式)	VBS
		车站值班员、助理值班员、司机、列车长	VGCS
		所有列车长	VGCS
	车站范围	车站值班员、助理值班员、司机、列车长	VGCS
列车司机	调度范围	行车调度员	基于位置寻址
	车站范围	车站值班员、助理值班员	语音组呼
	本列车内	列车长	完整电话号码
	动态范围	区域内其他司机	语音组呼
列车长	调度范围	行车调度员	基于位置寻址
	车站范围	车站值班员、助理值班员	语音组呼
	本列车内	列车司机	完整电话号码
车站值班员	调度范围	行车调度员	完整电话号码
	车站范围	某一司机	车次功能号
		所有司机	语音组呼
		某一列车长	车次功能号
		所有列车长	语音组呼
		所有助理值班员	语音组呼
		所有助理值班员、所有司机、所有列车长	语音组呼
		某一助理值班员、某一车次的司机和列车长	ISDN 多方通信/GSM-R 多方通信
	相邻车站	相邻车站的车站值班员	完整电话号码

续上表

主　叫	通信范围	被　　叫	实现方法
助理值班员	车站范围	某一司机	车次功能号
		某一列车长	车次功能号
		所有司机、所有列车长	语音组呼
		车站值班员、其他助理值班员	语音组呼

对于基于位置的寻址，涉及一个小区规划的问题。由于 GSM-R 网络的最小定位范围是小区，即当列车呼叫车站值班员的时候，如果一个小区覆盖多个车站，那么呼叫将被路由到多个车站值班员。因此，GSM-R 小区最大设置为覆盖一个车站。

而对于车次功能号，由于 GSM-R 的标准中，只包含有 0～9 数字车次号，而中国的车次号中包含字母，所以，需要建立一个从字母到数字的映射表，使得移动台的 MMI 可以将用户输入的含有字母的车次号转换为只包含数字的车次功能号，反之也是如此。

二、车次号传输与列车停稳信息的传送

GSM-R 车次号传输与列车停稳信息对铁路运输管理和行车安全具有重要的意义，它可通过基于 GSM-R 电路交换技术的数据采集传输应用系统来实现数据传输，也可以采用 GPRS(通用分组无线业务)方式(用户数据报 UDP 协议)来实现。系统由 GSM-R 网络(叠加 GPRS)、监控数据采集处理装置(以下简称采集处理装置)、GSM-R 机车综合通信设备、TDCS(列车调度指挥系统)/CTC(调度集中)设备等组成。系统构成如图 10-16 所示。

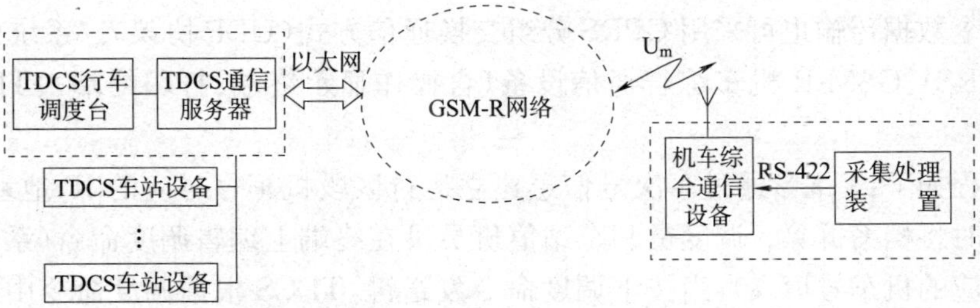

图 10-16　GSM-R 车次号传输系统的结构示意图

当通信方式为 GPRS 方式时，该系统可实现车次号传送的目的 IP 地址自动更新，按要求进行车次号信息和列车停稳信息传送，能对发送的车次号信息、列车停稳信息进行存储，TDCS/CTC 可向采集处理装置查询车次号信息。

通信过程如下：采集处理装置在安装前需要进行归属目的 IP 地址的设置。采集处理装置开机后与 GSM-R 机车综合通信设备握手，按照设置的归属目的 IP 地址向 TDCS/CTC 申请车次号传送的当前目的 IP 地址。当 TDCS 判断运行列车即将离开管辖区时，将接管辖区的目的 IP 地址发送给运行列车的采集处理装置，采集处理装置则根据该信息进行目的 IP 地址的更新。采集处理装置接收机车安全信息综合监测装置(以下简称监测装置)广播的信息，并对信息进行实时分析，数据内容符合以下条件之一时，则通过 GSM-R 机车综合通信设备发送一次车次号信息：

(1)列车进入新的闭塞分区、进站、出站。

(2)在非监控状态下速度由 0 变为 5 km/h。

(3)司机操作运行记录器“开车”键时。

列车停稳时采集处理装置向 CTC 发送一次列车停稳信息。发送车次号或列车停稳信息的同时向操作显示终端发送一次相同信息。TDCS/CTC 根据需要可向运行列车上的采集处理装置查询车次号信息。需要查寻机车 IP 地址时,TDCS 可利用机车号向GSM-R网络的域名服务器(DNS)进行域名查址获得对应关系。采集处理装置根据需要向GSM-R机车综合通信设备查询有关位置信息(GPS 信息等)。

三、调度命令传送

铁路的调度命令是调度所里的调度员向司机下达的书面命令,它是列车行车安全的重要保障。调度员通过向列车司机发出调度命令对行车、调度和事故进行指挥控制,是实施铁路运输管理的重要手段。

采用车—地数据通道传输调度命令无疑将加速调度命令的传递过程,提高工作效率。调度员可以通过计算机编辑调度命令,而司机也是通过计算机接收调度命令,这样就可以把调度命令保存在计算机的磁盘中,用于事故分析和明确责任;而且双方都可以用打印机打印成书面文件,其优点显而易见。

调度命令子系统包括列车调度的机车台和列车调度台,以及它们各自连接的用于打印调度命令的打印机设备。图 10-17 描述了基于 GSM-R 电路交换技术的列车调度系统调度命令子系统。图中 GDT(General Data Transceiver)指通用传输电台。

调度命令数据传输也可采用 GPRS 分组交换通信方式(UDP 协议)。系统由GSM-R网络(叠加 GPRS)、GSM-R 机车综合通信设备(含操作显示终端、打印终端)、TDCS 设备等组成。

通信过程如下:TDCS 通过车次号信息建立运行区段机车号对应的 IP 地址档案,列车离开本区段时将档案拆除。调度员和车站值班员可在终端上编辑调度命令(系统根据车次号自动将相应的机车号填入),当按下调度命令发送键,TDCS 根据调度命令中的机车号查找相对应的目的 IP 地址并将调度命令发送。司机可通过操作显示终端接收并处理调度命令。TDCS 收到确认信息要在调度命令发送方显示。

四、列尾装置信息传送

将尾部风压数据反馈传输通道纳入 GSM-R,可避免单独投资及单独组网建设,同时利用 GSM-R 强大的网络功能,克服了原有的抗干扰性差、信息无法共享等各种缺点。

它具有以下优势:

(1)尾部风压状态随时通过车尾装置传输。

(2)机车司机随时可以查询、反馈车尾工作状态。

(3)在复线区段或邻线,追踪列车之间不会相互干扰。

(4)在隧道内也能传输。

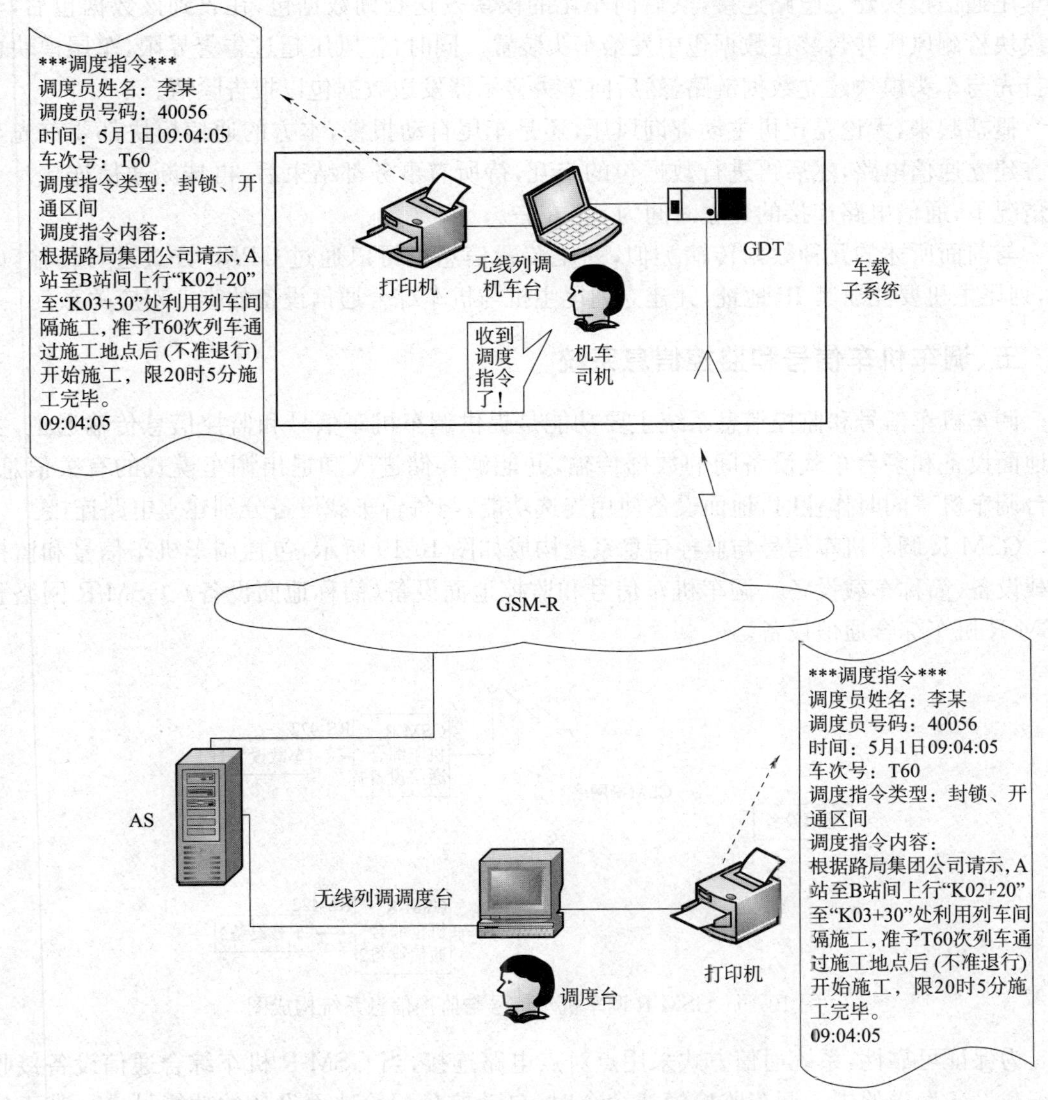

图 10-17　列车调度系统调度命令子系统

利用 GSM-R 网络电路交换的数据通信功能,可以方便地解决尾部风压数据传输问题。图 10-18 为按需建立电路连接方式的尾部风压检测系统结构。

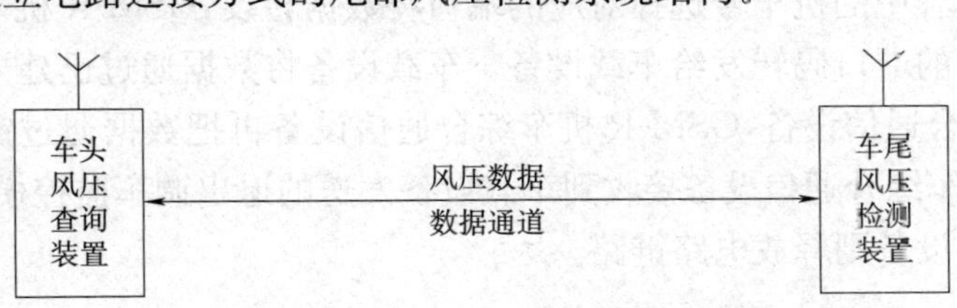

图 10-18　数据通信传输方式的尾部风压检测系统

在车头的司机查询装置和车尾的风压检测装置上分别安装 GSM-R 通信模块,两者就可以利用 GSM-R 的电路数据功能传输风压数据。当司机查询尾部风压时,车头通信模块首先与车尾通信模块建立电路连接，然后向车尾的模块发送查询数据包，在收到该数据包后，车尾模块检测风压并封装在数据包中发给车头装置。同时，若风压超过告警界限，车尾模块也将首先与车头模块建立数据链路，然后向车头显示器发送数据包以报告险情。

概括起来，无论是司机主动查询风压，还是车尾自动报警，本方的通信模块都要首先与对方建立通信电路，然后再进行数据包的交互，待所有事务都结束后，再挂断通信连接。一般情况下，通信电路连接的建立时间为 5 s 左右。

与前面所述的几种数据传输类似，列尾装置信息也可以通过 GPRS 方式进行传输，此时，列尾主机要注册其 IP 地址，并建立列尾主机与机车综合通信设备的唯一对应关系。

五、调车机车信号和监控信息系统

调车机车信号和监控信息系统主要功能是提供调车机车信号和监控信息传输通道，实现地面设备和多台车载设备间的数据传输，并能够存储进入和退出调车模式的有关信息。多台调车机车同时作业时，地面设备使用连选功能，与每台车载设备分别建立电路连接。

GSM-R 调车机车信号与监控信息系统构成如图 10-19 所示，包括调车机车信号和监控车载设备（简称车载设备）、调车机车信号和监控地面设备（简称地面设备）、GSM-R 网络和 GSM-R 机车综合通信设备。

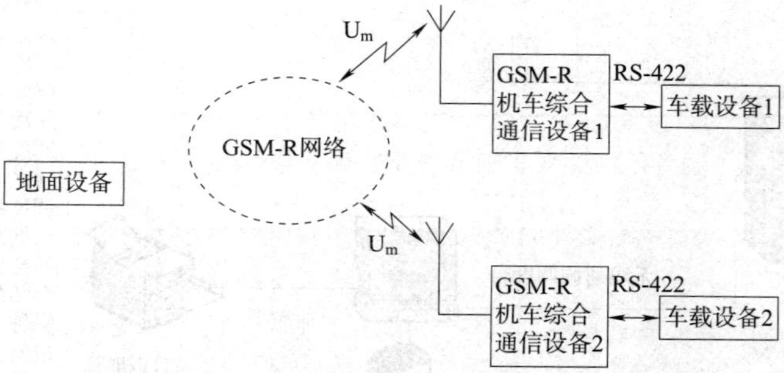

图 10-19　GSM-R 调车机车信号与监控信息系统构成图

为保证可靠性，系统通信方式采用点对点电路连接，当 GSM-R 机车综合通信设备接收到车载设备发送的进入调车监控模式命令时，自动按分配给地面设备的功能号进行基于位置的呼叫。GSM-R 网络接收到功能号呼叫后将路由指向对应的地面设备，在地面设备与车载设备之间建立一条电路链路，同时操作显示终端提示处于调车监控模式。地面设备发送数据时根据信息内容中的机车号选择对应的端口将数据转发，GSM-R 机车综合通信设备接收到数据后按照目的端口码转发给车载设备。车载设备将数据通过已建立的数据链路发送给 GSM-R 机车综合通信设备，GSM-R 机车综合通信设备再把数据通过链路发送到地面设备。当 GSM-R 机车综合通信设备接收到车载设备发送的退出调车监控模式命令时，GSM-R 机车综合通信链路设备则释放电路链路。

六、机车同步控制传输

铁路运输对于需要采用多机车牵引模式、机车间的同步操作格外重要，如各机车的启动、加速、减速、制动等。如果牵引机车操作不同步，就会造成车厢间的挤压或者拉钩现象，影响运输安全,降低运输效率。为了保证操作的可靠性,可以利用 GSM-R 网络提供可靠的数据传输通道,采用无线通信方式来实现机车间的同步操作控制。

机车同步操作控制系统由地面设备和机车车载设备组成,如图 10-20 所示。其中,地面设备由 Locotrol 应用节点(以下简称应用节点)组成,与外部 GSM-R 网络采用标准的 FRI(30B+D)接口相连;机车车载设备包括 Locotrol 车载控制模块(简称 Locotrol)和 GSM-R 车载通信单元(简称通信单元)。Locotrol 与通信单元采用 RS-232 或 RS-422 接口方式。

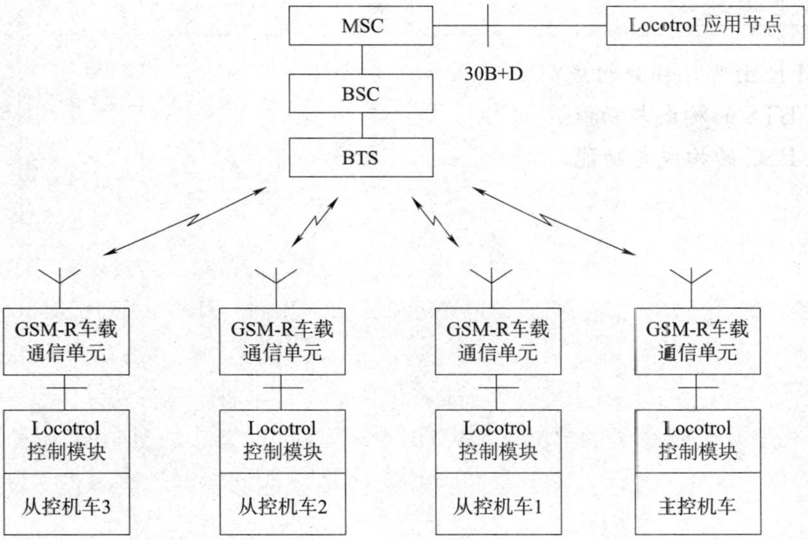

图 10-20　机车同步控制传输系统组成示意图

Locotrol 的功能包括:主控机车分别连接从控机车,主控机车分别和从控机车断开连接,排风和紧急制动操作,制动缓解指令发布,制动管路测试,状态检测和查询,从控机车确认收到操作指令等。通信单元的功能包括:通信链路建立,通信链路保持,通信链路监视,数据传送等。地面应用节点的功能包括:通信链路连接控制,通信链路保持,通信链路监视,数据转发,数据记录和查询等。

七、CTCS-3 级列控系统

CTCS-3 级列控系统是基于 GSM-R 无线通信系统实现车地信息双向传输,无线闭塞中心(RBC)生成行车许可,轨道电路实现列车占用检查,应答器实现列车定位的列控系统。

GSM-R 无线通信系统是 CTCS-3 级列控系统地面设备与车载设备间进行双向信息传输的通道。

八、区间移动公务通信

在区间作业的水电、工务、信号、通信、供电、桥梁守护等部门内部的通信,均可以使用 GSM-R 作业手持台,作业人员在需要时可与车站值班员、各部门调度员或自动电话用户联系。紧急情况下,作业人员还可以呼叫司机,与司机建立通话联络。主要功能有:

(1)能够呼叫当前车站的车站值班员和助理值班员。

(2)紧急情况下,能够呼叫当前调度员。

(3)能够在预定义的范围内发起组呼和广播呼叫。

(4)能够发起铁路紧急呼叫和公众紧急呼叫。

(5)能够接收来自其他授权用户的呼叫。

(6)能够接收语音组呼和广播呼叫。

复习思考题

1. GSM-R 由哪几部分组成?
2. 简述 BTS 的构成与功能。
3. 简述 BSC 的构成与功能。

第十一章　机车综合无线通信设备(CIR)

第一节　CIR 设备的结构

一、CIR 设备概述

随着我国铁路建设事业的高速发展,铁路对于调度通信的要求也不断提高。机车综合无线通信设备(CIR)替代了铁路原有的无线列调通信 450M 机车电台,已成为我国铁路列车无线调度通信的主要车载设备。

CIR 是安装在机车、动车组上的车载无线通信终端设备,可以满足列车司机与地面行车指挥人员(如调度员、车站值班员)、列车上人员之间的各种通信需求,信息内容包括语音通信和数据通信。

二、设备组成

机车综合无线通信设备 CIR 主机有两种类型:标准型和紧凑型(紧凑型不包括 LBJ 单元,需要与 LBJ 独立设备联合使用),本章以标准型 CIR 主机为例介绍。

CIR 设备由 CIR 主机、操作显示终端(MMI)、送(受)话器、扬声器、打印终端、机车数据采集编码器、天线、合路器及各部专用连接电缆等组成,如图 11-1 所示。不同型号的动车组由于工程配置不一,CIR 设备的组成也有差异,CRH380A、CRH380B、CRH3 等动车组未安装 TAX 箱,没有机车数据采集编码器。

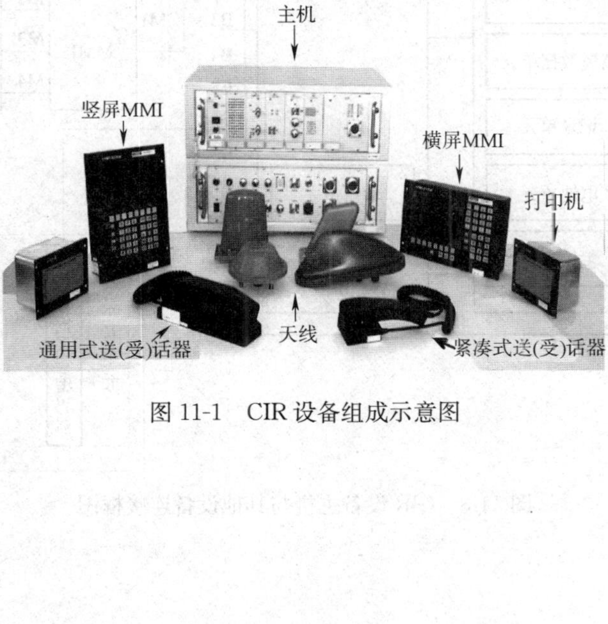

图 11-1　CIR 设备组成示意图

(一)CIR 主机

CIR 主机采用机箱式结构,机箱内安装 A、B 两个子架。A 子架包括功能单元:主控单元、GSM-R 话音单元、GSM-R 数据单元、卫星定位单元、记录单元、电源单元,各单元采用模块化结构便于日常检修和维护。B 子架包括功能单元:450 MHz 机车电台单元、LBJ 单元、接口单元。标准型 CIR 主机各单元组成如图 11-2 所示。

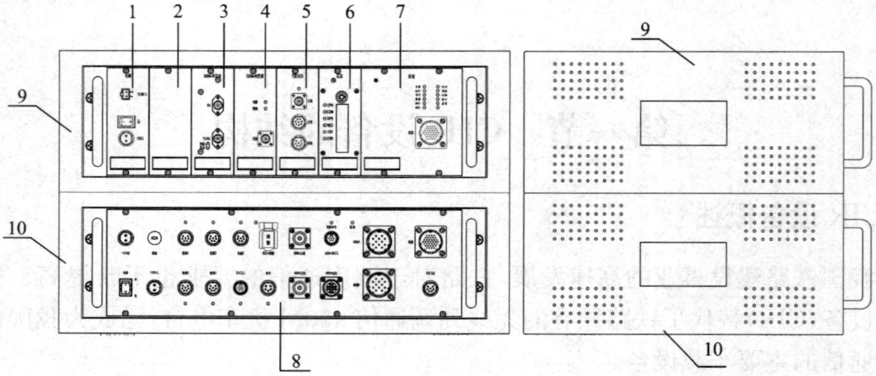

图 11-2　标准型 CIR 主机各单元组成示意图

1—电源单元;2—预留(高速数据);3—GSM-R 话音单元;4—GSM-R 数据单元;5—GPS 单元;6—记录单元;7—主控单元;8—接口单元;9—A 子架;10—B 子架

各单元面板都有各自定义的接口与灯显,用于连接其他设备及描述单元的工作状态。图 11-3 为主机与其他设备的连接框图。

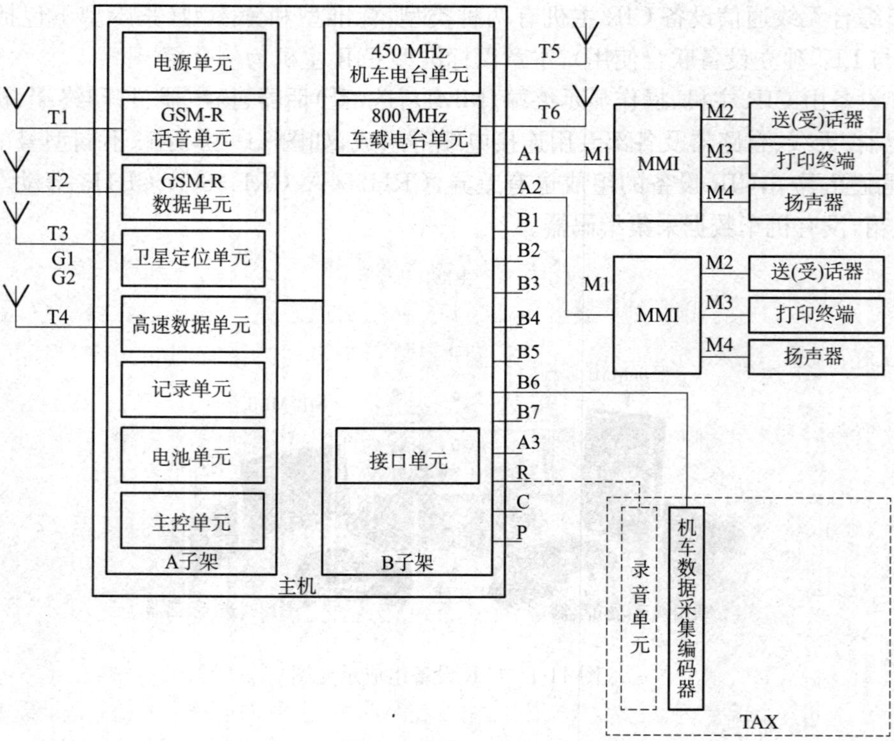

图 11-3　CIR 设备主机与其他设备连接框图

(二)MMI

MMI 操作显示终端分为横向式、竖立式两种外形结构,采用嵌入式安装方式。以横向式为例,键盘分布如图 11-4 所示。司机通过操作 MMI 键盘,完成功能号注册注销、语音调度通话、调度命令查阅与签收、报警、列车尾部风压查询与排风等业务操作。目前,MMI 也集成了扬声器,可以外放调度语音及对司机进行语音提示。

MMI 显示区自上而下分为功能号注册/注销显示区、列尾信息显示区、报警信息显示区、工作模式与运行线路显示区、调度通话显示区和可配置按键显示区。其中,8 个可配式按键依据 CIR 的工作模式和列车的 GPRS 定位位置进行定义,月于调度通信,如图 11-5 所示。

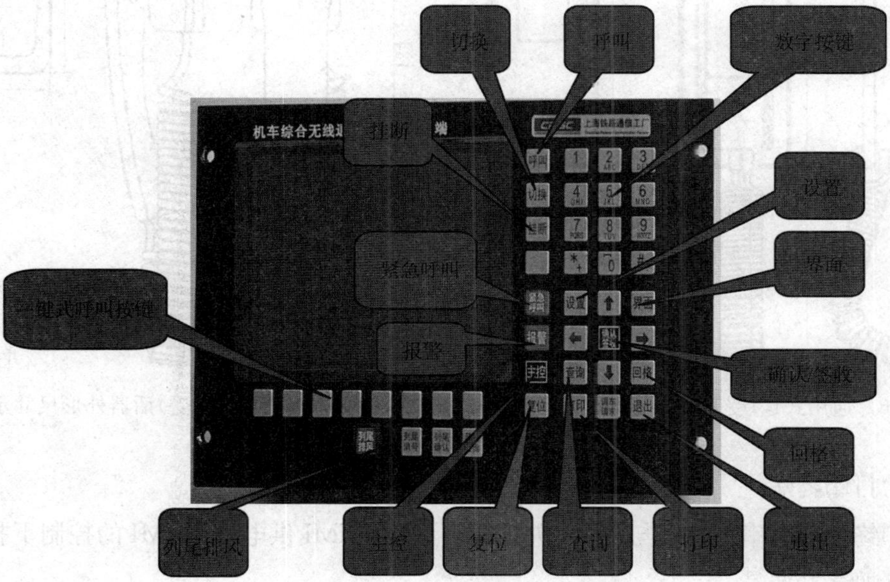

图 11-4　横向式键盘分布示意图

图 11-5　MMI 屏幕显示示意图

(三)送(受)话器

送(受)话器分为紧凑式送(受)话器和通用式送(受)话器两种规格,分别如图 11-6 和图 11-7 所示。可根据不同的工程需求选配。送(受)话器有两个呼叫按键,当 CIR 在 GSM-R 工作模式时,按键Ⅰ定义为“调度”,按键Ⅱ定义为“车站”;当 CIR 工作在 450 MHz 工作模式时,按键Ⅰ定义为“隧道车站”,按键Ⅱ定义为“平原车站”。

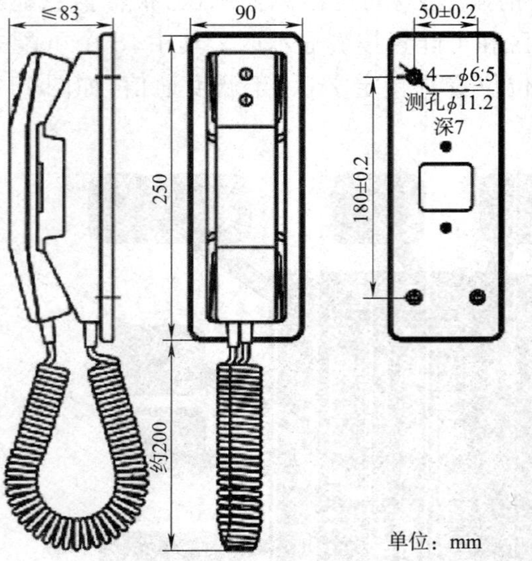

图 11-6　通用式送(受)话器外形尺寸示意图

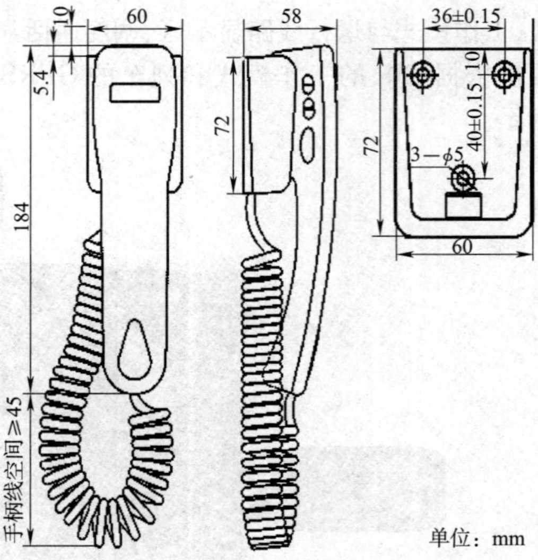

图 11-7　紧凑式送(受)话器外形尺寸示意图

(四)打印终端

打印终端通过串口方式与 MMI 进行通信,并由 MMI 供电,在 MMI 的控制下打印输出纸质调度命令等信息。

(五)机车数据采集编码器

机车数据采集编码器(简称编码器)插在 TAX2 型机车安全信息综合检测装置(简称 TAX 箱)内,不断地捕获在 TAX 箱总线上广播的机车运行数据信息。它兼容 FFSK 和 RS-422 两种方式:FFSK 方式时编码器捕获到进站、出站、通过、容许等位置信息时,将车次号、机车号、机车速度、机车位置、车重、计长等信息数据进行纠检错编码,以 FFSK 方式传送给 CIR 或机车台;RS-422 方式时编码器以 200 ms 的频率将采集到的数据传送给 CIR。

第二节　CIR 设备的功能

CIR 设备设计时考虑到 GSM-R 覆盖不全面的情况,内部包括了 450 MHz 机车电台。因此,CIR 的工作模式有两种:GSM-R 模式和 450 MHz 模式,可以工作在 GSM-R 网络和 450 MHz 网络。在铁路调度使用中,CIR 首先完成功能号的注册,获取本机 IP,通过司机操作,即可进行大三角与小三角的通话、组呼和紧急呼叫,接收调度下发的调度命令。列车运行过程中,由软件控制按照一定发送时机,列车周期性将列车无线车次号信息发送给 CTC,

作为车次号校核使用,信息里包含了列车当前车次号、机车号、GPS和公里标等信息,使调度中心可以实时掌握列车的位置。列车无线车次号信息是列车行车安全的重要保障。

在上述过程中,CIR负责获取列车无线车次号信息。在有TAX箱的情况下,列车无线车次号信息由TAX箱中的数据采集编码器获得,经过编码发送给CIR;在没有TAX箱的动车使用情况下,列车无线车次号信息来自CIR人工输入的车次功能号和机车功能号。无线车次号信息的传输如图11-8所示。

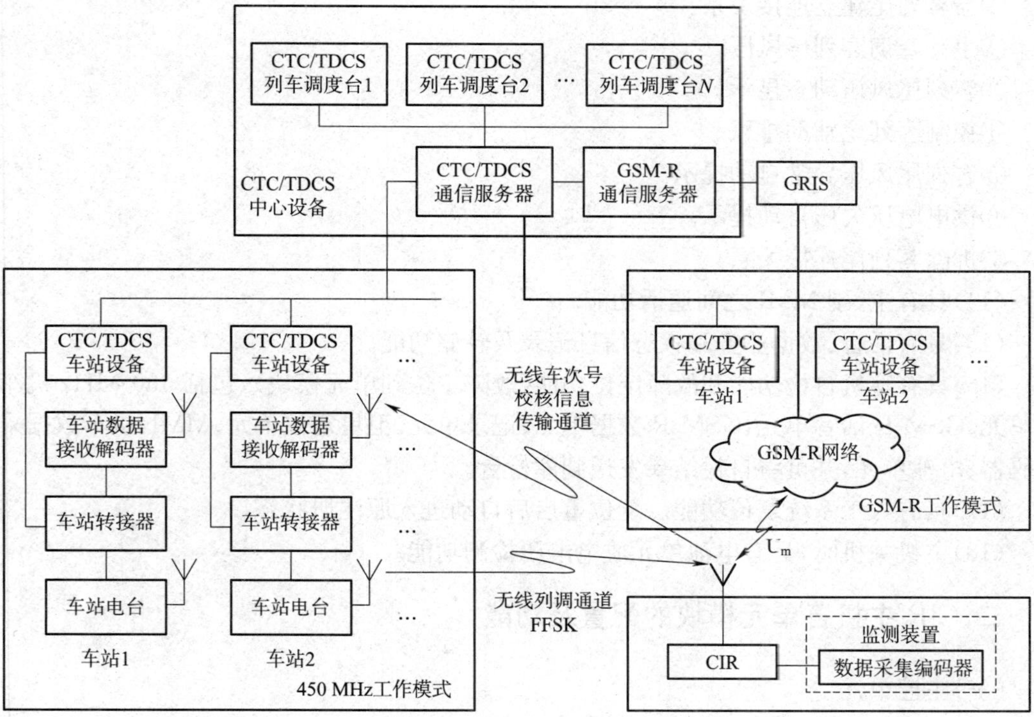

图11-8　CIR设备无线车次号信息传输框图

一、整体设备主要功能

(1)具有《列车无线调度通信系统制式及主要技术条件》(TB/T 3052—2002)规定的机车电台功能。

(2)具有450 MHz通用式机车电台承载的列车尾部风压、无线车次号、调度命令等数据信息的传输功能。

(3)具有GSM-R调度通信功能。

(4)具有GSM-R通用数据传输功能,根据承载业务的需要提供GPRS或电路方式数据传输链路。其中,GPRS业务包括当前GRIS IP地址的申请、无线车次号校核信息、无线调度命令(包括调度命令、进路预告、行车凭证、调车作业单)等信息。

(5)具有工作模式自动、手动转换功能和语音提示功能。

(6)具有上、下行线路分别设定工作模式转换点的功能。

(7)卫星定位信息无法确定唯一的运行线路时,具有提示并手动选择运行线路的功能。

(8)卫星定位单元失效时,具有手动转换工作模式和选择运行线路的功能。

(9)具有输出卫星定位原始信息、公用位置信息的功能。

(10)MMI 具有调度通信、通用数据传输所需的操作、状态显示及语音提示功能。

(11)具有通过 MMI 控制 LBJ 启动和解除列车防护报警功能。

(12)具有接收报警信息功能,并通过 MMI 显示和语音提示。

(13)具有客车列尾状态基本信息显示和提示音功能,包括:

①与客列尾建立连接关系。

②手动查询客列尾风压。

③客列尾风压动态显示。

④控制客列尾辅助排风。

⑤客列尾风压异常自动提示。

⑥供电电压欠压自动提示。

⑦拆除客列尾连接关系。

(14)具有主、副 MMI 之间通话功能。

(15)具有话音、数据业务和状态信息记录及转储功能。

(16)具有整机自检功能和故障定位功能(故障定位到单元模块),包括 450 MHz 机车电台单元、GSM-R 话音单元、GSM-R 数据单元、记录单元、卫星定位单元、MMI、机车数据采集编码器、电池单元,并可将自检结果发送到库检台。

(17)具有人工系统复位功能。复位重启后自动进入原注册状态。

(18)主机关机时,具有电池单元放电电压检测功能。

二、CIR 主机各单元模块的配置及功能

(一)主控单元

1. 主控单元的配置

采用单片机平台的主控单元由控制板、接口板、显示板及其连接线组成,原理框图如图 11-9 所示。

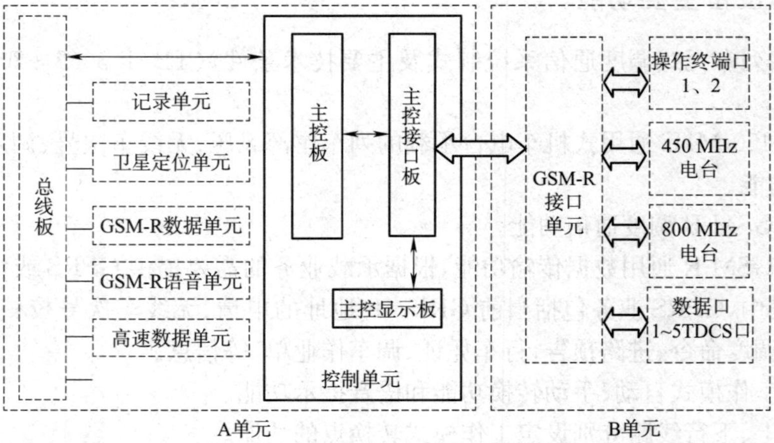

图 11-9　采用单片机平台的主控单元原理框图

图 11-9 中实线部分为主控单元，主控板用于实现对各单元的控制，主控接口板完成主控板和接口单元的数据转发，主控显示板用于实现主控单元面板指示灯的状态显示。主控单元实物如图 11-10 所示。

图 11-10　采用单片机平台的主控单元实物图

2. 主控单元的功能

(1)实现对 MMI、记录单元、GPS 单元、GSM-R 话音单元、GSM-R 数据单元、450 MHz 单元、LBJ 单元、接口单元的通信与控制。

(2)接收转发处理各单元的数据，并转发至记录单元。

(3)完成了对多包调度命令信息的拼包处理并送 MMI 显示。

(4)在 GSM-R 工作模式下，根据车次号发送条件，控制无线车次号校核信息的发送。

(5)实现对各路音频的汇接。

(6)完成 GSM-R 调度通信的语音业务。

(7)完成其他 GSM-R 调度通信的数据业务。

(二)GSM-R 话音单元

1. GSM-R 话音单元配置

CIR 的 GSM-R 话音单元使用时插入语音 SIM 卡，单元采用功率为 8 W、(39±2) dBm 的模块，载频间隔 200 kHz，双工频率间隔 45 MHz，参考灵敏度优于－104 dBm，天线阻抗 50 Ω，射频连接器为 TNC。话音单元实物如图 11-11 所示。

图 11-11　GSM-R 话音单元实物图

2. GSM-R 话音单元功能

在主控单元的控制下如下功能：

(1)加电后自动完成 GSM-R 网络注册。

(2)在 GSM-R 系统下，实现大、小三角的话音调度通信功能。

(3)按照操作命令完成 GSM-R 系统机车功能号的注册/注销功能。

(4)按照操作命令完成 GSM-R 系统车次功能号的注册/注销功能。

(三)GSM-R 数据单元

1. GSM-R 数据单元配置

CIR 的 GSM-R 数据单元使用时插入数据 SIM 卡,单元采用 2 W(33±2) dBm 的模块,载频间隔 200 kHz,双工频率间隔 45 MHz,参考灵敏度优于 −104 dBm,天线阻抗 50 Ω,天线连接器为 TNC。数据单元实物如图 11-12 所示。

图 11-12 GSM-R 数据单元实物图

2. GSM-R 数据单元功能

在主控单元的控制下如下功能:

(1)加电后自动完成 GSM-R 网络注册。

(2)根据机车功能号完成 IP 地址的获取。

(3)运行中完成当前 GRIS IP 地址的申请。

(4)通过 GPRS 网络采用 UDP/IP 方式,发送无线车次号校核信息,接收无线调度命令信息,并能发送自动和收到回执信息。

(四)记录单元

1. 记录单元配置

CIR 的记录单元由 CPU、存储体、电源模块、时钟芯片、音频转换电路等组成。设备具有对话音、承载业务信息及操作过程进行记录存储、话音回放的功能。记录单元实物如图 11-13 所示。

图 11-13 记录单元实物图

记录单元话音记录的时间不小于 24 h,采用循环覆盖方式存储;数据记录的空间不小于 256 MB,采用循环覆盖方式存储。

2. 记录单元主要功能

(1)具有话音记录功能,按时间顺序记录 CIR 话音通信的内容和时间(精确到秒)。

(2)具有数据记录功能,按时间顺序记录 CIR 主控单元与其他功能单元进行数据通信,以及卫星定位单元输出公用信息的内容和时间(精确到 100 ms),记录包括 CIR 的开机、GSM-R 网络注册/注销、功能号注册/注销、信号强度、操作、模式切换、承载业务、检测、报警信息、关机等行为和环境内容。

(3)具有时钟校正功能,可根据 CIR 卫星定位单元输出的公用信息进行时钟校正,校正周期不大于 10 min。CIR 可手动校正记录单元时钟。

(4)记录CIR外部输入电源状态。

(5)记录单元记录的内容应完整可靠，不能被修改、删除、格式化。

(6)记录单元断电后，所记录内容应保持完整。

(7)CIR可对记录单元进行检测，包括话音记录功能、数据记录功能、时钟校正功能。

(五)卫星定位单元

1. 卫星定位单元配置

CIR设备的卫星定位单元普遍采用GPS模块，卫星定位单元通常也称GPS单元，其实物如图11-14所示。

卫星定位单元的工作频率1 575.42 MHz，带宽±5 MHz，采用右旋圆极化，天线阻抗为50 Ω。

图11-14　卫星定位单元实物图

2. 卫星定位单元主要功能

(1)为CIR设备各单元提供标准时钟。

(2)具有线路数据库存储功能。

(3)可为CIR各单元提供基于GPS定位信息公用信息(包括线路通信工作模式、相邻车站的相关信息)。

(4)在当GPS定位无法确认的区域，可输出线路选择列表信息。

(5)可为外部接口提供GPS公用信息和GPS原始信息。

(六)450 MHz单元

1. 450 MHz单元配置

450 MHz单元由控制板、高/低端信道机、双工器、电源单元等组成，单元具有在主控单元的控制下完成450 MHz调度通信所规定的机车电台功能及承载的数据传输功能，其实物如图11-15所示。

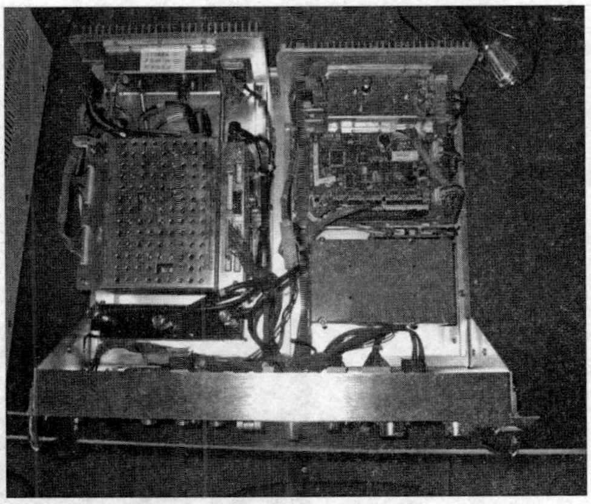

图11-15　450 MHz单元实物示意图

450 MHz单元的通信方式有同频单工、异频单工、异频双工三种方式，接收频率为f_1、f_2、f_3、f_4，发射频率为f_4，信道间隔为25 kHz，设置8个频组。

450 MHz单元采用低功率发射时，功率为4.8～5.8 W；采用高功率发射时，功率为9～11 W。

450 MHz单元参考灵敏度不大于0.35 μV，双工灵敏度不大于0.42 μV。

2. 450 MHz 单元主要功能

(1)支持《列车无线调度通信系统制式及主要技术条件》(TB/T 3052—2002)规定的机车电台功能,实现调度语音通信。

(2)支持 450 MHz 承载的采用 FFSK 方式的无线调度命令信息传输功能。

(3)支持 450 MHz 承载的采用 FFSK 方式的无线车次号校核信息传输功能。

(4)支持 450 MHz 承载的采用 FFSK 方式的列车尾部风压传输功能。

(七)列车防护报警 LBJ 单元

LBJ 在铁路局集团公司有独立的设备,可以与早期的司机控制盒或紧凑型 CIR 配合使用,而在标准型 CIR 中,被内置在 B 子架中。

1. 主要技术要求

在平原地区,LBJ 发送列车防护报警信息时,以机车天线为基点,机车前后各 5 000 m 范围内的其他机车 LBJ 能可靠接收。

系统信道频率配置见表 11-1。

表 11-1 系统频率配置表

序号	信道频率(MHz)	编码方式	信道业务
1	821.××××	POCSAG	列车接近预警
2	866.××××	FFSK	列尾 列车防护报警 道口事故报警 施工防护报警

CIR 中 LBJ 如果通信成功,MMI 界面安全预警区显示黄色的“报警字样”,圆形区域为电子铅封/工作状态指示灯:点亮时为红色圆形,表示电子铅封已启用;熄灭时为黄色圆环,表示电子铅封未启用;闪烁时表示正在发送列车事故报警信息,如图 11-16 所示。需要注意的是:不同厂家的设备在上述过程中显示报警的颜色可能不同(例如有黄色)。

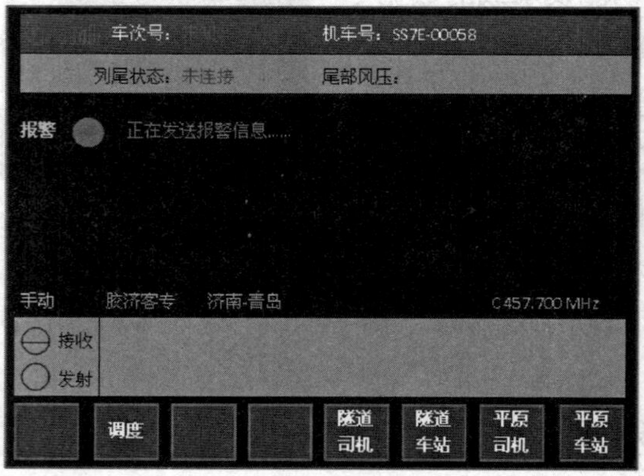

图 11-16 LBJ 发送报警界面图

2. LBJ 单元主要功能

(1)发送列车防护报警信息功能。

(2)解除列车防护报警信息功能。

(3)接收列车防护报警、施工防护报警、道口报警信息功能。

(4)专用维护设备对 LBJ 进行出/入库检测的功能。在数据管理器把记录信息转存至出/入库检测设备后,出/入库检测设备能按照车次号、机车号对记录信息进行分类查询和分析。

(5)发送接近预警信息功能(预留)。LBJ 的接近预警功能能够通过维护设备配置为开启或关闭状态。

(八)电源单元

1. 电源单元配置

电源单元由电源模块、整流桥、保护电路、控制电路、滤波器的等组成,用于把动车组直流 110 V 供电电压转换成 CIR 设备所需要直流 13.3 V 和 13.8 V 的工作电压。目前,CIR 设备共有三组电源单元,450 MHz 单元和 LBJ 单元都有独立的电源单元,CIR 主机 A 子架的电源单元为 CIR 除 450 MHz 单元和 LBJ 单元外的其他功能单元提供工作电源。

2. 电源单元主要功能

(1)将动车组 110 V 直流供电电压转换成 CIR 设备各单元模块工作电压。

(2)向 CIR 设备主机 A 子架内各单元模块提供 13.3 V 直流电源。

(3)向 CIR 设备主机 B 单元内置 LBJ 单元及 450 MHz 单元提供 13.8 V 直流电源。

(4)在外部 110 V 供电中断时,为系统提供应急工作电源(仅用于 CIR 设备正常关机)。

(5)可外接 13.8 V 测试电源。

(九)天馈系统与合路器

机车综合无线通信设备的天馈系统包括 GSM-R 话音单元天线及馈线、GSM-R 数据单元天线及馈线、450 MHz 单元天线及馈线、800 MHz 单元天线及馈线、GPS 单元天线及馈线。有些动车组采用了多频段合路器将 450 MHz 单元天线和 800 MHz 单元天线进行合路,减少在机车顶部安装天线的数量。天馈系统连接关系示意图如图 11-17 所示。

多频段合路器又称多路复用器,指利用一副天线能同时聚合多路收发信机信号工作而又互不影响的一种器件,实物如图 11-18 所示。

我国铁路技术规范规定,在规定工作频段内,合路器各端口处的电压驻波比不大于 1.5;天线端口处的标称输入阻抗为 50 Ω,电压驻波比不大于 1.5;额定功率为 50 W;机车天线的极化方式为垂直极化。

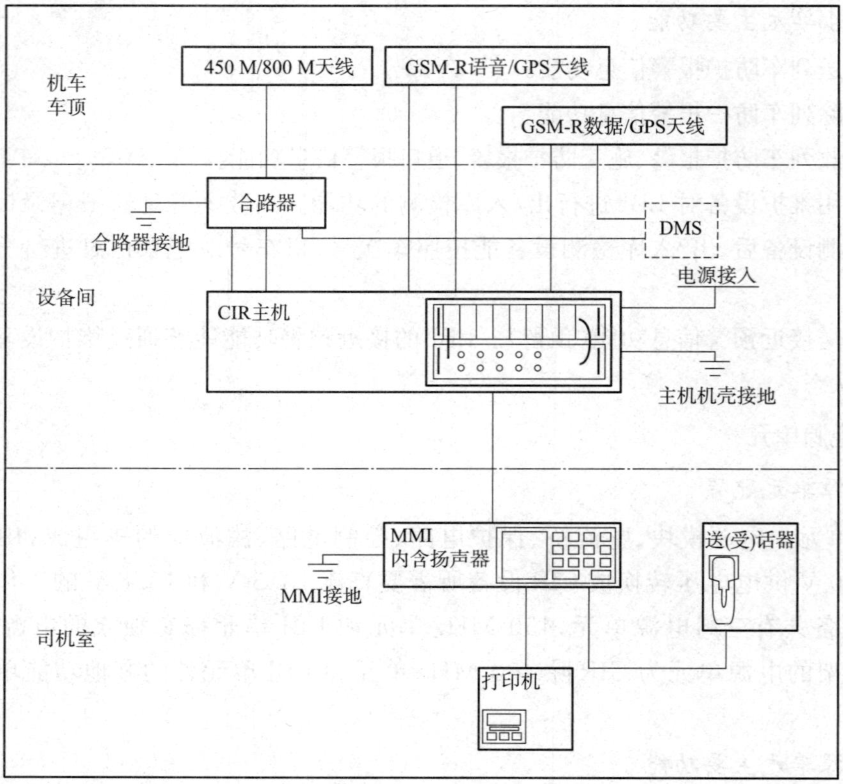

图 11-17　采用合路器的天馈系统连接关系示意图

图 11-18　DHL-IV 型多频段合路器外观

随着铁路 4G 技术的应用，新版本的 CIR 内部单元也将发生改变，能够承载更多业务及数据量。

第三节　450 MHz 无线列调系统

450 MHz 无线列调系统是 450 MHz 频段列车无线调度通信系统的简称。按工作制式分，有 A、B、C 三种通信制式，目前的 450 MHz 无线列调通信以 B 制式为主。

一、系统功能

现有列车无线调度通信系统功能主要有小三角通信、大三角通信、机台电台出/入库遥测等。

(1)司机、车站、车长之间的通信简称为小三角通信。

①车站值班员和司机之间可以相互呼叫并建立通话。

②车长、司机、车站值班员之间可以相互呼叫并建立通话。

(2)调度、车站、司机之间的通信简称为大三角通信。

①调度员直接呼叫辖区内的司机,其中有选站呼叫和全呼两种方式,呼叫建立后调度员和司机可进行双工通话。

②司机直接呼叫调度(所在区段),呼叫建立后司机和调度员可进行双工通话。

③调度员可对辖区内所有司机进行通告。

④B制式电台具有自动越区切换功能,实现调度员与司机连续通话。

⑤调度员和车站值班员直接可以相互呼叫并建立有线通信。

(3)系统具备机车电台自检功能,机车电台出/入库遥测功能。

(4)机车电台预留列尾装置、TDCS无线车次号校核系统、调度命令无线传输系统等数据接口。系统机车设备可接收调度命令信息和进行无线车次号发送。

二、系统组成

(一)组网方式

450 MHz无线列调系统采用有线、无线相结合的组网方式。车站台、机车台、便携台之间的通信采用无线方式;调度台至车站台由数字电路或四线制音频话路构成有线通道。

(二)系统组成

450 MHz无线列调系统主要由调度总机、车站台、机车台、便携台、中继设备等组成。主要设备组成如图11-19所示,其中,车站台用于铁路450 MHz无线列调系统,为机车和地面之间提供语音和数据的传输通道。

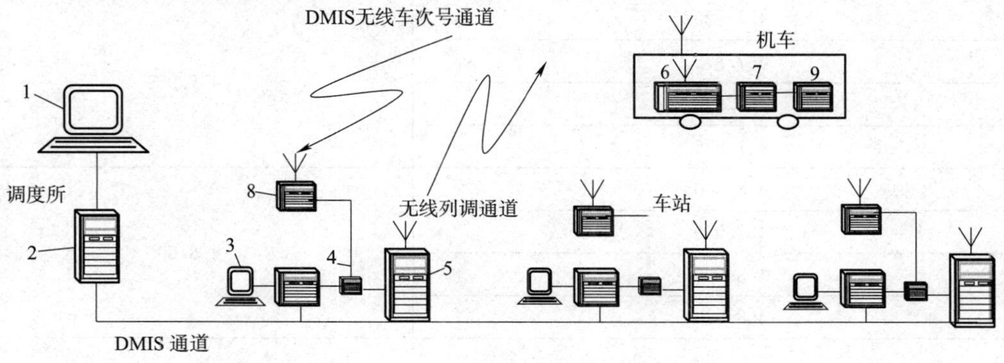

图11-19　450 MHz无线列调系统主要设备组成图

1—行车调度台;2—TDCS总机;3—TDCS车站设备;4—车站转接器;5—无线列调车站台;6—无线列调机车台;7—机车装置;8—车次号解码器;9—监控装置

(三)450 MHz 系统中的语音和数据通信

1. 语音通信

根据国铁集团相关标准规定,无线列调系统采用四频组配置方式,见表 11-2。通话可采用同频和异频方式。同频通话时,机车台和车站台收、发频率都定为 f_4(低端频率);在进行异频通话时,机车接收频率为 f_2,发射频率为 f_4(高端频率),站台正好相反。f_1、f_3 也是高端频率,主要在"大三角"通信时使用。

表 11-2　发射频率与接收频率对应关系表

发射频率(MHz)	接收频率(MHz)
457.500	457.500
467.450	
467.500	
467.550	
457.550	457.550
467.500	
467.550	
467.600	
457.700	457.700
467.650	
467.700	
467.750	
457.825	457.825
467.775	
467.825	
467.875	
457.925	457.925
467.875	
467.925	
467.975	
458.000	458.000
467.950	
468.000	
468.050	
458.200	458.200
468.150	
468.200	
468.250	

续上表

发射频率(MHz)	接收频率(MHz)
458.250	458.250
468.200	
468.250	
468.300	

调度员与司机之间的通信,车站电台发射频率采用交替配置,车站电台发射频率为 f_1、f_2、f_3,接收频率为 f_4。机车在行进过程中扫描接收频率 f_1、f_2、f_3,当其中一个频率的场强弱到一定程度时,就会自动接收下一个车站的频率,在调度总机的配合下完成机车在穿越多个车站时的过网切换功能。

2. 数据通信

插在 TAX2 型机车安全信息综合检测装置(简称 TAX 箱)内的编码器,不断地捕获在 TAX 箱总线上广播的机车运行数据信息。FFSK 方式时编码器捕获到进站、出站、通过、容许等位置信息时,将车次号、机车号、机车速度、机车位置、车重、计长等信息数据进行纠检错编码,以 FFSK 方式传送给 CIR 或机车台。RS-422 方式时编码器以 200 ms 的频率将采集到的数据传送给 CIR。

a. FFSK 方式发送车次号信息

编码器随时读取监测装置信息,判定信息内容符合发送条件时,启动机车电台或 CIR 的 450 MHz 通信单元,不论是否正在通话,改变原有发射频率,强行在 457.550 MHz 发射车次号信息。发送完成后恢复原工作状态。

b. RS-422 方式

编码器随时读取监测装置信息,并以 200 ms 的频率将采集到的数据以数字方式向 CIR 传送。当车次号信息中车次号、机车号、信号机编号发生变化及列车启动和停稳时,对车次号信息进行存储。存储容量不小于 10 000 条。

发送条件如下:

a. 非监控状态下,列车运行速度从 0 变化至 5 km/h 时,发送 3 次,时间间隔为 3 s。

b. 非监控状态转为监控状态时,发送 3 次,时间间隔为 3 s。

c. 列车通过各站进站和出站信号机两个位置时,均发送 2 次。第一次是在判定条件符合后立即发送,第二次则随机延时 3～5 s 后发送。

d. 补机不发车次号信息。

第四节　列车防护报警装置(LBJ)

一、列车防护报警和客车列尾系统构成及功能

(一)系统构成

列车防护报警和客车列尾系统由数据采集编码器(以下简称"编码器")、800 MHz 机车电台(以下简称"LBJ")、道口报警设备、施工防护报警设备、列车接近预警器(以下简称"预警

器”)、旅客列车尾部安全防护装置(以下简称“KLW”)和专用维护设备(含便携测试台、数据管理器和出/入库检测设备)等组成。

编码器和 LBJ 安装于机车,KLW 安装于列车尾部,道口报警设备安装于道口,工务人员配备施工防护报警设备和预警器,维护人员配备便携测试台和数据管理器,出/入库检测设备安装于机车出/入库检测地点。

系统构成如图 11-20 所示。

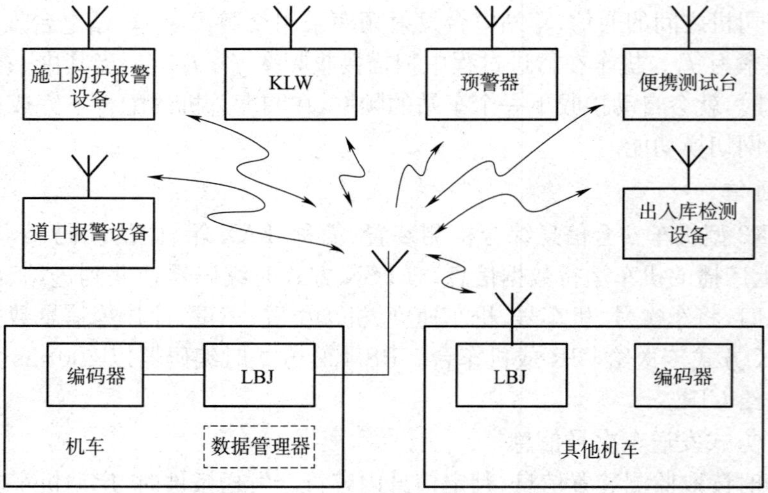

图 11-20　列车防护报警和客车列尾系统构成示意图

(二)系统主要功能

(1) LBJ 具有向 KLW 查询列车尾部风压和控制 KLW 排风制动的功能。

(2) LBJ 具有发送和接收列车防护报警信息,并发出声光提示的功能。

(3) LBJ 具有接收道口事故报警信息和施工防护报警信息,并发出声光提示的功能(预留)。

(4) LBJ 具有发送列车接近预警信息的功能(预留)。

(5)预警器具有接收列车接近预警信息,并发出声光提示的功能。

(6)道口预警设备具有接收列车接近预警信息和发送道口事故报警信息,并发出声光提示的功能。

(7)施工防护报警设备具有接收列车接近预警信息和发送施工防护报警信息,并发出声光提示的功能。

(8) LBJ、道口报警设备、施工防护报警设备、预警器、KLW、数据管理器和出/入库检测设备均具有记录功能。

(9)专用维护设备具有对 LBJ 进行出/入库检测和数据维护管理的功能。

(三)系统主要技术要求

在平原地区,LBJ 发送列车防护报警信息时,以机车天线为基点,机车前后各 5 000 m 范围内的其他机车 LBJ 能可靠接收。

系统信道频率配置见表 11-3。

表 11-3　系统频率配置表

序号	信道频率(MHz)	编码方式	信道业务
1	821.××××	POCSAG	列车接近预警
2	866.××××	FFSK	列尾 列车防护报警 道口事故报警 施工防护报警

二、LBJ 设备组成及功能

(一)设备简介

1. 设备组成

LBJ 由主机、控制盒、天线和连接电缆组成,设备型号为 WTHZ-Ⅱ。LBJ 主机包括 LBJ 功能单元、机壳和防震架。LBJ 功能单元包括电源单元、控制单元、记录单元和信道机。

2. 设备使用方式

LBJ 使用方式共两种:一种是 LBJ 和司机控制盒配套使用,如图 11-21 所示;另一种是和 CIR 配套使用,两种使用方式均能实现相同的功能。动车组车载通信设备采用在现有已安装 CIR 的机车可以通过改造 CIR 实现和 LBJ 的配套使用。

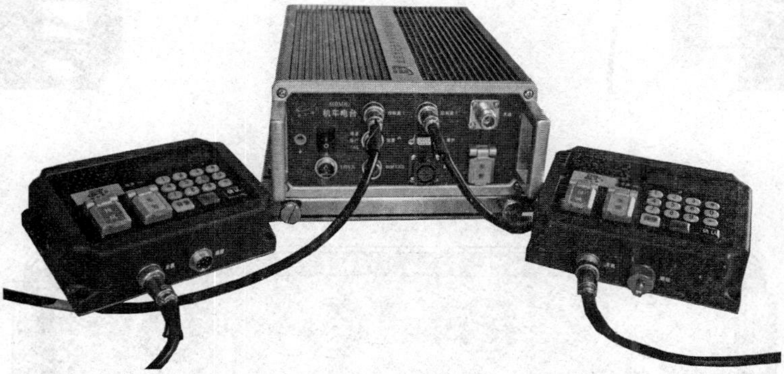

图 11-21　LBJ 和司机控制盒配套使用图

与 CIR 配套使用的 LBJ 分为外置式及内置式两种方式,分别如图 11-22 和图 11-23 所示。外置方式指 LBJ 主机独立安装,通过外部电缆连接至小型化 CIR 的数据 4 口,以 MMI 为操作终端。内置方式指 LBJ 内嵌在 CIR 主机 B 单元内部,以 MMI 为操作终端。

LBJ 主机面板包括 1 个报警按键、1 个电源开关、1 个电源接口、2 个控制盒接口、1 个 TAX 箱/CIR 数据接口、1 个预留报警接口,1 个 450 M TDCS 接口、1 个天线接口、1 个维护和编程接口、1 个红色电源指示灯、1 个绿色运行指示灯、1 个绿色 TAX 箱数据接收指示灯,其面板接口定义如图 11-24 所示。

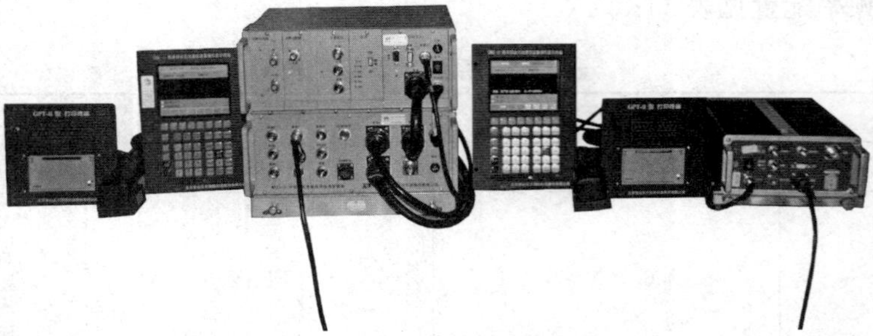

图 11-22　LBJ 外置方式安装

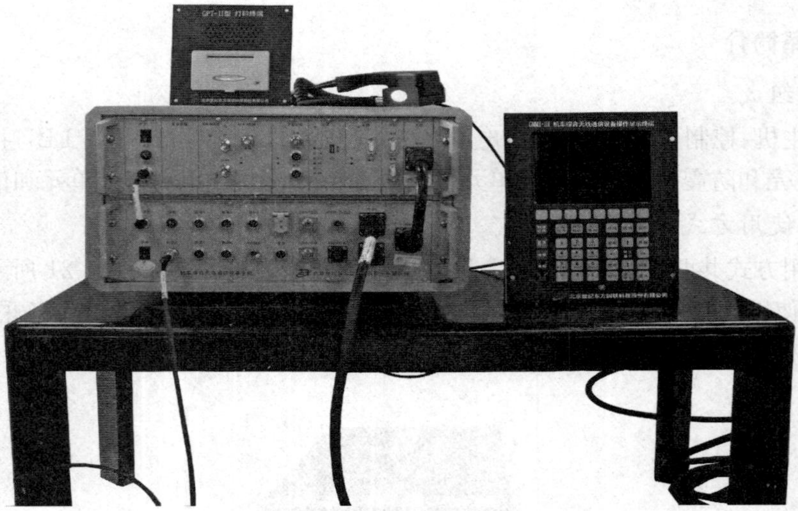

图 11-23　LBJ 内置方式安装

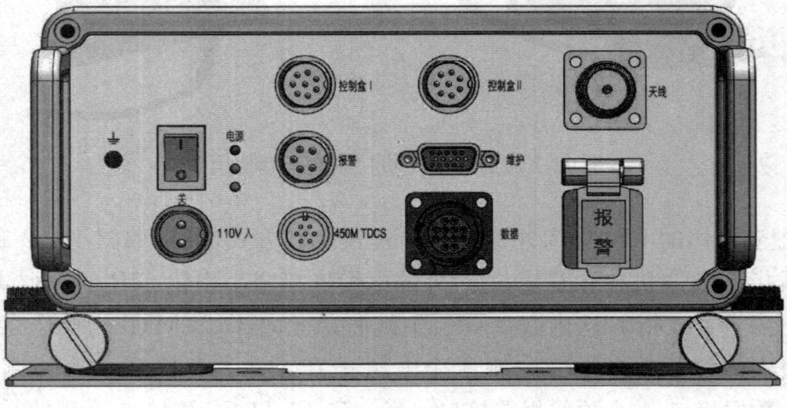

图 11-24　LBJ 面板接口分布置示意图

(二)设备功能

1. 列车防护报警基本显示界面

CIR 接 LBJ(内置/外置)时，如果通信成功，MMI 界面安全预警区显示黄色的“报警字样”，圆形区域为电子铅封/工作状态指示灯：点亮时为红色圆形，表示电子铅封已启用；熄灭时为黄色圆环，表示电子铅封未启用；闪烁时表示正在发送列车事故报警信息。

2. 发送列车防护报警信息功能

MMI 操作面板上的“报警”按键，用于发起和解除列车防护报警操作。持续按下“报警”键 3 s 以上(或按下“报警”键 3 s 内松开，随后 5 s 内按“确认/签收”按键)，MMI 向 LBJ 发送启动报警命令，工作状态指示灯每 1 s 闪亮一次并发出间歇性提示音。

3. 解除列车防护报警信息功能

当本车正在发送报警时，持续按下 MMI 的“报警界面”3 s 以上或按主机上的“报警”按钮，MMI 向 LBJ 发送报警解除命令，MMI 发出提示音持续 5 s，工作状态灯也持续闪亮 5 s 后，转为红色长亮并停止发出提示音。

LBJ 配置多个报警触发装置，各装置均能触发 LBJ 发送列车事故防护报警信息，但只有触发报警的装置或按下主机面板的报警按键才能解除报警。

4. 接收列车防护报警、施工防护报警、道口报警信息功能

LBJ 接收到列车防护报警信息、施工防护报警信息、道口报警信息时向 MMI 转发，MMI 每隔 5 s 发出一次提示音并显示报警内容，直至接收到报警解除信息或 30 s 内未再次接收到相同的报警信息为止，显示的报警内容和提示音的内容一致。

在播音的过程中如果司机按下 MMI“确认/签收”按键，MMI 立即停止当前报警信息的提示音并向 LBJ 发送按键确认信息，不再对相同的报警信息发出提示音，但在报警显示区显示报警内容。

LBJ 接收到报警解除信息时向 MMI 转发，MMI 停止报警信息的声光提示，改为显示报警解除信息的内容并连续发出两次提示音。

MMI 界面显示的优先级由高到低依次为：报警信息/通信转换界面、调度命令、列尾信息、其他内容。

MMI 语音播放的优先级由高到低依次为：报警信息、调度通信/通信转换、调度命令、其他语音(含列尾语音、注册/注销语音、注意机车号语音等)，按时间顺序依次播放。

5. 专用维护设备对 LBJ 进行出/入库检测的功能

LBJ 接收到出/入库命令后，LBJ 进入出/入库检测状态并向 MMI 发送当前状态信息，MMI 每隔 5 s 发出一次“请按键试验”提示音，并显示语音内容。

按下 MMI 面板上的“报警”按键、“列尾排风”按键、“风压查询”按键和“确认/签收”按键后，LBJ 向出/入库检测设备发送一次报警试验信息和一次车次号为 99998、速度为 888 km/h 和公里标为 8 888.8 m 的列车接近预警试验信息，随后退出检测状态，MMI 退出出/入库检测状态。如果 LBJ 进入检测状态 60 s 后仍未完成检测，LBJ 将自动发送报警试验信息结果和列车接近预警试验信息，并退出检测状态。LBJ 库检显示界面如图 11-25 所示。

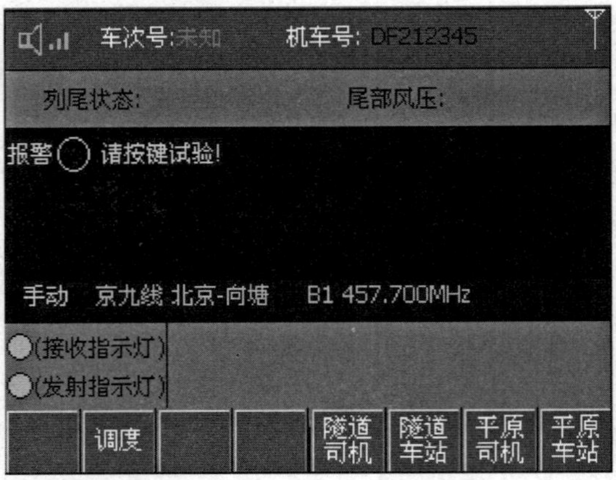

(a)

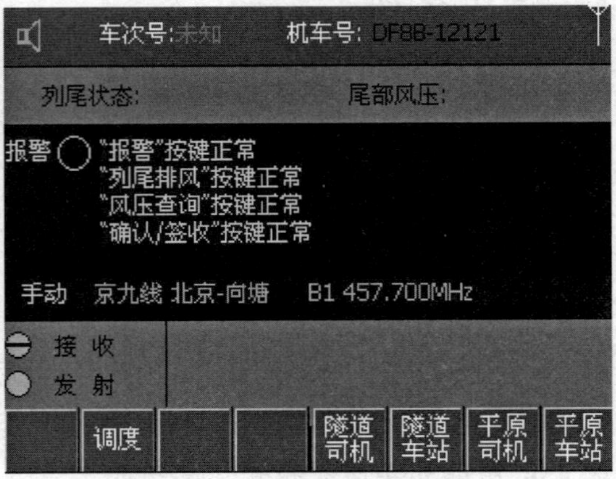

(b)

图 11-25　LBJ 库检显示界面

注:库检检测的四个按键按下时没有先后顺序。

6. 记录读取和分析功能

LBJ 发送列车事故报警信息后,启用电子铅封,状态指示灯长亮,即使 LBJ 重启,状态指示灯仍保持长亮状态,提示维护人员读取报警记录信息。在维护人员使用数据管理器读取报警记录信息后,LBJ 的状态显示灯自动熄灭。在数据管理器把记录信息转存至出/入库检测设备后,出/入库检测设备能按照车次号、机车号对记录信息进行分类查询和分析。

7. 备用电源供电功能

机车直流供电电源意外中断后,LBJ 能够自动切换到备用电源并向 MMI 发出"注意,LBJ 3 min 后关机"提示语音。如果 LBJ 当前没有发送报警并且在 3 min 内没有任何装置触发 LBJ 发送报警信息,则 LBJ 自动关机,否则 LBJ 不关机,继续使用备用电源供电保持报警。

8. 发送接近预警信息功能(预留)

LBJ 的接近预警功能能够通过维护设备配置为开启或关闭状态。

9. 自检测试功能

CIR 进行自检时,向 LBJ 发送自检请求,LBJ 收到后进行自检并向 CIR 返回自检结果,自检结果包括 TAX 箱连接状态、记录单元状态、信道机状态和电池电压。

10. LBJ 意外重启

LBJ 记录断电前列尾连接状态和列车防护报警状态。LBJ 整机断电重新启动后,LBJ 查询断电前的状态,如果是正在发送报警信息,保持发送报警状态,MMI 发出声光提示,直到解除报警。如果断电前为列尾已连接状态,MMI 发出"列尾装置通信失效"提示音。LBJ 每 25～30 s 随机自动向 KLW 发送风压查询命令信息,直至重新接收到风压信息时,MMI 恢复正常的声光提示。

复习思考题

1. CIR 标准型主机包括哪些单元?

2. 简述 CIR 设备 GSM-R 话音单元与数据单元的功能。

3. 800 MHz 电台机车(简称“LBJ”)有什么功能? 请详细描述报警全过程电子铅封/状态指示灯的变化过程。

4. CIR 主机的哪些单元包含天线? 如何减少安装在车顶的天线数量?

5. 无线列调系统的频率配置是怎样的? 进行大三角通信时频率是如何设定的?

附　录

附录一　“飞鸿 98”远程维护台的接入方法

一、远程维护台连接方式一

如果远程维护台距离某车站分系统在 15 m 之内，可以直接通过车站侧的数据通信板接入飞鸿 98 分系统中，如图 F1-1 所示。

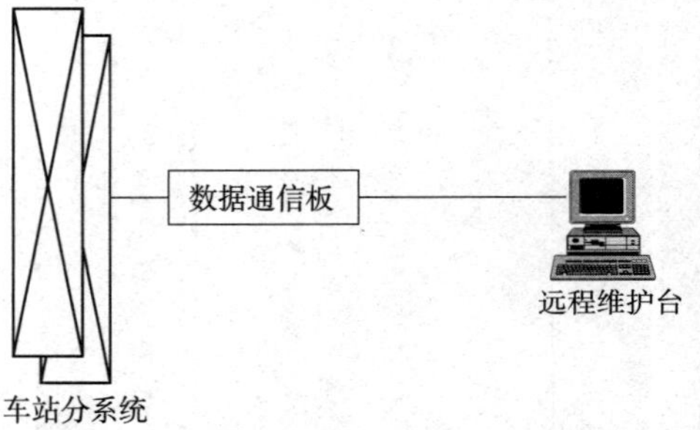

图 F1-1　远程维护台连接示意图

二、远程维护台连接方式二

如果远程维护台距离车站分系统超过 15 m，可以通过调制解调器与车站分系统相连。具体连接方式如图 F1-2 所示。其中“飞鸿 98”数据通信口与 Modem 连线由系统自带。

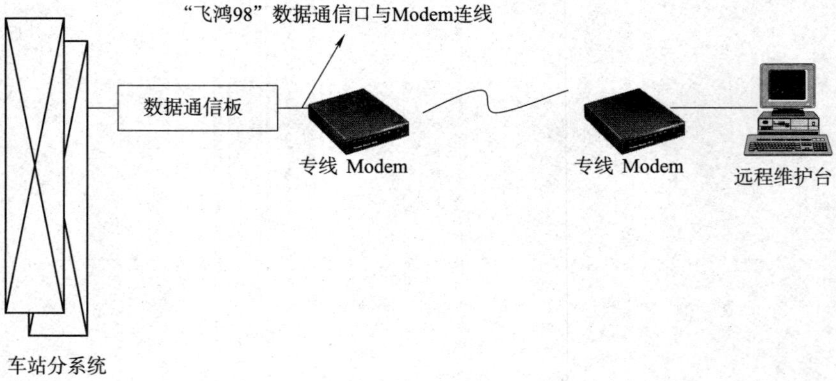

图 F1-2　远程维护台连接示意图

三、关于专线 Modem 的设置方法

(一)Modem 设置

1. 数据终端设备(Data Terminal Equipment)

数据终端设备的串口速率,即应用程序所使用的串口速率。应用程序串口速率是多少,DTE 速率就必须设成多少。当 Modem 与数据通信板或远程维护台连接时,速率应设置为 1 200 bit/s。

2. 数据通信设备(Data Communication Equipment)

两个专线 Modem 之间的传输速率。有的品牌 DCE 速率必须大于 DTE 速率,有的品牌 DCE 速率必须等于 DTE 速率。

3. 数据位数(Data Number)

应用程序所使用的串口数据位数是多少,Modem 串口数据位数就必须设成多少。一般都是 8 位。

4. 奇偶校验(Parity)

应用程序所使用的串口奇偶校验是什么,Modem 串口奇偶校验就必须设成什么。在"飞鸿 98"系统中,设置成偶校验。

5. 串口流量控制(Flow Control)

应用程序所使用的串口流量控制是什么,Modem 串口流量控制就必须设成什么。一般都是"无"。

6. 拨号/专线方式选择(Talk/Data)

设成 Data(专线)方式。

7. 发起/应答(Originate/Answer)

必须是一个 Modem 设成 Originate(发起),另一个 Modem 设成 Answer(应答)。

8. 连接模式(Connect Mode)

两个 Modem 都设成 Asynchronous mode(异步模式)。

两个专线 Modem 除了一个设为发起,另一个设为应答外,其余的设置都应该完全一样。

(二) 指示灯含义

1. MR(Modem Ready):Modem 准备就绪

Modem 加电后,此灯亮表示可以用 AT 命令对 Modem 进行设置,或表示 Modem 准备好,可以使用。

2. TR(Terminal Ready):终端准备就绪

此灯亮表示终端或 PC 机接收/发送数据准备就绪。

如果 Modem 直接接 PC 机,因为 PC 机串口有终端准备就绪信号,应用程序运行后此灯亮。

如果 Modem 接数据通信板,因为数据通信板串口没有终端准备就绪信号,所以此灯不亮。

如果没有终端设备准备就绪信号，有的 Modem 需要通过设置使终端设备准备就绪信号一直有效，Modem 才能正常工作。

3. CD(Carrier Detect)：载波探测

两个专线 Modem 用专线连接后，打开电源，两个专线 Modem 将进行握手，CD 灯亮表示两个专线 Modem 连接正常、握手成功。否则线路或 Modem 有问题。

4. TD(Transmit Data)：发送数据

终端设备或 PC 机每(向专线 Modem)发送一个字符，此灯闪一次。

5. RD(Receive Data)：接收数据

专线 Modem 从远端接收到一个字符，此灯闪一次。

6. HS(High Speed)：高速率

亮表示两个专线 Modem 的连接速率高于或等于 4 800 bit/s，灭表示两个专线 Modem 的连接速率低于 4 800 bit/s。

7. AA(Automatic-Answer)：自动应答

当设置成自动应答时，此灯亮。

8. OH(Off Hook)：摘挂机

专线方式下，加电后此灯常亮。

(三)专线 Modem 测试

用 MultiTech(摩迪泰克)专线 Modem。维护台串口速率为 1 200 bit/s、偶校验、8 位数据位、1 位停止位。

1. 设备

一台微机，一对 MultiTech 专线 Modem。

2. 连接

第一个专线 Modem 接微机串口 1，第二个专线 Modem 接微机串口 2，两个专线 Modem 之间用电话线直接连接。接好专线 Modem 电源。

3. 设置

(1)将第一个专线 Modem 的 DIP 设为出厂设置，见表 F1-1。

表 F1-1 DIP 的出厂设置说明

DIP	方向	含　义
1	UP	出厂设置，在此设置下可用 AT 命令设置 Modem 的运行参数
2	UP	
3	DOWN	
4	UP	
5	UP	
6	UP	
7	DOWN	
8	DOWN	
9	DOWN	
10	UP	
11	DOWN	
12	DOWN	
13	DOWN	
14	DOWN	
15	DOWN	
16	DOWN	

(2)打开一个超级终端(简称 A 终端)，连接时使用“直接连接到串口 1”，配置为“比特率：1 200；数据位：8；奇偶校验：偶；停止位：1；流量控制：无”。

(3)打开第一个专线 Modem 的电源开关。在超级终端用 AT 命令设置参数。带下划线由键盘输入，输完一行按回车，等专线 Modem 回 OK 后再输入下一行。

AT $MB1200 $SB1200&W

OK

AT $EB1

OK

AT#P2

OK

AT&W

OK

其中：$MB1200——DTE 速率为 1 200 bit/s。

$SB1200——DCE 速率(串口速率)1 200 bit/s。

&W——保存。

$EB1——异步 11 位传输(1 位起始位，8 位数据位，1 位奇偶校验位和 1 位停止位)。

#P2——偶校验。

(4)关闭第一个专线 Modem 的电源，DIP 设置见表 F1-2。

表 F1-2　关闭第一个 Modem 电源时的 DIP 设置说明

DIP	方　向	含　义
1	DOWN	DTR(Terminal Ready)信号一直有效(为高)
2	UP	硬件流量控制使能
3	DOWN	发送电平为−9 dB
4	UP	关闭 UUCP Spoofing (UUCP：Un.x 到 Unix 复制)
5	UP	应答方
6	DOWN	关闭最大吞吐量控制
7	DOWN	RTS 强制为开(RTS：发送请求)
8	UP	关闭命令方式
9	DOWN	远端环回测试
10	DOWN	专线方式
11	DOWN	MultiTech 命令集
12	DOWN	内时钟
13	UP	28 800 bit/s，以 $mb××××命令为准
14	UP	
15	UP	CD 和 DSR 正常(依靠在线状态显示)
16	DOWN	未用

(5)将第二个专线 Modem 的 DIP 设为出厂设置(如 a 项)。

(6)再开一个超级终端(简称B终端),连接时使用“直接连接到串口2”,配置为“波特率:1 200;数据位:8;奇偶校验:偶;停止位:1;流量控制:无”。

(7)打开第二个专线Modem的电源开关。在超级终端做如下输入,带下划线由键盘输入,输完一行按回车,等专线Modem回OK后再输入下一行。

AT$MB1200$SB1200&W

OK

AT$EB1

OK

AT#P2

OK

AT&W

OK

关闭第二个专线Modem的电源,DIP设置见表F1-3。

表F1-3 关闭第二个Modem电源时的DIP设置说明

DIP	方　向	含　义
1	DOWN	DTR信号一直有效(为高)
2	UP	硬件流量控制使能
3	DOWN	发送电平为−9 dB
4	UP	关闭UUCP Spoofing (UUCP:Unix到Unix复制)
5	DOWN	发起方
6	DOWN	关闭最大吞吐量控制
7	DOWN	RTS强制为开(RTS:发送请求)
8	UP	关闭命令方式
9	DOWN	远端环回测试
10	DOWN	专线方式
11	DOWN	Multi−Tech命令集
12	DOWN	内时钟
13	UP	28 800 bit/s,以$mb××××命令为准
14	UP	
15	UP	CD和DSR正常(依靠在线状态显示)
16	DOWN	未用

至此,两个专线Modem都已设置完毕。

4. 测试

从A终端输入什么字符，在B终端应显示什么字符，从A终端发送一个文本文件，在B终端应显示该文本文件内容；反过来，从B终端输入什么字符，在A终端应显示什么字符，从B终端发送一个文本文件，在A终端应显示该文本文件内容。

(四)注意事项

在测试专线Modem之前应确保计算机的两个串口是好的。可将串口(1或2)的2、3脚短路，打开超级终端，若输入和显示一致，串口就是好的。

专线Modem设置完后，如果用Windows中超级终端测试是好的，一般不会有问题。

如果接上实际线路后两个专线Modem不握手，可以用两个磁石单机在最接近Modem的线路上进行通话，看是否能通话。

如果能通话两个专线Modem还不握手，最好能测一下线路的传输衰耗。有些地方的PCM设备的2线音频接口是由4线音频接口经过转换而来，所以2线音频接口衰耗由4线音频接口衰耗和4线/2线音频接口衰耗组成。因此在测传输衰耗时，应在离Modem最近的地方测(测2线接口的传输衰耗)。

附录二　"飞鸿98"多通道录音仪

一、系统结构

(1)音频接口：与多通道录音仪相接，将需要录的语音从音频口送出。系统设计有录音U口板，提供两个录音用音频通道，同时还提供一个串口用于与多通道录音仪进行消息通信。

(2)共电接口：

①与多通道录音仪的一路接口相接，提供放音、监听及各种服务业务通道。

②接普通电话分机，通过拨号功能接入录音仪，收听录音、监听或执行其他业务。

多通道录音仪结构如图F2-1所示。

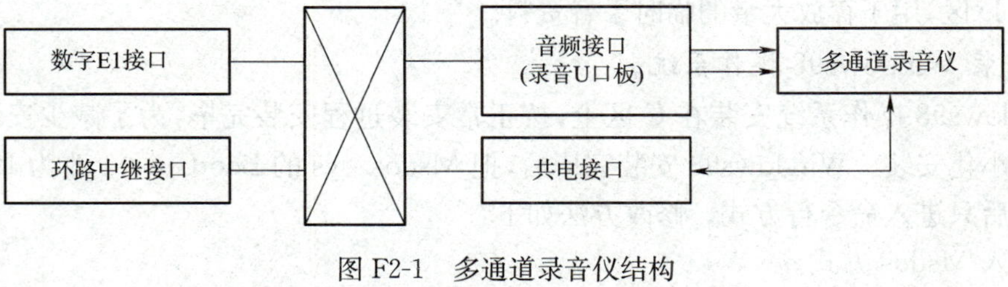

图F2-1　多通道录音仪结构

(3)录音仪在运行过程中会产生语音文件。语音文件是在录音时产生的存储语音信息的文件，存放在硬盘里。

语音格式采用OKI VOX(6 kHz采样频率，4 bit ADPCM编码)，这样每秒钟的语音文件大小为(6 K×4 bit)/8=3 KB，一小时就是3×3 600 s=10.8 MB。

存储时间与硬盘大小对照如下：

硬盘大小　存储时间

$$3.2\text{GB}\div10.8\ \text{MB}=296\ \text{h}$$

$$10\text{GB}\div10.8\ \text{MB}=926\ \text{h}$$

$$15\text{GB}\div10.8\ \text{MB}=1388\ \text{h}$$

以上时间是所有通道共用的语音存储时间。

注意：录音仪在工作时会产生大量的录音资料。以安装三块语音卡 12 个通道的录音仪(11 个录音通道)为例，假设 24 h 连续录音，那么 24 h 后产生的录音资料大小为

$$10.8\times24\times11=2\ 851.2(\text{MB})$$

这样，5 d 后录音资料将达到 14 GB。如果临时存储区的空间分配为 14 GB 的话，那么只能存储 5 d 的资料，5 d 之前的录音资料将被自动删除。实际工作一般不会连续录音，可存储的时间要长一些。因此，对于比较关键的录音资料，为防止被自动删除掉，应及时转移到永久存储区。

二、安装和初始化

支持软件：录音仪软件。

操作系统：Windows98 所带的 Dos7.0。

中文环境：PDos95。

驱动程序：Music 语音卡所带的 NVDsp 驱动。

串口升级工具软件：Update.exe。

(一)软件安装

录音仪的安装盘是两张 3.5″的软盘。由于录音仪所使用的工控机没有配备软驱，所以在安装软件之前要先把它的硬盘拆下来，临时挂装在一台台式机上并把它设为主硬盘，再进行软件安装。

1. 硬盘分区

录音仪的硬盘要求分为三个分区，分别对应 C、D、E 盘符。C 区用于安装操作系统和录音仪软件的运行部分，一般分为 1 GB 左右；E 区用于存放永久资料，也分为 1 GB；剩余空间全部分为 D 区，用于存放大量的临时录音资料。

2. 安装 Windows98 操作系统。

Windows98 操作系统安装在 C 区上，按正常安装过程安装完毕，为了减少安装时间可以选择最小化安装。Windows98 安装完毕后，把 Msdos.sys 的 BootGui=1 改为 BootGui=0，使启动后只进入命令行方式。修改方法如下：

—进入 Msdos 方式。

—输入命令：attrib - r - s - h msdos.sys。

—输入命令：edit msdos.sys。

—在编辑器里，找到 BootGui=1 一项，改为 BootGui=0。

—存盘并退出编辑器。

—输入命令：attrib+r+s+h msdos.sys。

—重新启动，系统将直接进入命令行方式。

3. 安装录音仪软件

把第一张安装盘先插入台式机的软驱，运行“a:\install. bat”；再把第二张安装盘插入软驱，再次运行“a:\install. bat”，即可完成软件的安装过程。

(二)硬件安装

硬件安装需要以下几步：

(1)根据通道数量计算 Music 语音卡的数量。录音用语音卡有二路语音卡、四路语音卡。如果多通道录音仪需提供一个录音通道时，只需配接一块二路语音卡；如需提供三个录音通道时，需配接一块四路语音卡；如需提供 15 个录音通道时，需配接四块四路语音卡。

总之，需为放音留出一个通道使用，此通道用于多通道录音仪接收用户所按的 DTMF 号码，并播放语音。

(2)把所有语音卡插入工控机插槽，拧好固定螺丝。

(3)把已经装上软件的硬盘装入机箱。

(4)盖好机盖，拧好螺丝。

(5)接好 48 V 直流电源、键盘、显示器。

(6)打开工控机电源，可以在显示器上观察到系统开始引导并进入录音仪软件的界面。

(三)设置参数

系统启动完毕后，有些参数需要确认一下，以确保可以正常运行。按“F10”，显示主菜单，再按数字键“3”，显示修改系统参数界面，找到以下几项：

(1)最小硬盘:10。

(2)最大振铃次数:2。

(3)最大静音时间:3 000。

(4)最大噪声时间:100。

(5)是否检查硬盘:Y。

(6)监听端口:001。

(7)当前路径:D:

(8)使用串口:1。

(9)上班时间:00:00。

(10)下班时间:23:59。

如果以上有哪一项设置不符，改为上面列出的设置。然后按“F4”存盘，再按“ESC”，再按“1”回到状态监视界面(以上各项参数意义后面有介绍)。

(四)试运行

软件、硬件安装完毕并可以正常启动后，就可以给录音仪接上外线看看能否正常工作。录音仪的放音通道是第一通道，把第一通道与共电接口连接，其余的是录音通道，与录音 U 口板连接。连接完毕可以进行呼叫试验，看录音仪相应的通道是否显示为“录音”状态。注意：显示界面开始时显示前八个录道的状态，按“Page Down”键可以切换到后八个通道的状态显示，按“Page Up”再回到前八个通道的状态显示。

(五)如何通过串口升级录音仪软件

录音仪所使用的工控机没有配备软驱,给更新软件带来了不便。但随录音仪一起提供的有一个通过串口升级的工具软件,用这个软件可以不必拆卸录音仪硬盘,通过串行口实现软件 line. exe 的更新。使用方法如下:

(1)如果录音仪是正在使用过程中,则要选择话务量小的时候升级。因为在升级的过程中,录音仪将暂停工作,无法再录音。

(2)备一台笔记本电脑,用一根串口线连接笔记本的串口与录音仪工控机的串口。

(3)笔记本电脑内建立一个目录,把升级工具软件 Update. exe 和新版的录音仪软件 line. exe 都复制到这个目录下。

(4)入 Msdos 方式,切换到刚建的目录下。如果使用的是笔记本电脑的串口 1,输入:"update com1"或直接输入"update";如果使用的是笔记本电脑的串口 2,输入:"update com2",按下"回车",开始升级。这时可以看到依次显示以下信息:

Test comm…

Comm OK!

Increasing COM speed...

Increasing OK!

Test comm in high speed...

Comm in high speed OK!

Wait to send file...

Sending...

(显示变换的数字表示进度)

Send over. Please reboot the recorder.

(5)屏幕提示显示升级过程完毕后,复位录音仪,等重新启动后即可正常使用。

(六)可能会出现的问题

(1)在升级过程中,如果显示"Test comm…"以后停下来没有继续显示,则表示串口未通。检查笔记本的串口接线与命令行的输入是否相符。必要时还要接上录音仪键盘与显示器,看录音仪的串口设置是否正确。

(2)如果出现"Cannot open file: line. exe",则表示在 Update. exe 所在的路径下没有 line. exe 这个文件。解决方法是复制一个新版的 line. exe 到此路径下。

(七)录音仪账号管理

(1)账号:长度为四位的数字,每个录音仪内部账号不允许重复。系统首次开通时,缺省设立一个系统管理员,其账号为"0001",密码为"00000001",权限为"1"(最高级),系统管理员接手后应立即修改自己的密码,以保证系统的安全性。

(2)密码:长度为八位的数字,初始创建账号时,缺省密码为账号前补四个零,可通过修改密码功能改变密码。

(3)权限:长度为一位的数字。权限为"1"表示是系统管理员,有权创建和删除本录音仪中的账号,系统管理员可以收听此录音仪中的所有录音资料;权限为"2"表示是高级操作员,无权创建和删除账号，可以收听此录音仪中的所有录音资料；权限为“3”表示为普通操作员，可以收听录音仪中指定通道的录音资料。

(4)通道号：长度为二位，从 01 开始，最大通道号为实际安装的通道数。

(5)日期：日期为四位，前两位是月份，从 1 到 12；后两位是日子，从 1 到 31。如果输入的日期大于当前日期，则录音仪认为是上一年的这个日期。

(6)时间：时间为四位，前两位是小时，从 0 到 23；后两位是分钟，从 0 到 59。

(八)在线调试

录音仪在正常运行时是不接显示器和键盘的，但是在安装或故障维修时，需要接显示器观察屏幕输出。下面对屏幕的输出进行介绍。

1. 状态监视界面

录音仪一启动后的界面是状态监视界面，这里可以显示 8 个信道的状态、起始时间、录音次数、无人应答、硬盘空间等信息。如果没有 8 个通道，则未安装的通道的状态显示“miss”。下面是每一项的意义：

(1)状态：显示每一个通道的工作状态，如录音、空闲等。

(2)起始时间：录音通道开始录音时，这里显示录音的起始时间。

(3)录音次数：显示录音通道有过多少次录音，每次录音产生一个语音文件。

(4)无人应答：不用。

(5)硬盘空间：显示当前剩余的硬盘空间。

在状态显示的下方显示的当前日期和时间。屏幕最下方显示一些运行时的消息，供调试程序时使用。

2. 主菜单界面

在状态监视界面里按“F10”键，进入主菜单界面。这里显示系统提供的一些功能，主要有：

(1)状态监视。上面介绍过的，平时工作时都应该处在状态监视界面里。

(2)按通道播放语音。可以通过键盘操作播放某一通道的语音。不过需要有其他设置进行配合，此项仅供调试时使用，因此这里略去其使用方法的介绍。

(3)系统维护。可以设置一些系统参数。

(4)资料管理。管理账户信息。此项仅供调试时使用，这里略去其使用方法的介绍。

(5)初始化数据库。初始化账户信息，所有已经存在的账户信息将丢失。一般在系统开通后进行一次这个操作，以后在正常使用的过程中，不提倡进行这一项操作。

(6)退出菜单。进入退出选项。

3. 修改系统参数

在主菜单界面里选择“3. 系统维护”即可进入此界面。这里有以下一些参数可能修改，介绍如下：

(1)最小硬盘。录音在使用过程中，随着录音资料的不断增多，硬盘的剩余空间会越来越小，当小到某一个特定值时，为了保证运行的稳定性，系统会自动删除最老的录音资料从而回收硬盘空间。这一项就是设置这个最小空间值的，最小硬盘空间值不能小于 10 MB。

(2)最大振铃次数。当用户使用共电话机拨打录音仪对应的号码时，这一项设置决定过几次振铃后再进行摘机操作，一般设为“2”。

(3)按键等待时间。不用。

(4)放音增益。设置放音通道的话音增益值，其范围为−35～24 dB。

(5)录音增益。设置录音通道录音启动的增益值，其范围为−35～24 dB。

(6)最大静音时间。决定录音通道里安静多长时间后停止录音，一般设为 3 000(单位：ms)，其范围为 40～10 000 ms。

(7)最大噪声时间。决定录音通道里有声音后多长时间开始录音，一般设为 100(单位：ms)，其范围为 40～10 000 ms。

(8)管理密码。不用。

(9)是否检查硬盘。决定是否检查硬盘空间，以便在硬盘空间少于最小硬盘空间时自动执行回收硬盘空间的操作，强烈建议设为“Y”，即 Yes 的意思。

(10)监听端口。决定哪一个通道作为放音通道，已经固定为第一个通道“001”。

(11)当前路径。决定录音资料的存放路径，已经固定为“D:”。

(12)使用串口。当通过串口进行软件升级时使用的串口，填 1 即为串口 1；填“2”即为串口 2。

(13)上班时间和下班时间。设定录音仪工作的时间，一般填写成“0000”和“2359”，表示 24 h 录音。

(14)语音保留时间。不用。

三、操作说明

当需要进行账户管理或听取录音资料等操作时，可以用共电分机拨通录音仪，然后根据提示从电话机的按键上输入相应数字，对应的功能如下：(0)，修改密码；(1)，听取录音资料；(2)，创建账号；(3)，删除账号；(4)，监听某通道语音；(5)，转移语音到永久存储区；(6)，听取永久存储区录音资料；(7)，删除永久存储区资料。

在操作过程中注意，开始的功能选择只需按一个键即可。选择完功能以后的输入，如输入账号、密码等，必须以“#”号结束，否则录音仪会等待直到输入“#”号或超时后自动挂机。

由于每一步操作都有提示音提示如何操作，因而操作起来十分简单，可参看如下的操作流程示例。

下面对操作中应注意的一些问题加以说明：

(1)在操作流程中提示输入密码时，如果输入的密码有错误，则会提示“账号密码有误，请重新输入”。这时应该重新输入账号，再输入密码，而不能只输入密码。

(2)对于输入的四位日期(月份两位日期两位)，如果大于当前日期，则系统会从上一年的这个日期开始搜索资料。比如当前时间为 2001 年 10 月 10 日，如果在提示输入日期的时候输入 1011，则系统会从 2000 年 10 月 11 日开始搜索录音资料。需要输入日期的流程有听取录音资料、转移录音资料到永久存储区、听取永久存储区录音资料、删除永久存储区录音资料，对日期的处理依上述规则。

四、操作流程示例

这里列出听取录音资料的具体流程供参考。其余的功能流程很类似，因此不再给出。用共电分机播通录音仪后：

(1)录音仪播放“欢迎使用‘飞鸿 98’录音系统……请输入功能号”。

(2)接收号码(功能号，1 位，不用按“#”号)。

(3)录音仪播放“请输入四位账号，按‘#’号结束”。

(4)接收号码(账号)，收到“#”号后。

(5)录音仪播放“请输入八位密码，按‘#’号结束”。

(6)接收号码(密码)，收到“#”号后。

(7)判断账号密码是否正确，如果不正确，转(4)，否则继续。

(8)如果用户账号权限小于“3”，录音仪播放“请输入通道号，按‘#’号结束”；否则转(11)。

(9)接收通道号，收到“#”号后。

(10)系统判断通道号是否有误，如果有误，则转(9)，否则继续。

(11)录音仪播放“请输入日期，月份二位，日期二位，按‘#’号结束”。

(12)接收日期(MMDD——前两位为月份 01～12，后两位为日期 01～31)，收到“#”号后。

(13)录音仪判断日期是否有效，无效则播放“您输入的日期有误”，转(12)，否则继续。

(14)录音仪播放“请输入时间，按‘#’号结束”。

(15)接收时间(HHSS——前两位为小时 00～23，后两位为分钟 00～59)，收到“#”号后。

(16)录音仪判断时间是否有效，无效则播放“您输入的时间有误”，转(15)，否则继续。

(17)录音仪检索出正确的录音资料，由放音通道播出。连续播放 1 h 或没有符合条件(从输入时间到目前)的录音资料，则播放“没有对应的录音资料，再见!”。

(18)录音仪对放音接口进行挂机处理。

附录三　“飞鸿 98”模拟调度总机

一、YD 型调度总机

(1) 连接方式：采用共线连接，即调度总机和本调度区段内的所有调度分机都并联在一对回线上。

(2) 呼叫方式：采用双音频选叫方式，两个频率先后发送，总机中设有 9 个选叫信号频率，从 950 Hz 开始，按等比级数上升，即 500 Hz、605 Hz、730 Hz、910 Hz、1 100 Hz、1 330 Hz、1 650 Hz、1 995 Hz、2 420 Hz。

由于调度电话要求总机对分机能够进行个别选叫、分组呼叫和全部选叫，所以上述 9 个频率中前两个 500 Hz 和 605 Hz 组成全呼信号，后 7 个频率任何两个进行排列，组成个别选叫信号。个别选叫分机的总数是：$n=42$。YD-1 型调度电话选机频率见表 F3-1 和表F3-2。

表 F3-1　YD-1 型调度电话选机频率(一)

分机号	第一频率(Hz)	第二频率(Hz)	分机号	第一频率(Hz)	第二频率(Hz)	分机号	第一频率(Hz)	第二频率(Hz)
1	1 995	730	15	730	1 100	29	910	1 995
2	1 650	730	16	1 995	1 330	30	730	1 995
3	1 330	730	17	1 650	1 330	31	1 995	2 420
4	1 100	730	18	1 100	1 330	32	1 650	2 420
5	910	730	19	910	1 330	33	1 330	2 420
6	1 995	910	20	730	1 330	34	1 100	2 420
7	1 650	910	21	1 995	1 650	35	910	2 420
8	1 330	910	22	1 330	1 650	36	2 420	730
9	1 100	910	23	1 100	1 650	37	2 420	910
10	730	910	24	910	1 650	38	2 420	1 100
11	1 995	1 100	25	730	1 650	39	2 420	1 330
12	1 650	1100	26	1 650	1 995	40	2 420	1 650
13	1 330	1 100	27	1 330	1 995	41	2 420	1 995
14	910	1 100	28	1 100	1 995	42	730	2 420

表 F3-2　YD-1 型调度电话选机频率(二)

分机号	第一频率(Hz)	第二频率(Hz)	分机号	第一频率(Hz)	第二频率(Hz)	分机号	第一频率(Hz)	第二频率(Hz)
43(1)	500	730	46(4)	500	1 330	49(7)	500	2 420
44(2)	500	910	47(5)	500	1 650	50 全呼	500	605
45(3)	500	1 100	48(6)	500	1 995			

二、DC 型调度总机

程控调度电话分机编码表见表 F3-3。

表 F3-3　程控调度电话分机编码表

键 号	代 码	键 号	代 码	键 号	代 码	键 号	代 码
0	000000	5	000101	10	001010	15	001111
1	000001	6	000110	11	001011	16	010000
2	000010	7	000111	12	001100	17	010001
3	000011	8	001000	13	001101	18	010010
4	000100	9	001001	14	001110	19	010011

续上表

键号	代码	键号	代码	键号	代码	键号	代码
20	010100	26	011010	32	100000	38	100110
21	010101	27	011011	33	100001	39	100111
22	010110	28	011100	34	100010	40	101000
23	010111	29	011101	35	100011	41	101001
24	011000	30	011110	36	100100		
25	011001	31	011111	37	100101		

附录四　“飞鸿98”各种电路板指示灯的含义

一、枢纽主系统

(一)主控板指示灯定义(表 F4-1)

表 F4-1　主控板指示灯定义

名　称	颜　色	含义及状态
主备用指示灯	绿	主用亮灯,备用灭灯
运行灯	绿	看门狗电路检测,闪烁表示正常
CPU 告警灯	红	灭表示正常
时钟告警灯	红	灭表示正常
电源告警灯	红	灭表示正常

(二)音源板指示灯定义(表 F4-2)

表 F4-2　音源板指示灯定义

名　称	颜　色	含义及状态
运行灯	绿	第一套音信号运行灯,闪烁表示正常
运行灯	绿	第二套音信号运行灯,闪烁表示正常
告警灯	红	任意一套音信号告警时亮灯,灭正常

(三)会议板指示灯定义(表 F4-3)

表 F4-3　会议板指示灯定义

名　称	颜　色	含义及状态
告警灯	红	时钟告警(F0),灭灯正常
告警灯	红	时钟告警(C4),灭灯正常

(四)主数字板指示灯定义(表 F4-4)

表 F4-4　主数字板指示灯定义

名　　称	颜　色	含义及状态
接收指示灯	绿	第一个 2 M 的接收指示灯，使用时闪烁
发送指示灯	绿	第一个 2 M 的发送指示灯，使用时闪烁
告警灯	红	第一个 2 M 的告警指示灯，灭正常
接收指示灯	绿	第二个 2 M 的接收指示灯，使用时闪烁
发送指示灯	绿	第二个 2 M 的发送指示灯，使用时闪烁
告警灯	红	第二个 2 M 的告警指示灯，灭正常
通信指示灯	绿	数字板与主控的通信指示灯，闪烁正常
CPU 运行灯	绿	数字板 CPU 运行灯，闪烁正常

二、车站分系统各电路板指示灯定义

(一)主控板(表 F4-5)

表 F4-5　主控板指示灯定义

名　　称	颜　色	含义及状态	名　　称	颜　色	含义及状态
主备用指示灯	绿	主用绿灯，备用灭灯	时钟告警灯	红	灭正常
CPU 运行灯	绿	闪烁正常	对机告警灯	红	灭正常
CPU 告警灯	红	灭正常	通信指示灯	绿	闪烁正常
电源告警灯	红	灭正常			

(二)分数字板-2(表 F4-6)

表 F4-6　分数字板－2 指示灯定义

名　　称	颜　色	含义及状态
主备用指示灯	绿	主用绿灯，备用灭灯
CPU 运行灯	绿	闪烁正常
方向指示灯	绿	亮表示数字环从第一个 2 M 口与枢纽主系统通信，灭表示从第二个 2 M 口与主系统通信
接收指示灯	绿	收到枢纽主系统的消息，闪烁正常
发送指示灯	绿	向枢纽主系统发送消息，闪烁正常
通信指示灯	绿	数字环与本车站主控的通信指示灯，闪烁正常
误码指示灯	绿	数字环有误码时闪烁，灭灯正常
音源指示灯	绿	闪烁表示正常

(三)分数字板-4(表 F4-7)

表 F4-7　分数字板—4 指示灯定义

名　　称	颜　色	含义及状态
主备用指示灯	绿	闪烁表示本板主用,灭表示本板备用
通信 2 灯	绿	第二个数字环与本车站主控的通信指示灯,闪烁正常
方向 2 灯	绿	亮表示第二个数字环从第 1 个 2 M 口与枢纽主系统通信,灭表示从第 2 个 2 M 口与主系统通信
告警 2 灯	红	第二个数字环有误码时闪烁,灭灯正常
通信 1 灯	绿	第一个数字环与本车站主控的通信指示灯,闪烁正常
方向 1 灯	绿	亮表示第一个数字环从第一个 2 M 口与枢纽主系统通信,灭表示从第二个 2 M 口与主系统通信
告警 1 灯	红	第一个数字环有误码时闪烁,灭灯正常
音源指示灯	绿	闪烁表示正常

(四)U 口板-3(表 F4-8)

表 F4-8　U 口板-3 指示灯定义

名　　称	颜　色	含义及状态
工作指示灯	绿	第一路 U 接口工作指示,闪烁正常
工作指示灯	绿	第二路 U 接口工作指示,闪烁正常
工作指示灯	绿	第三路 U 接口工作指示,闪烁正常
通信指示灯	绿	本板与主控板通信,闪烁正常
CPU 运行灯	绿	本板 CPU 运行灯,闪烁正常

(五)U 口板-2(录音 U 口板)(表 F4-9)

表 F4-9　U 口板-2 指示灯定义

名　　称	颜　色	含义及状态
工作指示灯	绿	第一路 U 接口工作指示,闪烁正常
工作指示灯	绿	第二路 U 接口工作指示,闪烁正常
通信指示灯	绿	本板与主控板通信,闪烁正常
CPU 运行灯	绿	本板 CPU 运行灯,闪烁正常

(六)U 口板-A(双路远主)(表 F4-10)

表 F4-10　U 口板-A 指示灯定义

名　称	颜　色	含义及状态
工作指示灯	绿	第一路 U 接口工作指示,闪烁正常
工作指示灯	绿	第二路 U 接口工作指示,闪烁正常
通信指示灯	绿	本板与主控板通信,闪烁正常
CPU 运行灯	绿	本板 CPU 运行灯,闪烁正常

(七)U 口板-B(双路远分)(表 F4-11)

表 F4-11　U 口板-B 指示灯定义

名　称	颜　色	含义及状态
工作指示灯	绿	第一路 U 接口工作指示,闪烁正常
工作指示灯	绿	第二路 U 接口工作指示,闪烁正常
通信指示灯	绿	本板与主控板通信,闪烁正常
CPU 运行灯	绿	本板 CPU 运行灯,闪烁正常

(八)U 口板-C(单路远主)(表 F4-12)

表 F4-12　U 口板-C 指示灯定义

名　称	颜　色	含义及状态
工作指示灯	绿	第一路 U 接口工作指示,闪烁正常
通信指示灯	绿	本板与主控板通信,闪烁正常
CPU 运行灯	绿	本板 CPU 运行灯,闪烁正常

(九)U 口板-D(单路远分)(表 F4-13)

表 F4-13　U 口板-D 指示灯定义

名　称	颜　色	含义及状态
工作指示灯	绿	第一路 U 接口工作指示,闪烁正常
通信指示灯	绿	本板与主控板通信,闪烁正常
CPU 运行灯	绿	本板 CPU 运行灯,闪烁正常

(十)U 口板-G(单路 ISDN)(表 F4-14)

表 F4-14　U 口板-G 指示灯定义

名　称	颜　色	含义及状态
占用指示灯	绿	第一路 ISDN 接口占用指示,摘机亮灯,挂机灭灯
通信指示灯	绿	本板与主控板通信,闪烁正常
CPU 运行灯	绿	本板 CPU 运行灯,闪烁正常

(十一)U 口板-H(双路 ISDN)(表 F4-15)

表 F4-15　U 口板-H 指示灯定义

名　称	颜　色	含义及状态
占用指示灯	绿	第一路 ISDN 接口占用指示,摘机亮灯,挂机灭灯
占用指示灯	绿	第二路 ISDN 接口占用指示,摘机亮灯,挂机灭灯
通信指示灯	绿	本板与主控板通信,闪烁正常
CPU 运行灯	绿	本板 CPU 运行灯,闪烁正常

(十二)共电板(表 F4-16)

表 F4-16　共电板指示灯定义

名　称	颜　色	含义及状态
工作指示灯	绿	第一路接口占用指示灯,摘机时亮,挂机时灭
工作指示灯	绿	第二路接口占用指示灯,摘机时亮,挂机时灭
工作指示灯	绿	第三路接口占用指示灯,摘机时亮,挂机时灭
工作指示灯	绿	第四路接口占用指示灯,摘机时亮,挂机时灭
工作指示灯	绿	第五路接口占用指示灯,摘机时亮,挂机时灭
工作指示灯	绿	第六路接口占用指示灯,摘机时亮,挂机时灭
通信指示灯	绿	本板与主控板通信,闪烁正常
CPU 运行灯	绿	本板 CPU 运行灯,闪烁正常

(十三)区间板(表 F4-17)

表 F4-17　区间板指示灯定义

名　称	颜　色	含义及状态
工作指示灯	绿	第一路下行区间接口占用指示灯,区间电话摘机时亮,挂机时灭
工作指示灯	绿	第二路下行区间接口占用指示灯,区间电话摘机时亮,挂机时灭
工作指示灯	绿	第一路上行区间接口,接收 5 000 Hz 时亮
工作指示灯	绿	第二路上行区间接口,接收 5 000 Hz 时亮
通信指示灯	绿	本板与主控板通信,闪烁正常
CPU 运行灯	绿	本板 CPU 运行灯,闪烁正常

(十四)接口板-6(表 F4-18)

表 F4-18　接口板指示灯定义

名　称	颜　色	含义及状态
工作指示灯	绿	第一路接口占用指示灯,占用时亮,释线时灭
工作指示灯	绿	第二路接口占用指示灯,占用时亮,释线时灭
工作指示灯	绿	第三路接口占用指示灯,占用时亮,释线时灭

续上表

名　　称	颜　色	含义及状态
工作指示灯	绿	第四路接口占用指示灯,占用时亮,释线时灭
工作指示灯	绿	第五路接口占用指示灯,占用时亮,释线时灭
工作指示灯	绿	第六路接口占用指示灯,占用时亮,释线时灭
通信指示灯	绿	本板与主控板通信,闪烁正常
CPU 运行灯	绿	本板 CPU 运行灯,闪烁正常

(十五)数据通信板(表 F4-19)

表 F4-19　数据通信板指示灯定义

名　　称	颜　色	含义及状态
工作指示灯	绿	第一路串口消息接收指示灯,收到消息指示灯闪
工作指示灯	绿	第二路串口消息接收指示灯,收到消息指示灯闪
工作指示灯	绿	第三路串口消息接收指示灯,收到消息指示灯闪
工作指示灯	绿	第四路串口消息接收指示灯,收到消息指示灯闪
通信指示灯	绿	本板与主控板通信,闪烁正常
CPU 运行灯	绿	本板 CPU 运行灯,闪烁正常

(十六)有铃流电源板(表 F4-20)

表 F4-20　有铃流电源板指示灯定义

名　　称	颜　色	含义及状态	名　　称	颜　色	含义及状态
+5 V 指示灯	绿	亮正常	告警灯	红	灭正常,亮告警
−5 V 指示灯	绿	亮正常	开关 1	——	总电源开关
共电铃流指示灯	绿	亮正常	开关 2	——	共电铃流开关
磁石铃流指示灯	绿	亮正常	开关 3	——	磁石铃流开关

(十七)无铃流电源板(表 F4-21)

表 F4-21　无铃流电源板指示灯定义

名　　称	颜　色	含义及状态	名　　称	颜　色	含义及状态
+5 V 指示灯	绿	亮正常	告警灯	红	灭正常,亮告警
−5 V 指示灯	绿	亮正常	开关	——	总电源开关

(十八)选号板(表 F4-22)

表 F4-22　选号板指示灯定义

名　　称	颜　色	含义及状态
工作指示灯	绿	第一路接口占用指示灯,占用时亮,释线时灭
工作指示灯	绿	第二路接口占用指示灯,占用时亮,释线时灭
工作指示灯	绿	第三路接口占用指示灯,占月时亮,释线时灭
通信指示灯	绿	本板与主控板通信,闪烁正常
CPU 运行灯	绿	本板 CPU 运行灯,闪烁正常

附录五　“飞鸿 98”电路板对应的卡接块内外线端子卡接方法

(一)三路 U 口板对应的卡接块的外线端子卡接方法(表 F5-1)

表 F5-1　三路 U 口板对应的卡接块的外线端子卡接方法

卡接块位置	含　　义	卡接块位置	含　　义
1	接地	4	数据接收端
2	－48 V	5～8	第二路 U 接口
3	数据发送端	9～12	第三路 U 接口

注:卡接块内线端子 1～18 对应到 DB37 的 1～18。

(二)二路录音 U 口板对应的卡接块的外线端子卡接方法(表 F5-2)

表 F5-2　二路录音 U 口板对应的卡接块的外线端子卡接方法

卡接块位置	含　　义	卡接块位置	含　　义
1	接地	11～12	第二路 U 接口的录音通道
2	－48 V	13～14	未用
3	数据发送端	15	RS-232 发送端
4	数据接收端	16	RS-232 接收端
5～8	第二路 U 接口	17～18	RS-232 地
9～10	第一路 U 接口的录音通道		

注:1. 二路远分 U 口板的 1～8 和二路录音 U 口板的接线一样,其他无意义;

2. 单路录音 U 口板的 5～8,11～12 卡接位置无意义,其他和二路录音 U 口板的接线一样。

(三)共电板对应的卡接块的外线端子卡接方法(表 F5-3)

表 F5-3　共电板对应的卡接块的外线端子卡接方法

卡接块位置	含　义	卡接块位置	含　义
1	电话线的 A 线	5～6	第三路共电接口
2	电话线的 B 线	7～8	第四路共电接口
3	电话线的 A 线	9～10	第五路共电接口
4	电话线的 B 线	11～12	第六路共电接口

注:卡接块内线端子 1～18 对应到 DB37 的 1～18。

(四)四路多功能板对应的卡接块的外线端子卡接方法(表 F5-4)

表 F5-4　四路多功能板对应的卡接块的外线端子卡接方法

卡接块位置	含　义	卡接块位置	含　义
1	话路(对于 4 线接口,为接收端)	5～8	第二路接口同第一路接口
2	话路(对于 4 线接口,为接收端)	9～12	第三路接口同第一路接口
3	对于 4 线接口,为发送端	13～18	第四路接口(剩余是 2 线接口)
4	对于 4 线接口,为发送端		

注:卡接块内线端子 1～18 对应到 DB37 的 1～18。

(五)六路多功能板对应的卡接块的外线端子卡接方法(表 F5-5)

表 F5-5　六路多功能板对应的卡接块的外线端子卡接方法

卡接块位置	含　义	卡接块位置	含　义
1～2	第一路接口	7～8	第四路接口
3～4	第二路接口	9～10	第五路接口
5～6	第三路接口	11～12	第六路接口

注: 2 线接口板占用 1 路接口,4 线接口板占用 2 路接口(第一路为接收端,第二路为发送端)。

(六)选号板对应的卡接块的外线端子卡接方法(表 F5-6)

表 F5-6　选号板对应的卡接块的外线端子卡接方法

卡接块位置	含　义	卡接块位置	含　义
1、2	语音线	7～12	第 2 路配线
3、4	第 1 路呼入线	13～18	第 3 路配线
5、6	第 1 路呼出线		

选号与 YG－3、DC－7 调度分机相接时略有不同，分述如下：

(1)选号与 YG－3 调度分机相接时，3 接－6 V，4 接响铃控制线，5、6 不接。

(2)选号与 DC－7 调度分机相接时，3 接响铃控制线，4 接＋6 V，5 接－6 V，6 接摘挂机线。

(七)环境监测板对应的卡接块内线端子与外线端子的卡接方法(表 F5-7)

表 F5-7　环境监测板对应的卡接块内线端子与外线端子的卡接方法

卡接块编号	内线端子对应 DB37 编号	备　注(以卡接块编号说明)
1	1	第一块卡接块开始
2	2	1,2 对应第一路模拟量
⋮	⋮	
16	16	15,16 对应第八路模拟量
17	20	
18	21	17,18 对应第一路输入开关量
19	22	
20	23	19,20 对应第二路输入开关量
1	24	第二块卡接块开始
2	25	1,2 对应第三路输入开关量
⋮	⋮	
12	35	11,12 对应第四路输出开关量
13	17	
14	36	13,14 对应－15 V
15	18	
16	37	15,16 对应＋15 V

注：卡接块内线端子 1～18 对应到 DB37 的 1～18。

(八)数据通信板对应的卡接块的外线端子卡接方法(表 F5-8)

表 F5-8　环境监测板对应的卡接块内线端子与外线端子的卡接方法

卡接块位置	含　义	卡接块位置	含　义
1	第一个 Modem 的接收端	5～8	第二路 Modem 收、发、地、未用
2	第一个 Modem 的发送端	9～12	第三路 Modem 收、发、地、未用
3	第一个 Modem 地	13～16	第四路 Modem 收、发、地、未用
4	未用		

注：1. 如果由于 Modem 的不同串口收发不同，需要将卡接块的外线端子的 1 和 2、5 和 6、9 和 10、13 和 14 反接。

2. 卡接块内线端子 1～18 对应到 DB37 的 1～18。

(九)区转机板对应的卡接块的外线端子卡接方法(表 F5-9)

表 F5-9　区转机板对应的卡接块的外线端子卡接方法

卡接块位置	含　义	卡接块位置	含　义
1、2	第一路下行区间接口	5、6	第一路上行区间接口
3、4	第二路下行区间接口	7、8	第二路上行区间接口

注:卡接块内线端子 1～18 对应到 DB37 的 1～18。

(十)连接 2 Mbit/s 同轴电缆

背板上有 8 个同轴电缆接头,分别对应第一个数字环(H1_K1_OUT,H1_K1_IN,H1_K2_OUT,H1_K2_IN)和第二个数字环(H2_K1_OUT,H2_K1_IN,H2_K2_OUT,H2_K2_IN)。它们的含义见表 F5-10。

表 F5-10　同轴电缆的接头含义

符　号	含　义
H2_K1_OUT	送数据去上行站,接上行站的 H2_K2_IN 端
H2_K1_IN	接收上行站的数据,接上行站的 H2_K2_OUT
H2_K2_OUT	送数据去下行站,接下行站的 H2_K1_IN 端
H2_K2_IN	接收下行站的数据,接下行站的 H2_K1_OUT
H1_K1_OUT	送数据去上行站,接上行站的 H1_K2_IN 端
H1_K1_IN	接收上行站的数据,接上行站的 H1_K2_OUT
H1_K2_OUT	送数据去下行站,接下行站的 H1_K1_IN 端
H1_K2_IN	接收下行站的数据,接下行站的 H1_K1_OUT

附录六　“飞鸿 98”各种背板及操作台按键图

(一)48 键操作台平面示意图(铁壳)(图 F6-1)

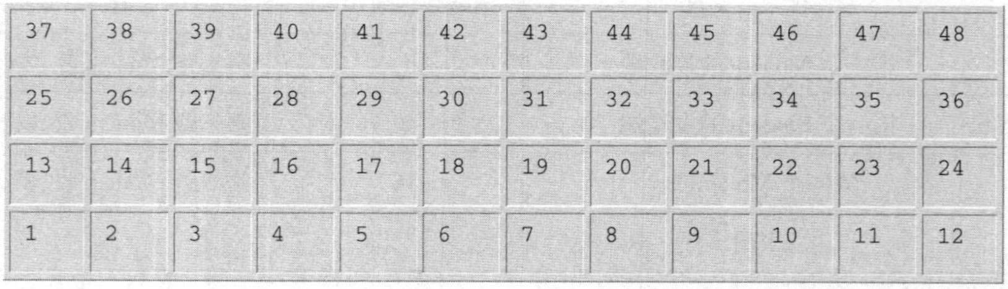

图 F6-1　48 键操作台平面示意图(铁壳)

(二)24 键操作台平面示意图(塑料壳)(图 F6-2)

21	22	23	24
17	18	19	20
13	14	15	16
9	10	11	12
5	6	7	8
1	2	3	4

图 F6-2　24 键操作台平面示意图(塑料壳)

(三)48 键操作台平面示意图(塑料壳)(图 F6-3)

8	9	24	25	40	41
7	10	23	26	39	42
6	11	22	27	38	43
5	12	21	28	37	44
4	13	20	29	36	45
3	14	19	30	35	46
2	15	18	31	34	47
1	16	17	32	33	48

图 F6-3　48 键操作台平面示意图(塑料壳)

(四)枢纽主网背板示意图(图 F6-4～图 F6-7)

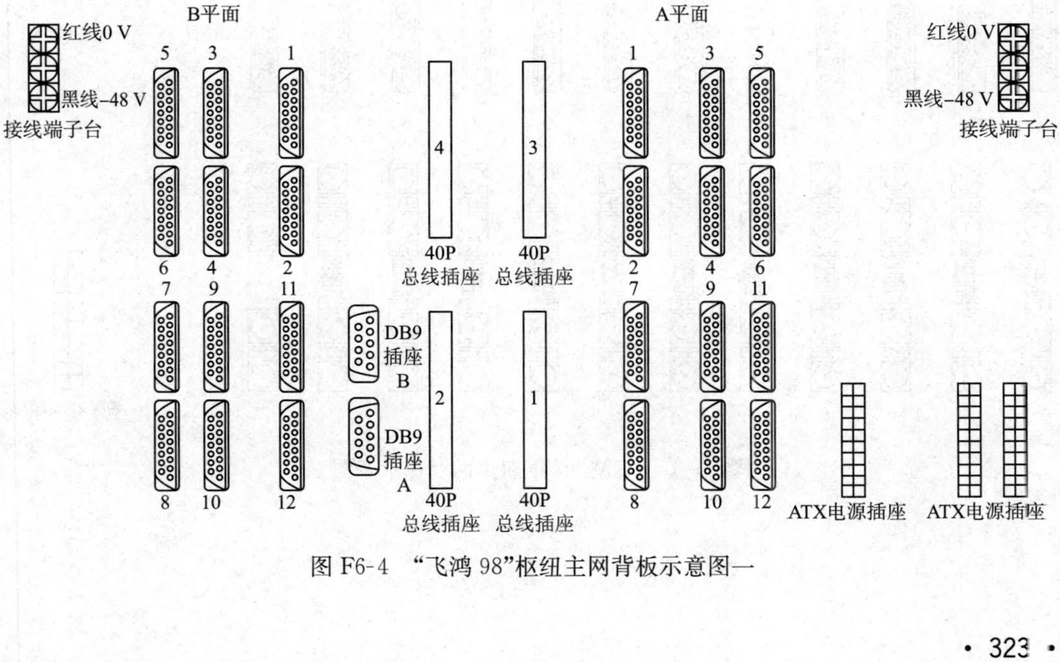

图 F6-4　“飞鸿 98”枢纽主网背板示意图一

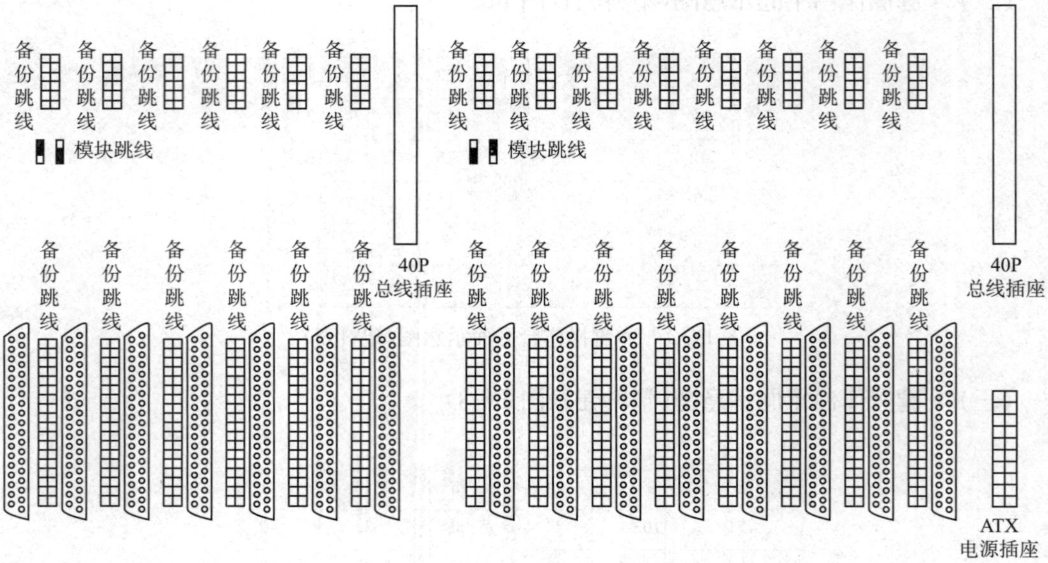

图 F6-5 "飞鸿 98"枢纽主网背板示意图二

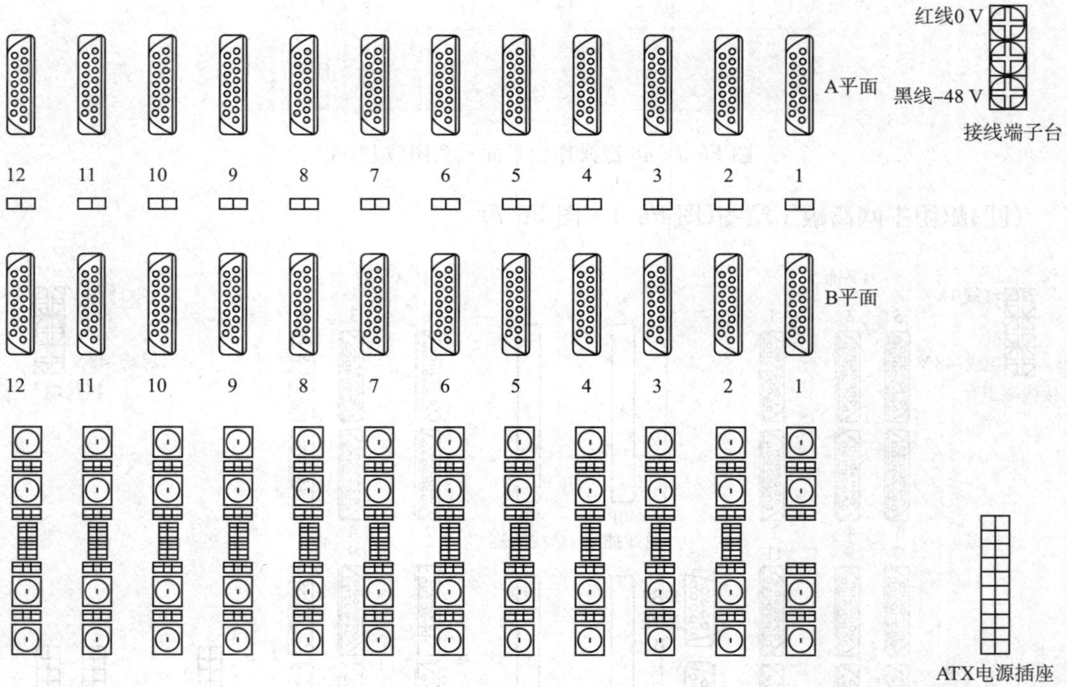

图 F6-6 "飞鸿 98"枢纽主网背板示意图三

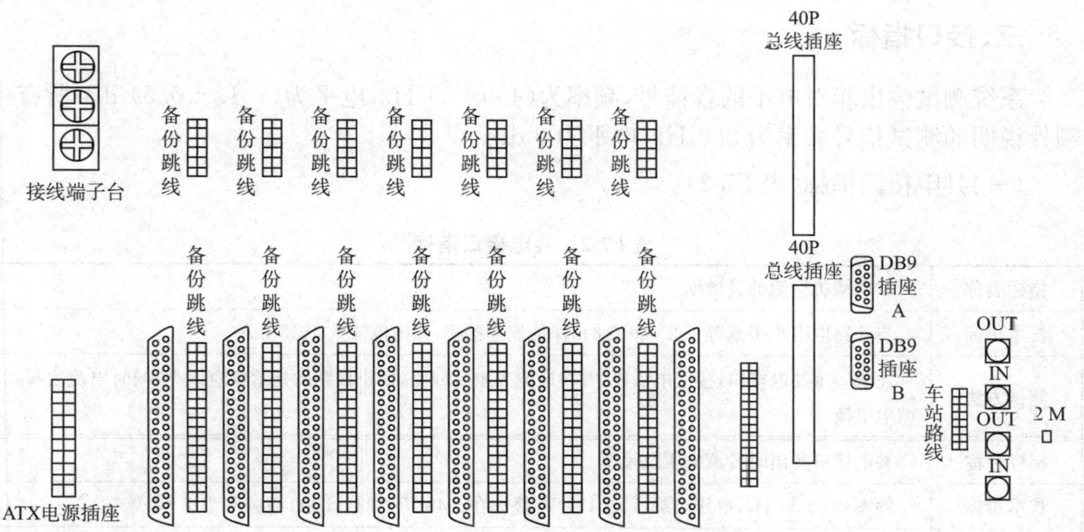

图 F6-7　“飞鸿 98”枢纽主网背板示意图四

附录七　“飞鸿 98”系统技术要求和接口指标检验

一、电源、接地和环境要求

(1)后台主交换控制系统电源:DC－48 V(电压波动范围－57～－40 V)。

(2)电源电流:＜5 A。

(3)调度台电源:DC－48 V(电压波动范围 －57～－40 V)。

11 V　(50±2.5) Hz。

(4)电源电流:≤ 300 mA。

(5)系统接地电阻:≤5 Ω。

(6)环境温度:0 ℃～45 ℃。

(7)环境湿度:20%～ 90% RH。

(8)大气压力:70～106 kPa。

二、系统检测用仪器仪表清单(表 F7-1)

表 F7-1　系统检测用仪器仪表清单

名　称	型　号	单　位	数　量
万用表	DT92 系列	块	1
示波器	CS-4125	台	1
电平振荡器	JH5061	台	1
选频电平表	JH5011	台	1
可变输出的铃流发生器		台	1

三、接口指标

系统测试输出相对电平的音信号，频率为(450±5) Hz，电平为(−12±0.5) dB；所有未额外说明的测试信号频率为 800 Hz，电平为 0 dB。

(一)共电接口指标(表 F7-2)

表 F7-2 共电接口指标

指标名称	共电摘机检测的灵敏度
技术指标	当环路电阻小于或等于 2 000 Ω 时，保证识别摘机，馈电电流大于 18 mA
测试方法	任取一个共电接口，接上电话机，并将电流表串入回路，摘机该路的指示灯应该亮，同时电流表显示馈电电流
指标名称	共电接口呼出时铃流电压及频率
技术指标	频率(25±3) Hz，电压空载(75±15) V(叠加在−48 V 上的)，1 kΩ 负载不小于 50 V
测试方法	在被测共电接口上接电话机，将示波器或万用表跨在 a、b 线，呼叫共电，测量铃流电压和频率

(二)磁石接口指标(表 F7-3)

表 F7-3 磁石接口指标

指标名称	磁石接口铃流接收灵敏度
技术指标	频率 25 Hz，电压 V_{ac}≥15 V，时间：≥0.5 s，保证可靠接收
测试方法	用铃流发生器输出 15 V、25 Hz 的铃流，接入被测接口，打开铃流发生器持续 0.5 s，该路应该能检测到呼入，对应该路的指示灯亮
指标名称	磁石接口外线阻抗
技术指标	600 Ω
测试方法	用选频电平表(高阻)测量电平振荡器(600 Ω 内阻)输出，调节振荡器输出为 0 dB，呼叫该接口建立通道，将振荡器输出接入被测接口，用电平表高阻跨接测量电平应该为(−6±1) dB

(三)2 线音频接口指标(表 F7-4)

表 F7-4 2 线音频接口指标

指标名称	外线端阻抗
技术指标	600 Ω
测试方法	当外线阻抗为 600 Ω，用选频电平表(高阻)测量电平振荡器(600 Ω 内阻)输出，调节振荡器使电平表输出为 0 dB，将振荡器输出接入被测接口，用电平表高阻跨接测量电平应该为(−6±1) dB
指标名称	输出相对电平
技术指标	(−3±3) dBr
测试方法	由枢纽主系统或车站分系统发送测试音信号频率为(450±5) Hz，电平为(−12±0.5) dB，使用选频电平表(600 Ω)在配线架上测试该路的外线输出电平 P_0，将 P_0 减去−12 dB 就是输出相对电平

(四)4线音频接口指标(表F7-5)

表F7-5 4线音频接口指标

指标名称	外线端阻抗
技术指标	600 Ω
测试方法	用选频电平表(高阻)测量电平振荡器(600 Ω内阻)输出,调节振荡器输出为0 dB,将振荡器输出接入被测4线接口的输入,用电平表高阻跨接测量电平应该为(−6±1) dB
指标名称	输出相对电平
技术指标	(−3±3) dBr
测试方法	由枢纽主系统或车站分系统发送测试音信号频率为(450±5) Hz,电平为(−12±0.5) dB,使用选频电平表(高阻)在配线架上测试该路的外线输出电平 P_0,将 P_0 减去−12 dB就是输出相对电平

(五)4线模调接口指标(表F7-6)

表F7-6 4线模调接口指标

指标名称	外线端阻抗
技术指标	600 Ω
测试方法	用选频电平表(高阻)测量电平振荡器(600 Ω内阻)输出,调节振荡器输出为0 dB,将振荡器输出接入被测4线接口的输入,用电平表高阻跨接测量电平应该为(−6±1) dB
指标名称	输出相对电平
技术指标	(−3±3) dBr
测试方法	由枢纽主系统发送测试音信号频率为(450±5) Hz,电平为(−12±0.5) dB,使用选频电平表(高阻)在配线架上测试该路的外线输出电平 P_0,将 P_0 减去−12 dB就是输出相对电平

(六)选号接口指标(表F7-7)

表F7-7 选号接口指标

指标名称	额定输出电平
技术指标	(1±3) dB(600 Ω负载)
测试方法	将选频电平表(内阻600 Ω)接在被测接口配线架上对应外线,用值班台辅通道(前台)或值班分机呼叫该接口,建立通道,将电平振荡器(0 Ω)从值班台辅通道拾音器输入测试信号−40 dB,然后在一定范围内逐渐增大测试信号电平,由电平表读出选号最大输出电平

(七)下行区间接口指标(表F7-8)

表F7-8 下行区间接口指标

指标名称	下行区间接口呼出时铃流电压及频率
技术指标	铃流:25 Hz。空载:(75±15) V;1 kΩ负载:≥50 V
测试方法	在被测接口接电话机,同时将示波器或万用表跨接在区间回线上,摘机拨"1",就可以用示波器或万用表测量铃流的频率和电压

续上表

指标名称	5 000 Hz 信号输出电平
技术指标	5 000 Hz;信号输出电平:2～5 dB
测试方法	在被测接口接电话机,同时将示波器或选频电平表(高阻)跨接在区间回线上,摘机拨"3",就可以用示波器或选频电平表测量 5 000 Hz 的频率和电压

(八)上行区间接口指标(表 F7-9)

表 F7-9　上行区间接口指标

指标名称	5 000 Hz 接收灵敏度
技术指标	－10 dB 以上保证接收,摘机挂机、拨号音、高声讲话及铃流均不误动
测试方法	将电平振荡器调到 5 000 Hz、－10 dB(0 Ω 内阻输出),接入被测上行区间接口,接口应该检测到呼入,对应该路的指示灯亮。在上行区间接口接一个共电话机,摘机、挂机、摘机高声讲话,该接口都不会误检测到呼入

(九)电源部分技术指标

1. 工作电压测试

(1)测试方法:调节外线电压在－57～－40 V 之间变化,用万用表测量电源板的输出电压值与技术指标做比较。

(2)技术指标:工作电压(－48 V)在－56～－40 V 范围内波动,系统应能正常工作。

(3)其条件为:有铃流电源板:(＋5±0.2) V。

铃流空载(75±15) V(叠加在－48 V 上)。

磁铃空载(75±15) V(平衡输出)。

2. 工作电流

(1)测试方法:将电流表串接在－48 V 电源输出的一线上,打开系统的电源开关,在电流表上读取电流值与技术指标做比较。

(2)技术指标:≤5 A。

(十)E1 接口

(1)比特率:2 048 kbit/s。

(2)输入阻抗:75 Ω 不平衡输出方式。

(3)码型:HDB3 线路编码。

可用示波器在 E1 输出同轴连接器处监测 E1 接口发送的线路码型。

(十一)"2B＋D"接口

(1)外线传输:2B1Q 线路编码。

(2)数字编码方式:18 位码,两路 PCM 编码 16 位,控制信令 2 位。

(3)发送脉冲幅度:±3.5 V PK。

用示波器观察测量"2B＋D"接口输出的线路脉冲幅度,应符合上述要求。

附录八　CTT2000L/M 专用数字调度通信系统的安装与配置

一、机柜的安装

CTT2000L/M 后台主机结构上包括两大部分：机架和子框。

（一）机架的安装

机架应直立放置，利用机架底部的固定螺丝将机架固定在机房的地板上（图 F8-1）。

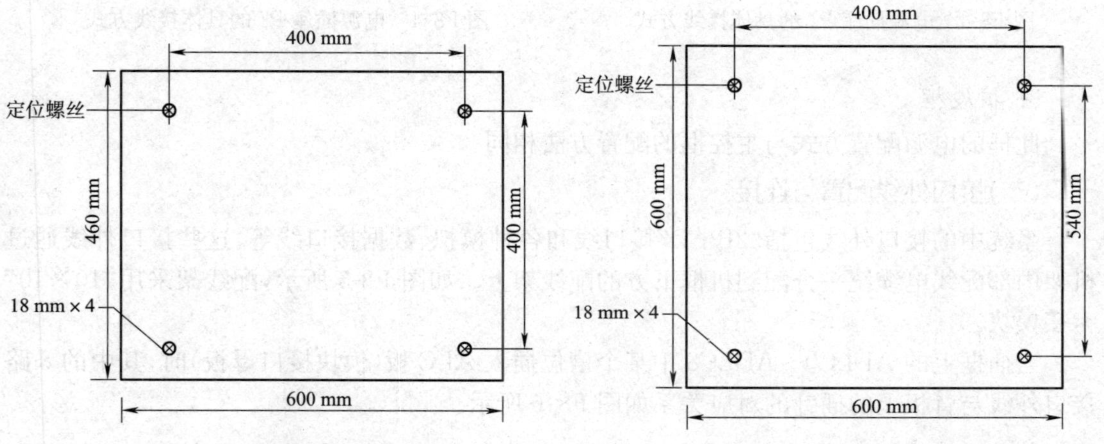

(a)　机架底部视图(1.3 m高)　　(b)　机架底部视图(2.0 m高)

图 F8-1　机架底部视图

注意：定位螺丝孔的直径为 18 mm。

（二）子框的安装

子框包括风扇框、控制框、扩展框等，所有的子框从机架正面插入，并使用螺丝在子框正面边缘处固定。

二、外线的连接

机柜安装好之后，要配置机柜背面与外部的连线，包括电源线、“2B＋D”线、用户线、2 M 线等，按照配线表正确卡接。

（一）电源线配置与连接

外部 48 V 电源引入，如图 F8-2 所示，注意正、负极；

内部电源线连接方法如下：

1. 风扇框

在风扇框背后的线路板上有一个形状如下图所示的白色电源插座 CZ1，具体接线方式如图 F8-2 所示。

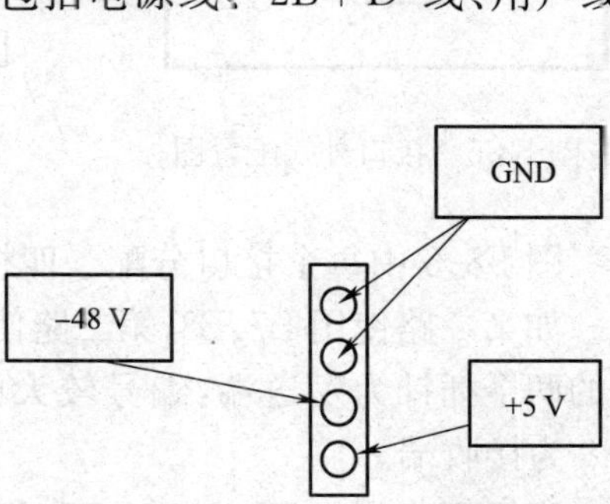

图 F8-2　电源插座 CZ1 的具体接线方式

2. 主控框

主控框的背板上有两个白色电源插座 P1 和 P2,具体接线方法如图 F8-3 和图 F8-4 所示。

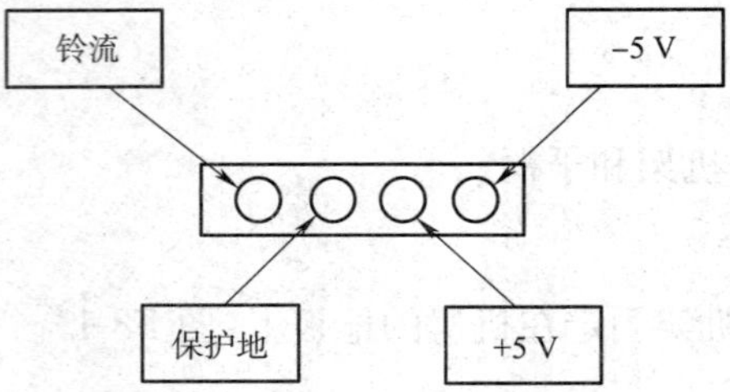

图 F8-3　电源插座 P1 的具体接线方式

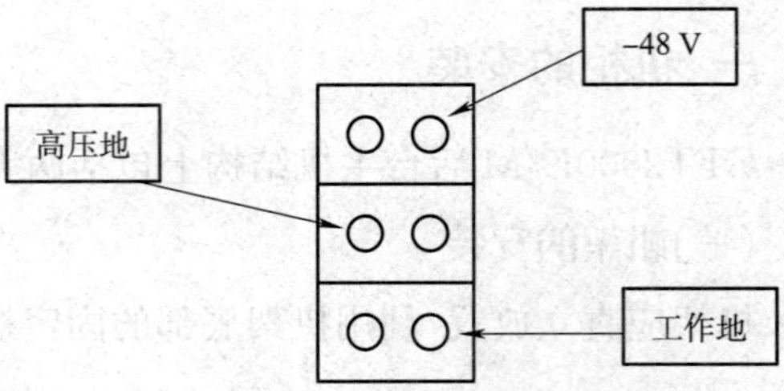

图 F8-4　电源插座 P2 的具体接线方式

3. 扩展框

此框的电源配置方式与主控框的配置方法相同。

(二)接口外线配置与连接

系统中的接口外线包括“2B+D”接口线和各种模拟、数据接口线等,这些接口外线通过机架内部配线电缆统一分配到机框下方的配线架上。如图 F8-5 所示,配线架采用“10×10”卡接模块。

当插框上的 ADLC0～ADLC8 中某个槽位插入 ALC 板(模块接口母板)时,其中的 8 路接口外线与背板上的插针的对应关系如图 F8-6 所示。

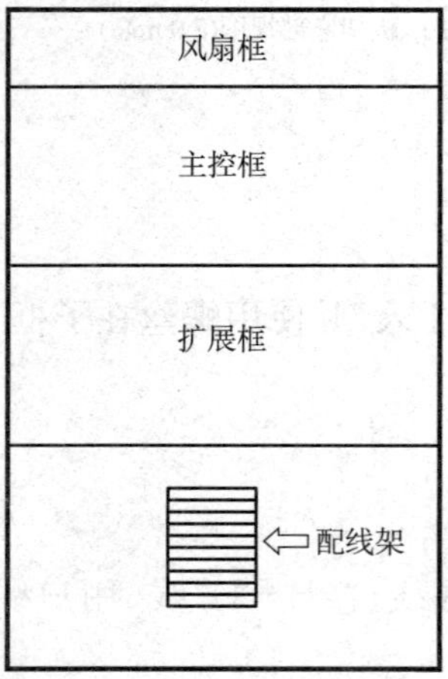

图 F8-5　接口外线配置图

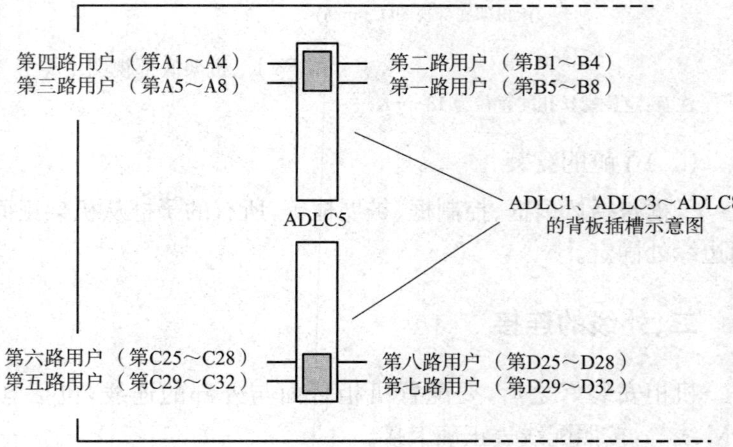

图 F8-6　接口外线与背板上的插针图

图 F8-6 中每个接口分配了四根外线,当该接口为 2 线接口时,使用编号较大的两个插针。如第一路使用 B7、B8,第二路使用 B3、B4,依此类推。当该接口为 4 线接口时,编号较小的两个插针为发送端,编号较大的插针为接收端。如第八路 D25、D26 为发送端,D27、D28 为接收端。

当插框上的 ADLC0～ADLC7 中某个槽位插入 TNI 板时,该板四个接口外线对应图 F8-6中第一路至第四路相应插针。

当插框上的 ADLC0～ADLC7 中某个槽位插入 DSP 板时，其中的 4 路“2B+D”接口线与背板上插针的对应关系如图 F8-7 所示。

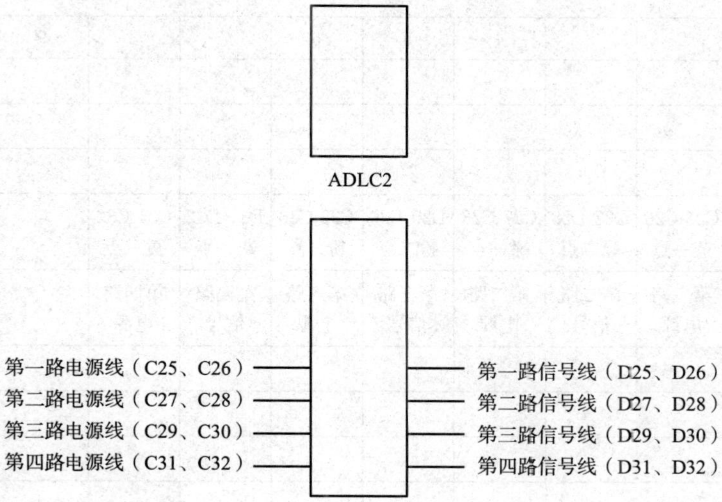

图 F8-7　槽位插入 DSP 板时 4 路“2B+D”接口线与背板上插针的对应关系

图 F8-7 为“2B+D”接口采用 4 线方式，即电源与信号分开传送，当采用 2 线方式时，只使用右边一对线，即第一路使用 D25、D26，电源与信号同时传送。

调度台“2B+D”连线说明如下：

1. 调度台侧

调度台后视图如图 F8-8 所示。

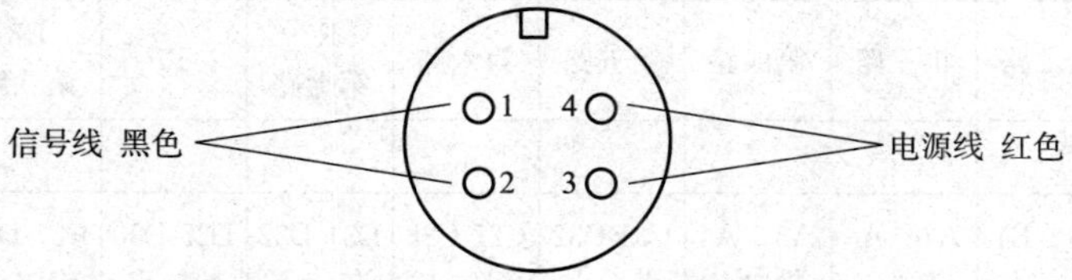

图 F8-8　调度台后视图

2.“2B+D”电缆

“2B+D”插头外观如图 F8-9 所示，图中电源线和信号线分别使用两对双绞线中的一对。

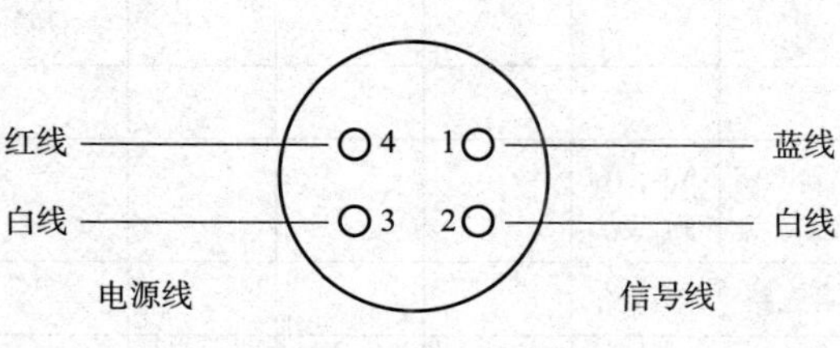

图 F8-9　“2B+D”插头外观图

系统内部配线架配线规则见表 F8-1。

表 F8-1　系统内部配线架配线表

模块号	端子 1	2	3	4	5	6	7	8	9	10	对应槽位(单板)
1											预留
2	D25 D26 蓝二点	C25 C26 蓝一点	D27 D28 绿二点	C27 C28 绿一点	D29 D30 粉二点	C29 C30 粉一点	D31 D32 灰一点	C31 C32 黄一点			ADLC2 (DSP)
	第一路 信号	第一路 电源	第二路 信号	第二路 电源	第三路 信号	第三路 电源	第四路 信号	第四路 电源			
3											ADLC3
4	B7　B8 蓝一点	B3　B4 粉一点	A7　A8 蓝二点	A3　A4 粉二点	C31 C32 黄一点	C27 C28 绿一点	D31 D32 灰一点	D29 D30 粉二点	D27 D28 绿二点	D25 D26 蓝二点	ADLC4 (ALC)
	第一路	第二路	第三路	第四路	第五路	第六路	R7 第七路	T7	R8 第八路	T8	
5	B7　B8 蓝一点	B3　B4 粉一点	A7　A8 蓝二点	A3　A4 粉二点	C31 C32 黄一点	C27 C28 绿一点	D31 D32 灰一点	D29 D30 粉二点	D27 D28 绿二点	D25 D26 蓝二点	ADLC5 (ALC)
	第一路	第二路	第三路	第四路	第五路	第六路	R7 第七路	T7	R8 第八路	T8	
6	B7　B8 蓝一点	B3　B4 粉一点	A7　A8 蓝二点	A3　A4 粉二点	C31 C32 黄一点	C27 C28 绿一点	D31 D32 灰一点	D29 D30 粉二点	D27 D28 绿二点	D25 D26 蓝二点	ADLC6 (ALC)
	第一路	第二路	第三路	第四路	第五路	第六路	R7 第七路	T7	R8 第八路	T8	
7											ADLC7
8	B7　B8 蓝一点	B3　B4 粉一点	A7　A8 蓝二点	A3　A4 粉二点							ADLC8 (TNI)
	第一路	第二路	第三路	第四路							

续上表

模块号	端　子										对应槽位（单板）
	1	2	3	4	5	6	7	8	9	10	
9											
10											

备注：当第七路、第八路为4线接口时，表中R7、R8分别为第七路、第八路的收线，T7、T8分别为第七路、第八路的发线；当第七路、第八路为两线接口时，分别使用R7、R8对应的端子。

(三)2 M线配置与连接

2 M线的连接是将机柜所在的分系统接入到环上，从而使系统正常运行不可缺少的关键步骤。是否正确连接将直接关系到系统能否正常运转。

若某一槽位上插上了DTP板，则利用此槽位对应的背板上一组2 M接口连接2 M环。一组2 M接口由两个同样的2 M接口（2M1和2M2）组成，每个2 M接口包括一个收接口和一个发接口，如图F8-10所示。

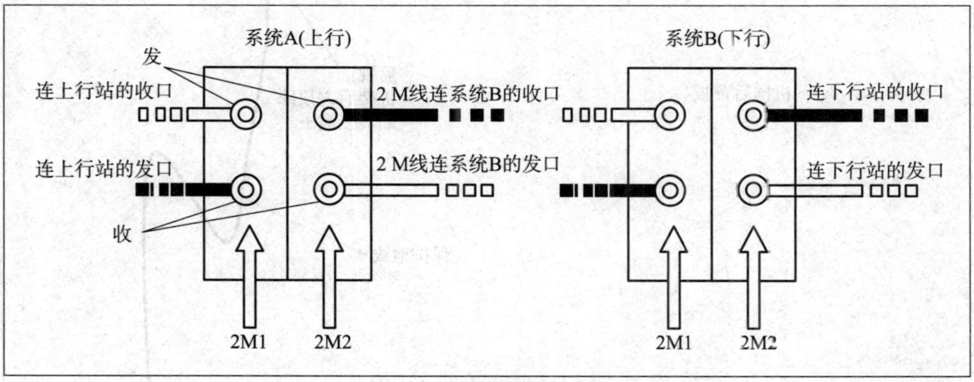

图F8-10　2 M线配置与连接图

一般情况下，2M1连接上行站的2 M接口，2M2连接下行站的2 M接口。图中给出的是系统A和系统B之间的连接实例，其他系统的连接请参照此实例。

(四)RS-232串行通信口的连接

在后台主机MP板对应的背板上有两个RS-232串行通信口：维护台接口和调试接口（图F8-11）。

维护台接口用于与维护台的通信服务器相连，传送维护台命令及数据等。调试接口用于调试程序使用，一般情况下不使用。

(五)保护地的连接

保护地的连接如图F8-12所示。

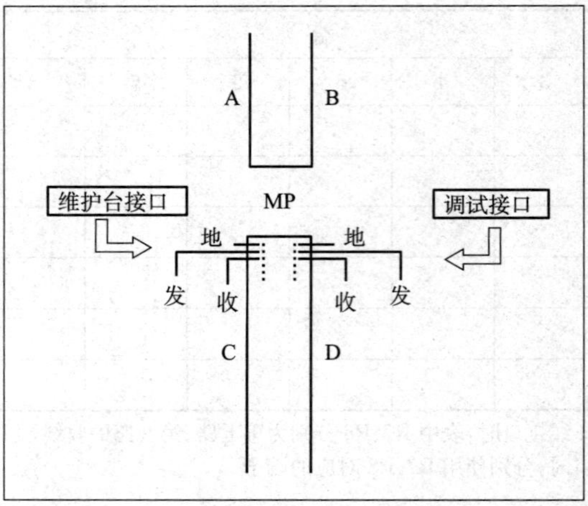

图 F8-11　RS-232 串行通信口的连接图

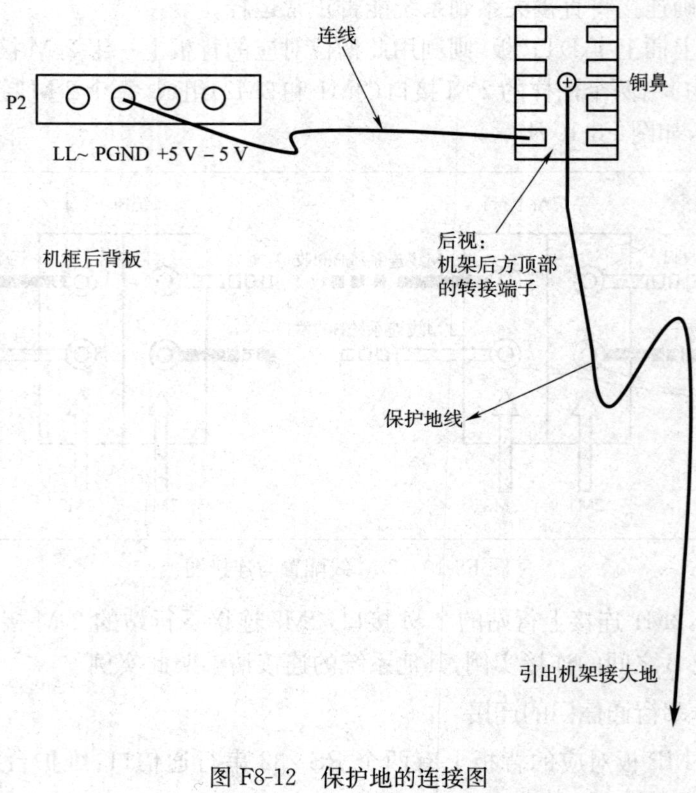

图 F8-12　保护地的连接图

(1)铜鼻大小：孔径：8 mm；外径：不大于 15 mm。

(2)接地线：5～15 mm^2。

(六)脚踏键的连接

脚踏键的接法如图 F8-13 所示。

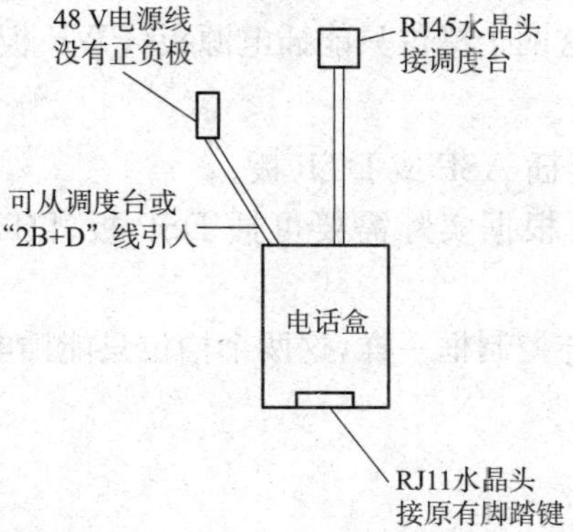

图 F8-13　脚踏键的接法图

三、单板的配置

机柜的配置主要有两个部分:单板的配置和线路的配置。

(一)线路板的插接

为方便描述,这里对插框的槽位进行编号,如图 F8-14 所示,由左至右依次为槽位0～槽位 12。

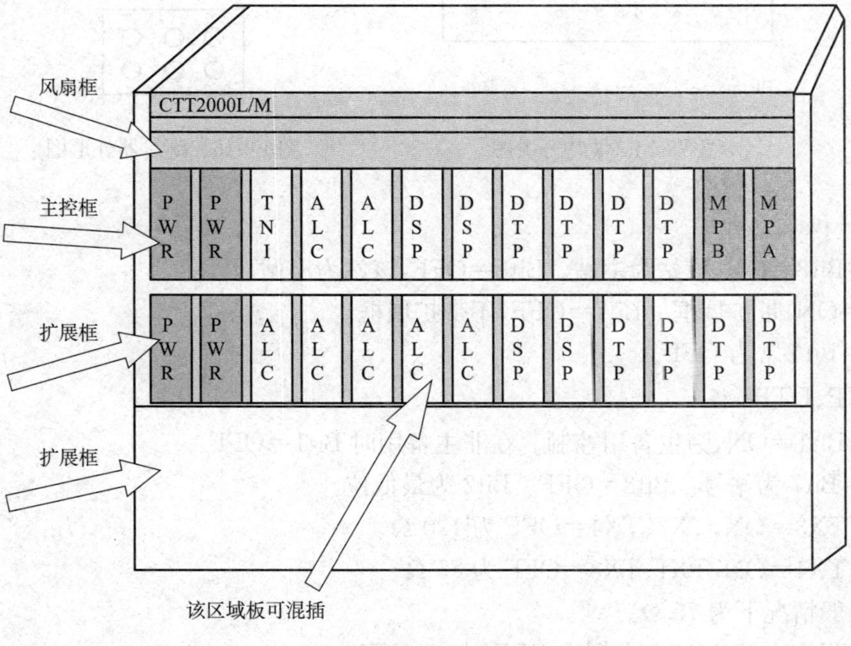

图 F8-14　机柜的配置图

1. 控制框的配置

(1)槽位 0～槽位 1:只能插 MPU 或 MPS 板。

(2)槽位2～槽位10:可插DTP板、DSP板、ALC板及TNI板。

(3)槽位11和槽位12:这两个槽位只能插电源板(PWR板)。

2. 扩展框的配置

(1)槽位0～槽位2:只能插ASP或DTP板。

(2)槽位3～槽位10:可根据实际需要可插DSP板、DTP板、ALC板及TNI板等接口板。

(3)槽位11和槽位12:与控制框一样,这两个槽位只能插电源板(PWR板)。

(二)单板的开关调整

1. 波特开关和跳线器

我们注意到,在一些线路板(如MP,DTP等)上设有形如图F8-15所示的开关,当开关1～8都为OFF(关)状态,用0来表示;反之则为ON(开)状态,用1来表示。将这些开关拨至不同的状态对应不同的功能,具体配置方法如图F8-15所示,控制从Bit1～Bit8的8位数据。

跳线器外形一般如图F8-16所示,根据不同需要可有不同的组合,共功能主要是将某一连线断开或连接。

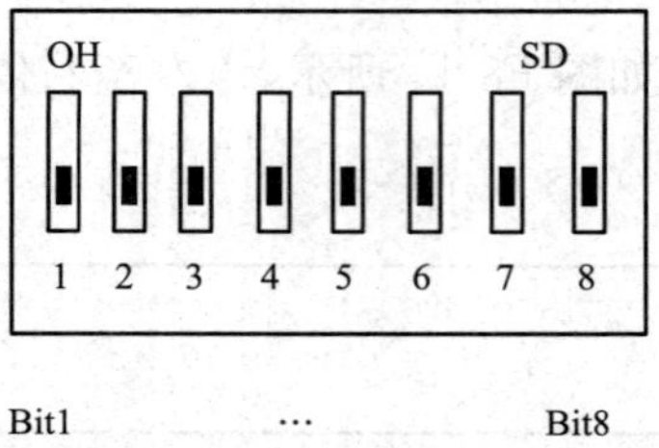

图F8-15 波特开关图

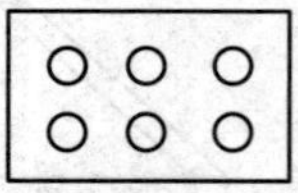

图F8-16 跳线器外形图

2. MP板

SW1:Bit8=ON,该站为主站。Bit8=OFF,该站为小站。

Bit7=ON,带扩展框。Bit7=OFF,不带扩展框。

Bit1～Bit6常为OFF。

3. DTP、DTP1板

SW1:Bit1=ON,为主备用控制。在非主备用时Bit1=OFF。

Bit2～Bit7为站号。Bit8=OFF。Bit2为最低位。

TX1、TX3=ON,TX2、TX4=OFF为120 Ω。

TX2、TX4=ON,TX1、TX3=OFF为75 Ω。

注:一般情况下为75 Ω。

TX6、TX7左侧为ON,右侧为OFF时,选E8K。

TX6、TX7右侧为ON,左侧为OFF时,选E2M。

注:一般情况下选E8K。

TX5=ON,TX8上侧为ON,下侧为OFF。

DTP2 板

SW1:Bit1=ON,为主备用控制。在非主备用时 Bit1=OFF。

Bit2～Bit7 为站号,Bit8=ON。其余同 DTP 板。

4. DSP 板

DSP 板外形如图 F8-17 所示。

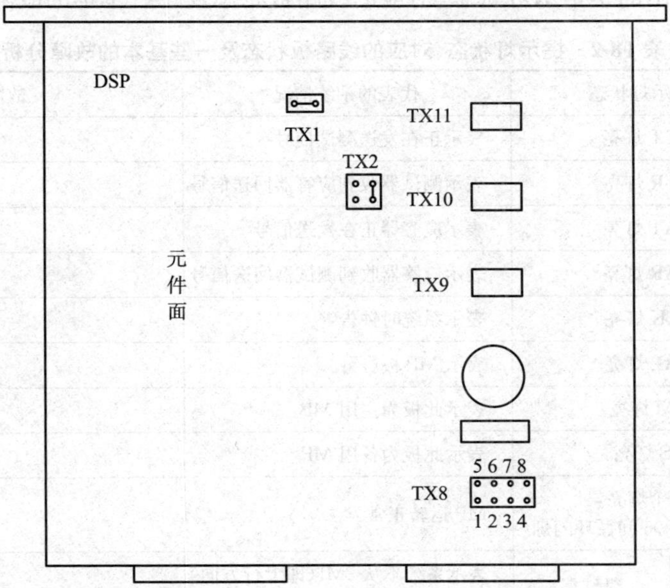

图 F8-17 DSP 板外形图

(1)2 线远供:2,3 短接、6,7 短接。通过短路帽实现,调度台内增加 DDTDY 板和 DDT2 板的 2 芯连线。

(2)4 线 48 V:3,4 短接、7,8 短接。

(3)4 线远供:拔除全部短路帽(140 V)。

(4)SW1:Bit1=ON,为主备用控制。在非主备用时 Bit1～Bit8 全为 OFF。TX1=ON。TX2 右侧 ON,左侧 OFF。

(三)模块跳线说明

ZCT 1M　TX1　线路特性阻抗为 600 Ω时,跳在 1、2;线路特性阻抗为 1400 Ω时,跳在 2、3。

VF 4M　TX1　输出放大 0 dB,跳在 2、4;输出放大－14 dB,跳在 1、3。

TX2　输入放大 0 dB,跳在 1、3;输入放大－4 dB,跳在 2、4。

✧　与载波机对接时:TX1(1,3),TX2(2,4)。

与终端对接时:TX1(2,4),TX2 (1,3)。

VF 2M　TX1　线路输入阻抗为高阻时,跳在 5、6。

线路输入阻抗为 600 Ω时,跳在 1、2(在 3,4 时为可调电阻)。

TX2　正常使用时,跳在 1,2;做录音输出时,跳在 2,3(输入接地)。

四、单板状态指示及调整

(一)单板状态指示

在每块线路板的正面都设置状态指示灯,根据这些灯的状态可以判断线路板的状态并依此分析线路板的故障。

表 F8-2 中列出的是指示灯状态、对应的线路板状态及一些基本的故障分析。

表 F8-2　提示灯状态、对应的线路板状态及一些基本的故障分析

<table>
<tr><th>单板名称</th><th colspan="2">提示灯状态</th><th>代表的系统情况</th><th>故障分析</th></tr>
<tr><td rowspan="4">MP</td><td colspan="2">TT 灯亮</td><td>表示正在发送测试信号</td><td></td></tr>
<tr><td colspan="2">TR 灯亮</td><td>表示测试器收到应答器回送信号</td><td></td></tr>
<tr><td colspan="2">AT 灯亮</td><td>表示应答器正在发送信号</td><td></td></tr>
<tr><td colspan="2">AR 灯亮</td><td>表示应答器收到测试器回送信号</td><td></td></tr>
<tr><td rowspan="9">MP</td><td colspan="2">CK 灯亮</td><td>表示系统时钟告警</td><td></td></tr>
<tr><td colspan="2">AL 灯亮</td><td>表示 MP 板告警</td><td></td></tr>
<tr><td colspan="2">M 灯亮</td><td>表示此板为主用 MP</td><td></td></tr>
<tr><td colspan="2">S 灯亮</td><td>表示此板为备用 MP</td><td></td></tr>
<tr><td colspan="2">两个灯亮,
并在 00～05 间循环闪烁</td><td>MP 运转正常</td><td></td></tr>
<tr><td rowspan="2">S0</td><td>绿灯亮</td><td>表示系统不从 2M1(即上行方向)提取外时钟或 2M1 方向外时钟丢失</td><td rowspan="2">2M1 接口异常或系统没配从 2M1 方向提取外时钟的数据时该灯亮</td></tr>
<tr><td>绿灯灭</td><td>表示系统从 2M1 方向提取外时钟且外时钟正常</td></tr>
<tr><td rowspan="2">S1</td><td>绿灯亮</td><td>表示系统不从 2M2(即上行方向)提取外时钟或 2M2 方向外时钟丢失</td><td rowspan="2">正常情况下,系统首先从 2M1 方向提取外时钟,2M1 接口异常时才从 2M2 方向提取外时钟(注:一般把 2M1 口作为默认的主环,2M2 口作为备环;在系统正常时,用 2M1 接上行站,用 2M2 接下行站)</td></tr>
<tr><td>绿灯灭</td><td>表示系统从 2M2 方向提取外时钟且外时钟正常</td></tr>
<tr><td rowspan="2">DTP</td><td colspan="2">AL 灯亮</td><td></td><td>表示 DTP 板告警</td></tr>
<tr><td colspan="2">M 灯亮</td><td>表示此板为主用 DTP</td><td></td></tr>
<tr><td rowspan="5">DTP</td><td colspan="2">S 灯亮</td><td>表示此板为备用 DTP</td><td></td></tr>
<tr><td colspan="2">三个灯亮,
并在 00～05 间循环闪烁</td><td>表示本系统与主系统通信正常</td><td></td></tr>
<tr><td colspan="2">两个灯亮,
并在 00～05 间循环闪烁</td><td></td><td>表示当前使用的 2 M 环通信有故障,但与 MP 通信正常</td></tr>
<tr><td colspan="2">一个灯亮,
并在 00～05 间循环闪烁</td><td></td><td>表示当前使用的 2 M 环通信有故障,与 MP 通信也发生故障</td></tr>
<tr><td colspan="2">没有灯循环闪烁</td><td></td><td>表示 DTP 板发生故障</td></tr>
</table>

续上表

单板名称	提示灯状态		代表的系统情况	故障分析
DTP	S0	灯亮	表示 2M1 无码流	如果是主系统，表示备环方向，主站与末端站通信发生线路故障；如果是分系统，表示主环方向，该站与上行站通信发生线路故障 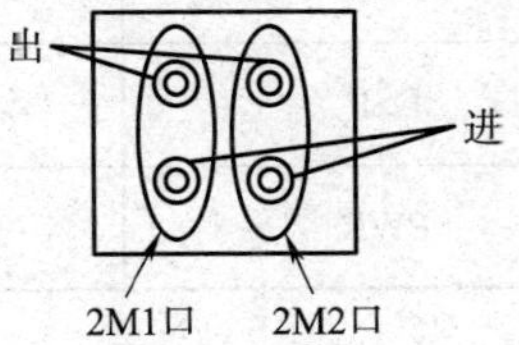
		灯灭	表示 2M1 有码流	如果是主系统，表示备环方向主站与末端站通信线路正常；如果是分系统，表示主环方向，该站与上行站通信线路正常
	S1	灯亮	表示 2M2 无码流	如果是主系统，表示主环方向，主站与下行站通信发生线路故障；如果是分系统，表示备环方向，该站与下行站通信发生线路故障
		灯灭	表示 2M2 有码流	如果是主系统，表示主环方向，主站与下行站通信线路正常；如果是分系统，表示备环方向该站与下行站通信线路正常
DSP	DL0～DL3 红灯亮			哪一个灯亮，表示对应的那一路"2B+D"连接发生故障
	AL 灯亮		表示 DSP 板告警	DSP 板发生严重故障
	M 灯亮		表示此板为主用 DSP	
	S 灯亮		表示此板为备用 DSP	
	00～07	一个灯循环灭	DSP 板运行正常	DSP 板与 MP(或 MPS)通信正常
		只有一个绿灯亮，并循环从下往上依次闪烁		DSP 板与 MP(或 MPS)通信发生故障正常
		没有灯轮转		DSP 板发生故障
ALC	R0～R7	红灯亮	相应接口收到呼入信号	
	T0～T7	绿灯亮	相应接口发出呼叫信号	

(二)单板按键说明

在 MP 板、DTP 板、DSP 板及 PWR 板正面的面板上分别有几个按键开关，这些开关的具体作用见表 F8-3。

表 F8-3　单板按键开关具体作用表

线路板	按键				
	RST	MRST	ABT	LL～	±5 V
MP	本板复位	整个系统复位	调试		
DTP	本板复位		调试		
DSP	本板复位		调试		
PWR				铃流开关	±5 V 开关

附录九　CTT2000L/M 专用数字调度通信系统维护台系统的安装、启动与退出

一、系统安装

厂家提供的 CTT2000L/M 维护台安装盘包括 Microsoft SQL Server 和客户端程序 Cttclient，下面是两个程序的安装方法：

1. 安装 Microsoft SQL Server 数据库

(1)将光盘放入光驱，进入 Microsoft SQL Server 目录，双击 

，会出现图 F9-1 所示的安装界面。

图　F9-1

(2)单击 安装 SQL Server 2000 组件 ，如图 F9-2 所示。

(3)单击 安装数据库服务器 ，会出现图 F9-3 所示的界面。

图　F9-2

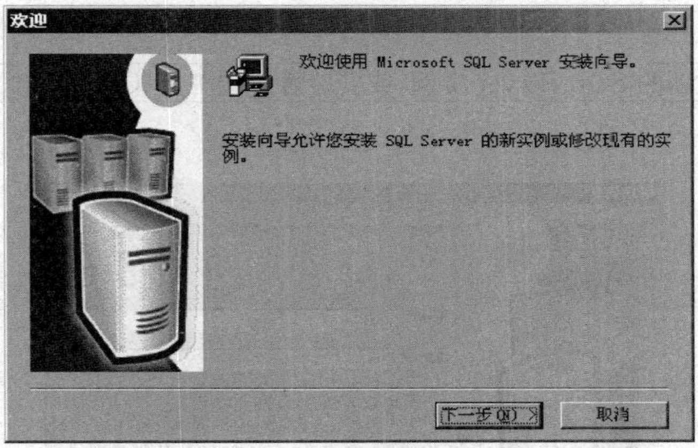

图　F9-3

(4)单击下一步出现如图 F9-4 所示的界面。

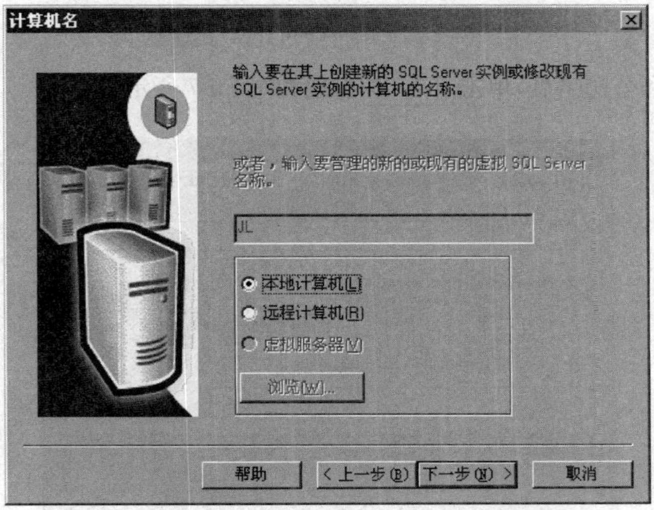

图　F9-4

(5)选择本地计算机,单击下一步出现如图 F9-5 所示的界面。

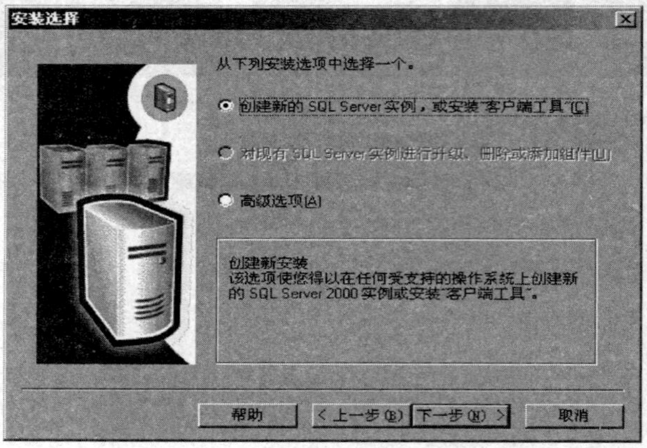

图　F9-5

(6)选择创建新的 SQL Server 实例,或安装客户端工具(C),单击下一步,出现如图 F9-6所示的界面。

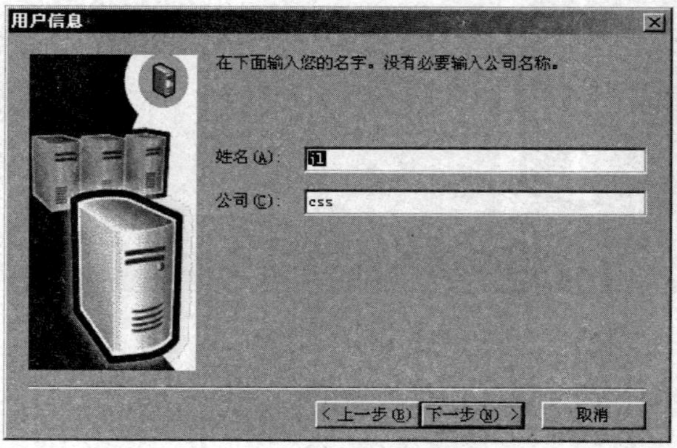

图　F9-6

(7)填好姓名和公司名后,单击下一步出现如图 F9-7 所示的界面。

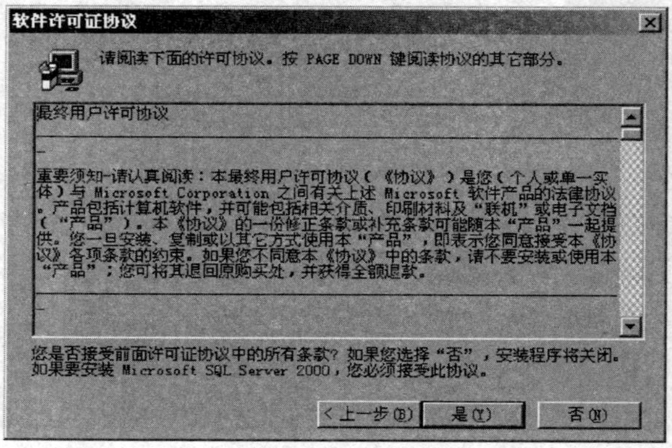

图　F9-7

(8)单击是,出现如图 F9-8 所示的界面。

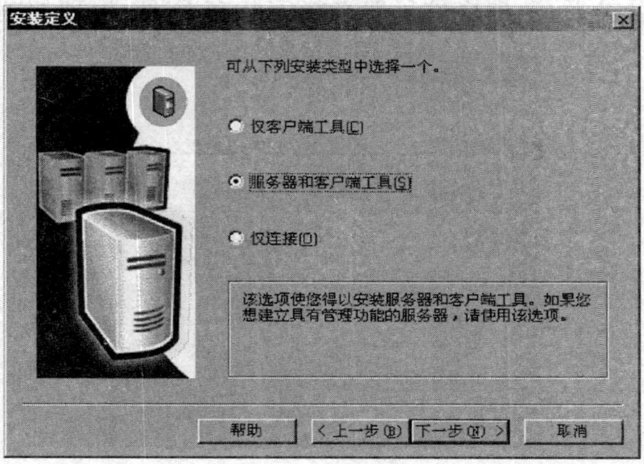

图　F9-8

(9)选中服务器和客户端工具(S),单击下一步,出现如图 F9-9 所示的界面。

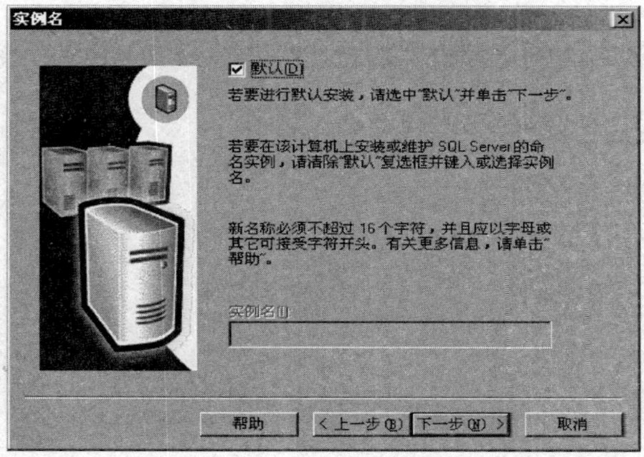

图　F9-9

(10)选定默认,单击下一步,出现如图 F9-10 所示的界面。

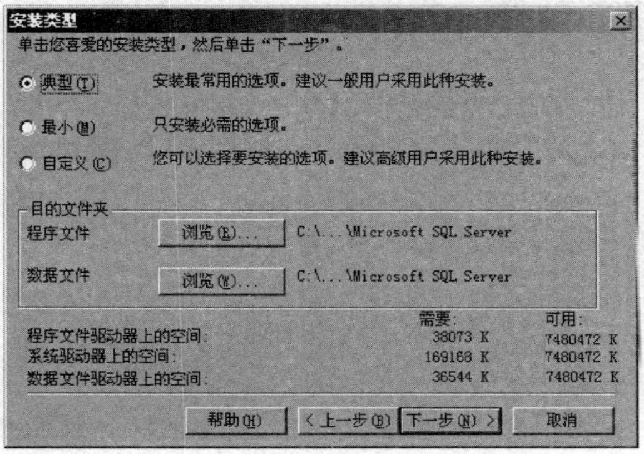

图　F9-10

(11)一般情况下选择典型,高级用户可以选择自定义。用户可以单击浏览来选择具体将文件安装到哪个目录下,数据文件一般选择安装在D盘,出现如图F9-11所示的界面。

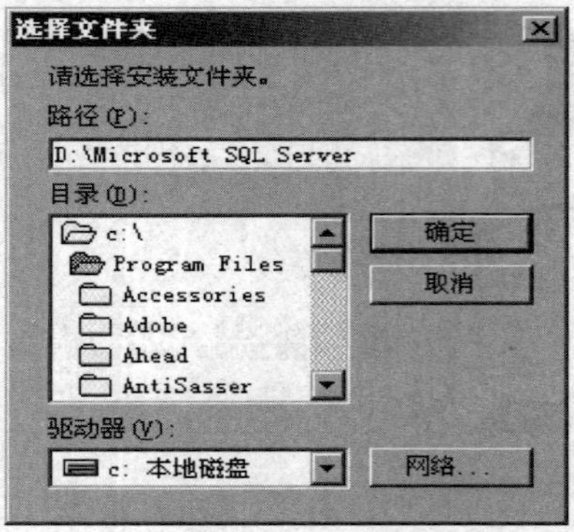

图 F9-11

(12)选择好程序文件和数据文件的安装路径后,单击下一步,出现如图F9-12所示的界面。

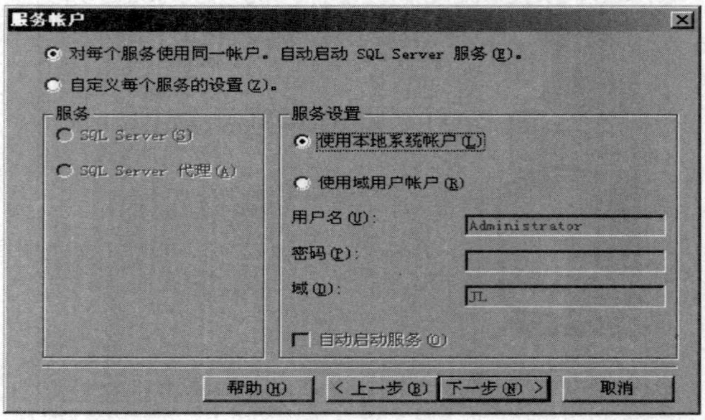

图 F9-12

(13)选择使用本地系统账户,单击下一步,出现如图F9-13所示的界面。

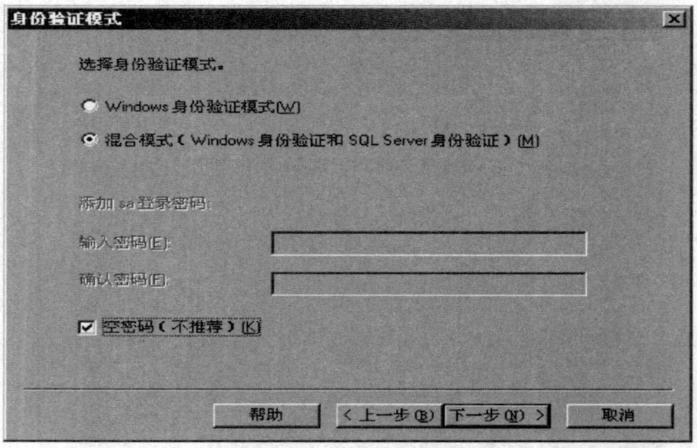

图 F9-13

(14)选择[混合模式],用户可以自己设定密码,但为了便于维护,这里选择[空密码].然后单击[下一步],出现如图 F9-14 所示的界面。

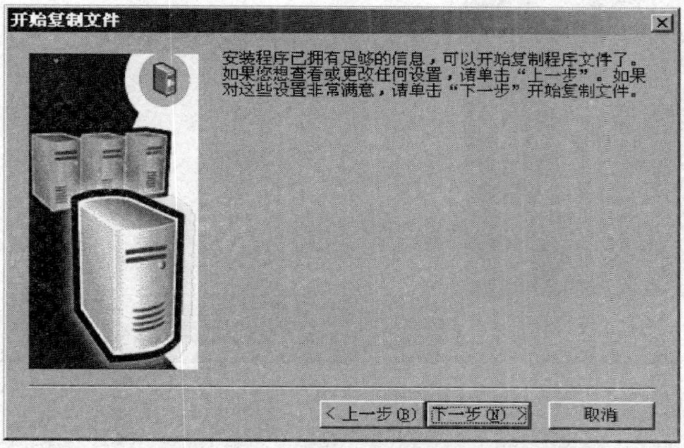

图　F9-14

(15)单击[下一步],电脑开始复制文件。稍等片刻之后,文件复制完毕,出现如图 F9-15 所示的对话框。

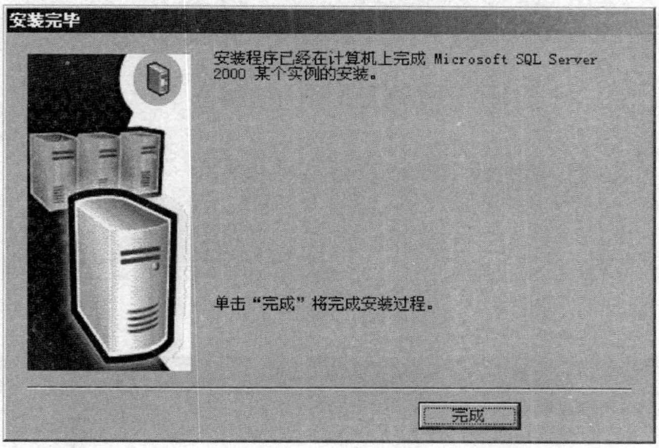

图　F9-15

单击[完成],至此,用户便完成了数据库的安装。根据需要,选择重启计算机。

2. 安装客户端程序

(1)在 SETUP 目录下选择名称为 DISK1 目录并打开,运行其中的 SETUP. EXE 文件,如图 F9-16 所示。

(2)单击[下一步],将出现图 F9-17 所示的界面。用户在安装向导的引导下完成 CTT2000L/M 维护台的安装。

(3)安装程序的启动界面如图 F9-17 所示。如果您的计算机第一次安装本系统,此时应当选择“修改”;在选择完安装路径后选择[下一步]此时出现如图 F9-18 所示的界面。

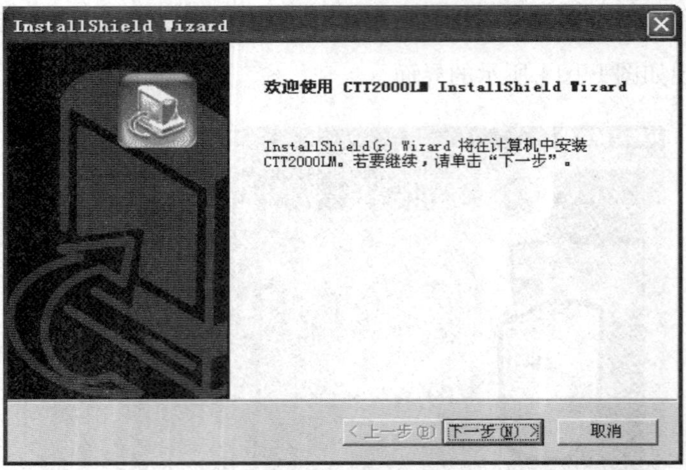

图 F9-16

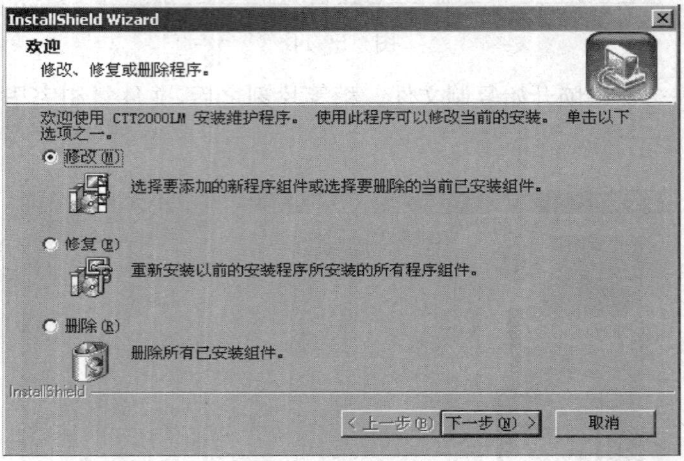

图 F9-17

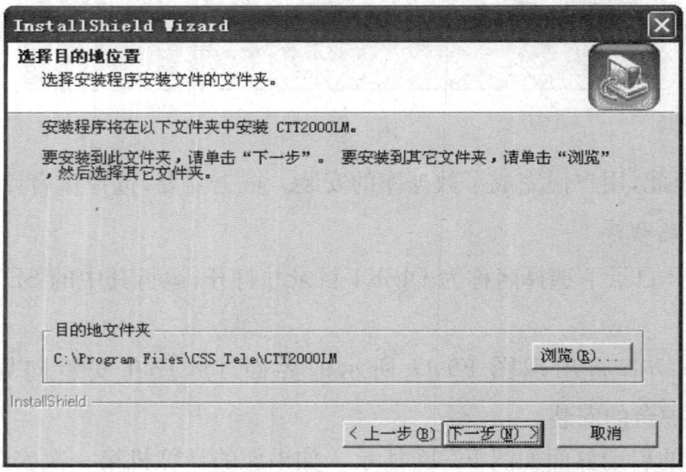

图 F9-18

(4)缺省目的文件夹为 C:\Program Files\CSS_Tele\CTT2000LM ,如不需要修改,单击[下一步],出现如图 F9-19 所示的界面。

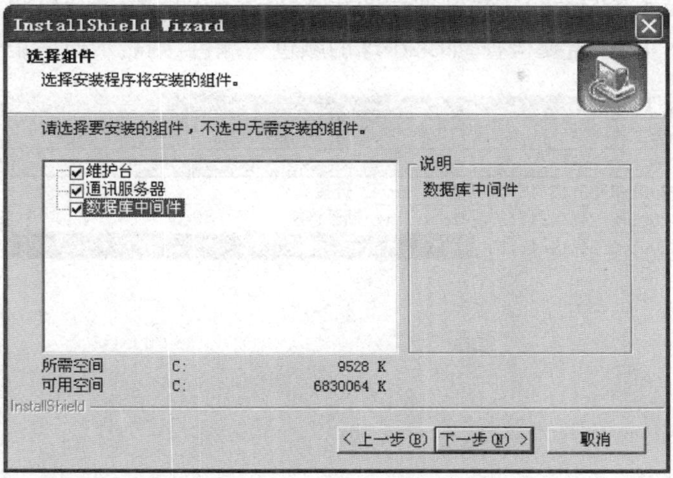

图 F9-19

(5)将其中三个选项都需选中,然后单击[下一步],程序就将维护台系统软件安装到您的计算机上,如图 F9-20 所示。

图 F9-20

二、启动与退出维护台

在启动和退出维护台时应遵循如下原则:

启动时应首先运行通信服务器程序,然后再运行客户端;退出维护台系统时,则必须首先退出客户端,然后再退出通信服务器,否则系统将无法正常使用。

(一)启动和关闭通信服务器

安装完成后,Windows 重新启动时,通信服务器也将自动启动。当双击图标时,也

可使通信服务器程序 CommServer 运行。图 F9-21 所示的是通信服务器的主窗口，在此可查看通信服务器与机架后台及客户端的通信状态。其中，以状态栏中的【通信状态】后的球的颜色来表示通信服务器与后台主机间通信的状态，若小球的颜色变成红色，表示通信服务器与后台主机通信不正常，需要检查；如果小球的颜色为绿色，则表示通信正常。

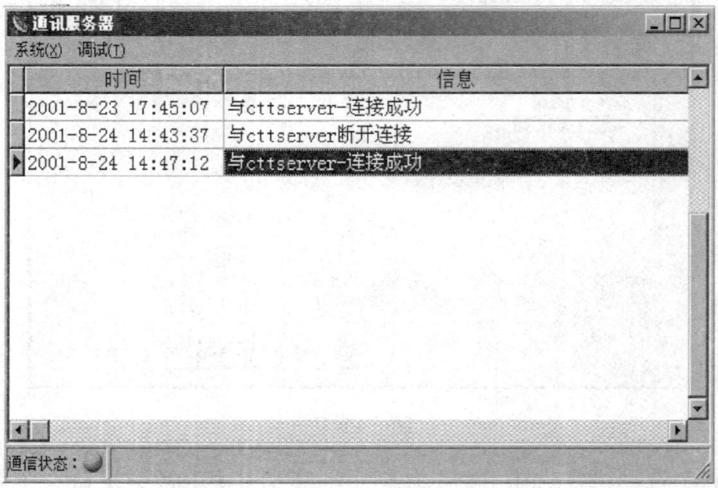

图　F9-21

在主窗口的表中给出的是连接到通信服务器的客户端与通信服务器的连接信息。用户可以在通信服务器程序 CommServer 运行窗口中设置一些通信服务器的一些参数。在主菜单“系统”一项中选择“设置串口…”。

将弹出如图 F9-22 所示的设置串口参数的窗口，在此完成对连接通信服务器与后台主机间的 RS－232 串行通信接口的参数的设置。

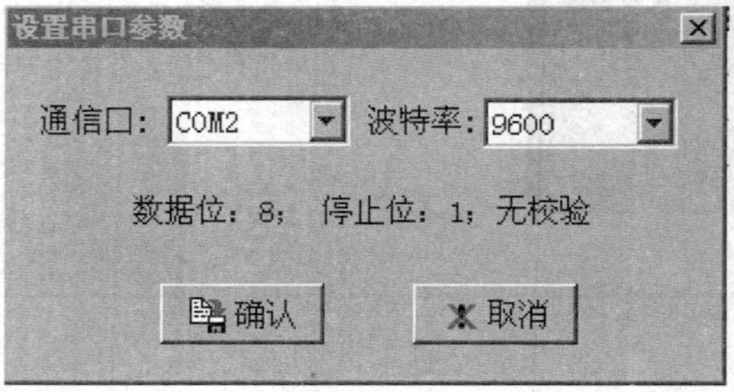

图　F9-22

注意：如果用户要退出通信服务器，则在系统菜单中选择“退出系统”一项，即可退出通信服务器(注：单击×关闭窗口按钮将不能退出系统)。

(二)启动客户端(维护台)程序

1. 启动维护台

在安装有 CTT2000L/M 的文件夹中，双击图标  运行客户端程序 CttClient. exe，将出现图 F9-23 所示的窗口。

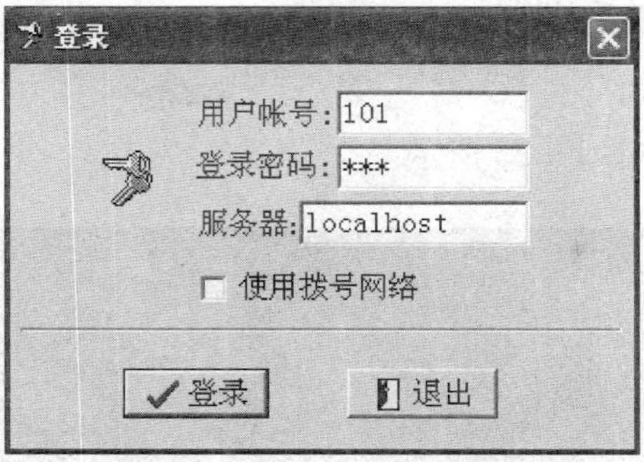

图　F9-23

其中,用户账号是系统分配的系统管理员、班组长及操作员的登录号码;登录密码是用户设定的用户密码;服务器是指系统的数据库服务器的 IP 地址或计算机名称。用户输入账号、密码及服务器的地址或名称后,单击[登录]按钮进入维护台主窗口,如图 F9-24 所示。

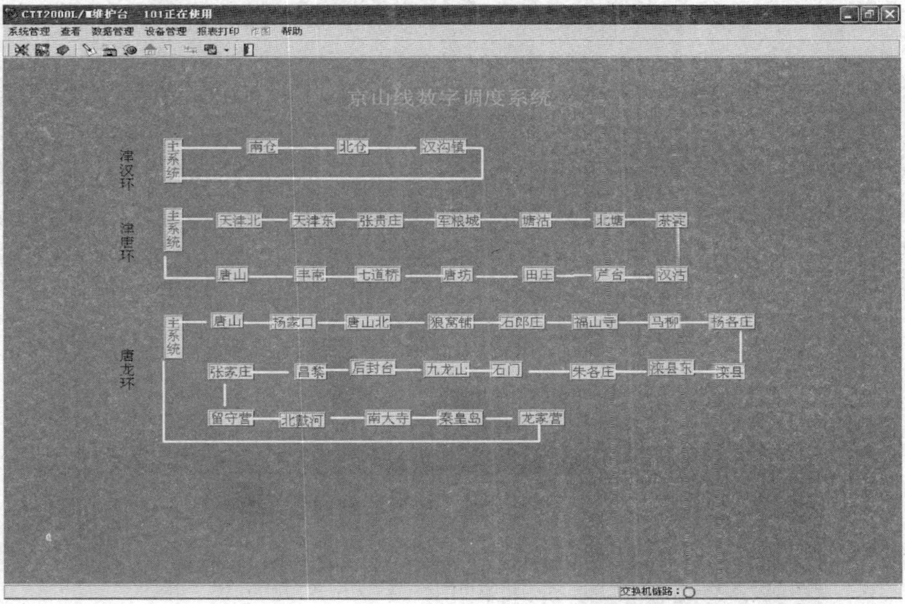

图　F9-24

2. 退出客户端程序

退出客户端程序可通过单击系统主窗口右上方的关闭窗口按钮退出程序,也可以通过选择系统管理菜单中的“退出”选项退出系统。

注意:退出程序时要输入当前登录用户的登录密码,系统确认密码正确后才允许退出程序。

三、建立远程连接

为了方便用户更好的应用,CTT2000L/M 系统增加了远端维护功能,使得用户可以很方便地接收厂方的远程故障诊断。

(一)如何建立可呼入的连接

按照以下步骤建立：

(1)选择[新建连接],如图 F9-25 所示。

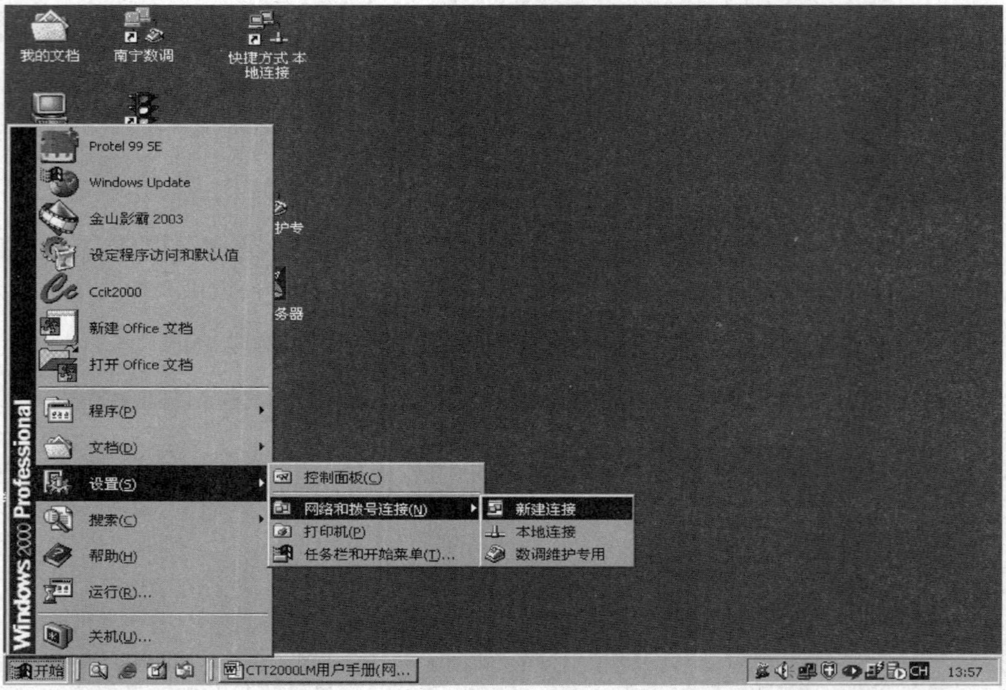

图　F9-25

(2)单击[下一步],如图 F9-26 所示。

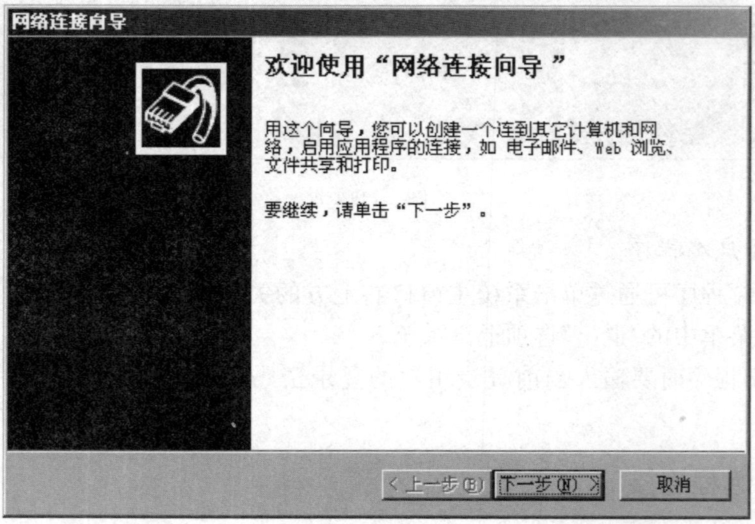

图　F9-26

(3)选择“接受传入的连接”,单击 下一步 ,如图 F9-27 所示。

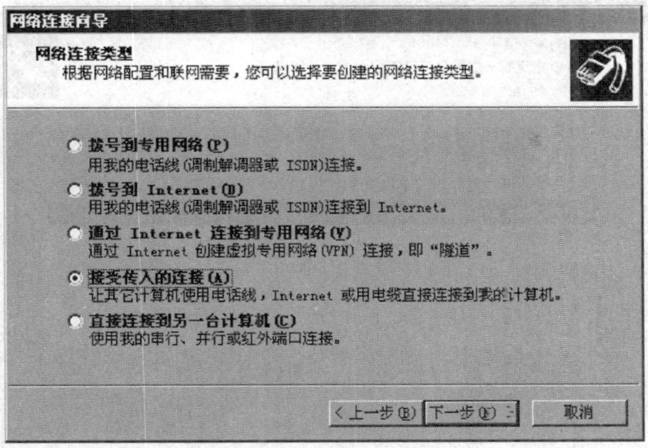

图 F9-27

(4)单击 下一步 ,如图 F9-28 所示。

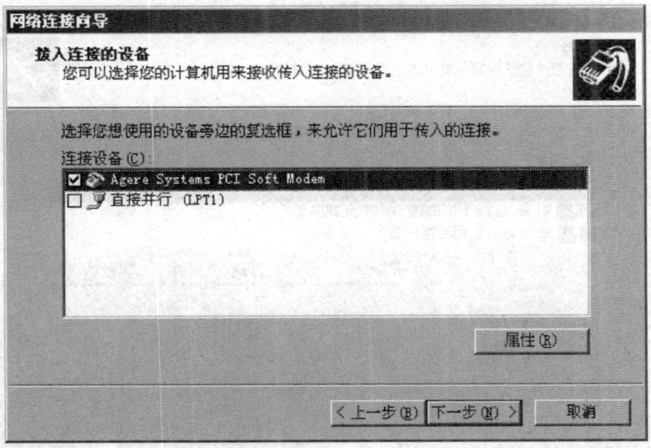

图 F9-28

(5)单击 下一步 ,如图 F9-29 所示。

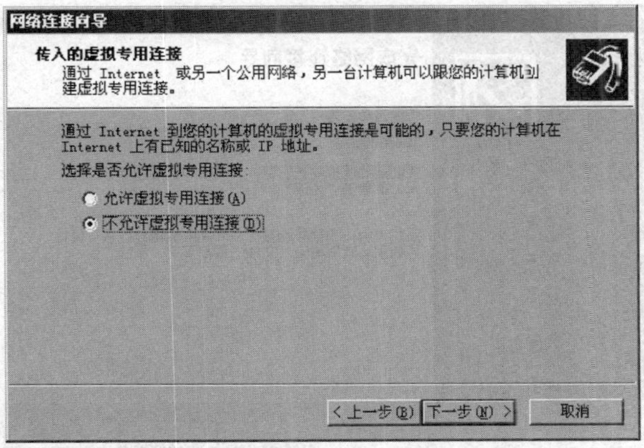

图 F9-29

(6)单击[下一步],如图 F9-30 所示。

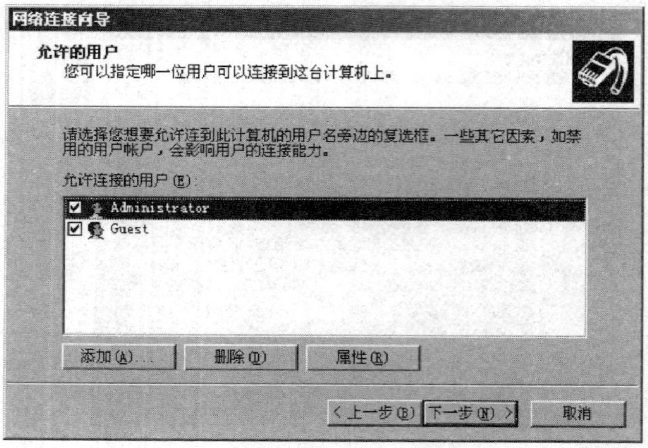

图 F9-30

(7)单击[下一步],如图 F9-31 所示。

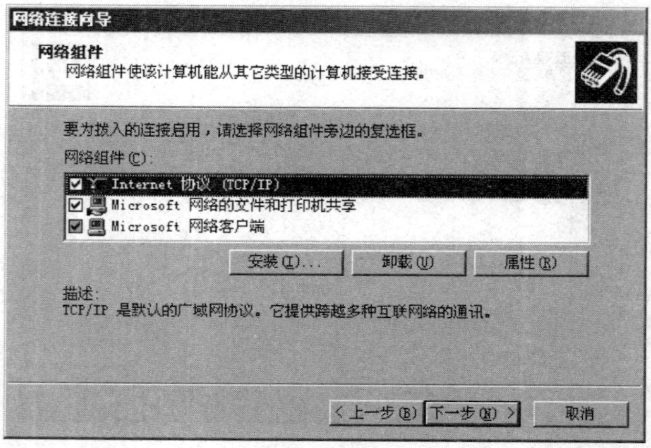

图 F9-31

(8)单击[完成],如图 F9-32 所示。

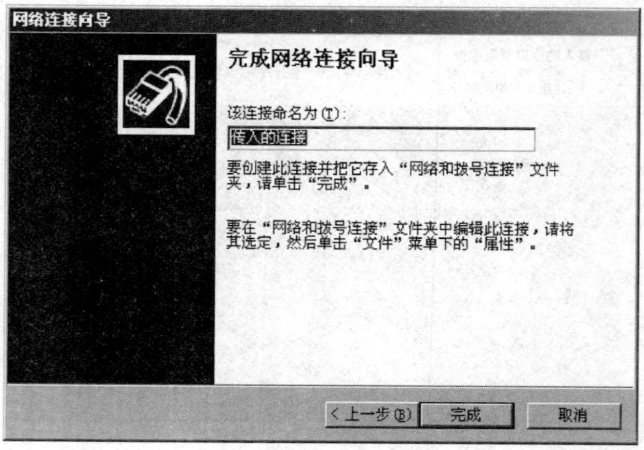

图 F9-32

(二)如何访问远端的网管系统

按照以下步骤建立:

(1)选择[新建连接],如图 F9-33 所示。

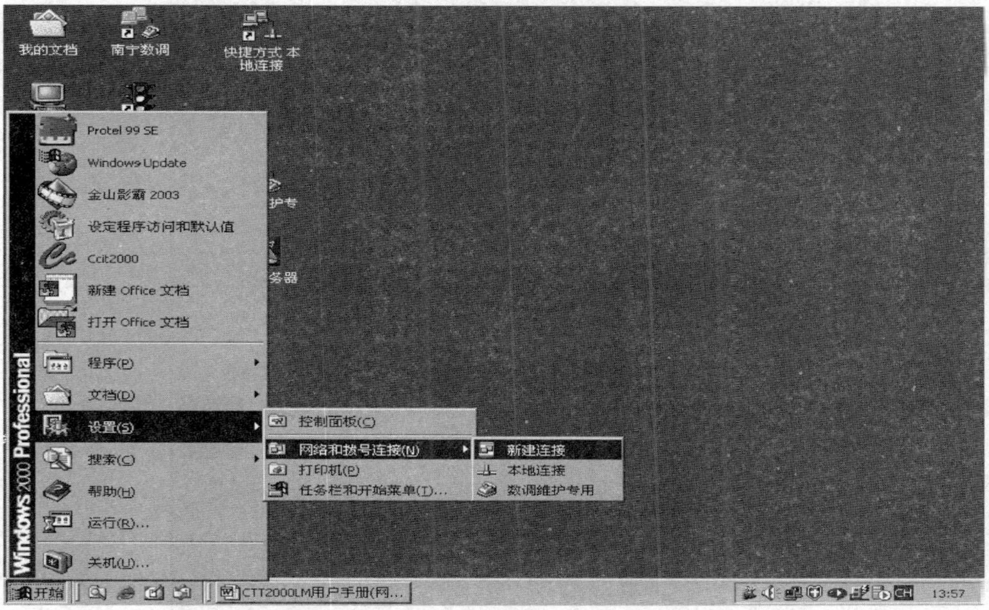

图　F9-33

(2)选择[拨号到专用网络],单击[下一步],如图 F9-34 所示。

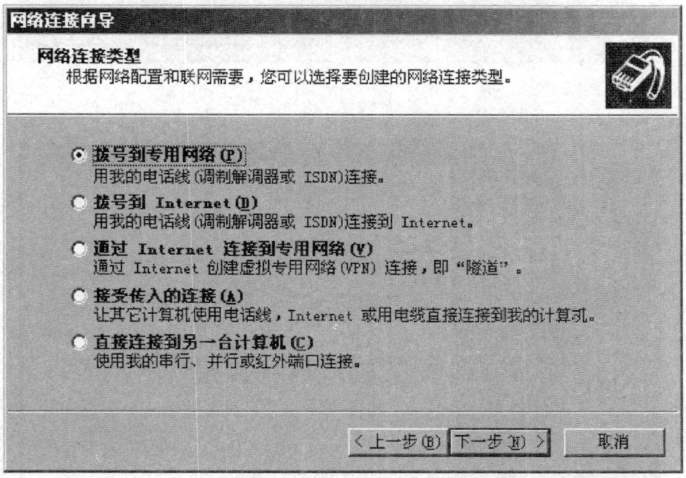

图　F9-34

(3)填入电话号码。若是立接方式,则无须填写,直接单击[下一步],如图 F9-35 所示。

(4)单击[下一步],如图 F9-36 所示。

(5)单击[完成],如图 F9-37 所示。

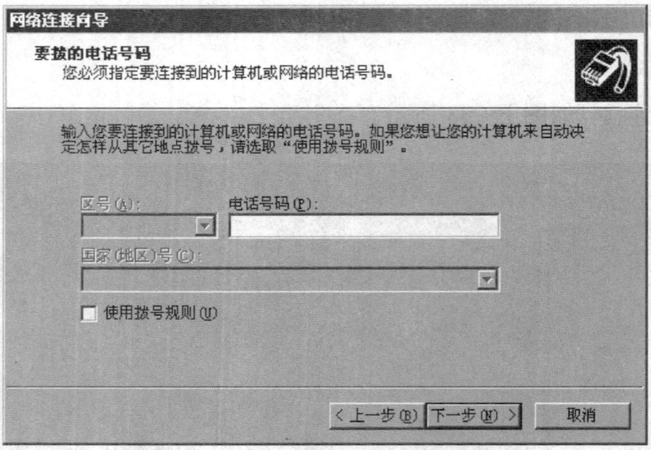

图 F9-35

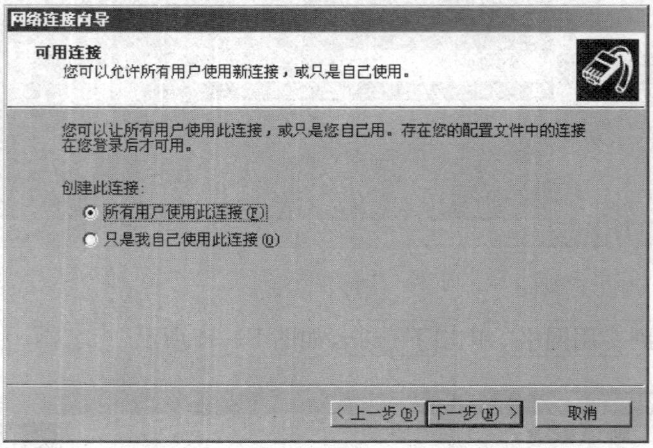

图 F9-36

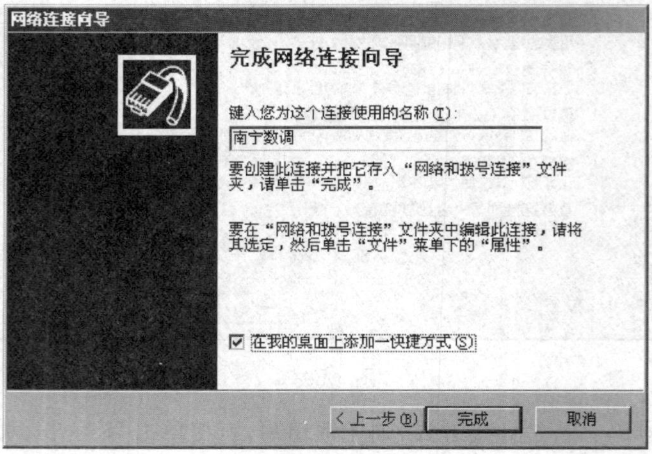

图 F9-37

至此，即可以访问远端网管系统。

附录十　CTT2000L/M 专用数字调度通信系统数据配置

系统的数据是系统正常运行的最关键的参数，因此配置系统数据是维护台管理程序的核心。调度专用通信系统的数据主要分为环数据和车站数据，它是数调系统网关维护部分的核心。

对应各种不同的使用方式，维护台数据的配置方法也不尽相同，下面加以阐述。

一、调度专用通信系统的数据配置

在配置调度专用通信系统的数据过程中应遵循先配置环数据再配置车站数据的基本原则。

（一）配置环数据

在系统菜单上的“数据管理”中选择“配置环数据”选项，弹出环数据窗口（图 F10-1），在此窗口中用户只需按分页提示逐步配置与环有关的数据。在这项工作前，用户需要熟悉将要配置的调度区段所需要的业务和业务的具体应用情况。下面举例说明如何在系统中添加新的环。

1. 车站基本信息

正如大家所熟知的，各车站分系统是构成调度环的基本要素，因此在添加新环时应首先将其所应包含的各个分系统的基本信息输入到系统中，才能进行环的其他信息的配置。如图 F10-1 所示。

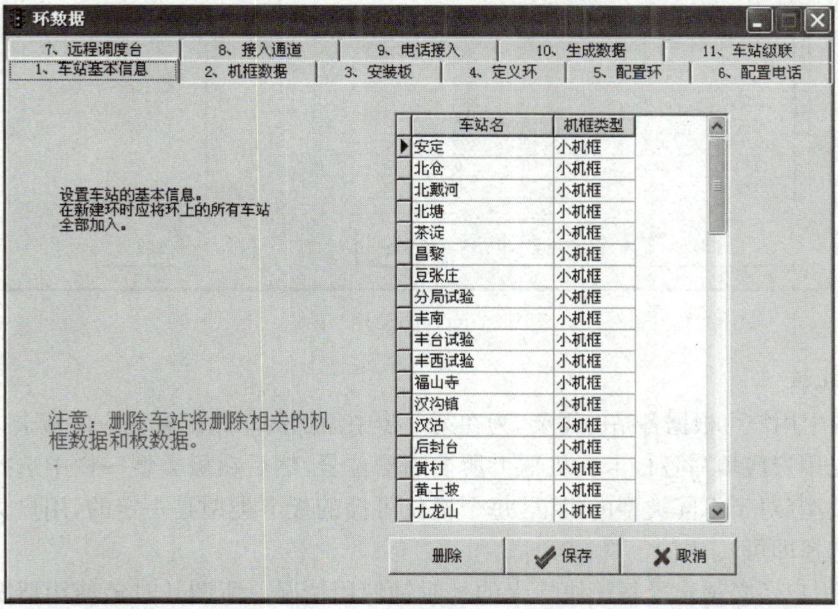

图　F10-1

加入新站时，按键盘上的 Tab 键直到表中将出现空白栏，在此栏中输入相应的车站名，然后选择相应的机框类型——大、小两种类型机框，即不同的机框将配置不同类型的背板。目前只能选择小机框。

若配置完车站的安装板后再回过来在此页中删除车站，那么与此站相关的机框数据以及单板数据（以后将逐步配置）将会一并删除。

顺便说一下，因为在数据配置过程中，数据具有紧密的相关性，因此在配置完每一步时，必须按 保存 按钮，以确保修改的数据写入数据库，才能在以后的配置过程中起作用，否则数据库中的数据将不会被更新。

2. 机框数据

所谓机框数据是指各槽位处理机编号、PCM 线的使用和系统的逻辑设备号等系统运行的基本数据。这些数据在设备出厂时已配置完毕，除非特殊情况，一般对该数据不做修改，若有特殊需要，用户必须在厂家专业技术人员的指导下才可进行数据的修改，如图 F10-2 所示。

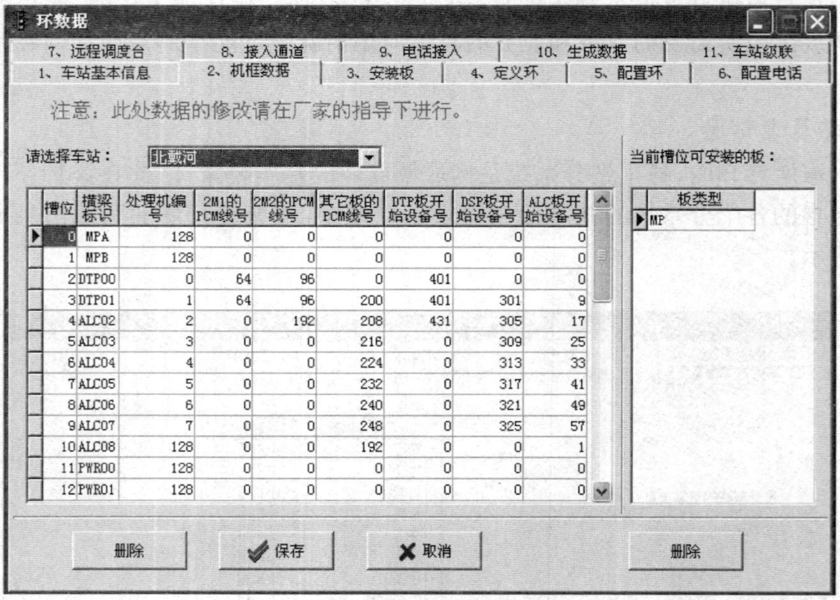

槽位	横梁标识	处理机编号	2M1的PCM线号	2M2的PCM线号	其它板的PCM线号	DTP板开始设备号	DSP板开始设备号	ALC板开始设备号
0	MPA	128	0	0	0	0	0	0
1	MPB	128	0	0	0	0	0	0
2	DTP00	0	64	96	0	401	0	0
3	DTP01	1	64	96	200	401	301	9
4	ALC02	2	0	192	208	431	305	17
5	ALC03	3	0	0	216	0	309	25
6	ALC04	4	0	0	224	0	313	33
7	ALC05	5	0	0	232	0	317	41
8	ALC06	6	0	0	240	0	321	49
9	ALC07	7	0	0	248	0	325	57
10	ALC08	128	0	0	192	0	0	1
11	PWR00	128	0	0	0	0	0	0
12	PWR01	128	0	0	0	0	0	0

图 F10-2

3. 安装板

在此项中用户可根据各站的需要，为在第一步中添加的车站配置相应的板卡，如图 F10-3 所示。首先用户应填写各板卡在机框上所插的槽位号，然后在板类型一栏中选择该槽位所插板卡的类型（对于不同类型的机框，每个槽位可插的板卡类型是一定的，用户只需从下拉列表框中选择即可）。

之后，用户还必须选择每一块板卡的外时钟使用情况。所谓外时钟使用情况是指该板卡是否从 2 M 提取时钟，完成全系统的时钟同步。外时钟选项包括不用、使用 E8KA（从 2M1 提取外时钟）、使用 E8KB（从 2M2 提取外时钟）和两者都使用这四种情况。

注意：

(1)在配置 DTP 板外时钟时，对于主系统(主站)中的 DTP 板，外时钟应选择不使用；由于分系统要进行主备用通道保护，所以对于分系统(小站)中的 DTP 板，推荐选择两者都使用。

(2)除 DTP 板外，其他如 MP、DSP、ALC 等板应选择不使用外时钟。

(3)配置线路板时，推荐使用以下配置方案，见表 F10-1。

表 F10-1

板名	槽位
MP	0、1
DTP	2、3
DSP	4、5、6、7
ALC、TNI	5、6、7、8、9、10
PWR	11、12

在 保存 数据后，可进行下一步定义环(图 F10-3)。

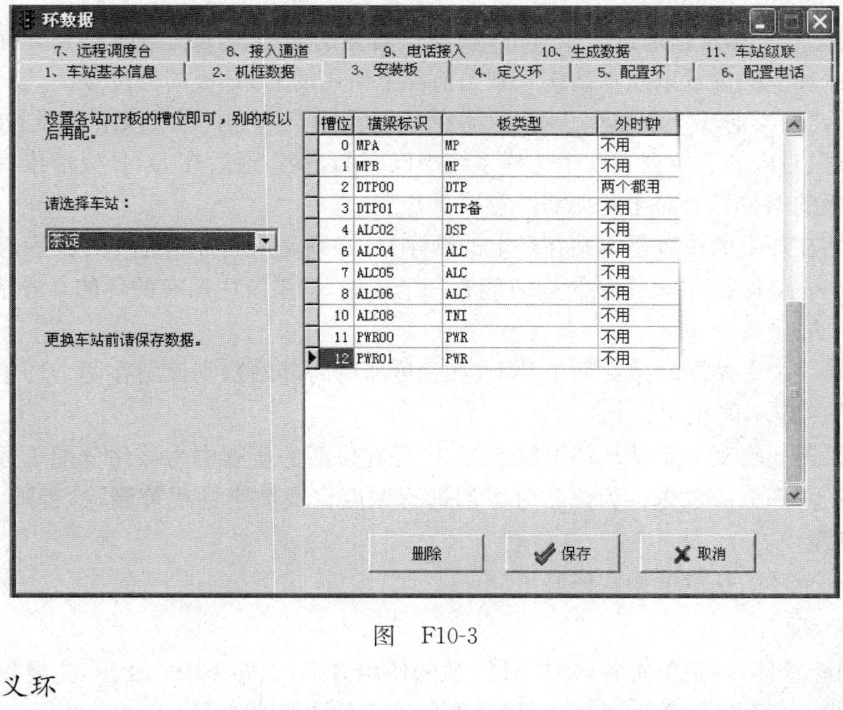

图 F10-3

4. 定义环

该项的主要功能是将以上配好的各个车站分系统根据实际的物理位置添加到环上，初步形成一个环(调度区段)的框架，如图 F10-4 所示。在窗口的左侧表中列出的是系统中的环的基本信息如环号、环名(用户可以根据记忆方便来定义名字)等。添加新环的方法与上面提到的添加车站的方法相同。

图 F10-4

注意：环号一定不能为 0。

当环信息表的指针指向某一个环时，在窗口右侧的表中将出现当前环上所有车站的名称、该站在此环上的位置以及本站接入到当前环上所用的 DTP 板的槽位号。

用户需要向当前环上添加车站时，只需在“环上位置”一栏中写入该站在环上的位置，然后在车站一栏对应的下拉列表框中选择系统中已有的站名，最后在 DTP 板槽位一栏中选择该站 DTP 板的槽位号。对于此项需注意以下几点：

(1)车站在环上的位置是本站在环上的顺序号，必须是从 0 开始连续的数字，不能重复；

(2)0 号站代表主站，一个系统内只能有一个主站，即系统内所有的环的 0 号站(主站)必须为同一个站；

(3)如果一个车站同时接在两个环上(如调度所等跨环站)，则该站在两个环中所使用的 DTP 槽位号一定不能相同。

(4)如果需要将某一车站从环上删除，且已经在以后的步骤中为该站分配了远程调度台或数字共线等，那么应首先将为该站分配的远程调度台或数字共线等删除，否则，该站将不能从环上删除。

至此，一个环的基本框架就搭好了。

5. 配置环

所谓的配置环，就是配置各环 PCM 时隙的使用方式，如图 F10-5 所示，主要包括数字电话、数字共线、闭塞电话、数字通道、远程调度台等。具体说明如下：

(1)数字电话。是指不相邻的两个站之间的联络电话，占用一个固定的时隙。

(2)数字共线。指某个时隙为共线时隙，占用一个固定的时隙。

(3)闭塞电话。指站间行车电话。包括闭塞上行和闭塞下行。占用两个连续的时隙。实际使用中使用一个时隙，另一个时隙为备用时隙。

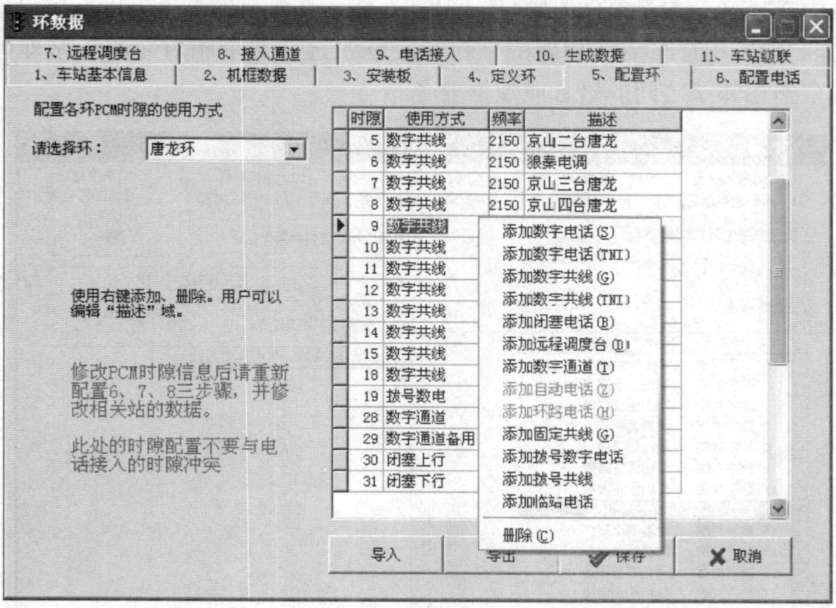

图 F10-5

(4)数字通道。指提供站间数据通信业务。占用两个连续的时隙,实际使用中使用一个时隙,另一个时隙为备用时隙。

(5)远程调度台。通过一组时隙将调度台延伸至远方某小站。占用三个连续的时隙。

实际上在这里只对各环 PCM 时隙的使用方式进行预分配,各种使用方式的具体数据将在以后的第 6、7、8 步中配置。因此,此页中的信息一旦改变,则以后的第 6、7、8 步必须重新再来。

在此页中,首先需选择要进行配置的环名,在窗口右侧的表中将会出现该环上所有的 PCM 使用方式及其所占用的时隙号。初次配置时为空。在表中单击鼠标右键将会弹出如图 F10-5 中所示的快捷菜单,选择菜单中的相应项目,可向环中添加或删除 PCM 时隙的使用方式。对于新添加的 PCM 时隙的使用方式,用户不用选择它对应的时隙号,因为时隙的管理由系统自动完成,用户没有必要再参与管理。

在此步骤中,用户仅需对 PCM 时隙的使用方式的具体描述做出相应的修改。对于描述的内容一般以实际业务来描述,要尽量做到明确标示,以方便以后的数据配置。例如,行调、电调、货调、工务、车务等。

用户还可以将当前的某个环的 PCM 使用方式的配置情况导出到指定的地点做备份,以备将来数据遭破坏时,导入备份数据,快速恢复系统。

6. 配置电话

在这里将对在第(5)步中的分配给环的数字共线、数字电话两种 PCM 使用方式进行具体配置,使之分配到具体的车站。

(1)配置数字电话

在此步骤中仍需首先选择所操作的环,在左侧表中将出现在第(5)步中为该环分配的所有的数字共线、数字电话。

在此表中选择某个数字电话时隙(图 F10-6),然后在窗口的右上方区域中设置该数字电话所连接的两个站,用户只需在相应的下拉列表框中选择两个相对应的车站即可。此业务一般用于两个不相邻站之间的语音或数据业务。

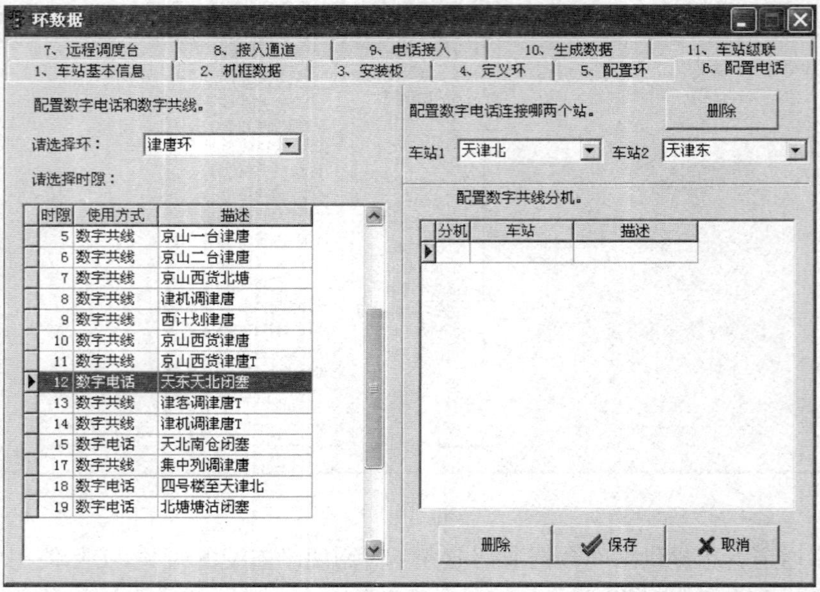

图　F10-6

注:在此处单击 删除 按钮,实际上只是清除该数字电话的起始站和终端站,而不是删除该数字电话的时隙。

(2)配置数字共线

在此表中选择某个数字共线业务(图 F10-7),然后可在窗口右下方的表中分配在此数字共线上的所有共线分机。在这里,用户必须清楚各个共线业务的实际应用(如具体有几个分机,各分机是由哪个站出去的)。如果要在某一数字共线中添加一个共线分机,就应在其对应的表中增加一条记录,而分机的分机号需要由用户自己分配,同时还要选择获得该分机号的车站。在表中描述一栏用户可对分机进行详细描述,以便于以后的查阅和修改。

对于该操作,有以下几点需要说明:

①一条数字共线最多可配置 64 个共线电话,共线分机号必须是 1～63 之间的一个数,且分机号不能重复,分机号 0 为共线总机。

②一种数字共线在一个车站(分系统)最多可分配 10 个共线分机;若超过 10 个分机,用户可以重新再开一个时隙为这个站单独下分机。

③所有的分机的概念都是对小站(分系统)而言,一般情况下在主站(主系统)不再分配共线分机。

④对于共线分机的描述推荐采用分机号+站名+共线业务名的方式。

7. 配置远程调度台

如果在第 5 步中为某一环分配了远程调度台,则需在此设置其基本属性。图 F10-8 与上面第 6 步一样,应首先选择分配远程调度台的环,在窗口右下方的列表中将列出分配给该环的远程调度台所占用的时隙，然后选择要配置的调度台所占用的时隙，最后设置该调度台的所有站名称（管理端一般为主系统）以及放置该调度台的车站名称（连接端）。

图　F10-7

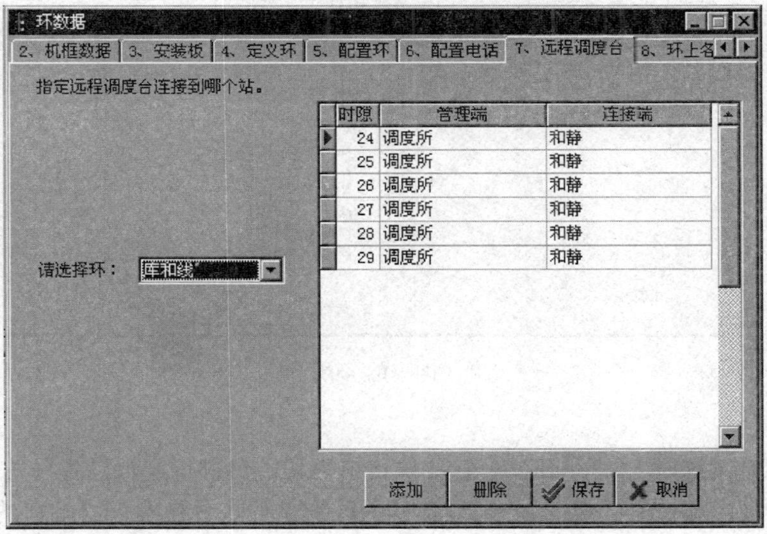

图　F10-8

8. 生成数据

以上完成了环数据的基本配置，在此主要是将以上为各站配置好的 DTP 端口数据生成为系统可识别的统一的设备号。这里第一次出现了设备号的概念，以后将会经常出现，因此有必要对其进行解释。

交换机的接口按用途一般可分为用户接口和中继接口两大类，按传输方式又分为模拟接口和数字接口，不论该接口的用途和传输方式如何，对于交换机进行交换时只认为这是一种接口，因此就需要对接口进行统一编号，即逻辑设备号。所谓设备号就是指交换机可识别的内部的统一的各种接口的逻辑编号。

在本系统中，设备号由系统统一管理，用户不需要进行干预。如确要进行人工干预，请在厂家指导下进行。

生成完 DTP 数据后环数据配置完毕。

此时用户可以利用系统提供的绘图功能在组网图中添加车站、环状态线等图标，随后可以进行具体车站数据的配置。

(二)配置车站数据

与配置环数据过程极为相似，配置车站数据的过程也是分为几个步骤进行，用户仅需按照提示的步骤向后逐步配置，即可顺利完成车站数据的配置过程。配置车站数据的关键是用户要熟悉车站的业务和具体业务的呼叫流程。下面，我们就以配置某站的数据为例说明车站数据的配置过程。

在表示车站的图形上单击鼠标右键，弹出快捷菜单，选择[配置车站数据]，弹出如图 F10-9 所示的窗口。

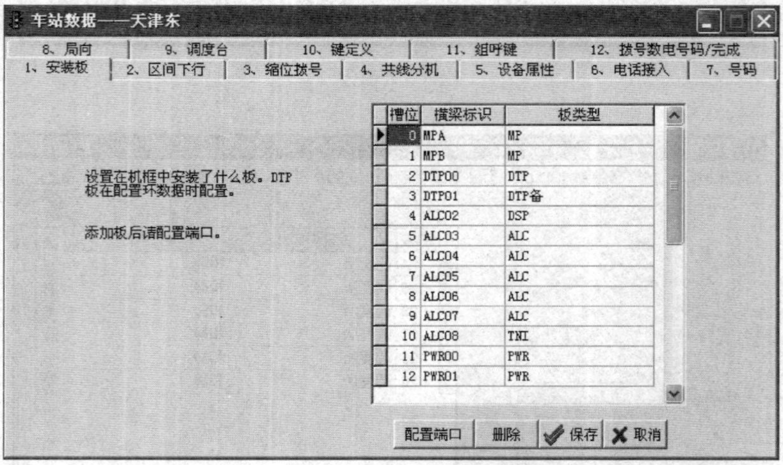

图　F10-9

1. 安装板

此处主要是系统对 DSP、ALC 及 TNI 等接口板的端口进行逻辑设备号的分配。

在这里出现了端口号的概念，它与设备号的区别在于前者是本板内端口的编号，而后者是整个系统内设备的逻辑编号。

下面对每种板的配置中的问题分别加以说明。

(1)每个 DSP 板(“2B+D”接口板)有 4 路端口，每路端口可以连接一个调度台(值班台)或数字终端(图 F10-10)。

生成数据时，系统会自动给 DSP 板的每一路加以描述，其意义为“DSP＋槽位号＋端口号”，用户可以根据实际需要加以更改。

(2)每个 ALC 板(模拟接口板)有 8 路端口，每路端口可以任意配置不同的端口类型。用户可根据实际需要在端口类型对应的下拉列表框中选择不同的端口类型(图 F10-11)。

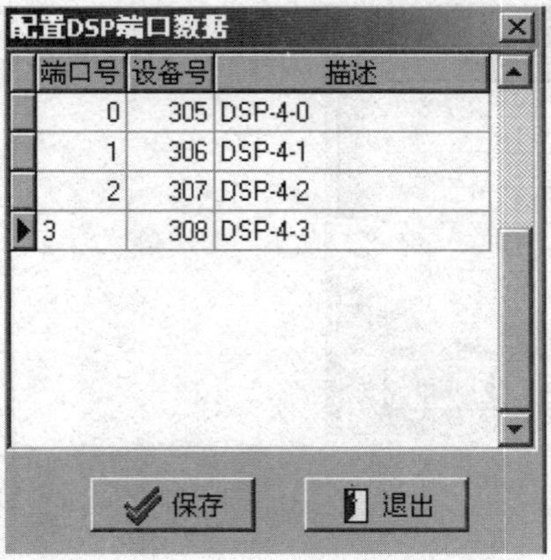

图　F10-10

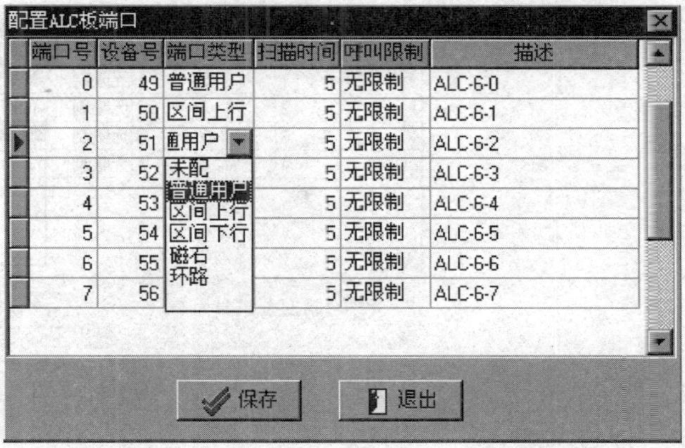

图　F10-11

具体说明如下：

①普通用户：用于接入自动电话分机或共电电话分机（包括区间电调），相当于老式集中机的共总盘。

②区间上行：用于接入上行区间自动回线。

③区间下行：用于接入下行区间自动回线。

④磁石：用于接入磁石电话或磁石对端设备。

⑤环路：用于接入市话局或其他交换网的用户线或接老式集中机的共总盘和扩音广播机（向外馈 24 V 电的）。

⑥E/M 接口：用于为其他应用提供通道。

⑦2 线音频：一般用于提供 2 线音频通道。

⑧接入模块：用于公网等外部网络的自动电话接入。

⑨64 k 同向：用于配置数据传输端口。

⑩DC-7 模块：用于接入老式的 DC-7 分机。

注意：64 k 同向和 DC-7 模块站 ALC 板上的两个接口位置，（相当于两个接口）即它的下一路不能再配置任何端口。

表中扫描时间是指系统扫描 ALC 板端口的时间，此项数据的设置与外线干扰的强弱程度有关。一般情况下，系统预置的是 5(100 ms)，如需改动时，请一定要在厂家技术人员的指导下修改。

用户还要根据实际需要选择不同类型的呼叫限制，包括禁用、可呼入、可呼出、无限制等。

(3)每个 TNI 板（音频选号板）包含 4 路，每一路都可以配置为音频总机或音频分机（图 F10-12）。

如果 TNI 板的一路配置为音频总机时要注意，音频总机的分机号一定要设置为 43 而音频分机的分机号必须为 1～42 间的一个号码。

表中的频率一项对应的发与不发选项是指该端口是否发送音频频率。在本系统中 无论音频总机还是音频分机都应设为发送频率。

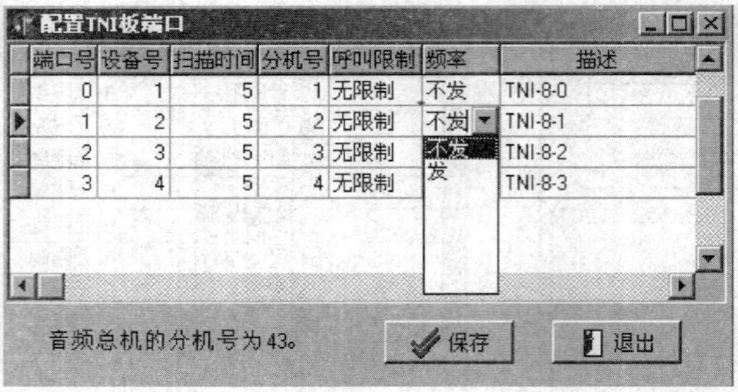

图　F10-12

注意事项：

①以后配置过程中很多功能的实现都依赖于此处生成的设备号，因此，在配置此处数据时，一定要对每一块接口板都进行数据配置，并检查配置是否有遗漏；

②此窗口中只能添加或删除 MP、PWR、DSP、ALC、TNI 五种板，对于 DTP 板的添加与删除必须在配置环数据时进行。

2. 区间下行

如果在上一步分配本站 ALC 板端口数据时我们为 ALC 板分配了区间下行电话，则需要在此为这些区间下行电话分配呼叫的目的设备端口，如图 F10-13 所示，具体配置过程如下。

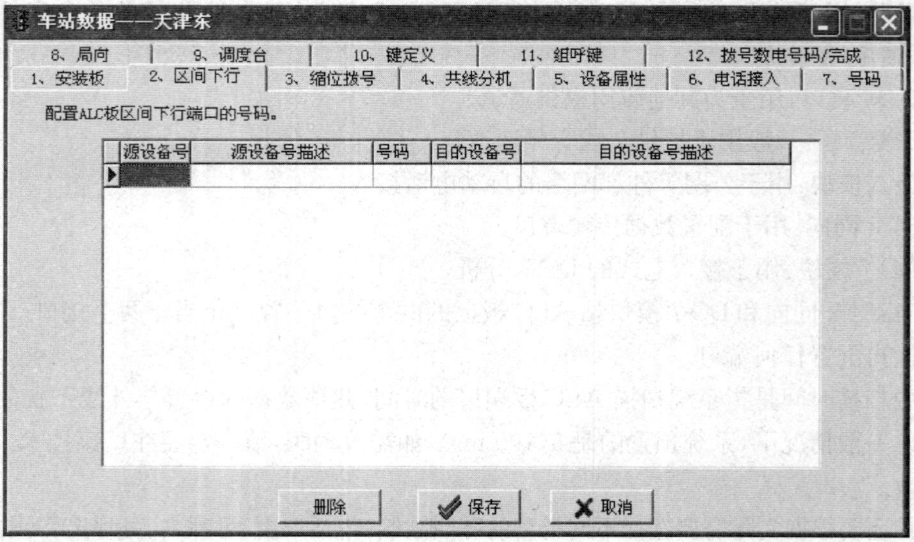

图　F10-13

(1)选择源设备

如果在上一步中为本站配置安装板数据时为本站的 ALC 板分配了的区间下行端口，您就可在源设备一栏对应的下拉列表框中选择给出的源设备。

(2)分配号码

区间下行呼叫的号码必须为 0、2、4、5、6、7 中的一个；号码 1、3 系统已经定义了其呼叫对象，用户可直接使用。其中，拨 1 呼叫本区间内所有区间电话，拨 3 呼叫下行站上行区间接口。

(3)选择呼叫的目的设备

选择目的设备的方法是在目的设备号一栏所对应的栏中用鼠标左键双击，将出现图中所示的省略号按钮，单击此按钮将出现下图中所示的选择设备对话框(图 F10-14)，从这个窗口中可以选择目的设备。

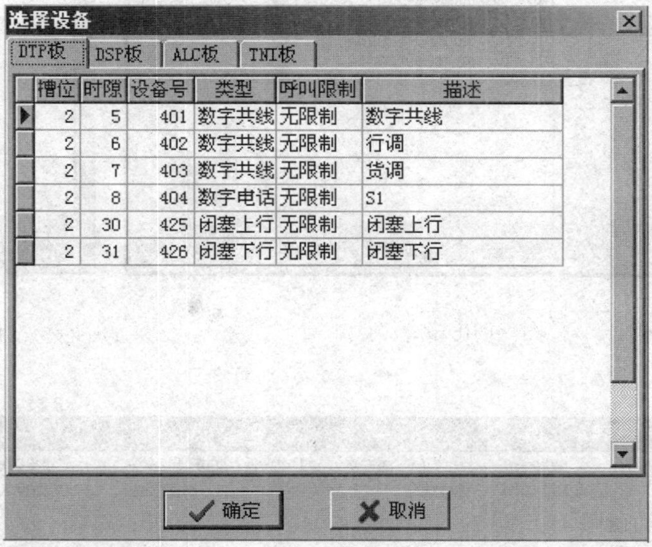

图 F10-14

注意：对于区间下行电话的同一呼叫号码绝对不能对应两个不同的目的设备。

至此，完成了一个区间下行电话的配置。

3. 缩位拨号

此项设置是为了以普通自动电话代替值班台(或调度台)，实现通过拨某些特定的简单的号码来呼叫指定的用户的功能，如图 F10-15 所示。单击[选择设备]按钮，弹出如图 F10-16 所示的对话框，在此选择要配置缩位拨号的端口(包括已配置的端口和可配置的端口)。

注意，此处可选择的端口只能为普通用户接口。

选择完端口后，在图 F10-15 所示的表中配置此端口的呼叫号码以及呼叫设备(呼叫目的端口)。

注意：

(1)此处的号码为一位号码，即只能从 0 到 9，也就是说最多能呼叫十个用户；呼叫设备可以为系统中的任意设备；

(2)在缩位拨号中配置的设备如果在下面的设备属性中仍需要配置，需要先删除设备属性中的数据，配置完缩位拨号后，再进行设备属性的配置。

4. 共线分机

如果在配置环数据过程中将数字共线电话分配给了本站，如图 F10-17 所示，进行此步时表中将会出现所有分配给本站的共线分机。同配置区间下行电话相似，用户需为这些共线分机指定呼叫的目的设备，不同的是共线电话采用的是立接呼叫方式。

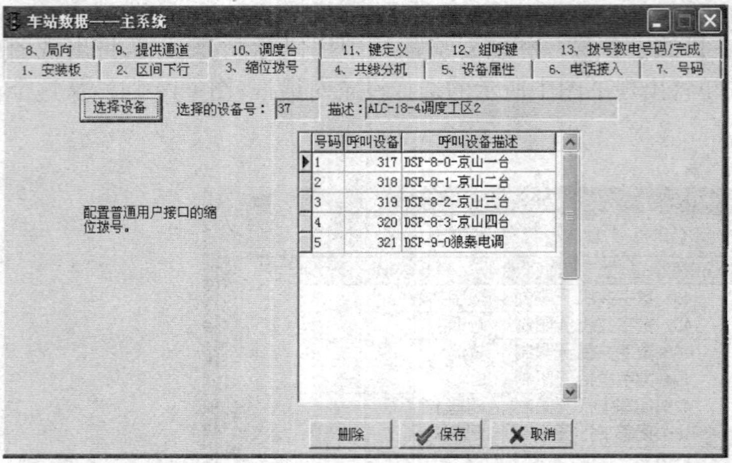

图　F10-15

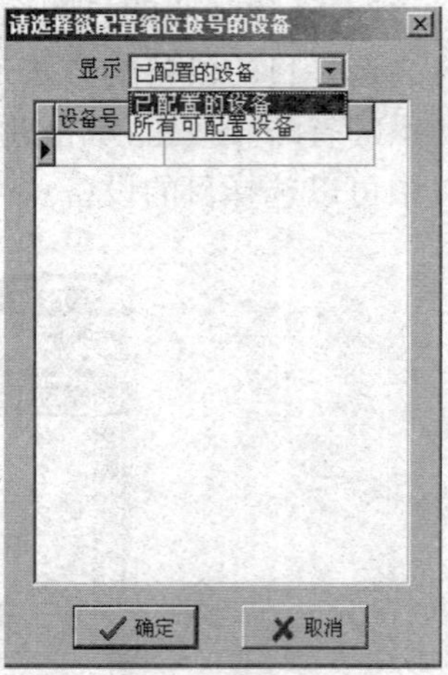

图　F10-16

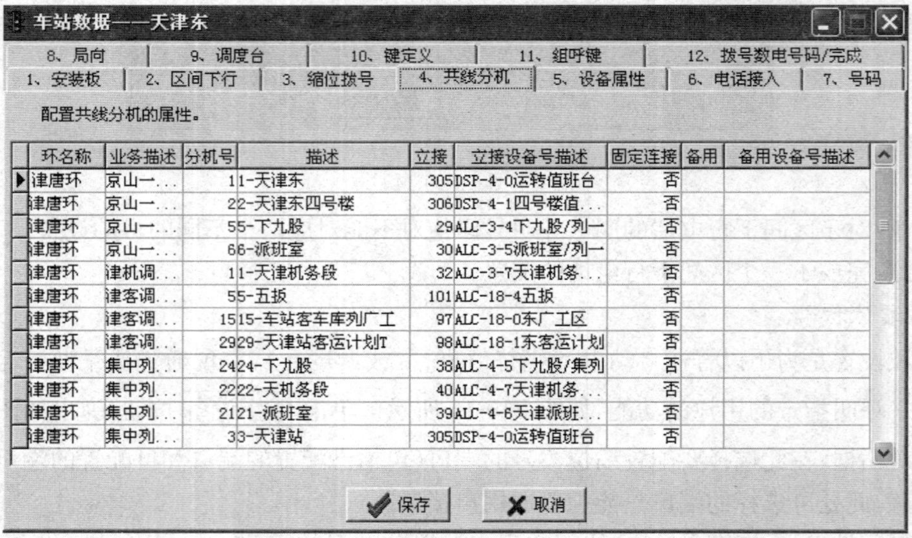

图　F10-17

所谓立接呼叫方式是指当用户使用当前端口呼叫时，不用拨号，一摘机立即呼叫指定的端口。

用户可以根据实际需要为这些共线电话指定备用的设备，在主用的立接设备出现故障的情况下，系统将自动呼叫到备用的设备。例如本系统中可以用普通用户电话（ALC 或 TNI 接口）作为调度台的备份。在这里只能配置 TNI 端口作为备用，普通用户电话的备用需要在调度台中配置。需要注意的是用作备用设备的 ALC 或 TNI 接口不能用作他用。

注意:固定连接中的是否是根据实际需要进行配置的,如果是提供通道的数字共线业务则需要将固定连接配置成是。

5. 设备属性

一般情况下,系统中不仅包含区间下行电话、共线分机,而且还包括其他如闭塞电话、调度台、普通电话等,在第2、3步中指定了区间下行电话、共线分机的源设备、目的设备及其他相关属性,其余业务的相关属性在此步中配置。这一步是分系统正常工作的关键。如图F10-18所示,单击窗口上的 添加 按钮,将弹出添加设备属性对话框,在此完成添加新设备属性的配置。

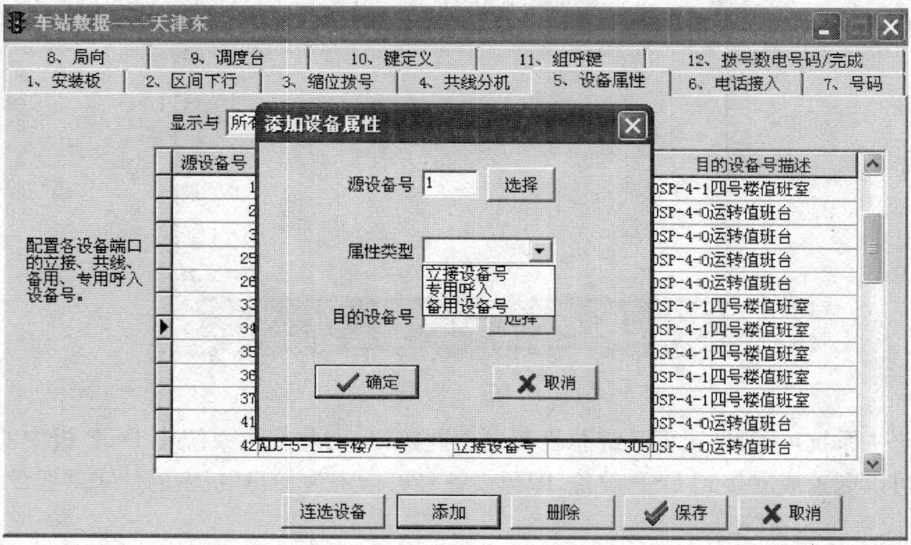

图 F10-18

设备属性的源设备号是指呼叫的起始端口的逻辑设备号,可以通过单击与之相对应的 选择 来选择。

目的设备号是指呼叫的目的端口的逻辑设备号,可以通过单击与之相对应的 选择 按钮来选择。

对于其中出现的呼叫的属性类型的说明如下:

(1)立接设备号:指源设备呼叫目的设备时采用立接呼叫方式,即不用拨号,直接呼叫;

(2)专用呼入:指呼叫的目的设备只允许指定的源设备呼入,其他设备呼叫该设备时,听到的是忙音;

(3)备用设备号:指目的设备作为源设备呼叫的备用设备,当主用目的设备出现故障时,系统自动呼叫备用设备。

为了更加简要的介绍配置的方法,在这里就不一一列举每项业务配置方法,只是将配置过程中需要注意的问题列举如下:

(1)对于分系统(小站)共线分机已经在第(3)步中配置过了。因此,此步中不能再对数字共线进行配置,即源设备不能从 DTP 板中的数字共线设备中选择(在添加设备属性窗口中单击[选择]按钮,将出现设备选择窗口,如图 F10-19 所示)。

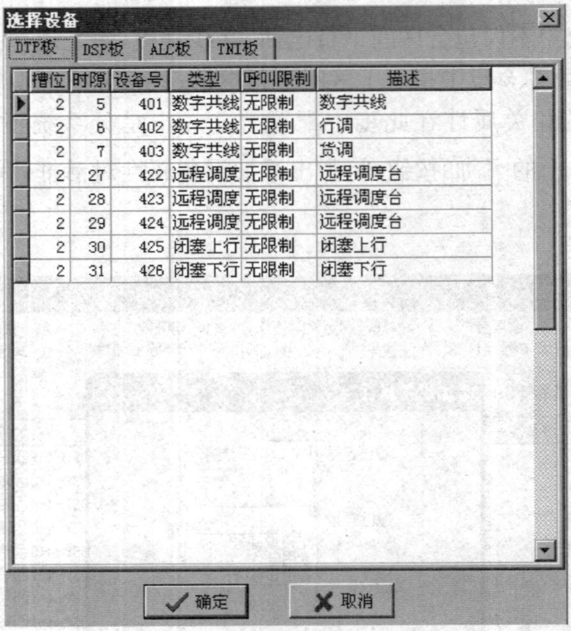

槽位	时隙	设备号	类型	呼叫限制	描述
2	5	401	数字共线	无限制	数字共线
2	6	402	数字共线	无限制	行调
2	7	403	数字共线	无限制	货调
2	27	422	远程调度	无限制	远程调度台
2	28	423	远程调度	无限制	远程调度台
2	29	424	远程调度	无限制	远程调度台
2	30	425	闭塞上行	无限制	闭塞上行
2	31	426	闭塞下行	无限制	闭塞下行

图　F10-19

对于主系统,一般情况下系统总机都是由此接出,因此在主系统中 DTP 板中的数字共线设备可以配置成立接到 DSP 设备,即源设备号可指定为 DTP 板中的数字共线设备,同时以 DSP 设备作为系统总机。

(2)一个 DSP 设备最多可对应七种共线业务,即目的设备为某一 DSP 设备时,与其对应的源设备最多可为七个不同的 DTP 板中的数字共线设备;但是一种共线业务不能理解到几个台子。

(3)在小站(分系统)中,由于共线设备只有共线分机可以呼入,且共线分机已经配置过了,因此在此步中选择的目的设备决不能为共线设备。

(4)在此步中,源设备不能从 DSP 设备选取。用户配置主站设备时在设备属性表中看到的源设备对应的 DSP 设备是在配置共线呼到 DSP 设备时由系统自动生成的。DSP 设备的路由配置是在定义键中进行配置的。

6. 配置系统号码

系统号码的分配相对于系统内的其他数据来说是独立的,只要是系统中存在的端口就一定要分配给号码。该号码与逻辑设备号的区别是:逻辑设备号是系统内识别的用于端口间交换的由系统自主管理的号码;而此处分配的号码是由用户管理的用于识别逻辑设备的号码,即相当于家中的电话号码。配置窗口如图 F10-20 所示。

系统内的号码分为两部分:组号和组内号码。例如,库尔勒站的某一号码为 2011,其中,20 位组号,11 位组内号码。因此为某一设备配置号码时,先要指定组号,再指定组内号码,最后指定对应的设备号以及号码描述。

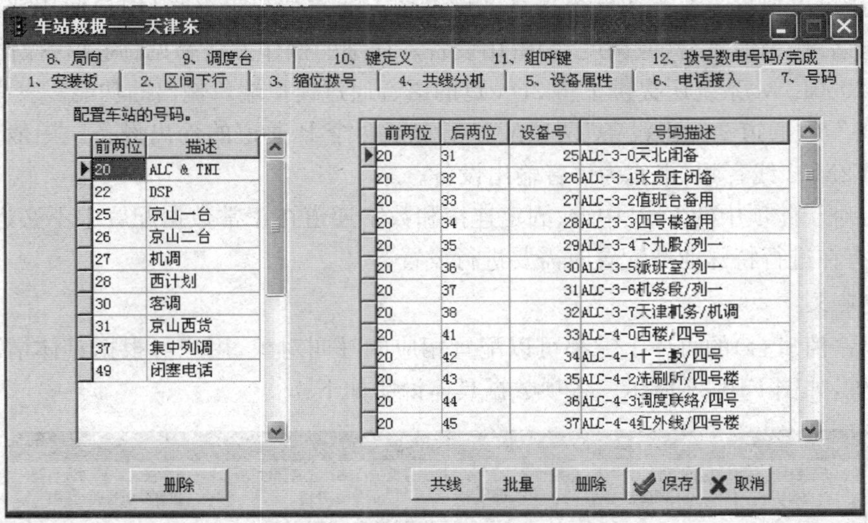

图　F10-20

一般情况下，号码分配有一个约定俗成的原则：组号为 20 的号码一般分配给 ALC 板端口；组号为 22 的号码分配给 DSP 板端口；组号为 23～48 的号码一般按时隙号依次分配给数字共线设备；号码 4900 是闭塞上行，4901 是闭塞下行；组号为 51 及以后号码分配给模拟共线设备。另外，远程调度台的管理端必须要为其分配号码，而在放置端则不需为其分配号码。

为减少配置号码过程中的重复工作，系统中提供了批量配置号码的功能。

7. 配置调度台

如果在第(1)步中对 DSP 端口进行了配置，在此就可以为当前站配置调度台(值班台)。在这里主要是设置调度台(值班台)的相关属性，如图 F10-21 所示。用户首先选择连接此调度台(值班台)的 DSP 端口，然后设置调度台名称、大小、是否有录音卡等项目。

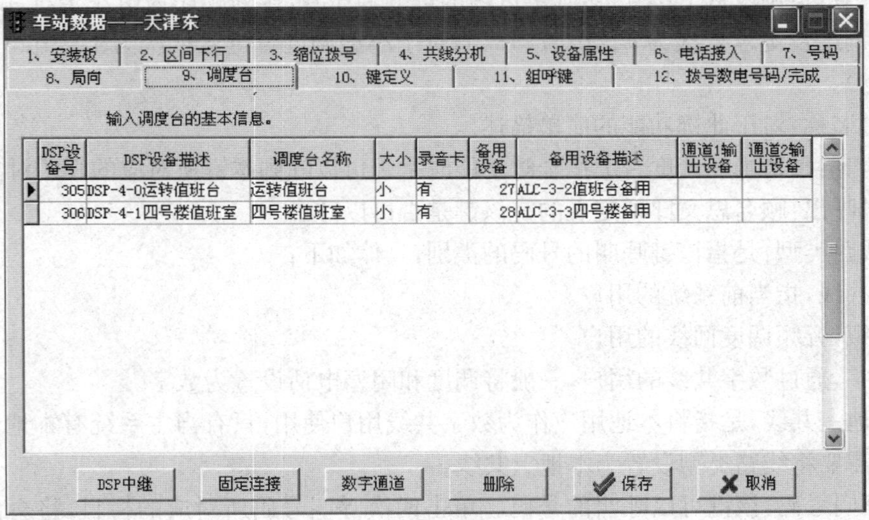

图　F10-21

用户还可以根据需要为调度台选择备用设备。通常情况下，建议用户使用普通用户接口(自动电话)作为值班台(或调度台)备用设备。详细的操作方法参见《调度台操作手册》。

CTT2000L/M 系统还提供了将 2B+D 的语音通过模拟端口输出的功能。表中的“通道 1 输出设备”及“通道 2 输出设备”两项配置指定了两个 B 通道的输出设备。一般情况下我们采用 VF2M(2 线音频)来作为语音输出设备。

注意：对于此项中的 DSP 中继、固定连接和数字通道在正常数据配置中不必进行设置，这几项只有在进行特殊业务配置时需要进行设置。

8. 键定义

调度台(值班台)的每一个键都可以配置相应的呼叫对象，用户可根据具体情况对各个键进行配置，如图 F10-22 所示。各项数据具体说明如下：

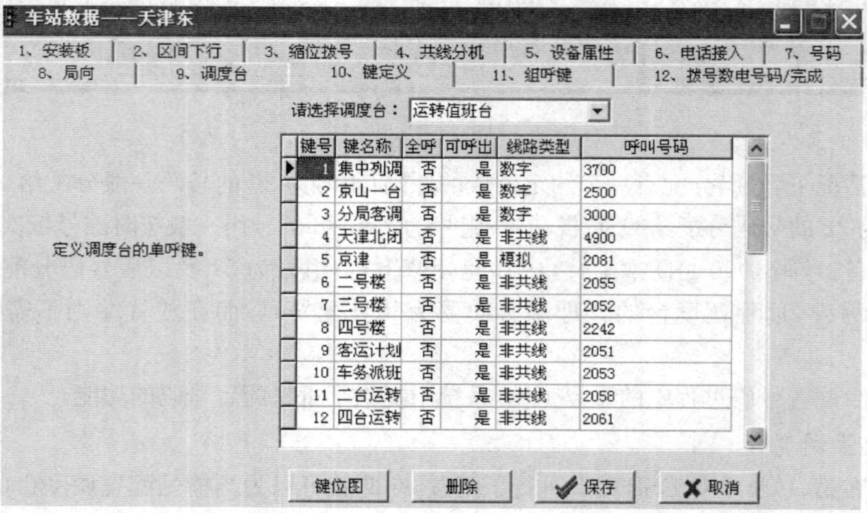

图　F10-22

(1)键号：指调度台上单呼、组呼键区内的键的顺序号，排列顺序为由左至右、由上至下，对于大型调度台键号依次为 1、2…47、48，而对于小型调度台键号依次为 1、2…25(详见《操作台手册》)。

(2)键名称：对于此键功能的简单描述。

(3)全呼：是指当在调度台上按全呼功能时是否可以呼到本键所对应的呼叫对象。

(4)可呼出：顾名思义此项定义的是该键是否可以呼出。

(5)线路类型：是指该键呼叫的号码的类别，具体如下：

①非共线，指当前系统的用户。

②模拟，音频调度回线的用户。

③数字，通过数字共线的用户，一般将调度和闭塞电话设置为数字。

④本地上共线，是指将本地用户作为数字共线用户使用，只有当主系统有本地用户呼叫调度时才需要将线路类型设置为本地上共线。

(6)呼叫号码：该键可以呼叫的号码。单击两次呼叫号码所对应的栏目，将会出现省略形式的按钮，单击此按钮将弹出选择号码对话框，用户可以选择其中的一个号码。

系统中可供选择的呼叫号码往往有很多，而对于分系统（小站）需要可呼到调度台上的号码又只是其中的非常小的一部分，因此系统中提供了相关号码的选项（图 F10-23），当单击相关号码按钮时，表中将列出所有在第 5 步中配置的呼叫到调度台的设备号码。用户可从其中选择一项，以此来对应相应的呼入。当然也可以选择其他的号码作为单键的呼出对象。但在主系统中，因为所有的共线都要呼叫到调度台，所以主系统中的选择号码不设相关号码选项。

图　F10-23

对于在第 3 步缩位拨号和第 5 步设备属性中配置的可呼到调度台的设备，如果在配置键时并没有单键与之对应，用户可以在调度台上以拨号的方式呼叫到该设备。

9. 设置组呼键

通过设置当前站的某一调度台的组呼键达到通过按调度台上的某一单键呼叫一组单键所对应的端口的目的。其中的组呼键名与上一步中的键号同样是指调度台上组呼、单呼键区的按键顺序号。设置组呼键如图 F10-24 所示。

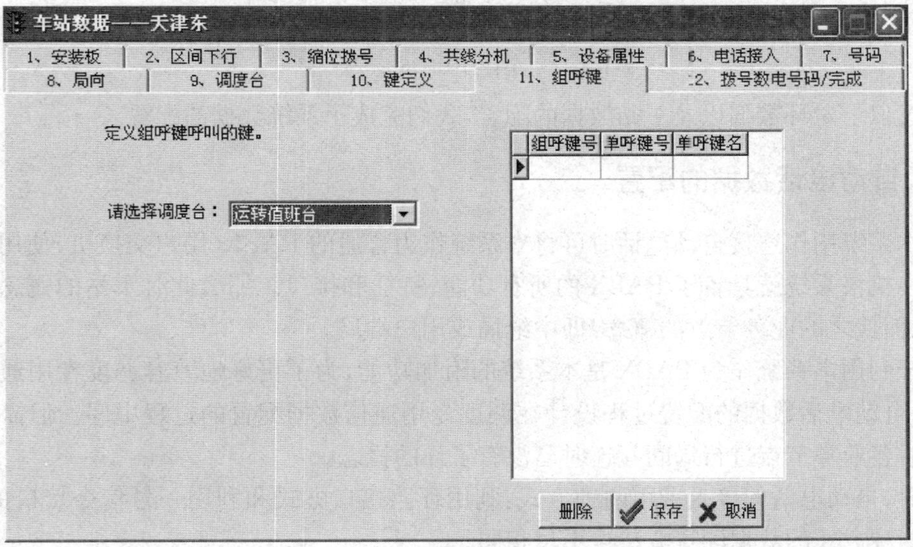

图　F10-24

10. 加载数据

完成了以上步骤的车站数据的配置，在确认无误的情况下，点击加载数据按钮，维护台将自动生成本站数据，并向系统申请加载数据。在得到系统的允许加载的回应之后，维护台将弹出加载进程对话框，同时向该站加载数据。加载数据界面如图 F10-25 所示。

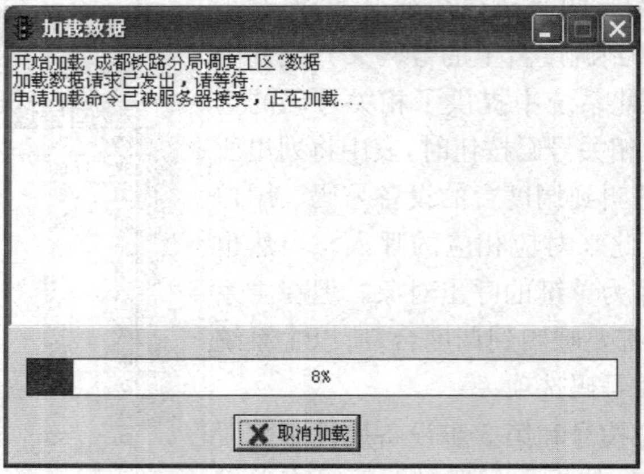

图 F10-25

加载完成后，系统将数据写入 Flash 芯片，写入成功后，会弹出写入完成提示框，如图 F10-26 所示。

图 F10-26

经过以上对环数据以及车站数据的配置，我们完成了系统数据的配置。

二、自动电话数据的配置

当本系统用作连接自动电话时可将本系统作为普通的 PABX(用户交换机)使用。既然作为交换机该系统就具备了 PABX 的所有功能、特征和接口。那么此时车站的概念也就消失了，取而代之的业务节点的概念：即中继局或用户端局。

由于利用本系统作为 PABX 是本系统的附加功能，为了更好地兼容调度专用通信的数据配置，自动电话数据的配置过程设计在调度专用通信数据配置的过程中间。但需要注意的是此时各业务节点进行局间互连时已没有了环的概念。

同时，自动电话的接入采用两种方式：利用环路接口方式和利用一号信令接口的方式，相应的两种方式的数据配置方法也不尽相同。

(一)添加业务节点、配置机框数据

不管是何种自动电话的接入方式，都要配置相应的业务节点(车站系统)和配置该节点的机框数据。

在环数据配置的第一项车站基本信息中添加整个系统中涉及的业务节点，添加方法与配置调度专用通信系统数据中的添加车站的方法一样。

与系统应用在调度专用通信时的机框数据的配置一样，即框数据指明了系统各槽位的PCM线号，请在厂家技术人员的指导下修改机框数据。

(二)环路接口接入自动电话的数据配置

1. 定义自动电话接入通道

通过系统的2 M通道中的时隙将自动电话接入至远端的某个站。与交换机相连的系统称之为中继端；提供自动电话用户接口的系统端称之为用户端。

在配置环数据窗口的第8页时定义接入通道的窗口(图F10-27)。由于每个系统具有两个2 M通道2M1和2M2，分别对应上行和下行两个方向。此处设置的中继端接入通道的方向要与用户端通道的方向相对应，即中继端的上行通道对用户端的下行通道；中继端的下行通道对应用户端的上行通道。同时，中继端的通道与用户端的通道不一定一一对应。例如，一个中继端的下行通道可以对应若干个用户端的上行通道。

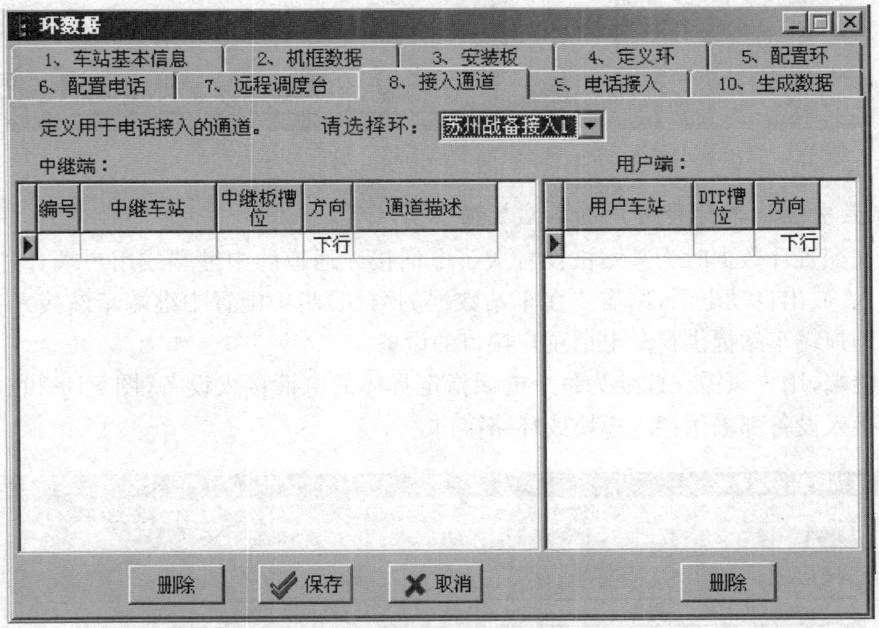

图　F10-27

2. 定义电话接入使用的时隙并分配通道

在上一步中实际完成了对通道方向的定义，在电话接入一项中开始对通道具体使用的时隙和为用户端车站分配自动电话。

如图F10-28所示，选择已经在上一步中定义好的通道，然后再为该通道分配用于接自动电话的时隙。此处的时隙分配与具体的电话没有关系，同时，2 M中的第0、1、2、3、4、16、31等时隙被系统用作传送系统信息，不能用作自动电话的接入。

分配电话是指将通道内传递的电话分配给具体的用户端车站。这里的"电话号码"是提供给用户的电话标示，实际上系统在分析时利用的是通道内的编号和用户端车站两项，因此电话号码一项无特殊要求。可以任意设置。

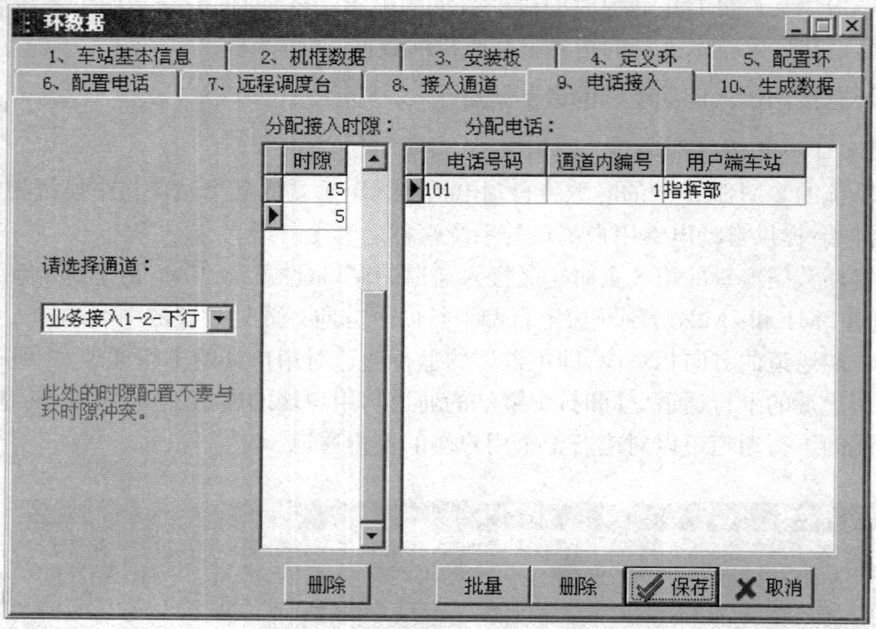

图 F10-28

3. 配置中继端车站和用户端车站数据

如果在配置环数据时为某站被设置成了电话接入通道的中继端或用户端，即需要利用本系统接入、放出自动电话，则需要在车站数据的第(6)步中配置中继端车站接入自动电话的设备或用户端车站提供自动电话用户接口的设备。

在中继端，用户只需在此处为每个电话指定具体的电话接入设备(图 F10-29)。一般情况下电话接入设备都采用接入模块或环路接口。

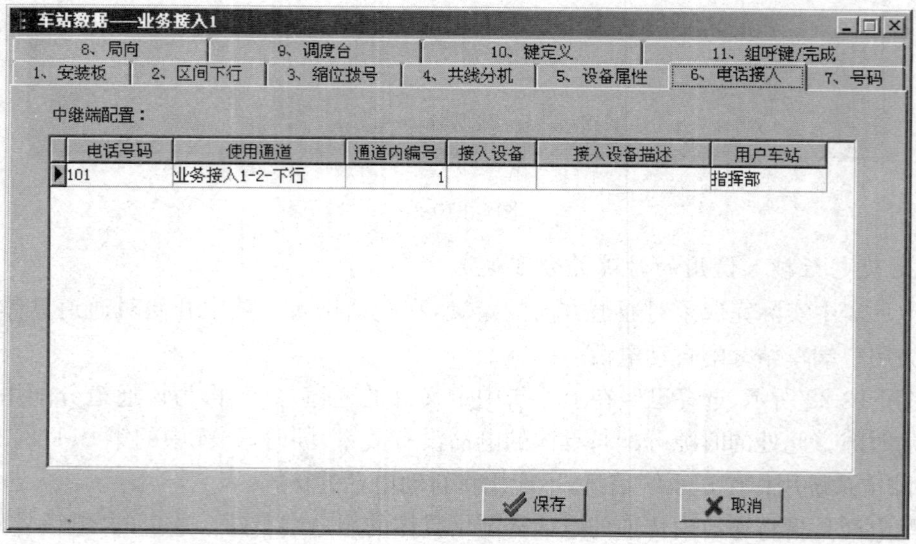

图 F10-29

在用户端，用户需要为每个电话指定具体的用户连接端口（图 F10-30）。一般情况下采用普通用户接口。

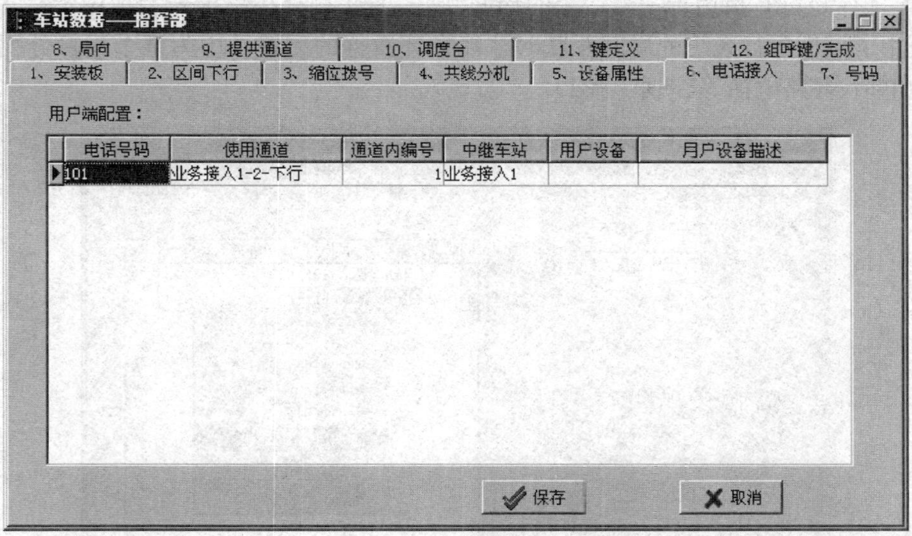

图　F10-30

（三）利用一号信令接口接入自动电话的数据配置

1. 设置机框数据、配置安装板

当本系统用作普通用户交换机使用时，由于在调度通信系统中提供的系统内部 2 M 中继板（DTP 板）的一个 2 M 只有 26 个话路时隙，显然不能满足系统中继需要，系统又提供了新的 2 M 中继板 DTPB 板，该板在协议处理上与 DTP 板不同，每个 2 M 包含了 30 个话路时隙，用在系统内部中继连接时使用。如果采用 DTPB 板需要重新修改机框数据。

DTPA 板是系统的一号线路信令接口板，在与外部交换网进行一号信令对接时使用此板。

配置调度专用通信系统时局间互联形成的是环状组网方式，此处的局间互联已经没有了环的概念，实际上只是简单的 2 M 通道的互联。为了不致使系统更加复杂，定义局间互联的方法就设在配置环数据的第 4 步“定义环”中，不同的是 DTP 板槽位指的是使用 DTPB 板的槽位。

2. 分配 2 M 时隙的使用方式

在一号信令的连接方式下，系统定义了三种 PCM 使用方式：数字电话、自动电话和环路电话，其他在调度专用通信系统中的 PCM 使用方式如共线电话、闭塞电话、远程调度台、数字通道等在此出将不能使用。

数字电话：连接某两个业务节点间的两个电话，利用局间 2 M 通道的某个固定的时隙作为传输通道。

自动电话：利用一号信令接口板（DTPA 板）上的 2 M 通道将外部交换网的自动电话电话接入系统，并通过连接在两个业务节点间的若干个自动电话时隙将该电话放置到远端的业务节点（此时使用的时隙不是某个固定的时隙，而是随机选择某个空闲时隙）。

环路电话:利用环路中继接口将外部交换网的自动电话电话接入系统,并通过本时隙连接至远端的业务节点(此时使用的时隙同样也是随机选择的某个空闲时隙)。

由于只有 DTPB 板用于一号信令的局间互联,因此只有在系统安装板中配置了 DTPB 板,并使用了该板进行系统的局间互联时才能在环数据的配置环中为某个连接分配数字电话、自动电话、环路电话等(图 F10-31)。

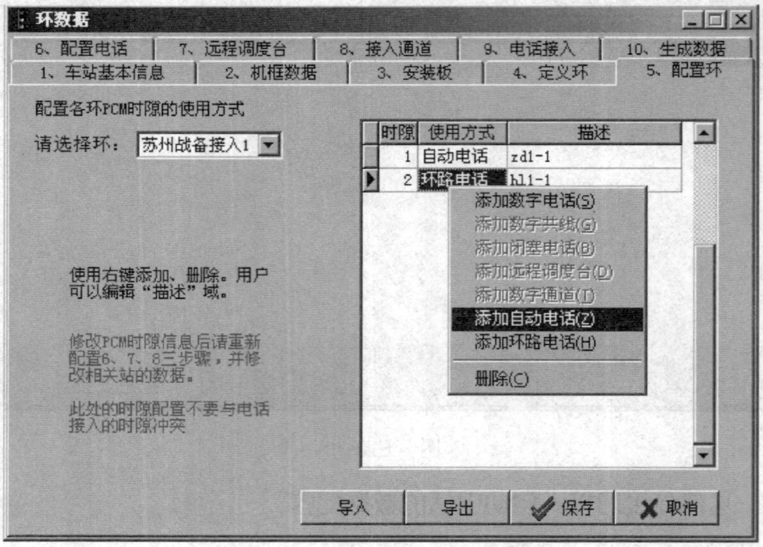

图　F10-31

3. 配置电话

在前面中继连接定义了 PCM 时隙的使用方式,在环数据的第 6 步“配置电话”中还要该自动电话、数字电话、环路电话指定两个连接端。配置方法如下:

在图 F10-32 所示的窗口中先选择环,再选择具体的时隙。

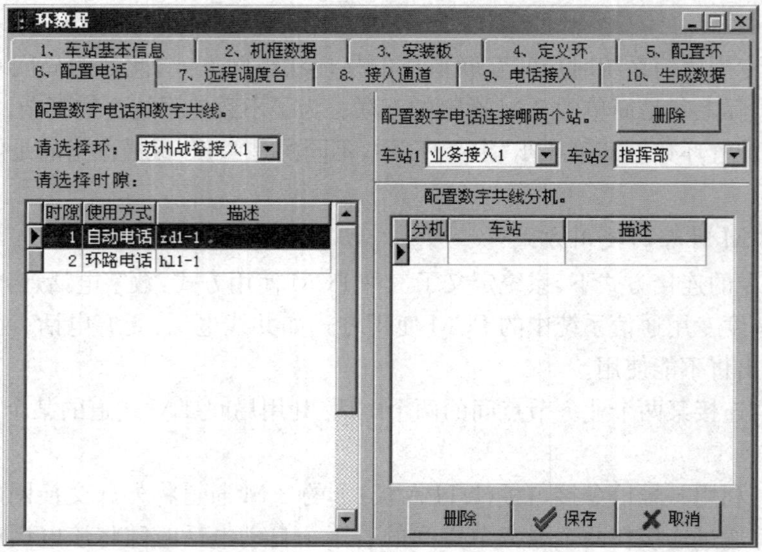

图　F10-32

在窗口的右上方的[配置数字电话连接那两个站]的选项中选择该电话用于连接该环上的那两个车站。

至此利用一号信令接口接入自动电话与系统内中继有关的数据已经配置完闭。在生成数据之后就可以配置各业务节点的数据。

4. 配置中继端的 DTPA(一号线路信令接口)板数据

当系统的中继端是以 2 M 的方式与外部交换网络互联时,需要配置 DTPA 板数据。

DTPA 板为一号信令接口板,CTT2000L/M 系统利用该板完成与外部交换网络的局间一号信令的互联,实现远端电话接入的功能。

利用鼠标在系统组网图上选择与外部交换网相接的业务节点,单击鼠标右键,选择[配置车站数据]一项,出现图 F10-9 所示的配置车站数据的分页显示对话框,在第 1 页安装板中利用鼠标选择[DTPA 板],然后按[配置端口]按钮,将出现如图 F10-33 所示的窗口.在这个窗口中完成对 DTPA 板端口相关参数的配置。

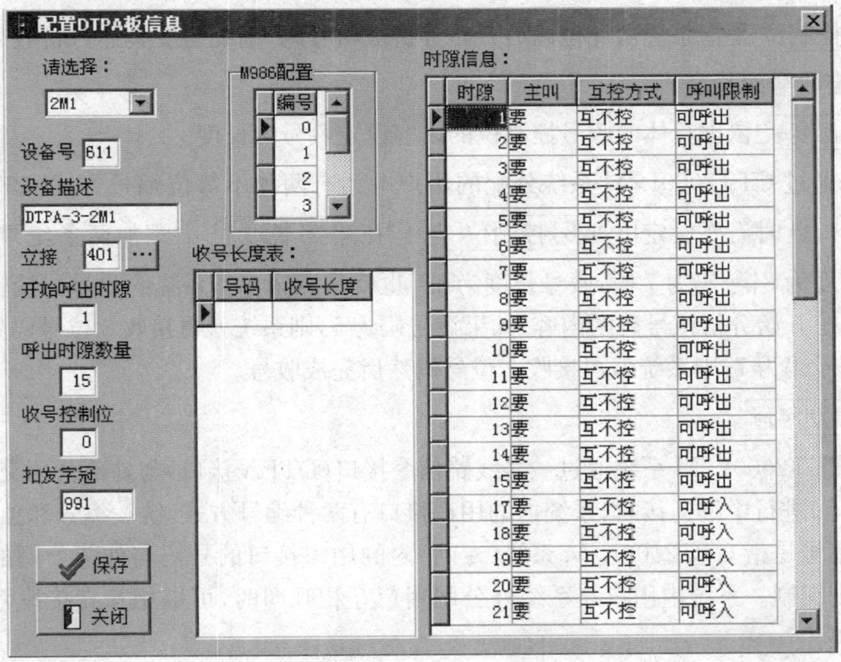

图　F10-33

每块 DTPA 板上包括了两个 2 M 端口,因此在配置 DTPA 板数据时首先应选择配置该板上的 2M1 或 2M2 接口。

(1)[立接]

此选项用来表示当前 2 M 接口上的话路是否需要其他端口进行转接。在这种情况下,假设从该 DTPA 板的当前 2 M 接口上有呼叫信号出现,系统将在 DTP 板上从立接项设定的自动电话时隙开始依次寻找空闲时隙。如果有空闲时隙,则将该呼叫信号立接至该时隙转走;若没有空闲时隙,则向呼叫的源地址送忙音表示系统目前无空余话路。

(2)时隙信息表

每块DTPA板上有2个30/32路PCM系统接口2M1和2M2,每个接口包含有32个时隙,根据中国一号信令的规定,第0时隙(TS_0)用来传送帧同步信令;第1时隙至第15时隙(TS_1～TS_{15})及第17时隙至第31时隙(TS_{17}～TS_{31})用来传送30个话路信令;第16时隙(TS_{16})用来传送复帧同步信令及30个话路的线路信令。用户可以根据需要自行定义30个话路信令的属性:被叫方是否需要主叫号码、互控方式、呼叫限制等。为了进行呼叫寻找路由的方便,需要将允许呼出的时隙配置为从某一时隙开始的连续时隙,而其余的话路时隙配置为允许呼入的时隙。在设置配置DTPA信息时要设置允许呼出的开始时隙和允许呼出时隙的数量,同时要与时隙信息表中的配置相一致。

(3)收号控制位和收号长度表

为了使系统可以适应不同号码长度的交换系统,CTT2000L/M系统为用户提供了灵活的收号方式。这种收号方式通过设置[收号控制位]以及[收号长度表]的来确定。

收号控制位是指系统从此位以后开始分析被叫号码,系统与要具体分析收号控制位的号码来确定收号的长度。

收号长度表依据具体的收号控制位的内容设定收号的长度。

例如,通过CTT2000L/M系统分配的用户电话有两种不等位编号方式:6215＊＊＊ 和6217＊＊＊＊。此时需要设定[]收号控制位为4,在收号长度表中添加两条纪录:号码为5时,收号长度为3;号码为7时,收号长度为4。也就是意味着当系统的收号器接收到第4位号码时,系统开始分析该号码的内容,如果该号码为5,则系统就再接收3位号码然后完成收号;如果该号码为7,则系统就再接收4位号码然后完成收号。

(4)扣发字冠

通过CTT2000L/M系统通过一号线路信令接口(DTPA接口)与外部公用交换网络(例如PSTN等)进行中继连接时,系统内的用户接口有两种编号方式:统一编号和独立编号。

统一编号是指CTT2000L/M系统(专网)内的用户接口的号码与外部公网的号码采用统一的规则编制。系统内用户与系统外公网用户互相呼叫时,可以相互直接拨号而不需其他辅助号码。

独立编号是指CTT2000L/M系统(专网)内的号码的编制不需要考虑外部公网的号码编制。当专网内的用户呼叫公网内的用户时,首先拨相应的出局号码出局(即出专网),然后再拨要呼叫的公网号码。而此时的出局号码就不需要向共网交换机发送,这个出局号码就是扣发字冠

(5)M986

M986是指DTPA板上的收号器资源,用户可以根据系统的具体情况配置收号器资源的数量。由于系统的收号器资源的使用不是一对一的方式,而是采用查询占用式,因此收号器的编号必须从0开始依次编号。

5. 配置自动电话连接端数据

(1)分配本局内设备号码

本局号码分配的方法前面已经介绍。

(2)设置本局的局向

局向数据指当本局用户与外部公网用户相互呼叫的号码方案,包括两部分:本局编号和出局数据配置。

配置自动电话连接端数据界面如图 F10-34 所示,本局字冠是指本局在公网中的编号。例如本局内某一用户的号码时 6215 ****,由于本局内的号码是四位编号,因此本局字冠就应设为 6215;号码分析长度应该设为 8。

当本局内的用户呼叫本局以外其他局的自动电话号码时需要根据不同的局号设置出局设备。此处的局号就是呼叫出局号码是拨的站用中继设备的标示号码,与 DTPA 板的扣发字冠相对应。

例如图 F10-34 的配置,当呼叫局号为 991 的交换局的用户时,本局用户摘机后先拨打号码 991,占用设备号为 401 的中继设备(DTP 时隙),随后的信令呼叫都通过该设备传递。

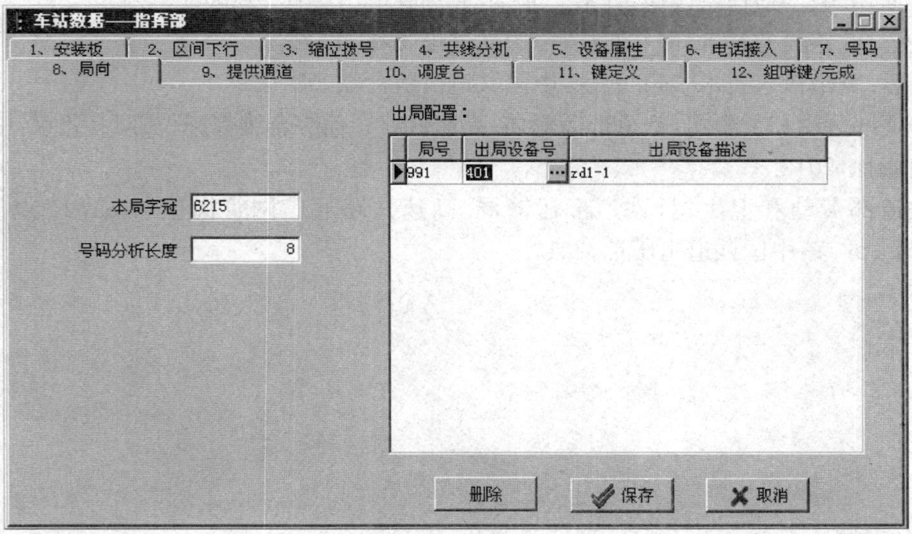

图　F10-34

至此,完成了用户交换机利用一号线路信令接口作为中继接口的数据配置。

参考文献

[1] 钟章队，李旭，蒋文怡，等. 铁路 GSM-R 数字移动通信系统[M]. 北京：中国铁道出版社，2007.
[2] 沈尧星. 铁路数字调度通信[M]. 北京：中国铁道出版社，2006.
[3] 王维汉. 铁路专用通信[M]. 北京：中国铁道出版社，1995.
[4] 蒋笑冰. 现代通信新技术[M]. 北京：中国铁道出版社，2006.
[5] 晏蓉. 多媒体新技术[M]. 北京：中国铁道出版社，2008.
[6] 晏蓉. 光纤通信[M]. 北京：中国铁道出版社，2002.
[7] 朱银发. 铁路移动通信系统[M]. 北京：中国铁道出版社，1998.
[8] 朱惠忠. GSM-R 通信技术与应用[M]. 北京：中国铁道出版社，2005.
[9] 刘金虎. 铁路专用通信[M]. 北京：中国铁道出版社，2005.
[10] 乔桂红. 光纤通信[M]. 北京：人民邮电出版社，2005.
[11] 李斯伟. 数字通信系统原理[M]. 北京：人民邮电出版社，2008.
[12] 王邠. 铁路通信技术[M]. 北京：中国铁道出版社，2008.
[13] 晏蓉. 宽带接入技术[M]. 北京：中国铁道出版社，2008.
[14] 铁道部劳动和卫生司，铁道部运输局. 高速铁路通信综合维修岗位[M]. 北京：中国铁道出版社，2012.
[15] 铁道部劳动和卫生司，铁道部运输局. 高速铁路通信网管岗位（GSM-R/调度通信）[M]. 北京：中国铁道出版社，2012.